Uni-Taschenbücher 1543

W0099964

Eine Arbeitsgemeinschaft der Verlage

Wilhelm Fink Verlag München
Gustav Fischer Verlag Stuttgart
Francke Verlag Tübingen
Paul Haupt Verlag Bern und Stuttgart
Dr. Alfred Hüthig Verlag Heidelberg
Leske Verlag + Budrich GmbH Opladen
J. C. B. Mohr (Paul Siebeck) Tübingen
R. v. Decker & C. F. Müller Verlagsgesellschaft m. b. H. Heidelberg
Quelle & Meyer Heidelberg · Wiesbaden
Ernst Reinhardt Verlag München und Basel
F. K. Schattauer Verlag Stuttgart · New York
Ferdinand Schöningh Verlag Paderborn · München · Wien · Zürich
Eugen Ulmer Verlag Stuttgart
Vandenhoeck & Ruprecht in Göttingen und Zürich

Kurt Wuchterl

Analyse und Kritik der religiösen Vernunft

Grundzüge einer paradigmenbezogenen
Religionsphilosphie

Verlag Paul Haupt Bern und Stuttgart

Kurt Wuchterl, geboren 1931, ist apl. Professor für Philosophie an der Universität Stuttgart und unterrichtet gleichzeitig Mathematik und Philosophie am Scheffold-Gymnasium in Schwäbisch-Gmünd. – Studium der Mathematik, Philosophie und Physik in Heidelberg und Göttingen. Promotion bei H.-G. Gadamer und D. Henrich. Habilitation 1975 über Logik und Sprachphilosophie.

Verantwortlich für den Fachbereich Geisteswissenschaften im Rahmen des UTB-Programmes des Paul Haupt-Verlages: Dr. Urs P. Lattmann

CIP-Titelaufnahme der Deutschen Bibliothek

Wuchterl, Kurt:
Analyse und Kritik der religiösen Vernunft : Grundzüge einer paradigmenbezogenen Religionsphilosophie / Kurt Wuchterl. – Bern ; Stuttgart : Haupt, 1989
   (UTB für Wissenschaft : Uni-Taschenbücher ; 1543)
   ISBN 3-258-04079-6
NE: UTB für Wissenschaft / Uni-Taschenbücher

Inhaltsverzeichnis

Einleitung

Lassen sich religiöser Glaube und Sprechen von Gott «nach der Aufklärung», nach den «Entlarvungen» von Wissenschaft, Ideologie- und Bibelkritik, nach der Zerstörung des Logozentrismus, nach Heidegger, Wittgenstein und Lyotard auch heute noch verantworten?

Die vorliegende Untersuchung bemüht sich, darauf eine Antwort zu finden. Sie verfolgt dabei zwei komplementäre Ziele. Einmal analysiert sie markante Versuche, in denen auch heute noch «vernünftig» über religiöse und verwandte Phänomene gesprochen wird. Zum anderen übt sie Kritik an anmaßenden Grenzüberschreitungen, die letzte Aussagen über Religion allein aus der Vernunft ableiten wollen. Analyse und Kritik bilden die Grundlage zur Entwicklung einer paradigmenbezogenen Religionsphilosophie.

Die Philosophie, einst von Aristoteles als Wissenschaft von der Wahrheit[1] bezeichnet, überbietet sich heute in ihrem Bemühen zu zeigen, daß alles, was seit Jahrhunderten in der Philosophie gedacht worden ist, der Vergangenheit angehört: Sinn und Bedeutung, Wissen und Wahrheit, Vernunft und Religion, ja das reflexive und argumentative Denken selbst und damit das Subjekt von Verantwortung und Menschlichkeit. Die in Hegel demonstrierte Hybris der Vernunft, *alles* Wirkliche erfassen zu wollen, ermutigte die Skeptiker, die Philosophie mit den gleichen Maßstäben zu messen wie die alten Formen von Mythos und Religiosität. Die christliche Theologie tat das Ihrige, Verwirrung und Verzweiflung zu kultivieren, indem sie eine radikale Trennlinie zwischen traditionellen und zeitgemäßen Annäherungsformen an das Glaubenszentrum zog, zugleich aber ihre Ohnmacht eingestand, die Botschaft Christi mit dem neuen Denken versöhnen zu können.[2] So endete das Jahrtausende während Experiment, die Philosophie als Heilsersatz zu mißbrauchen, im Dilemma jener Heilslehren selbst. Nietzsches «Gott ist tot» leitete schließlich den Exodus der Vernunft ein, die sich ins Schlepptau

---

1 Metaphysik 993b, Aristoteles (78)
2 Charakteristisch ist die Bemerkung von J.B. Metz auf dem Concilium-Kongress in Brüssel (1970) über die «Funktionslosigkeit der Kirche» und über den Umschlag in Gleichgültigkeit: «Und so weicht immer mehr die emphatische Kritik der Indifferenz oder der wohlwollenden Höflichkeit, einer Karikatur jenes Mitleids, das man Sterbenden entgegenbringt». Metz (71) S. 387

von Weltanschauungslehren und letzten Heilsverkündigungen nehmen ließ. Die Kritik machte aber weder vor der Aufklärung noch vor der Wissenschaft halt, ja sie richtete sich auf die eigene Kompetenz und vollendete so ihre zynische Selbstauflösung.

In solchen skeptischen Zeiten ist das Wort «Gott» längst aus dem philosophischen Vokabular verschwunden.[3] Es ist zwar viel die Rede von einer neuen Religiosität und von der Macht des Mythos auch in unserer Zeit. Aber diese Phänomene stehen jenseits des philosophischen Gedankens. Sie wirken im politischen Fundamentalismus, in esoterischen Zirkeln und exotischen Ritualen, im begrifflosen Gefühl, das sich ängstlich dem Denken verweigert, und im «gestaltlosen Sausen des Glockengeläutes» (Hegel)[4]. Während die Verweigerung des Gedankens hier zum Vorwurf wird, rechnet sich der Skeptizismus den Verzicht auf Argumentation als Verdienst an. Aber beide stehen auf dem gleichen Boden, beide liefern sich der Zufälligkeit des Faktischen aus, jeder in seiner Tradition, die sich blind vollendet.

Die Diskreditierung der Vernunft kennt keine Grenzen. Kritik der religiösen Vernunft scheint daher nichts anderes zu bedeuten als die Ausdehnung der Verunglimpfung auch auf jene traditionellen Formen, die trotz Nietzsche noch einen Hauch von Religiosität bewahren konnten. Genau dies ist *nicht* beabsichtigt. Im Gegenteil: Kritische Vernunft kann sich jenem blinden Zwang durchaus entziehen, indem sie die Unglaubwürdigkeit der Argumente für diesen Zwang durchschaut. Denn der sogenannte postmoderne Mensch existiert unter Voraussetzungen, die er in Handlung und Argumentation ständig verleugnet. Solche versteckte Annahmen gilt es aufzuspüren. Sie stellen Elemente eines Sinngefüges dar, das sich durch die gelebte Existenz und das gesprochene Argument verifiziert. Diese Bedingungen übernehmen Funktionen, die auch religiöse Phänomene konstituieren. Daher stellt sich als *Aufgabe unserer Kritik* der Aufweis und die Explikation religiöser und verwandter Phänomene im Kontext bestimmter Lebenserfahrungen und deren Bewertung im Ganzen der Wirklichkeitserfassung. Betrifft *Vernunft* universelle Verständlichkeit (analytische Bestimmtheit), ferner Wahrheit mit

---

3 So heißt es bei Heidegger: «Wer die Theologie, sowohl diejenige des christlichen Glaubens als auch diejenige der Philosophie, aus gewachsener Herkunft erfahren hat, zieht es heute vor, im Bereich des Denkens von Gott zu schweigen.» Identität und Differenz (57) S. 51.

4 Hegel (69) Bd. 3, S. 168

kognitivem Anspruch und im Bereich der Handlungen Adäquatheit zu anerkannten Normierungen[5], so bedeutet *religiöse Vernunft* das verständliche und kognitiv bestimmte Sprechen von Gott sowie den normativ adäquaten Umgang mit religiösen Phänomenen. Dieses Sprechen und Verhalten, aber auch die Kritik an diesem Sprechen und Verhalten bestimmen den Inhalt unserer Untersuchungen.

«Kritik» bedeutet demnach keine radikale Distanzierung und Elimination, auch keine Explikation eines universellen rationalistischen Konzepts, das die religiösen Phänomene entzaubert und in diesem Prozeß der Aufklärung und Entmythologisierung den Nachweis zu führen versucht, daß alle Religion zu beseitigen sei. Auch diese Art von Rationalität hat ihre Grenzen. Es gibt trotz aller Religionskritik so etwas wie «religiöse Vernunft», das heißt ein Vermögen, Sinn und Wirklichkeit durch Vermittlung religiöser Erscheinungen zu erfassen.

Die Untersuchungen über die religiöse Vernunft zerfallen in drei Teile. Im *Teil «A. Zugänge und Konfrontationen»* werden theologische und philosophische Beiträge zur Beurteilung und Kritik religiöser Phänomene und Aussagensysteme bereitgestellt. Sie veranschaulichen, wie sich religiöse Vernunft konkret darstellt. Das Sprechen von Gott und anderen religiösen Phänomenen, aber auch die Kritik an diesem Sprechen prägen die *«Formen der religiösen Vernunft»*.

Dabei fällt die Diskrepanz zwischen den theologischen Entwicklungen auf der einen Seite und den traditionellen Formen von Religiosität auf der anderen Seite ins Auge. Die moderne Theologie (vgl. 1) hat sich in einer Weise auf die Moderne eingelassen, die dem einfachen Gläubigen jeglichen Halt zu rauben scheint. Nicht nur die dialektische Theologie, auch die existentiale Interpretation und ihre zahlreichen Weiterentwicklungen in Immanenz- und Transzendental-Theorien stellen letztlich Rückzugsgefechte dar, wenn man sie an den Inhalten der in den Gemeinden gelebten Religiosität mißt. Die Schärfe der Religionskritik (2), die in weniger spekulativen Formen das philosophische Denken schon seit dessen Entstehung begleitet, trägt ihre Früchte. Die großzügigen Zugeständnisse an die neuzeit-

---

5 Habermas zählt als Charakteristika der Vernunft neben Verständlichkeit, Wahrheit und Richtigkeit (der Normen) noch die Wahrhaftigkeit auf. Diese letzte Eigenschaft betrifft aber nur die Vermittlung zwischen Subjekten und wird innerhalb eines philosophischen Gesprächs oder einer philosophischen Analyse stillschweigend vorausgesetzt. Vgl. Habermas (73), S. 219/220

lichen Projektionsthesen verraten die Unfähigkeit, die modernen Alternativen zum Glauben in ihrer eigenen Fragwürdigkeit zu durchschauen. Der Verlust der philosophischen Naivität, die Religion unbedenklich in einen allgemeinen Kultur- und Phänomenkosmos einzuordnen (vgl. 3), führt zu einer Selbstgenügsamkeit, welche die Randstellung der Philosophie in unserer Gesellschaft besiegelt. Sowohl in der Theologie als auch in der Philosophie, die sich mit religiösen Phänomenen befaßt, fehlt oft der Mut zu einem erneuten Vermittlungsversuch mit den Mächten der Zeit. Es reicht nicht aus, sich im Glauben von Wissenschaft und autonomer Vernunft zu distanzieren; man muß *Gründe für die Distanzierung* angeben können. Dies gelingt nur, wenn man jene Kräfte analysiert und in ihrer eigenen Kontingenz durchschaut. Es gibt vereinzelte Ansätze zu einer Entlarvung solcher Endgültigkeiten. Besonders die analytische Philosophie bietet eine Reihe von Einzeluntersuchungen an. Das Ziel des zweiten Teils ist es, solche und andere Ansätze zu einer religionsphilosophischen Gesamtkonzeption zu verbinden.

Die Beschreibungen im historischen Teil A wollen repräsentativ, aber in keiner Weise vollständig sein. Für den Laien sind sie eine Einführung in die Problematik, für den Fachmann Erinnerungen an die Vielfalt der Fragestellungen und Antworten. Die Auswahl konzentriert sich dabei auf Formen, die in den weiteren Ausführungen als Beispiele für die Analysen oder als Illustrationen für konsequente oder fehlerhafte Entwicklungen dienen. Während hier auf Diskussionen außerhalb unseres engeren Traditionsbereichs verzichtet wurde, beziehen wir später durchaus auch Antworten beispielsweise aus dem Buddhismus in die Betrachtung ein.

Nachdem im ersten Teil nur Beispiele aus der empirischen Religionswissenschaft, aus Philosophie- und Kulturgeschichte vorgestellt wurden, beginnen im *zweiten Teil «B. Phänomenologische Analysen»* die eigentlichen Untersuchungen. Wenn im Abschnitt A von «Formen» der religiösen Vernunft die Rede war, müssen sich genauere Aussagen über den *«religiösen Gegenstand»*, der solche Formen aufweist, formulieren lassen. Mit Hilfe der Begriffe der *Kontingenz und des Verhaltens zur Kontingenz* versuchen wir, innere Notwendigkeiten in den Erscheinungsweisen der religiösen Vernunft zu entdecken und unter dem Titel einer *deskriptiven Phänomenologie* zusammenzustellen.

Der Schlüsselbegriff der Kontingenz (4) wird auf solche Situationen bezogen, in denen die Selbstverständlichkeiten der menschlichen Existenz zerbrochen sind. Diese Einschränkung auf *religionsphiloso-*

phische Kontingenz gegenüber der allgemeineren *ontologischen* Kontingenz ist notwendig, wenn wir uns nicht in der Darstellung der gesamten Philosophie verlieren wollen. Schon E. Troeltsch hat treffend festgestellt, daß «das Problem der Kontingenz in nuce alle philosophischen Probleme... umschließt», wenn man damit allgemein «das Tatsächliche und Zufällige im Gegensatz zum begrifflich Notwendigen und Gesetzmäßigen» bezeichnet.[6] Was unter *religionsphilosophischer Kontingenz* zu verstehen ist, läßt sich nur im Zusammenhang mit dem Sinnproblem darstellen.[7] Nur dort, wo sich Nicht-Notwendiges der Transformation in Handlungssinn entzieht und sich in dem konstatierten Sinndefizit außerdem existentielle Bedeutsamkeit zeigt, liegen Phänomene der *religiösen* Vernunft vor.

Aber die damit entdeckte Kontingenzerfahrung stellt erst den Ausgangspunkt religiösen Sprechens dar. Religiöse Vernunft ist zugleich *Verhalten zur Kontingenz* und das heißt zugleich Transzendieren von Kontingenz. Die Merkmale Nicht-Notwendigkeit, Absolutheit, Existentialität und Reflexivität der religionsphilosophischen Kontingenz dienen dabei als Leitfaden zur Charakterisierung jenes Verhaltens zur Kontingenz.

Die gewichtigste Verhaltensweise ist durch den Einfluß der *modernen Wissenschaften* geprägt. Obwohl man heute häufig von Zweifeln an den Wissenschaften spricht, vom Ende ihrer Vorherrschaft und von der Ohnmacht ihres Anspruchs, verbirgt sich hinter der Religionskritik doch meistens die Macht wissenschaftlicher Argumente. Weil deren Charakter bereits im Selbstverständnis des modernen Menschen internalisiert ist[8], gelingt es nur selten und mit großer Mühe, deren Selbstverständlichkeit zu erschüttern. Wir müssen deshalb den gängigen Wissenschaftsbegriff eingehend analysieren (5),

6 Troeltsch (62) S. 777 bzw. 772
7 Zur Problematik des Sinnproblems siehe G. Sauter (82) und dessen Aufsatz «‹Sinn› und ‹Wahrheit›» in: Rendtorff (80). Dort heißt es (S. 69): «Wir haben uns inzwischen schon so sehr an die Konjunktur des Wortes ‹Sinn› gewöhnt, daß man sich nur noch selten die Mühe gibt, genau zu sagen, weshalb von ‹Sinn› die Rede ist...» Eine unserer Aufgaben wird es sein, den Sinnbegriff genauer zu analysieren.
8 Man beachte die Selbstverständlichkeit, mit der beispielsweise in der Entmythologisierungsthese R. Bultmanns dieses Wissenschaftsverständnis vorausgesetzt wurde. Es repräsentiert weitgehend den common sense des aufgeklärten Intellektuellen der Gegenwart. Vgl. Bultmann (52) Bd. II, z.B. S. 181, insbesondere Fußnote 1.

um die Prämissen zu erkennen, die jeder wissenschaftlichen Argumentation vorgeordnet sind. Es wird sich herausstellen, daß gewisse methodologische Einschränkungen vorliegen, die durch unseren Kontingenzbegriff beschrieben werden können. Die Extrapolationen der Wissenschaftlichkeit bedeuten demnach ein spezifisches Verhalten zur Kontingenz, das als *Kontingenzbewältigung* bezeichnet wird. Denn der autonome Wissenschaftler kennt innerhalb seiner Denkweise keine Nicht-Notwendigkeit, es sei denn, man denkt an das unbestimmte Feld der noch nicht in das System integrierten Umwelt. Nur diese nichtssagende «ontologische Kontingenz» wird akzeptiert, nicht die entscheidenden Merkmale der religionsphilosophischen Kontingenz. Denn in der strengen Wissenschaft haben weder Freiheit als Voraussetzung von Handlungssinn noch Existentialität oder Reflexivität ihren Platz.

Die Kontingenzbewältigung durch Wissenschaft ist nur eine erste – wenn auch eine sehr weit verbreitete und gewichtige – Möglichkeit, sich zur Kontingenz zu verhalten. Die Annahme der menschlichen Freiheit gehört zu den selbstverständlichen Voraussetzungen von Humanitäts- und Emanzipationslehren. Das in der Kontingenz erfahrene Sinndefizit in menschlichen Handlungen ermöglicht die Transformation des menschlichen Scheiterns in göttlichen Sinn durch religiöse rituelle Praxis. In solcher Kontingenz*begegnung* (6), in der nichts *bewältigt* wird, bleibt alles offen. Es gehört zu den auffälligsten Ergebnissen unserer Deskription der Endlichkeit, daß *das menschliche Verhalten zur Kontingenz stets zweideutig* bleibt. Die Idee der Offenheit und des Belassens des ganz Anderen ist durch Bewältigungsversuche der verschiedensten Art gefährdet. Sie tritt in Widerstreit zur Idee des Funktionalismus, in der sich die Bemächtigung des Anderen durch den Menschen anbietet. Die gleiche Ambivalenz des Verhaltens finden wir im Bereich der Existentialität und Reflexivität. Das Ohnmachtsgefühl, daß wir einem Größeren und ganz Anderen gegenüberstehen, daß wir mit der Welt und mit unserem Leben nicht im reinen sind, daß vieles anders sein könnte und sollte, läßt uns vom Numinosen, Heiligen, Mystischen und von der Metapher eines Deus absconditus sprechen. Aber sofort erinnern wir uns der Möglichkeit, solche Rede als Projektion zu qualifizieren. Selbst die Indifferenz gegenüber jeglicher Bemächtigung behält die Zweideutigkeit der Affirmation und Negation. Während der Buddhist die Indifferenz zum Fundament seiner Lebensform umdeutet, bemächtigt sich die Postmoderne dieses Begriffs, um ihre Kritik am Festgestellten «narrativ» zu *begründen*.

Aus den Analysen der religionsphilosophischen Kontingenz und des Verhaltens zu dieser ergeben sich die *Grundstrukturen der religiösen Vernunft* (7). Die Möglichkeit des antithetischen Transzendierens von Kontingenz offenbart die Rolle von *Leitbegriffen*. Im Beispiel der Kontingenz*bewältigung* wird der Begriff der menschlichen Autonomie wirksam. In der Kontingenz*begegnung* dagegen ist die Rede von der Offenbarung als Botschaft des ganz Anderen. So lassen sich zentrale Begriffe identifizieren, welche die Annahmen und Glaubensinhalte konkretisieren, die beim Verhalten zur Kontingenz mitgedacht werden und dadurch profane Lebensformen, religiöse Gemeinschaften oder auch durch Ideologie geleitete Organisationen ermöglichen. *Leitbegriffe organisieren und normieren zugleich das Sprechen und Argumentieren über Kontingenz.* Mit ihrer Hilfe lassen sich religionsphilosophische Paradigmen, «große Erzählungen», definieren, die eben jene konkreten Erscheinungen auf den Begriff bringen. Religionsphilosophische Paradigmen repräsentieren die verschiedenen Antworten auf religionsphilosophische Kontingenz. Ihre Leitbegriffe garantieren die kognitiv erfaßbaren Verallgemeinerungen. Mit der Darstellung solcher Paradigmen, die als Grundlage für eine *«paradigmenbezogene Religionsphilosophie»* dienen, enden die deskriptiven Analysen des zweiten Teils.

Der *dritte Teil «C. Wahrheit und Illusion – Die Grenzen der religiösen Vernunft»* enthält die metatheoretische Diskussion unseres Vorgehens. Am Anfang steht die Untersuchung des Begriffs der Deskription, der vom Phänomenbegriff der klassischen Phänomenologie abgehoben wird (8). Dabei wird das Transzendieren von Kontingenz als notwendige Voraussetzung für Existenz erkannt. Terminologische Klärungen der Ausdrücke Religion, Mythos, Wissenschaft, Metaphysik, Ideologie sowie Theologie und Religionsphilosophie auf dem Boden des bis dahin entwickelten Begriffsapparates ermöglichen eine Neuorientierung in dem Durcheinander der Verwendungsweisen.

Als condicio sine qua non für die Rede von «Vernunft» steht *die Geltung einer Kernlogik* (9). Dabei gilt es eine Reihe von Mißverständnissen in bezug auf die «Logik der Religion» und die «Logik der Sprache» aus dem Wege zu räumen. Die an die Behandlung der Logik anschließenden Überlegungen zur Rationalität und insbesondere zur Sprache führen in das Zentrum der Kritik. Wir versuchen dort, die sprachlichen Prämissen aufzudecken, die unserer Ontologie vorgeordnet sind und damit die alternative Struktur von Kontingenzbewältigung und Kontingenzbegegnung verständlich machen.

Dabei beschreibt ein «*linguistisches Standardmodell*», wie heute Sprache als selbstverständliche Gegebenheit des alltäglichen Verstehens wirkt. Sprache hat nicht nur eine Tiefendimension, wie sie bei Kierkegaard, Buber, Heidegger, Wittgenstein oder Lévinas entdeckt wird, sondern sie ist vor allem Informationsinstrument, funktionierendes Verständigungsmittel und problemlose Zuhandenheit. Genau diese Bestimmungen definieren das linguistische Standardmodell, das – analog zum Standardmodell der Wissenschaften – jeden Menschen in seinem noch unreflektierten Zustand prägt. Die entscheidende Frage, wie «Gott» oder andere auf Transzendenz verweisende Namen oder Begriffe angesichts solcher Vorprägungen überhaupt einen Sinn haben können, wird dadurch entschärft, daß auch schon im Standardmodell ähnliche Verweisungen entdeckt werden, wie sie uns in der Sprache vom «ganz Anderen» begegnen.

Trotzdem scheint sich in der *Wahrheitsfrage* (10) ein unüberwindbares Hindernis aufzutürmen. In einer Zeit, die sich auf eine bestimmte Wahrheit nicht mehr einzulassen vermag, in der Vernunft nur kritisch als Denken eines Nichtfestgestellten auftritt, scheint die Rede vom «ganz Anderen» oder von Gott nur noch metaphorisch denkbar zu sein. Es geht ja nicht um die «Wahrheit des Mythos» (Hübner[9]), – diese ist längst entschieden, nämlich zugunsten der *modernen* Ontologie. Sondern es geht um die Wahrheit der *Religion* und der *Metaphysik*. Ist dort die Rede von der Wahrheit nur noch eine Floskel, ein Relikt alter Träume, in denen die Einsicht in die Unfeststellbarkeit des Seins nicht ernst genommen wird?

Das Faktum, daß die Rede vom Nichtfestgestellten in ganz verschiedenen Paradigmen auftritt – in Nietzsches Lehre vom Übermenschen, in Heideggers Prophetie des Seins, in Adornos negativer Dialektik, in Wittgensteins Sprachanalysen, in Lyotards Pragmatik des narrativen Wissens und in Lévinas' mosaischer Vision vom Antlitz –, verweist auf die Wirkung von Leitbegriffen, welche die Idee des Nichtfestgestellten Lügen strafen. Die Genannten repräsentieren Denk- und Lebensformen, die in ihrer Bestimmtheit durchaus der Wahrheitsfrage ausgesetzt sind. Dafür spricht auch das Selbstverständnis dieser Denker selbst, die sich engagiert für ihre «Wahrheit» einsetzen. Die Verweigerung der Endgültigkeit betrifft eine bestimmte Art von Geschlossenheit und nicht das Sagbare überhaupt. Die Anerkennung von Transzendenz stellt kein Hindernis

---

9 Vgl. Hübner (85). Man beachte die ontologische Bedeutung des Mythos-Begriffs bei Hübner.

dar, trotzdem strukturiert zu denken. Sie weist nur die Engstirnigkeit einer vordergründigen Rationalität in ihre Schranken. Die religiöse Vernunft besteht auf ihre Denkbarkeit. Diese Behauptung bedeutet eine Herausforderung an unsere Zeit, in welcher der Postmoderne-Kult sein Unwesen treibt. Aber wenn dieser erst seine Attraktivität verloren hat und der Vergangenheit angehört, wird das Interesse an der Wahrheit wieder das philosophische Gespräch leiten und zugleich die Schizophrenie heilen, in der jenes Wort eliminiert werden soll, obwohl jeder genau weiß, daß es Wahres und Notwendiges gibt. Wir verfügen über absolutes Wissen; denn wer zweifelte am eigenen Tod und an den Grausamkeiten von Hiroshima und Auschwitz?

Im letzten Teil der Analyse wird deutlich, daß die Idee einer paradigmenbezogenen Religionsphilosophie im Hinblick auf Wahrheit keineswegs eine Neutralitätsthese impliziert. Sowohl der Begriff des *bewährten Paradigmas*, der sich auf eine Reihe *notwendiger Bedingungen* und vor allem auf die *geschichtliche Wirksamkeit* bezieht, als auch die *Klärung des Kognitivitätsproblems* enthalten eindeutige Antworten auf die Frage nach der Wahrheit. Daß damit die Grundentscheidung zwischen Glauben und menschlicher Autonomie nicht aufgehoben werden kann, ist trivial. Die Erfahrung der Offenheit der menschlichen Ausgangsbasis, die sich durch die Begegnungen mit Kontingenz auszeichnet, ermöglicht trotzdem weiterhin ein ambivalentes Verhalten: einerseits die Extrapolation der in den Kontingenzen erfahrenen Endlichkeit auf das gesamte Sein, andererseits die Öffnung für ein ganz Anderes, das in der Offenbarung Chiffren einer verschlüsselten Botschaft empfängt, die dem Leben eine neue Bedeutsamkeit verleiht. Diese Ambivalenz der Wirklichkeit ist Ausdruck der Endlichkeit des sich als freies Wesen verstehenden Menschen, die von keiner noch so klugen Argumentation aus der Welt geschafft werden kann. Im Verhalten zur Kontingenz zeigt sich ein letztes Geschehen mit dem Menschen, das als Mysterium des Seins oder als Handeln Gottes erahnt, aber nicht mehr verstanden werden kann. Genau hier zeigen sich die Grenzen einer jeden Kritik der religiösen Vernunft.

Für kritische Verbesserungsvorschläge bin ich Herrn Dr. Hartmut Müller und für die Erstellung des Manuskripts meiner Ehefrau Gisela zu großem Dank verpflichtet.

A. Zugänge und Konfrontationen
– Die Formen der religiösen Vernunft–

Wo immer von Religion gesprochen und über ihre Aussagen argumentiert wird, zeigt sich, wie religiöse Vernunft wirkt. Ihr Wesen ist Gelingen und Versagen in einem. Während sie in der Konstitution religiöser Aussagenkomplexe ihr *Vermögen* zu realisieren versucht, demonstriert sie ihr *Unvermögen* im Scheitern an eben dieser Aufgabe. Wenn das Sprechen von Gott «vernünftig» ist, läßt es etwas davon ahnen, daß das Gesagte nicht alles ist, daß im menschlichen Wort mehr liegt, als mit Vernunft innerhalb der Semantik- und Referenztheorien auszumachen ist. Die Erfahrung des Religiösen meint stets dieses Zusammen von Vernunft und Transzendenz. Dabei bestimmen die *beiden Seiten der Vernunft – der Zwang zum Sprechen und die Kritik an dieser Neigung* – nicht nur den philosophischen Diskurs, sondern betreffen im gleichen Maße auch das *theologische* Gespräch. Die Grenze zwischen Philosophie und Theologie ist gerade in unserer Zeit fließend geworden. Theologen wie Paul Tillich oder Wolfhart Pannenberg transformieren die letzten Glaubenseinsichten in Seinsannahmen, und Philosophen wie Martin Heidegger oder Emmanuel Lévinas verleihen den Kategorien des Seins bzw. des Anderen heilsrelevante Prädikate. Das ehemals breite theologische Fundament unhintergehbarer Offenbarungsinhalte schrumpft im kritischen Gegenwartsbewußtsein zum kaum noch identifizierbaren Punkt philosophisch-theologischer Reflexion zusammen. Dort werden die verschiedenen Weisen des gegenwärtigen Philosophierens wirksam, von denen aus Zustimmung und Konfrontation bestimmt sind.[1] Sie bedingen die vielgestaltigen Ausformungen religiöser Vernunft, die es im folgenden zunächst zu beschreiben (Teil A) und später auf ihre innere Struktur (Teil B) und ihren Wahrheitsanspruch (Teil C) hin zu analysieren gilt.

---

1 Vergleiche die ausführlichen Darstellungen bei Stegmüller (60): Hauptströmungen der Gegenwartsphilosophie, 3 Bände, und bei Wuchterl (87): Methoden der Gegenwartsphilosophie, wo die methodischen Differenzen und Konfrontationen besonders deutlich werden.

1. Die religiöse Vernunft in der theologischen Diskussion

Die vollendete Synthese aus Vernunft und Glaube in unserem Traditionsbereich und damit die Koinzidenz von Philosophie und christlicher Religion, wie sie in Hegels spekulativem System geboten wurde[2], ist für die Theologie der Gegenwart meistens nur noch der Inbegriff philosophischer Verfehlungen. Philosophie als Gottesdienst, als Prozeß des sein göttliches Wesen wissenden Geistes und als Rechtfertigungsinstanz vor dem Tribunal der religiösen Urteilskraft läßt wenig Raum für ein Religionsverständnis, in dem Offenbarung, Heilsgeschehen und Eschatologie zu den unverzichtbaren Wahrheiten zählen. Der innerste Kern aller Soteriologie, der Ernst der Inkarnation und die Härte des Leides, verflüchtigt sich im alles verstehenden Prozeß des absoluten Wissens. In der Harmonie des Zuendegedachten verliert die Wirklichkeit jeden Stachel; Religion wird blutleer und schließlich überflüssig. Was Hegel der metaphysischen Theologie seiner Zeit zum Vorwurf machte, nämlich ihre Unfähigkeit, zum Konkreten vorstoßen zu können[3], schlägt auf die spekulative Theologie selbst zurück.

Wenn auch Hegels Synthese aus Vernunft und Glaube ihre Glaubwürdigkeit eingebüßt hat, seine großen Gedanken erscheinen in *Bruchstücken* auch weiterhin in der Gegenwartsdiskussion. Aus der Inkarnation wurde die Endlichkeit des Seins, aus der Transzendenz die Immanenz, und der *ganz* Andere erscheint als der *schlicht* Andere, der uns als Nächster begegnet. Gott dient allein als Gedanke der Bedingung der Möglichkeit des Seins und verliert in dieser Funktion jegliche inhaltliche Fülle und heilsgeschichtliche Lebendigkeit.

---

2 «So fällt Religion und Philosophie in eins zusammen; die Philosophie ist in der Tat selbst Gottesdienst, ist Religion...» (Hegel (69) Bd. 16, S. 28. Zur neueren Diskussion siehe Jaeschke (83) und (86). Eine übersichtliche Darstellung der Hegelschen Religionsphilosophie findet man in Weischedel (71) Bd. 1, 9. Kapitel. Als Alternative siehe Theunissen (70). Zur Frühphilosophie Hegels siehe Rebstock (71), der die Überlegungen zur Religion unter den Mythosbegriff und dessen Wandlungen stellt.

3 Die Philosophie seiner Zeit hat nach Hegel «aus Gott ein unendliches Gespenst gemacht, das fern von uns ist, und ebenso die menschliche Erkenntnis zu einem eitlen Gespenste der Endlichkeit oder zu einem Spiegel, in den nur Schemen, nur die Erscheinungen fallen», Hegel (69) Bd. 16, S. 43.

1.1 Die Dialektik des Entweder-Oder

Es gehört zu den auffälligsten Launen der Terminologie, gerade diejenige Denkweise als «dialektische Theologie» zu bezeichnen, die das Band zwischen Vernunft und Glaube am schärfsten trennt.[4] Wenn Karl Barth im «Römerbrief» ausdrücklich seine «ganze Aufmerksamkeit» darauf richtet, «durch das Historische hindurch zu sehen in dem Geist der Bibel, der der ewige Geist ist»[5], dann stellt er sich bewußt gegen das entwicklungsgeschichtliche Denken nach Hegel, das den Geist als Prozeß und als sich in jedem Jahrhundert unter veränderten Bedingungen neu Offenbarendes deutet. Gleich radikal wie der Bruch mit der Geschichte als Offenbarungsstätte Gottes und damit mit der Grundidee der liberalen Theologie ist die Absage an das subjektive Erlebnis, das am Anfang der Mystik, aber auch aller «natürlichen Theologie» steht. Der Gedanke der Befriedigung religiöser Bedürfnisse befindet sich auf der gleichen Stufe wie die Befriedigung anderer menschlicher Bedürfnisse und findet keinen Zugang zur Unvergänglichkeit des Wortes. Der Glaube als unsagbare Gotteswirklichkeit läßt sich weder plausibel machen, noch in argumentative Weltzusammenhänge einordnen; er verweigert sich jedem Gedanken einer letzten Totalität.[6]

Bedeutet «Dialektik» bei Hegel das Vermögen der großen Versöhnungen, das auch die Brücke zwischen Mensch und Gott baut, so beschreibt das Wort bei Barth nur das Nein zur Positivität der Welt, das Wissen von der radikalen Andersheit des Geoffenbarten. Jahrzehntelang beherrschte um die Jahrhundertwende die *liberale Theologie* das Feld. In ihr stand Gott gewissermaßen auf der gleichen

4 Deshalb die Kritik an dem Begriff z. B. bei Tillich (59) Bd. VII, S. 216, oder bei Sölle (68) S. 58/59: «Mit vollem Unrecht führt die *dialektische Theologie* der frühen zwanziger Jahre ihren Namen: es handelt sich hier um Gegensätze, die nicht miteinander vermittelt werden können, weil sie nicht im Verhältnis von Wahrheit und Gegenwahrheit zueinanderstehen, sondern in dem von Wahrheit und Lüge... Daher ist ‹Dialektik› in diesem Sprachgebrauch nur ein Deckmantel für einen ontologischen Dualismus...»

5 Barth (19), Vorwort zur 1. Auflage

6 Um diese Gedanken kreisen die Überlegungen auch von Lévinas, v. a. in seinem Hauptwerk (80): «Die Idee des Unendlichen *offenbart sich* im starken Sinn des Wortes. Es gibt keine natürliche Religion» (S. 81). Lévinas definiert Religion geradezu als «das Band, das zwischen dem Selben und dem Anderen entsteht, ohne eine Totalität auszumachen...» (S. 46)

Seite wie die Dinge der Welt: Gott als das von der Vernunft begreif-
bare Weltprinzip, Christus als der geniale religiöse Mensch, die Verkündigung der Institution Kirche als vernünftige Moral und die
Heilige Schrift als Dokument einer von Mythen geprägten Zeit. Die
dialektische Theologie dagegen, die im «Römerbrief» ihren radikal-
sten Ausdruck fand, sieht Gott und Welt im Verhältnis des größt-
möglichen Widerstreits, in absoluter Negation jeder durch die
menschliche Natur vermittelten Verbindung mit Gott. Es gibt weder
religiöse Erlebnisse noch intellektuelle Anknüpfungen an ein christ-
liches Vorverständnis, – Gott ist der verborgene und radikal Andere. Nur im durch die Gnade Gottes wirkenden Glauben finden
wir Zugang zu Gott als dem Transzendenten. Aber dieser Glaube ist
nie im Sinne einer natürlichen Theologie vermittelbar und einsichtig, sondern bleibt paradox, «Skandalon», *gegen* alle Vernunft und
verweigert sich allen Analogiebildungen. Dialektik besagt, daß Gott
und der christliche Glaube auf der anderen Seite von Autonomie
und Selbstherrlichkeit, von Hybris und Selbstgerechtigkeit, kurz:
auf der anderen Seite der «Welt» stehen.
Die religiöse Vernunft schrumpft innerhalb der dialektischen Theologie zum Vermögen, weltliche Vernunft zum Schweigen zu bringen
und sich dem Wort Gottes, das in Christus Fleisch geworden ist,
auszuliefern. Hier wirkt «Glauben» in einer Bedeutung, die nicht
nur das letzte Engagement abverlangt, sondern auch die äußerste
Selbstaufgabe, in der sich das Ich weigert, Argumente zu nennen, die
über den gnadenhaften Anruf des ganz Anderen hinausgehen. Ja,
noch mehr: alle Versuche, außerhalb der christlichen Offenbarung
von Gott zu sprechen, werden als menschliche Selbstauslegung und
anthropologische Beschreibung von Lebensformen gedeutet, die
letztlich auf eine Selbstvergottung des Menschen hinauslaufen.[7]
Diese Tendenz gipfelt in der These, daß christlicher Glaube nicht als
Religion mißverstanden werden darf, sofern Religion irgendetwas
mit Strukturen menschlicher Lebensformen zu tun hat, welche die
Empfänglichkeit für das Numinose (R. Otto) oder Gefühlsdisposi-
tionen im Sinne der Erfahrung einer schlechthinnigen Abhängigkeit
(F. Schleiermacher) u.ä. umfassen.

---

7 Interessant ist indessen, daß auch in anderen Hochreligionen Interpretationen auftreten, die ihren eigenen Glauben nicht als *Religion*, sondern
als *einmaliges göttliches Ereignis* deuten. Für das Judentum ist Y. Leibo-
witz, für den Islam Mahdoodi zu nennen. Hinweis von M. Morgenstern,
der sich auf Z. Werblowsky beruft.

Aber – so ist nun zu fragen – wie konkretisiert sich das Geschehen Gottes, wo ist der Anhaltspunkt für den völlig abgeschnittenen Menschen, der zum Glauben finden soll? Die ursprüngliche «kritische Negation», in der die «Todeslinie» zwischen Mensch und Gott gezogen wird, und das Nein Gottes, das den sündigen Menschen in die unendliche Distanz stellt, schlägt nur in Jesus zur «Position» oder «Affirmation» um. Gott offenbart sich ja in einem Menschen. Aber dies geschieht nicht mit Hilfe religiöser Erlebnisse durch eine mystische Gottesbegegnung, sondern unhistorisch und gleichnishaft; der Mensch lebt in einer Hoffnung und in der eschatologischen Erwartung. Ebensowenig erfährt das Handeln des Menschen eine Überhöhung und normative Fixierung durch die imitatio Christi, sondern es verbleibt in einem «Hohlraum» weiterhin «Krankheit zum Tode», und alles Gemeinte gilt nur als Zeichen und Gleichnis. So mißlingt letztlich auch im Angesicht Gottes die Versöhnung durch den Menschen. Der Dialektik fehlt das andere Ende.

Das konturenlose «Wort Gottes» der frühen Dialektik des «Römerbriefes» erhält später in der kirchlichen Dogmatik Barths seine klaren Umrisse, indem es Jesus Christus in den Mittelpunkt stellt und von diesem her argumentiert. Die Dialektik verliert dadurch an Schärfe und die Rede von Gott schlägt wieder Brücken zur Tradition und Geschichte. Die Offenbarung des präexistenten Christus vermittelt ein neues Verständnis des Menschen. Sie zeigt im Sohn die Freiheit Gottes zur Liebe und offenbart den Bund als inneren Grund aller Schöpfung. In einer betont christozentrischen Dogmatik ist sogar wieder die Rede von der Analogie; zwar nicht von der vom Geschöpf zum Schöpfer führenden analogia entis, dieser «Erfindung des Antichrist»[8], wohl aber von der analogia fidei, die ihren Ausgangspunkt im Schöpfer und damit im geglaubten Wort hat und von dort aus das menschliche Geschöpf als Zeichen und Gleichnis vor Gott deutet. So wird in dieser Wende von der Dialektik zur Analogie aus dem «sola fides» schließlich ein «solus Christus».

1.2 Die Dialektik als existentiale Interpretation

Aus dem Geiste der dialektischen Theologie und deren Konfrontation mit der liberalen Theologie lebt auch die *Entmythologisierung*

8 Barth (44) I/1, S. VIII

Rudolf Bultmanns. In ihr vollendet sich die Beseitigung aller Spuren göttlichen Eingreifens in unsere von Naturgesetzen bestimmte Welt. Der Mythos als Sprachrohr des Göttlichen, als weltimmanente Konkretisierung des Numinosen fällt unter das Verdikt des «sola fides». Trotzdem ist – im Gegensatz zum frühen Barth – die Geschichte entscheidend, aber nicht als Spur Gottes, sondern als Medium menschlicher Eigentlichkeit. Nicht das unklare historische Geschehen in dem Menschen Jesus von Nazareth in jenen Jahren des Heils ist Gegenstand des Glaubens, sondern die Verkündigung der Gemeinde, die allein in den heiligen Berichten überliefert ist. Durch diese Blickwendung entzieht sich Bultmann der universellen und radikalen historischen Bibelkritik: nicht die Kenntnis heilsgeschichtlicher Fakten, sondern die Aktualisierung des Kerygmas durch den existentiellen Nachvollzug ermöglicht die christliche Existenz. So ist für Bultmann beispielsweise das Ostergeheimnis kein geschichtliches Ereignis, das sich am Menschen Jesu vollzieht, sondern es ist identisch mit der Entstehung des Glaubens der Gemeinde an den Auferstandenen. Das Kerygma betrifft also nicht inhaltlich das Christusgeschehen, sondern umgekehrt das Christusgeschehen ist das Kerygma. Es geht dabei nicht um eine allgemeine Bedeutsamkeit des Kreuzes; vielmehr ist die Aktualisierung des Glaubens einst in der Urgemeinde und jetzt im einzelnen Gläubigen das eigentliche Christusgeschehen. Das Wort Gottes ist der Anruf an den Menschen, sein Verfallensein an die Welt und seine Verstrickungen in den selbstgeschaffenen Sicherheiten aufzugeben zugunsten der eigentlichen Existenz in Gott. Diese erlangt er nur im Glauben daran, daß Gott ihn anruft und an ihm handelt. Der eigentliche Sinn der historischen Ereignisse kann nur durch die Analyse des Selbstverständnisses der beteiligten Menschen erfaßt werden: die Theologie wird zur *existentialen Interpretation.* Dabei beruft sich Bultmann auf Martin Heidegger. In dessen Existentialanalysen von «Sein und Zeit» ist auf *philosophische* Weise das gesagt, was im Neuen Testament eigentlich gemeint ist. Menschliches Dasein steht «in der Sorge um sich selbst aufgrund der Angst, jeweils im Augenblick der Entscheidung zwischen der Vergangenheit und der Zukunft, ob er sich verlieren will an die Welt des Vorhandenen, des Man, oder ob er seine Eigentlichkeit gewinnen will in der Preisgabe aller Sicherungen und in der rückhaltlosen Freigabe für die Zukunft»[9].
Mit Emil Brunner und gegen Karl Barth geht Bultmann von der

---

9 Zu Bultmann siehe vor allem Bultmann (51), Zitat aus Band I, S. 33

Überzeugung aus, daß die Sünde des Menschen zugleich Anknüpfungspunkt für die Gnade Gottes ist. Die Verbindung erfolgt jedoch nicht mittels eines besonderen religiösen oder mystischen Organes, sondern betrifft die Existenz des Menschen. Existentiale Interpretation heißt, auf diese existentiellen Bedingungen als Ort der Gnade hinzuweisen und deren Wirkung in den Kategorien des menschlichen Daseins auszudrücken.

Die Infragestellung der menschlichen Sicherheiten führt zum Konflikt mit den Manifestationen jener Absicherungen, nämlich zum *Konflikt zwischen Mythos und Wissenschaft.* Der moderne Mensch kann die in altertümlicher Form überlieferte Heilige Schrift nur dann als Grundlage seines Glaubens annehmen, wenn er hinter der mythologischen Struktur des überlieferten Kerygmas eine Intention entdeckt, die ihn auch heute noch betrifft. Der Mythos, der das Jenseits zum Diesseits objektiviert, verstellt dieses ursprüngliche Interesse. Nur durch eine konsequente Entmythologisierung wird das damalige Existenzverständnis erkennbar. *Entmythologisierung* versteht sich so als eine besondere Form der Interpretation. Die Qualifizierung des Verstehens als Existential in Heideggers «Sein und Zeit» liefert die Voraussetzung für die Entwicklung einer «Neuen Hermeneutik». Das Wortgeschehen wird als hermeneutisches Prinzip gedeutet, als «das, was man einem Text entgegenhält, um ihm zu entlocken, was er zu sagen hat»[10]. «Ihre Kritik am biblischen Schrifttum besteht nicht in der Elimination der mythologischen Aussagen, sondern an ihrer Interpretation; sie ist kein Subtraktionsverfahren, sondern eine hermeneutische Methode».[11] Hatten einst die Stoiker die griechische Mythologie, Philon das Alte Testament und Origenes das Neue Testament *allegorisch* interpretiert, also hinter dem Wortlaut mehr oder weniger sinnfällige Versinnbildlichungen und Personifizierungen von Abstrakta vermutet, so entdeckt Bultmann in seiner *existentialen* Interpretation hinter den Mythen des Neuen Testaments eine persönliche Bedeutsamkeit von Ereignissen, die sich ganz in der je konkreten Existenz des einzelnen vollzieht. Alle Versuche, die Heilsereignisse als Geschehen in Raum und Zeit zu deuten, die eine von unserem Bewußtsein und Existenzvollzug unabhängige vorhandene Wirklichkeit beträfe, werden dadurch ad absurdum ge-

10 So J. M. Robinson in seinem Aufsatz: Die Hermeneutik bei Karl Barth, S. 79, in: Robinson/Cobb (65)
11 Vgl. Bultmann: Zum Problem der Entmythologisierung, in Bultmann (52) S. 184/185

führt, daß sie an der Kritik der modernen Tatsachenwissenschaften scheitern müßten. Die Wirklichkeitsthese liefert die Offenbarungsaussagen an das Messer der historischen Kritik.[12] Aber die Überzeugung, daß «von Gott reden» eigentlich heißt, «vom Menschen reden», enthält eine andere Gefahr, nämlich die der anthropologischen Engführung hin zu einer Theorie der reinen Immanenz. Die Unterscheidung eines unkritischen mythischen von einem kritischen modernen Denken macht vor den letzten tragenden Differenzen von Gott und Welt beziehungsweise von Verfügbarkeit und Unverfügbarkeit nicht halt. Während der tiefe persönliche Glaube Bultmanns der Auslieferung des Kerygmas an die Immanenz widerstand, wurde die Wende zur reduzierten Endlichkeit bereits in der nächsten Generation zur Selbstverständlichkeit.

1.3 Der Verlust der Transzendenz

Nicht nur die Philosophie der Endlichkeit, die sich hinter Heideggers Existenzanalysen und seinen späteren Ausführungen über das Seinsgeschick verbirgt, war der Anlaß zur Hinwendung zur Immanenz. Auch ganz andere Traditionen, insbesondere religions- und sozialkritischer Art, in denen die Feuerbachsche Projektionsthese wie ein erratischer Block jede Aussicht auf die Transzendenz versperrte, reduzierten religiöse Phänomene auf immanente Sachverhalte.

Hatte Nietzsche seine Prophetie vom «Tode Gottes» als Voraussetzung für das Erscheinen des *Übermenschen* gedeutet, so beurteilt die sogenannte «Gott-ist-tot-Theologie» den «Tod Gottes» als Bedingung für das Freiwerden zum eigentlichen *Menschsein* in dieser Welt. Die Betroffenheit von jenem epochalen Ereignis verwandelt sich in die Solidarität mit den mitleidenden Menschen. In Dorothee Sölles Begriff von der «Stellvertretung»[13] wird die Wende zur Immanenz drastisch illustriert: Jesus ist der Stellvertreter Gottes, der für Gott einsteht und an dessen Stelle handelt, ja sich für ihn aufopfert; zugleich ist die Rolle Jesu auch Stellvertretung für den Menschen. Er ist der wahre Lehrer der Menschheit; denn für Gott tritt nur der ein,

12 Vgl. die Formulierung von Hartlich und Sachs, in Bultmann (51), Band II, S. 131
13 Sölle (65)

der für andere eintritt – und nur darum geht es. Dagegen gibt es keinerlei unmittelbare Gotteserfahrung, keinen Bezug zum Supranaturalen oder Transempirischen. Auch Tillichs Rede vom Unbedingten meint eigentlich das Bedingte selbst, die konkrete Geschichte des Menschen. So läßt sich die Humanisierung des christlichen Glaubens sogar als «An-Gott-Glauben» deuten; gemeint ist damit aber der Glaube an das menschliche Leben. «In einem Satz gefaßt, ließe sich die Problematik der gegenwärtigen Theologie beschreiben als ein ‹atheistisch an Gott glauben›. Der paradoxe Ausdruck will sagen, daß Glauben hier als eine Art Leben verstanden wird, das ohne die supranaturale, überweltliche Vorstellung eines himmlischen Wesens auskommt, ohne die Beruhigung und den Trost, den eine solche Vorstellung schenken kann...» (Sölle)[14].

In all diesen Programmen, sei es als «Gott-ist-tot-Theologie», sei es als «atheistisch an Gott glauben» oder auch als «religionsloses Christentum» im Sinne Bonhoeffers oder Robinsons, erfolgt eine Elimination der Transzendenz im traditionellen Sinne. Zwar ist noch weiterhin die Rede von der Transzendenz; aber es handelt sich um eine «Transzendenz in der Immanenz». Bonhoeffer schreibt: «Das ‹Für-andere-da-sein› Jesu ist die Transzendenzerfahrung... Unser Verhältnis zu Gott ist kein ‹religiöses› zu einem denkbar höchsten, mächtigsten, besten Wesen – das ist keine echte Transzendenz, – sondern unser Verhältnis zu Gott ist ein neues Leben im ‹Dasein-für-andere›, in der Teilnahme am Sein Jesu. Nicht die unendlichen unerreichbaren Aufgaben, sondern der jeweilig gegebene erreichbare Nächste ist das Transzendente.»[15] Und John A.T. Robinson verweist, den Gedanken weiterführend, auf Jesus Christus, der «die Verkörperung dessen (ist), was ‹mitten in unserem Leben jenseitig› ist, der Transzendenz der Liebe».[16] Gott *ist* in der Menschengestalt; er lebt nicht auf dem erhöhten Thron im Jenseits, nicht als metaphysisches Unendliches und Absolutes, von der Welt Losgelöstes, nicht als perfektes Unbedingtes, das die zerbrechliche Welt des Bedingten gnädig und ehrwürdig trägt.

J. Moltmann bereichert die christliche Erfahrung von Welt um die Dimension des *Zukünftigen*. Seine Eschatologie, die alle Momente einer «Theologie der Hoffnung» umfaßt und von der Überzeugung der Wiederkunft Christi lebt, erzeugt ein neues Sendungsbewußt-

14 Sölle (68) S. 79
15 Bonhoeffer (51), Entwurf einer Arbeit, S. 259
16 Robinson (64) S. 83

sein des modernen Christen, das die Geschichte und das Menschsein nicht nur anders *interpretieren*, «sondern sie in der Erwartung göttlicher Veränderung zu *verändern*» sucht.[17]

Von dieser Deutung ist nur noch ein kleiner Schritt zur «politischen Theologie» (J. B. Metz), zur «Theologie der Revolution» (R. Shaull) und zur «Theologie der Befreiung» (L. u. C. Boff)[18]. In diesen Konzeptionen vereinigen sich die soeben skizzierten Tendenzen mit den Entwicklungen soziologischer und gesellschaftlicher, später insbesondere marxistischer Ideen. Der Mensch als Gesellschaftswesen protestiert gegen die enge und unkritische Existentialtheologie und bezieht das politische Geschehen in seine Überlegungen ein. Aus der «Theologie» als «Wort Gottes» wird die «Theologie der Welt» (Metz): «Welterfahrung und Weltverhalten vollziehen sich... im Horizont zwischenmenschlichen Mitseins und dies nicht bloß im ‹privaten› Sinn der Ich–Du-Beziehung, sondern im ‹politischen Sinn› des gesellschaftlichen Miteinanderseins». Nicht die vestigia Dei, die Spuren Gottes, sondern die vestigia hominis leuchten aus der Welt entgegen; aus der divinisierten Welt wird die kommunizierte Welt.[19] Wir erleben Numinoses in der Freiheit, die sich in dieser Welt verwirklicht, nicht in der Transzendenz eines unerreichbaren Anderen. So enthält auch die Geschichte als endzeitliches Geschehen ihr neues Gewicht.

Die *dialektische Theologie* mit ihrer scharfen Trennung von Gott und Welt, die *Existenztheologie* mit ihrer Hinwendung zum Einzelmenschen und die *Geschichtstheologie* mit ihren liberalen und politisch-sozialen Implikationen bleiben die Grundformen insbesondere der protestantischen Theologie.[20] Vermittlungsversuche durch Tillich oder Ebeling, auch Antithesen gegen die eine oder andere jener Formen[21] bewegen sich innerhalb dieser großen Themen. Auch die katholische Theologie wurde in diese Auseinandersetzungen hinein-

17 Moltmann (64) S. 74
18 Beispiele bei Metz (68), Shaull (70), Boff (86)
19 Metz (68) S. 49, 55, 58
20 Vgl. z. B. F. Wagners Aufsatz: Zur Theologiegeschichte des 19. und 20. Jahrhunderts, in: Theologische Rundschau, 53. Jg. 1988. Auf S. 168 wird ausdrücklich auf die aktuelle Bedeutung von Barth, Bultmann und Tillich hingewiesen; Wagner (88)
21 So versteht sich z. B. W. Pannenberg mit seinem universalistischen Entwurf als Herausforderer Bultmanns. Vgl. dazu die ausführliche Darstellung in 10.3 b. Zur Bedeutung von G. Ebeling, W. Pannenberg und J. Moltmann für die Gegenwartstheologie siehe Kantzenbach (78)

gezogen. Den bedeutendsten Beitrag von dieser Seite leistete Karl Rahner.

1.4 Die Transformation des Transzendenten ins Transzendentale

Durch die Betonung des transzendentalen Gedankens gelingt es *Karl Rahner*, sowohl die Engführung der existentialen Interpretation zu vermeiden als auch den Konsequenzen der Theologie der Immanenz zu entgehen, obwohl er das ursprüngliche Anliegen aller Theologie, die Erfahrung von Transzendenz, aus einem «personalen Selbstbesitz» heraus erklärt. Heideggers Erschlossenheit des Seins als Bedingung der Möglichkeit von Seiendem wird zum anonymen und unthematischen Wissen von Gott, von dem her sowohl jener personale Selbstbesitz als Geöffnetheit für das Sein überhaupt als auch die Erkenntnis der gegenständlichen Welt verstanden werden müssen.[22] Rahner schließt in seinem Gedanken einer transzendentalen Rechtfertigung der Erfahrung von Transzendenz an die gewichtige Tradition Kants an und nimmt dabei zugleich fruchtbare Impulse der Existenzphilosophie auf. Das Ergebnis ist eine Theologie, die Raum läßt für die Fülle der Offenbarung, ohne die Weltverantwortung und das Einzelsubjekt aus den Augen zu verlieren.

Der Ausgangspunkt jeder transzendentalen Reflexion ist das Subjekt. Es erscheint in seiner Konkretion als Selbstbesitz des Daseins und entfaltet sich als Selbstbewußtsein und Freiheit. Die Reflexion dieses Subjekts ist aber keine akzidentelle Eigenschaft eines zur objektiven Welt gehörenden Lebewesens, sondern im freien Selbstvollzug des Menschen ist die «Einheit von Wirklichkeit und ursprünglichem Bei-sich-Sein dieser Wirklichkeit in der Person» schon immer vorgegeben.[23] Hinter der Vergegenständlichung des Selbst zum thematisierten Objekt des Selbstbewußtseins liegt unthematisiert die Selbstgegebenheit des Subjekts. Aus ihr wird die Personalität konstituiert, die Transzendenz, Verantwortung, Freiheit, Geschichtlichkeit, Welthaftigkeit und Gesellschaftlichkeit umfaßt, dabei aber stets auf das unbegreifliche Geheimnis verwiesen bleibt.

Rahners Überlegungen beginnen mit der Erfahrung der radikalen

22 Rahner (76) S. 32f.
23. a.a.O. S. 27

Fragwürdigkeit des Menschen. Eine solche Erfahrung läßt sich aber in keinem *endlichen* System realisieren: Indem der Mensch «die Möglichkeit eines bloß *endlichen* Fragehorizontes setzt, ist diese Möglichkeit schon wieder überholt, erweist sich der Mensch als das Wesen eines *unendlichen* Horizontes. Indem er seine Endlichkeit radikal erfährt, greift er über die Endlichkeit hinaus, erfährt er sich als Wesen der Transzendenz, als Geist».[24] So wird im Zweifel unvermeidlich ein Wissen um die Unendlichkeit der Wirklichkeit mitgedacht. Die Transzendenz ist die Bedingung der Möglichkeit, die eigene Endlichkeit zu denken.

Aber diese Bedingung ist keine «holde und wahnwitzige Täuschung», kein leeres Nichts; «denn das Nichts begründet nichts». Zudem erfährt sich der Mensch ja in Freiheit und Verantwortung. In dieser Erfahrung, die zugleich als Verantwortung vor Gott verstanden wird, bricht die Fülle des religiösen Kosmos durch: «Wenn der Mensch wirklich Subjekt ist – das Wesen der Transzendenz, Verantwortung und Freiheit, das als sich selbst anvertrautes Subjekt sich auch schon immer in Unverfügbarkeit hinein entzogen ist –, dann war damit im Grunde schon gesagt, daß der Mensch das auf Gott verwiesene Wesen ist...»[25]

Die transzendentale Erfahrung des Subjekts enthält als ein anonymes und unthematisiertes Wissen von Gott die Bedingung des personalen Seins: «Wir sind auf Gott verwiesen. Diese ursprüngliche Erfahrung ist immer gegeben.» Sie liegt allen Gottesbeweisen und Gottesleugnungen zugrunde, sie ist die Basis des religiösen Tuns und des weltlichen Verfallenseins. Gott als transzendenter Grund, als unabdingbare Voraussetzung unserer selbst: «... im Gebet und in der metaphysischen Reflexion bringen wir nur ausdrücklich vor uns, was wir im Grunde unseres personalen Selbstvollzugs immer schon von uns selber ungesagt wissen.»[26]

Der Mensch, der sich als geistige Person von der Welt der Gegenstände und biologischen Zentren abhebt, «bejaht implizit in jeder Erkenntnis und jeder Tat als realen Grund das absolute Sein und dieses als Geheimnis». Dieses «heilige Geheimnis», wie es Rahner genauer nennt, ist als das Woraufhin und Wovonher unserer Transzendenz nichts anderes als Gott. Das Wort «Gott» verweist zugleich auf die absolute Fülle und Reinheit, die im Wort mitgedacht wer-

24 a.a.O. S. 43
25 a.a.O. S. 54; 87; 54
26 a.a.O. S. 62; 63

den. Allerdings läßt sich von diesen Inhalten weder in objektivierender Sprache noch in analoger Rede sprechen; denn die klassische Vorstellung von der analogia entis betrachtet jene Inhalte als einen Zwischenbegriff zwischen Univokation und Äquivokation. Für Rahner ist aber die Transzendenz die Bedingung für solche kategoriale Unterscheidung, das heißt, die gemeinten Inhalte liegen eine Schicht tiefer; Äquivokation und Univokation bedeuten defiziente Modi eines ursprünglicheren Verhältnisses, das «Analogie in einem tieferen Sinn» heißen könnte: «Wir selber – so könnte man sagen – existieren analog durch unsere Gründe im heiligen Geheimnis, das sich uns immer entzieht, indem es uns selber immer konstituiert...»[27]

Nicht nur die Transformation der Erschlossenheit des Seins in die Transzendenz Gottes, sondern auch das Verhältnis zur Geschichte zeigen enge Verwandtschaften mit der Existenzphilosophie. Die Geschichtlichkeit wird ausdrücklich als Existential des Subjekts bezeichnet. Die konkrete Geschichte basiert auf der Geschichtlichkeit des Menschen als «ein inneres konstitutives Moment am geistigen und freien Subjekt».[28] Der Mensch ist letztlich eine Synthese aus Transzendenz und Geschichte, steht aber trotz allem unter einem übernatürlichen Umgreifenden.

In allen Einzelanalysen Rahners zeigt sich die vorgängige Eingebundenheit des Menschen in die Transzendenz. Der Mensch kann auf rein natürliche Weise nie zur Erfahrung seiner Heilsbedürftigkeit gelangen, die nach Offenbarung verlangt. Aber der Mensch ist nicht nur bloße Natur; er verweist in der Selbstreflexion, die ihn wesentlich bestimmt, stets schon über die bloße Natur hinaus. Indem der Mensch er selbst ist, meint er die Möglichkeit einer Offenbarung Gottes, der er sich dann allerdings in seiner Freiheit explizit verschließen kann, indem er sich selbst verliert.

1.5 Die sogenannte neue Religiosität

Wir haben bisher versucht, einige bedeutsame theologische Strömungen und Entwicklungen unseres Jahrhunderts im Umfeld der europäischen Tradition anzudeuten und zu charakterisieren. Dabei

27 a.a.O. S. 85; 82; 81
28 a.a.O. S. 52

wurde bewußt darauf verzichtet, *die Stimmungen im allgemeinen Bewußtsein* der Gläubigen und Ungläubigen der damaligen Zeit zu analysieren, die ein diffuses Spektrum von frommer Gläubigkeit über aufgeklärtes Christentum und Civil Religion (R. N. Bellah)[29] bis hin zur militanten und gedankenlosen Areligiosität bilden würden. Denn in der Religionsphilosophie geht es uns um die Formen der religiösen *Vernunft*. Was an vernünftigen, das heißt an theologisch reflektierten Elementen in diesen Volksmeinungen enthalten ist, setzt sich hauptsächlich aus früher entwickelten Theologien und Religionskritiken zusammen. Diese reflexiven Disziplinen handeln gleichzeitig von dem, was an Problemen und Bedürfnispotentialen in den Gemeinden und in den profanen Kommunikationsgemeinschaften aktuell ist. Denn Theologie und Philosophie bringen den religiösen beziehungsweise den profanen Zeitgeist auf den Begriff (Hegel)[30].

Mit dem Etikett der «neuen Religiosität» dagegen werden Tendenzen zusammengefaßt, die in Modeströmungen wie «New Age» oder in Jugendsekten von Bedeutung sind und denen diese theologische Reflexion fehlt. In eklektizistischer Manier werden aus den Angeboten der großen Weltreligionen, aus dem Repertoire philosophischer, popularwissenschaftlicher, psychologischer und parapsychologischer Gedanken und aus den Stimmungen des Zeitgeistes, wie Friedensbewegung, Ökologie und Feminismus, willkürlich Bruchstücke ausgewählt und als Weltanschauungen angeboten, die von Autor zu Autor grundverschiedene Inhalte aufweisen. An die Stelle von Be-

29 Vertreter der Civil Religion behaupten in Opposition zur Säkularisierungsthese, daß auch die moderne Gesellschaft letztlich eines religiösen Fundamentes bedarf, um überleben zu können. Während Bellah, der die Diskussion in den Sechziger Jahren durch seinen Aufsatz «Civil Religion in America» (vgl. Bellah (70)) in Gang gesetzt hatte, das religiöse Fundament der politischen Ordnung *überkonfessionell* deutete, glaubt Pannenberg die eigentlichen Quellen in der *jüdisch-christlichen Tradition* zu entdecken (vgl. Pannenberg: Civil Religion? Religionsfreiheit und pluralistischer Staat: Das theologische Fundament der Gesellschaft; in: Koslowski (85) S. 63 ff.).

30 Das diesbezügliche Diktum Hegels in (69) Bd. 7, S. 26, bedeutet ja keineswegs, daß in der Philosophie nur die Stimmungen des Volkes auf den Begriff gebracht werden; denn diese sind durch pädagogische Prozesse geprägt, welche die Inhalte der geschichtsträchtigen Reflexionen aufbewahrt haben.

gründung und Argumentation tritt das *autonome Erlebnis*. Der Bezug auf kollektive Erfahrungen, die sich in Traditionen niedergeschlagen haben, wird durch Berufung auf persönliche Erfahrung ersetzt. Der Verzicht auf bestimmte konsistente und bewährte Denktraditionen und die gezielte Distanzierung von methodologischen Festlegungen öffnen der hemmungslosen Spekulation Tür und Tor. Trotzdem lassen sich einige charakteristische Merkmale sowohl positiver wie negativer Natur erkennen, welche die Randstellung dieser «neuen Religiosität» für unsere weiteren Untersuchungen plausibel machen dürften.

Der Zerfall der institutionalisierten Religionen und die Pluralität der philosophischen Antworten im Bewußtsein der modernen Überflußgesellschaft bedingen die folgenden vielzitierten *Negationen*:

– Loslösung von den Kirchen und deren dogmatischen Fixierungen; man steht über den «Niederungen des konfessionellen Gezänks».[31]

– Abwertung des Personalen sowohl in der Gottesvorstellung als auch in der Deutung des Individuums; es gibt keinen personalen Gott, und das Ich muß durch «transpersonale» Erfahrungen erweitert werden.

– Auflösung der Raum-Zeit-Erlebniswelt in eine Scheinwelt, der angeblich eine tiefere eigentliche Wirklichkeit zugrunde liegt. Neue Deutungen der Physik und der Tiefenpsychologie öffnen die Augen für diese neuen Dimensionen.

– Abwendung von rational kontrollierbaren Methoden, die Eindeutigkeit und intellektuelle Vermittlung garantieren; denn diese betreffen nur die in Subjekt und Objekt gespaltene Scheinwelt der Raum-Zeit-Oberfläche.

Diese Negationen ergeben zugleich bestimmte *Alternativen*:

– Die Pflege der «neuen Religiosität» durch individuelle Selbsterfahrung, die zwar der *Anleitung*, aber keiner *Vermittlung* bedarf.

31 Vergleiche die kritische Darstellung der «neuen Religiosität» im gleichnamigen Buch von J. Sudbrack (87), S. 13. Dort findet man die wichtigsten Titel der Hauptvertreter F. Capra, M. Ferguson, H. Mynarek, S. Grof u.v.a.

Diese Funktionen übernehmen häufig ostasiatische Weisheitslehrer (Yogis, Gurus) oder andere Meister der Meditation.
– Die Einbindung des Individuums in ein transpersonales Ganzes, in welchem alle Begrenzungen aufgehoben sind und Gott sich als das All-Eine, als überpersonaler Lebensstrom manifestiert.
– Die meditative Versenkung in den Urgrund des Seins, wo es kein Leid und keine Schuld, keinen Haß und keine Liebe, kein Vergehen und keinen Tod gibt.
– Die Betonung der emotionalen Kräfte im Menschen; im ekstatischen Erlebnis des Mystikers oder des religiösen Meisters vollzieht sich die Einswerdung mit dem All-Einen. Das Gefühl bleibt nicht an der Oberfläche der intellektuellen Verschiedenheiten, sondern taucht in die Tiefe und erfährt erkennend die Identität von Ich und Gott.

Die Einbettung dieser gnostischen Spekulation in die *allgemeine Sinnproblematik* macht die «neue Religiosität» besonders attraktiv. Die Suche nach dem «Sinn des Lebens» wird zum Kriterium für Religiosität. Weil in diesem Ausdruck des Lebenssinns eher die Negation von Selbstverständlichkeiten als die Vorstellung einer definitiv beantwortbaren Frage liegt, werden oft jugendliche Orientierungssuche, allgemeine Ratlosigkeit, Standpunktlosigkeit und hyperkritische Arroganz mit Religiosität verwechselt. Das Gefühl dafür, daß Sinn auch etwas mit der Annahme eines festgelegten Gegebenen zu tun hat und nicht nur von den willkürlichen Leistungen eines autonomen Ich abhängen muß, geht dabei gänzlich verloren.[32]

32 Siehe dazu die radikale Kritik an der inflationären Verwendung des Sinnbegriffs bei Sauter (80) und (82). Dort heißt es: «Die universal gestellte Sinnfrage führt zu totalen Antworten, und sie entpuppt sich als Götzenfrage. Gott, zum Universalzusammenhang, zum Bedeutungsganzen, zum letzten Sinn erhoben . . . ist ein Götze, in dem sich reflektiert und bespiegelt, wer ihn hervorgebracht hat.» (82) S. 163. Ferner: «Die Sinnfrage ist maßlos und vermessen». Wir werden verleitet, «Sinn zu setzen, statt uns gegebenem Sinn (also der Sinnhaftigkeit) auszusetzen». A.a.O. S. 167. So berechtigt Sauters Kritik in bezug auf die Überbetonung des Leistungsbegriffs ist, so einseitig erweist sie sich in ihrer Pauschalität. Sie übersieht die Bedeutung des Sinnbegriffs im Zusammenhang mit dem Seinsbegriff. Siehe dazu z.B. das materialreiche Symposium «Sinn und Sein» in: Wisser (60).

Ein Vergleich mit den in 1.1–1.4 dargestellten theologisch reflektierten Formen von Religiosität zeigt, daß hier wichtige Momente der religiösen Vernunft verlorengegangen sind, nämlich der Bezug auf Offenbarung im Sinne der Kundgabe eines ganz Anderen, das nicht emotional vereinnahmt werden kann, und die Forderung nach intellektuell verantwortbarer Rechtfertigung. Diese Verabschiedung der Vernunft macht die «neue Religiosität» unvernünftig. Sie zählt demnach nicht zu den *Formen* der religiösen Vernunft. Sie hat keine Chance der Bewährung, weil sie keiner kritischen Auseinandersetzung standhält und ausdrücklich auf kommunikative Fixierungen verzichtet, die über die unmittelbare persönliche Bindung hinausgehen. Eben dies aber werden wir als eine Grundvoraussetzung für die Bewährung von religiösen Vernunftformen herausarbeiten.

2. Religiöse Vernunft als kritische Selbstaufhebung

Mit der Aufklärung vollendet sich die Selbstaufhebung der religiösen Vernunft: sie durchschaut sich als Illusion und Tyrannei, aus der sich der wahre Mensch befreien muß. Doch die Behauptung, daß mit Feuerbach die Religionskritik im wesentlichen geleistet sei, verliert im Ausbleiben der Befreiung durch den selbstkritischen «freien Geist» ihre Überzeugungskraft. Die Befreiung ins Nichts erzeugt die Verzweiflung (Kierkegaard, Nietzsche). So fühlt sich jede Generation von neuem veranlaßt, den Kampf gegen die Verwirrungen durch die Religion aufzunehmen und die religiösen Gegenstände auf Epiphänomene zu reduzieren, die in der modernen Welt allein noch diskutabel sind. *Die Reduktion der religiösen Phänomene* erscheint als Vollendung einer Philosophie, deren Logos sich bereits in den Anfängen vom Mythos abstößt.

2.1 Philosophie als Aufklärung

Die Beispiele reduktiver Überlegungen reichen bis in die *Anfänge der Philosophie* zurück und durchziehen alle Jahrhunderte. Der Hinweis des Xenophanes, «wenn Kühe, Pferde oder Löwen Hände hätten und damit malen und Werke wie Menschen schaffen könnten, dann würden die Pferde pferde-, die Kühe kuhähnliche Götterbilder malen und solche Gestalten schaffen, wie sie selber haben», nahm Feuerbachs Projektionsthese vorweg.[1] Protagoras propagierte erstmals den Agnostizismus: «Von den Göttern vermag ich nichts festzustellen, weder, daß es sie gibt, noch, daß es sie nicht gibt, noch, was für eine Gestalt sie haben; denn vieles hindert ein Wissen hierüber: die Dunkelheit der Sache und die Kürze des menschlichen Lebens»; und Kritias sprach offen von dem «schlauen und klugen Kopf, der den Gottesglauben einführte, damit die Übeltäter sich fürchteten, auch wenn sie insgeheim etwas Böses täten oder sagten oder auch nur dächten».[2] Von der Angst vor Göttern versuchte

---

1 Capelle (35) S. 121, fr. 15
2 a.a.O. S. 333, fr. 4; bzw. S. 378, fr. 25

Epikur die Menschen zu befreien. Zwar bezweifelte er weder die Existenz von Göttern, noch hielt er die Gläubigen vom religiösen Kult ab, weil die vollkommenen Götter durchaus der Verehrung würdig seien. Aber seine an Demokrit anknüpfende Naturlehre gab ihm die Möglichkeit, die völlige Abgeschiedenheit der Götter zu lehren, so daß die Menschen vor den Göttern keine Furcht zu haben brauchen: die Welt ist weder das Werk der Götter, noch wird sie von diesen beherrscht; weil die Seele nach dem Tod nicht weiter existiert, braucht sie auch keine Qualen in der Unterwelt zu leiden.[3]

Wenn auch in gewissen Epochen die kritischen Stimmen weniger auffällig waren, darf man die stummen Zweifler nicht ignorieren, die wohl zu allen Zeiten ihre Vorbehalte gegen die Religion wenigstens im Stillen artikulierten. In der *Frühscholastik* bezeichnete man die Dialektiker um Anselm von Besate als sophistae; Berengar von Tour stellte die Dialektik als Richterin über die Theologie. Man kann sich vorstellen, daß der Primat der Dialektik nicht immer nur auf positive Aussagen über die religiösen Gegenstände führte. Wenn Anselm von Canterbury in seinem Versuch, Gottes Dasein aus dessen Begriff zu erweisen, den Ausdruck des «Größten schlechthin» auch Atheisten zumutete, dann dürfte der Atheismus selbst im Mittelalter eine Realität gewesen sein, mit der sich die Auseinandersetzung lohnte. Auch beim Aufkommen des Aristotelismus im *Hochmittelalter* mußten unchristliche Folgerungen, die mit dem averroistischen Pantheismus, mit der Ewigkeit der Welt und vor allem mit dem Zweifel an der Unsterblichkeit der Seele im Zusammenhang standen, erst durch neue Interpretationen und Umdeutungen aus der Welt geschafft werden. Daß im Gefolgte des Nominalismus im Spätmittelalter die Skepsis und Kritik sich nicht immer nur innerhalb der Scholastik ausbreitete, sondern diese bereits auszuhöhlen begann, erkennt man bei Nikolaus von Antrecourt, dem «mittelalterlichen Hume».[4] Die Zweifel an Substanz, Kausalität und Finalität haben die Fundamente mancher traditionellen Lehre untergraben. Verurteilungen von Thesen und Prozessen mit Ketzerverfolgungen konnten die Ausbreitung areligiösen Denkens nicht mehr aufhalten.

Seit der *Renaissance* und der *Aufklärung* gehören Vorbehalte gegen

3 Verschiedene Quellen bei Überweg (19) 1. Teil, S. 450
4 a.a.O. 2. Teil, S. 291f.

die Religion zum intellektuellen Pathos. Die Angriffe auf die Metaphysik trafen mit voller Wucht auch die Versuche, den Kern des christlichen Glaubens in der Form einer Naturreligion zu retten. Bei Pierre Bayle wurden die Widervernünftigkeit jeder Offenbarung und die Ohnmacht der Argumentation in religiösen Fragen propagiert. Für Hume zeigte die Wahrscheinlichkeitslehre, daß mechanische Theorien ausreichend fundiert sind, um auf Begründungen für Religion überhaupt verzichten zu können. Voltaires Ausspruch «Gäbe es keinen Gott, man müßte ihn erfinden» drückt einen weit verbreiteten Zynismus aus, der sich aus den Verfehlungen religiöser Institutionen speist. Zitate und Repräsentanten zur Religionskritik der Aufklärung lassen sich zu Dutzenden finden und brauchen hier nicht nochmals zusammengestellt zu werden.[5]

So kommt in der Aufklärung die autonome Vernunft, die das Andere des Religiösen selbstbewußt in ihre Rationalität einbezieht, zur Vollendung. Dabei versteht sich diese Entwicklung nicht nur kulturspezifisch. Der Hinweis auf andere Kulturen, die sich einem solchen Zugriff der Vernunft entziehen, konstruiert ein Alibi, das durchaus zu erschüttern ist.[6] Das heute intensiv gepflegte Ausweichen auf nicht-rationale Verhaltensformen in asiatischen Kulturen hat analogen Wendungen zur abendländischen Mystik nur den exotischen Reiz voraus. Die Probleme bleiben die gleichen.

2.2 Die Projektionsthese als moderne Form der Religionskritik

Die Erfolge der genetischen Erklärungskunst in den neuen Wissenschaften zeigten ihre Früchte auch in der Religion: *Feuerbach* wandte sie auf die Entstehung religiöser Inhalte an und lieferte damit die entscheidenden Grundbegriffe der modernen Religionskritik, die in Fichtes Atheismusstreit[7] idealistisch vorgeprägt waren.

5 Eine Zusammenstellung wichtiger Kritiken findet man in Weger (79): Religionskritik von der Aufklärung bis zur Gegenwart
6 So betont z.B. G. Paul, «daß Rationalität keine spezifische abendländische Tradition...ist», Paul (88) S. 65.
7 Siehe die Dokumentation zum Atheismusstreit Jena 1798/99 in Röhr (87). Fichte hat die Idee von Gott als ens perfectissimum und als persönliches Wesen als Anthropomorphismus und Verdinglichung er-

Die mühevollen Versuche von Descartes bis Hegel, Vernunft aus der Existenz Gottes zu begreifen, wurden durch eben diese Vernunft gründlich desavouiert. Hegels Vergöttlichung des menschlichen Selbstbewußtseins schlug um in die Vermenschlichung des Gottesgedankens. Der Mensch wurde endgültig das Maß aller Dinge. Während die Aufklärung durch ihre bereits in den Anfängen begründete Konfrontation mit dem Göttlichen immer einen Hauch von Vorurteil behielt, suggerierte diese Umdeutung des positiven religiösen Anliegens eine Endgültigkeit, der sich kein Mensch entziehen kann.

Dabei erscheint alles so einfach und einleuchtend: Das religiöse Bewußtsein ist ein perfekter Projektionsmechanismus, der das Verhalten des Menschen zu sich als Gattung in scheinbar objektive Religion verwandelt. Als Naturwesen erlebt der Mensch ständig seine Grenzen, die er zu überspielen sucht. Dabei strebt er nach unendlichem Glück und nach Unsterblichkeit. Indem der Mensch sein eigenes Wesen erkennt, setzt er das ersehnte Unendliche als etwas von ihm selbst Getrenntes und Selbständiges, eben als jenseitigen Gott. Trotz der Entlarvung dieses Mechanismus durch Feuerbach behalten die göttlichen Prädikate als Wesenszüge der Menschengattung ihre unantastbare Würde. So begründen die göttlichen Eigenschaften des Menschen erst im Atheismus den wahren Humanismus. Nur wer sich den Mächten jener falschen Bilder einer objektivierenden Gotteslehre entzogen hat, kann die Furcht und Hilflosigkeit seines unreflektierten Lebens überwinden und sich in der menschlichen Kultur frei vollenden.

Marx greift die Stichworte Projektion und Entfremdung auf und überträgt die Feuerbachsche Anthropologie auf die gesellschaftlichen Verhältnisse. Dabei bedurfte es keiner besonderen Weiterentwicklung des kritischen Apparates; denn die Religionskritik war in seinen Augen bereits durch Feuerbach vollendet. Allerdings umgab dessen Entfremdungsbegriff noch ein frommer Nimbus, und Feuerbach hatte die Entzweiung des Menschen nur als historisches Faktum konstatiert. Nun galt es, deren wahre Gründe in der mensch-

klärt. Beide Vorstellungen seien mit der Unendlichkeit Gottes unvereinbar. «Ihr macht sonach dieses Wesen durch die Beilegung jenes Prädikats zu einem Endlichen, zu einem Wesen euresgleichen, und ihr habt nicht, wie ihr wolltet, Gott gedacht, sondern nur euch selbst im Denken vervielfacht.» A.a.O. S. 20. Zu Feuerbach siehe v.a. (60), Band 6, S. 17, 45f.

lichen Praxis aufzudecken und zu Waffen im politischen Kampf umzuschmieden. Weil der Mensch ein *weltliches* Wesen ist, eingebunden in Staat und Gesellschaft, produzieren eben diese weltlichen Elemente die Religion. «Das religiöse Elend ist in einem der *Ausdruck* des wirklichen Elends und in einem die Protestation gegen das wirkliche Elend. Die Religion ist der Seufzer der bedrängten Kreatur, das Gemüt einer herzlosen Welt, wie sie der Geist geistloser Zustände ist. Sie ist das *Opium* des Volkes.»[8] Erst wenn diese Zusammenhänge entlarvt und die historischen Notwendigkeiten solcher Fluchtreaktionen durch die Umwandlung der Gesellschaft beseitigt sind, kann der Mensch die Selbstentfremdung überwinden und sein Glück durch die radikale Emanzipation von allen projektiven Zwängen finden.

Mit Feuerbachs Entdeckung wurde ein für alle Mal die Gefahr aufgezeigt, der jedes religiöse Bewußtsein ausgesetzt ist: Die Versuchung, sich den Glauben so zurecht zu formen, wie es seinen Wünschen entspricht. Weil Religion sich auf das *ganz* Andere bezieht, ist der Vorwurf der Eigenkonstruktion nie ganz zu entkräften. Jedes Reden von Gott muß Bilder, und das heißt anthropomorphe Elemente, enthalten wenn es nicht vom Nichts sprechen will. Doch das besagt noch nicht, daß das mitgemeinte Korrelat überhaupt nicht existieren kann. Der Schein der inneren Konsequenz verdeckt die wahren Prämissen dieser Denkweise. Die These, daß alles, was sich auf religiöse Inhalte bezieht, auf die Explikation eines im Menschen liegenden Repertoires von Eigenschaften zurückzuführen ist, greift nur unter der Annahme, daß Religion nichts mit Wirklichkeit zu tun haben kann. Die Bedürfnisstruktur allein reicht zur Legitimation der Folgerungen nicht aus. So entpuppt sich die Projektionsthese nicht als *Erklärungs*instrument, sondern als *Bekenntnisakt*, der zugleich gegen alle Einwände immun ist. Wegen dieser Unangreifbarkeit hat sich die Berufung auf Feuerbach und Marx bis heute bestens bewährt. In modernen soziologischen Betrachtungen fungiert die Projektionsthese als Selbstverständlichkeit.[9] Mythos und Religion sind antiquierte Modellvorstellungen, eine Medizin gegen

8 Marx (62) S. 488
9 Ein neueres Beispiel präsentiert G. Dux (siehe K. G. Løgstrup: Die Notwendigkeit einer subjektivistischen Wirklichkeitsauffassung – Diskussion mit Günter Dux, in: Rendtorff (80) S. 130ff.), der aus der Analyse der Ontogenese auf die projektive Tätigkeit des Menschen schließt. Weil der Mensch in der Beziehung zur Mutter seine Subjektivität herausbildet,

die «Angst vor der Irrationalität des Weltenlaufs» (E. Topitsch)[10]. Auch das Entmythologisierungsprogramm hat Projektionsstruktur: das Religiöse als Form der Existenz, als letzter Rest der allgemeinen Menschengattung. Eine besonders auffällige Rolle spielt das Projektionsargument in der Distanzierung christlicher Theologie von der Religiosität als weltlichem Phänomen. Die Sorge, menschlichen Projektionen zu verfallen, überläßt alles Sprechen dem sich offenbarenden Gott. Das menschliche Erkennen wird zum projektionsverdächtigen Vermögen der Bildhaftigkeit degradiert, – eine paradoxe Antithese zur ursprünglichen Intention Feuerbachs, die gerade die Offenbarung als menschliche Illusion zu entlarven suchte.

Obwohl das historische, gesellschaftliche und gedankliche Umfeld in den erwähnten Beispielen grundverschieden ist, verbergen sich hinter den Argumentationen für eine Reduktion der Religion ähnliche Denkmuster. Die Reduktion läuft auf eine Berufung auf *Metaphysik*, auf *Psychologie* oder auf *Soziologie* hinaus. Die ursprünglichste Reduktion betrifft die Metaphysik.

2.3 Reduktionen auf Metaphysik, Psychologie und Systemtheorie

Seitdem die Vorsokratiker der Frage nach den ersten Prinzipien des Seins nachgegangen sind, verstand man Religion mehr und mehr als Verlegenheitsantwort auf jene eigentliche Ursprungsfrage. Wie die Vorsokratiker zur Erklärung der kosmischen Ordnung und des Zusammenhangs der Welt auf die *Archai* zurückgegriffen haben, so verließen sich Menschen, denen der Anspruch der Vernunft noch fremd war, auf *Götter*, welche jene metaphysischen Funktionen erfüllten. Es ging darum, dort Sinnhorizonte zu konstituieren, wo die unmittelbare menschliche Erfahrung auf Sinnloses stieß. Die Göttergeschichten oder Mythologien entfalteten und erläuterten die eigentlichen Zusammenhänge der menschlichen Umwelt. Der Mythos spielte die Rolle eines Metaphysik-Ersatzes; Personifikationen von

werde diese Struktur auch auf andere Objekte übertragen, insbesondere auf den Gottesgedanken der Religion. Daraus ergebe sich eine subjektivistische Wirklichkeitsauffassung, die heute ihre Rolle ausgespielt habe.
10 Topitsch (72) S. 11

Naturerscheinungen und Naturkräften ermöglichten eine Weltsicht, die durchaus ihre hintergründige Logik und Kausalität hatte. Aber mit dem Fortschritt des wissenschaftlichen Denkens wurde die Mythologie weitgehend überflüssig. Sie beschränkte sich mehr und mehr auf solche Bereiche, die sich dem wissenschaftlichen Denken bis dahin erfolgreich entzogen hatten und als religiös bezeichnet wurden. Der weitere Fortschritt dieses Prozesses stellte die Existenzberechtigung des Religiösen als universelles Sinnkonstituens allmählich in Frage. Die «Kritik der reinen Vernunft» von Kant, die Aufschluß über die Möglichkeiten einer *wissenschaftlichen* Metaphysik gab, transformierte das Religiöse schließlich in eine regulative Idee. Sie verwies auf noch offene Probleme, deren Lösung zur Aufgabe der Vernunft wurde.

Die in unserer historischen Skizze angedeuteten Reduktionen des Religiösen enthalten *zwei Zielrichtungen.* Sie betreffen einmal die Ablösung des Mythos durch die moderne Ontologie, die sich in allen Formen der Aufklärung ankündigt. Zum anderen zielt sie auf die Beantwortung *aller* Fragen auf der Basis eben dieser neuen Ontologie, wodurch die alten Religionen als überholt erscheinen. Die Reduktion baut also in beiden Fällen auf der Überzeugung auf, daß die moderne Ontologie mythischen und religiösen Aussagen überlegen sei.

Bisher wurde nur der metaphysische Gesichtspunkt bei der Reduktion des Religiösen berücksichtigt. Die Reduktion endet aber heute noch häufiger bei der *Psychologie.* Denn die Erfahrung des Sinnlosen ist keine rein intellektuelle Angelegenheit. Sie hat vielmehr vor allem affektive Auswirkungen. Das religiöse Bewußtsein wurde seit eh und je von der Angst vor dem Fremden, Bedrohlichen und Unabdingbaren geprägt. Mit der Entstehung des Selbstbewußtseins bildete sich in den höheren Primaten das Wissen von der Endlichkeit heraus und stellte damit die eigene Existenz in Frage. Der theoretische Konstitutionsvorgang des Religiösen war daher stets mit einer psychologisch notwendigen Stabilisierung verbunden. Durch die Versöhnung mit den Göttern wurde das Leben erträglich, die Angst ritual gebändigt und der Mensch innerhalb der von den Göttern vorgezeichneten Bahnen in die Lage versetzt, sein Leben zu bewältigen. Die Projektionsthese hatte im Darwinismus ihre letzte plausible Erklärung gefunden.

Psychologische Aspekte entdeckt man vor allem in der Auseinandersetzung mit den Problemen des Übels in der Welt. Die Ergebnisse solcher Überlegungen laufen nicht immer auf echte Rechtfertigungen hinaus. Es reicht schon die Einsicht, daß der Wille der Götter hinter dem Leiden der Welt steht. Nur in Theologien, die metaphysische Argumente zulassen, entwickelt sich eine Theodizee. Psychologisch motivierte Reduktionsversuche knüpfen häufig an solche Rechtfertigungsversuche an. Aber auch deren Vorformen sind der Kritik ausgesetzt. In den Augen der Kritiker zerschellt jede Art von Rechtfertigung an der brutalen Realität des Leids in der Welt. Die Widersprüche zwischen den göttlichen Idealbildern und den Möglichkeiten, die Welt leidfrei zu regieren, sind zu provozierend, um Erklärungen ernsthaft gelten zu lassen.

Auch in der psychologisch argumentierenden Reduktion wird deutlich, daß diese auf *ontologische Prämissen* aufbaut. Es wird eine bestimmte Wirklichkeitsstruktur vorausgesetzt, die einem Idealbild entgegensteht. Das Verhältnis von Freiheit und Notwendigkeit, die Denkmöglichkeit einer leidfreien und einer mit Leid belasteten Welt, die Überlegung, was ein Gott vermag und nicht vermag – dies alles ist nur sinnvoll denkbar, wenn eine eindeutige Ontologie und eine zwingende Logik vorausgesetzt werden.

Die vorher skizzierten *metaphysischen* Funktionen und die zuletzt erläuterten *psychologischen* Entlastungsvorgänge lassen sich als Momente eines *soziologischen* Funktionsgefüges deuten, in dem die gesellschaftlichen Institutionen ihre Legitimation erhalten und sich als stabile Gebilde behaupten können. Sowohl die metaphysischen als auch die psychologischen Prinzipien mit ihren religiösen Ausformungen dienen letztlich der Vergrößerung von Überlebenschancen der Menschengattung. Wahrheit und Sittlichkeit entpuppen sich als *funktionale* Größen. Der einzige Sinn ist die faktische Existenz des Menschengeschlechtes. So repräsentieren Metaphysik, Psychologie und Soziologie schließlich nur je verschiedene Aspekte einer *allgemeinen Systemtheorie*, die Wirklichkeit als Systemerhaltung versteht. Die Stabilität des Systems wird in einem bestimmten Stadium durch kognitive, affektive und kommunikative Prozesse gestört. Sinnfrage, Todesfurcht und Konkurrenzerfahrung verunsichern den natürlichen Ablauf des Systemganzen. Deshalb konstruiert der Mensch *Epiphänomene*, die weiterhin einen reibungslosen Ablauf garantieren. Das System funktioniert so lange, wie diese Epiphänomene nicht als solche identifiziert sind. Das Bewußtwerden der religiösen Phänomene als Epiphänomene dagegen bedingt eine erneute Systembedrohung, das Syndrom der Moderne. Die Suche nach tertiären Phänomenen – sei es in der Form einer neubegründeten Humanität, sei es als neue Unmittelbarkeit – bleibt die Aufgabe des aufgeklärten Bewußtseins, das Religiöses als Epiphänomen aus dem Mechanismus der Selbstsicherung herausgelöst hat.

3. Die religiöse Vernunft als Modus der philosophischen Reflexion

Der Zugang zum religiösen Weltverstehen durch theologische Prämissen einer Offenbarungsinstanz und die Konfrontation solcher Versuche mit der kritischen Vernunft beschreiben die beiden *extremen* Positionen im Spektrum der Formen der religiösen Vernunft. Zwischen diesen beiden religionsphilosophischen Denkmöglichkeiten liegt das große Feld weiterer religionsphilosophischer Konzepte. Seit der Etablierung der Religionsphilosophie als philosophische Disziplin versucht jede philosophische Generation von neuem, den Zugang zur Religion über die philosophische Reflexion zu gewinnen. E. Troeltsch formuliert vor der Entstehung der dialektischen Theologie, aber nach der Ausbreitung projektionstheoretischer Vorstellungen die Notwendigkeit einer Einordnung des religiösen Denkens in den allgemeinen Kosmos des überhaupt Gedachten: «Es ist angesichts des wirklichen Laufes und Zusammenhangs der Dinge ganz unmöglich, dem Religiösen eine andere Verwirklichungsweise oder andere Erscheinungsformen zuzusprechen als dem unendlich mit ihm verschlungenem geistigen Leben überhaupt.»[1] Mit dem Verlust jenes Kosmos des «geistigen Lebens» in der Gegenwart wird infolge dieser Liaison die Religion notwendigerweise in den Strudel des beliebigen Denkens gezogen; was ihr verbleibt, ist die Demonstration ihrer Selbstgenügsamkeit.

3.1 Die Einordnung der Religion in die philosophische Systematik

Die letzten großen religionsphilosophischen Systeme zu Beginn unseres Jahrhunderts sind weitgehend von dem Bemühen geprägt, den «Begriff der Religion zu einem Problem der Philosophie» zu machen (H. Cohen)[2]. Sowohl im Neukantianismus als auch in Entwürfen, welche die «kopernikanische Wende» Kants nicht nachvollziehen und nach J. Hessen im Unterschied zum «kritischen Typ» zum «spekulativen Typ» gehören, wird die Religion zum allgemeinen

---

1 Troeltsch (62) S. 754
2 Cohen (15) S. 6

Kulturfaktor (Cohen), zur Krönung des Kulturstrebens (Jonas Cohn), zum Hilfsmittel der positiven Erschließung einer dialektischen Wertwirklichkeit (F. Brunstäd) und schließlich zum festen Element eines Wertekosmos.[3] Im Neukantianismus prägt der Transzendentalismus die religiösen Phänomene. Selbst bei Cohen, der die Religion in ihrem engen Zusammenhang mit der mosaischen Tradition untersucht, verliert das Religiöse außerhalb der alles umfassenden Einheit des Bewußtseins jeden Sinn. Er verweist auf «die Immanenz der Philosophie in allen Hauptrichtungen der Kultur». Wenn Moses Gott als Seienden erfahren hat, dann ist Gott das Sein im Sinne der philosophischen Systematik. «Die Mystik bildet nur Seitenwege der Religion» und «ist ein Abweg des wissenschaftlichen Denkens». Ja noch mehr: «Die Verächter der Wissenschaft sind die schlimmsten Feinde der Religion».[4] Der Weg zur Religion führt offensichtlich nur über die wissenschaftliche Systematik zum Ziel. Daß die Krönung des transzendentalen Systems zugleich ethisch interpretiert werden muß, verweist wiederum auf Kant. «Die Ethik fordert ebenso die Idee Gottes, wie die des Menschen», heißt es bei Cohen. «Ebenso wie Gott, soll auch der Mensch erhalten bleiben. Das ist der letzte Sinn der Religion». «Religion entsteht erst, wenn der Mensch... gleichsam ebenbürtig Gott zur Seite tritt».[5]

Die Argumentation des Neukantianismus ist *ein* Beispiel unter vielen. In *idealistischen* Entwürfen wird jedoch die Transzendenz stärker betont. R. Eucken versucht den Nachweis zu führen, daß Religion als Bedingung für das Geistesleben im metaphysischen Sinne anzusehen ist; die «noologische Methode» erweist Religion als philosophische Voraussetzung für Moral, Wissenschaft und Persönlichkeitsverständnis.[6] Neuplatonische Reminiszenzen, Rückgriffe auf Fichte und insbesondere auf Hegel (Brunstäd) bestimmen diesen «religiösen Idealismus». Die Religion als «das Erlebnis der unbedingten Wertwirklichkeit der Persönlichkeit»[7] bändigt bei Brunstäd das Urphänomen des Wertwiderstreits und ermöglicht persönliche Zuversicht und Gewißheit. Dabei wird immer wieder betont, daß es keinen Wertbereich des Heiligen neben anderen Wertbereichen

---

3 Vergleiche die ausführliche Darstellung der Systeme bei J. Hessen (48), Cohn (14), Brundstäd (22)
4 Cohen (15) S. 9, 30 bzw. 19
5 a.a.O. s. 135, 134 bzw. 32
6 Siehe z.B. Eucken (20)
7 Brunstäd (22) S. 57

gibt, sondern stets die Einordnung der Religion in das allgemeine philosophische Denken gefordert werden muß.

Die konsequenteste Einordnung des Religiösen in die Philosophie und die reichhaltigste Ausgestaltung des religiösen Gedankens mit Hilfe philosophischer Kategorien findet man dort, wo das philosophische System seinen Höhepunkt erreicht hatte, nämlich bei *Hegel*. Seine Dialektik ermöglicht nicht nur die Unterordnung der Religion unter die spekulative Philosophie, sondern zugleich auch die Identifizierung beider.

Zunächst scheint sich Hegel nur für das religiöse *Bewußtsein* des Menschen zu interessieren, das heißt für die Beziehung des Subjekts auf Gott. Dabei begegnet der Mensch der Religion nur in der Form der Vorstellung, ohne Einsicht. Weil die Bewegungen des Bewußtseins auf allen Stufen der Entwicklung zugleich Momente des absoluten Geistes sind, offenbart sich die *Religion* – obwohl ein Tun im menschlichen Bewußtsein – doch als *Erzeugnis des göttlichen Geistes* und in voller Wahrheit. Durch die philosophische Reflexion, welche die Form begrifflich überhöht, erhält die Religion zusätzlich ihre Rechtfertigung. Indem das menschliche Bewußtsein sich religiös verhält, wird sich in ihm Gott seiner selbst bewußt. So ist einerseits der Zweck der Philosophie, Gott zu erkennen, andererseits ist dieses Erkennen göttliches Geschehen. «So fällt Religion und Philosophie in eins zusammen. Die Philosophie ist in der Tat selbst Gottesdienst, ist Religion...»[8]

3.2 Das Religiöse als Phänomen sui generis

Innerhalb der Philosophie wird der Gedanke, das Religiöse als spezifisches unableitbares Phänomen zu betrachten, zwar relativ spät vertreten; er war aber um so folgenreicher. Gegenüber den kritischen Tendenzen, die eine radikale Auflösung der religiösen Phänomene in Epiphänomene forderten, und gegenüber den integrativen Ansprüchen einer alles umfassenden Philosophie stellte man lange Zeit zur Verteidigung der Religion einfach fest, daß diese kein Thema der Philosophie sein könne. Sowohl in der aristotelisch-scholastischen als auch in der platonisch-augustinischen Tradition

8 Vergleiche 1. Fußnote 2.

bleibt kein Platz für die *philosophische* Behandlung religiöser Phänomene im strengen Sinn. Es gibt zwar ein besonderes religiöses Erkennen beziehungsweise eine besondere religiöse Erfahrung, aber beide vollziehen sich *außerhalb* der Philosophie. Die Philosophen können zwar zur abstrakten Allgemeinheit des Absoluten, nicht aber zur lebendigen Fülle eines geoffenbarten Gottes vorstoßen.[9]

Die Neuorientierung in dieser Frage wurde von der universellen *Wertphilosophie* eingeleitet. A. Görland spricht beispielsweise vom Heiligen als dem vierten und höchsten Wertbereich. Aber während bei ihm damit die Religion noch ganz in den Wertekosmos der Philosophie eingeordnet ist, wird bereits bei W. Windelband die Transzendenz als wesentliches Element dieses Bereichs durchschaut, und G. Mehlis versteht das Verhältnis von Endlichkeit und Unendlichkeit als Grundantinomie, in welcher die menschliche Erfahrung dem Religiösen begegnet.[10] So wird der Weg für die Auffassung bereitet, daß die religiösen Sinnfunktionen den weltlichen vorgeordnet sind. Die engen Beziehungen zum Wertbegriff lockern sich: die Werte erhalten ihre Geltung durch das Unbedingte.

Die vollständige Eigenständigkeit erlangen religiöse Phänomene jedoch erst in der *Phänomenologie*. Besonders *M. Scheler* betont die Verschiedenheit von Religion und Metaphysik. Scheler geht von der Überzeugung aus, «daß Religion einen von Philosophie und Metaphysik *grund- und wesensverschiedenen* Ursprung im Menschengeiste hat, daß die Stifter der Religion – die großen homines religiosi – völlig andere menschliche Geistestypen gewesen sind denn Metaphysiker und Philosophen».[11] Religiöses erscheint nun als spezifisches, vollwertiges originär Gegebenes und steht mit andersartigen Gegebenheitsweisen auf gleicher Stufe. Für Scheler «ist die *erste sichere Wahrheit* aller Religionsphänomenologie» «der Satz von der *Ursprünglichkeit und Unableitbarkeit religiöser Erfahrung*». Dabei sind religiöse Erlebnisse nicht nur besonders veranlagten Menschen vorbehalten, sondern «jeder endliche Geist glaubt entweder an Gott oder an einen Götzen». Die religiösen Phänomene gehören wie andere Gegenständlichkeiten zur Wirklichkeit, das Hei-

---

9 Weil in der Scholastik Glaubensfragen bereits vorentschieden waren, spielten in der mittelalterlichen Disputation Quästionen eine wichtige Rolle. In ihnen wurden die *Prämissen* aufgesucht, welche die anerkannten Lehrmeinungen als logische *Konsequenz* zu deuten ermöglichten.
10 Görland (22) § 3, S. 24; Windelband (16) S. 305; Mehlis (17) S. 103
11 Scheler: Probleme der Religion, in (54) S. 130

lige wird zur Kategorie a priori.[12] Dieses Apriori ist nicht zu verwechseln mit dem «religiösen Apriori», das um 1900 durch E. Troeltsch populär geworden ist. In diesem Zusammenhang ist der Begriff stets im Sinne Kants verwendet. Er wurde eigenmächtig auf den Bereich der Religion innerhalb des philosophischen Systems übertragen und muß so als konsequente Verlängerung der Systembegriffe angesehen werden.[13]

Parallel zu dieser Aufwertung des Religiösen innerhalb der Philosophie verläuft die Wiederentdeckung des Mythos innerhalb religionswissenschaftlicher Disziplinen. Dort wird der Mythos als Erfahrungsinstanz des *Numinosen* gedeutet. Dieses kann mit der Religion zwar nicht gleichgesetzt werden, enthält aber eine Reihe gleichartiger Elemente. Rudolf Otto hat das Numinose innerhalb einer Religionsphänomenologie beschrieben; bei Walter Friedrich Otto erscheint das Mythische in der Sprache; für J.P. Vernant hat der Mythos seine «geistige Architektur», für K. Kerenyi ist er als das Göttliche das Selbstverständlichste und M. Eliade sieht in den Archetypen des Mythos die allgemeinsten Konstituentien des Menschen.[14]

3.3 Die Selbstgenügsamkeit der Moderne

Zu Beginn unseres Jahrhunderts hat die Religionsphilosophie die Religion fest in die Systematik ihrer allgemeinen Wertphilosophie und phänomenologischen Beschreibungen eingebunden. Die Ableitung aus letzten Prinzipien des jeweiligen philosophischen Systems war so selbstverständlich wie die Alternative eines unmittelbaren Erschauens von Werten des Heiligen. Beide Verfahrensweisen erfuhren in neueren Versuchen starke Einschränkungen. Das Fehlen eines

12 a.a.O. S. 170 bzw. 261
13 Vergleiche Troeltschs Aufsatz: Zur Frage des religiösen Apriori, in (62) S. 754–768. In Anmerkung 86 verweist Troeltsch auf zwei weitere Arbeiten, in denen der Begriff verwendet wird. Ein Kritiker schreibt dazu: «Und so ziehen sie denn heute in langgestreckten Scharen gleichsam mit Stangen und Fackeln aus, das religiöse Apriori zu suchen», hinter dem jener Kritiker den «gepanzerten Schatten Kants» entdeckt (a.a.O.).
14 R. Otto (17), Abschnitt 2; W.F. Otto (70), Vernant (74), zitiert nach Hübner (85) S. 79; Kerényi (61), Abschnitt IV; zu Eliade siehe Hübner a.a.O. S. 82

philosophischen Systems und der Zweifel am materialen Apriori führten dazu, *allgemeinste gemeinsame Erfahrungen* aufzusuchen, um aus diesen wenigstens eine grundsätzliche Legitimation für religiöse Phänomene überhaupt zu gewinnen. Nicht mehr die *inhaltliche Ausgestaltung*, sondern die *Legitimationsfrage* steht seitdem im Mittelpunkt der religionsphilosophischen Reflexionen.

Der ursprünglichen Begeisterung über die Wiederentdeckung des Religiösen und Numinosen ist so eine reservierte Skepsis gefolgt. Die meisten philosophischen Versuche einer Konstitution des Religiösen gehen nur mehr von einer *Minimalbasis* aus und versuchen, von dieser zur Bedeutsamkeit der religiösen Phänomene im Leben vorzustoßen. Die Forschungsergebnisse fallen dadurch wesentlich abstrakter und allgemeiner aus als in den phänomenologischen Beschreibungen und werttheoretischen Systematiken.

Eine Religionsphilosophie auf solch einer Minimalbasis innerhalb unserer säkularisierten Welt findet man z.B. bei *Bernhard Welte*. Seine Überlegungen gehen von «drei Tatsachen» aus, die man als religionsphilosophische Grunderfahrungen beschreiben könnte. Die erste Tatsache besteht in unserem schlichten Dasein. *«Daß wir da sind*, inmitten anderer Menschen, inmitten unserer Gesellschaft, inmitten unserer Welt»*, ist unleugbar und der unbezweifelbare Boden für alle weiteren Überlegungen.[15] Entscheidend ist dabei allerdings, daß zu dieser Tatsache zugleich «die Helle oder die Offenheit für viele mögliche Erfahrungen» gehört, «die wir mit uns selbst und mit unserer Gesellschaft und mit unserer Welt machen können und auch machen». Doch mit der Erfahrung des «Daß» ist zugleich die Erfahrung des «Nichts» gegeben: wir wissen, *«wir waren nicht immer da*, und *wir werden nicht immer dasein»*. Das Nichts ist nicht abstrakte Negation, sondern Negation des eigenen Daseins und des Daseins auch der anderen Menschen, der Gesellschaft und der Umwelt. Wie das Dasein offen ist für weitere mögliche Erfahrungen, so ist das Nichts für zwei grundverschiedene Erfahrungen offen, das heißt, es ist zweideutig: *«Entweder* als die Erfahrung eines *nichtigen Nichts* – oder aber als die Erfahrung einer *absoluten Verbergung.»*[16]

Zunächst ist diese Zweideutigkeit des Nichts nach Welte nicht entscheidbar. Sie läßt aber weitere Überlegungen zu. Einmal verur-

15 Siehe vor allem Welte (78); Zitat aus Welte: Versuch eines Weges zu Gott in einer säkularisierten Welt, in: Moser/Pilick (79) S. 1
16 Moser/Pilick (79) S. 2 bzw. 3

sacht das Nichts eine «abdrängende Dynamik», Fluchtreaktionen in Geschäftigkeit und Utopie, in «Immunisierungsstrategien gegenüber dem Unvermeidlichen». Diesen Abdrängungen gilt es zu widerstehen und den Tatsachen in intellektueller Redlichkeit ins Auge zu schauen, um die Dimensionen des Nichts zu erkennen: seine Endlosigkeit und Unausweichlichkeit und damit seine Ungeheuerlichkeit. Das lautlose Übermächtige des Nichts nennt Welte das *Unbedingte*: «Das Nichts darf unbedingt genannt werden, denn man kann ihm nichts entreißen, und es hat keinen Sinn, mit ihm zu handeln. Es kommt, nimmt und behält, gefragt oder ungefragt, bedacht oder unbedacht.»[17]

Diese Dimensionen verweisen auf eine dritte Tatsache, nämlich daß «Dazusein... für uns von Bedeutung und von *Interesse*» ist.[18] Bei Augustinus finden wir die Formulierung: «Wir sind, und wir wissen, daß wir sind, und wir lieben dieses Sein und Wissen»; bei Heidegger steht das Existential der Sorge am Anfang der Daseinsanalyse, und bei Habermas sind Theorie und Praxis nur aus einem Interesse heraus möglich.[19] Bei Welte konkretisiert sich diese dritte Erfahrung zugleich als Forderung, «daß dieses Dasein sich als ein sinnvolles erweise». Die Möglichkeit des Nichts in Anbetracht des eigenen Daseins treibt die Sinnfrage an die Oberfläche: «Was hat dieses, daß ich bin, überhaupt für einen Sinn...?» Die Möglichkeit des Nichts in bezug auf das Dasein der Menschen schlechthin schließlich gibt dieser Streitfrage eine ethische Dimension: «Was hat dieses, daß wir Menschen zusammen überhaupt da sind, für einen Sinn?» Das so entdeckte Interesse ist zugleich ein Interesse einer allgemein menschlichen Solidarität. Aus diesem *«Sinnpostulat»* lassen sich alle einzelmenschlichen, sozialen, gesellschaftlichen und kulturellen Bemühungen ableiten.[20]

Welte betont, daß «auch der Grenzfall des ausdrücklichen Verzichts auf Sinn... nur unter der Voraussetzung des *gelebten und vom Leben selbst umschlossenen* Sinnentwurfes möglich» sei.[21] Das Sinnpostulat ist danach *jedem* Menschen als Tatsache zugänglich; dazu braucht es keines zusätzlichen Aktes, der die Möglichkeit der Wahl der Sinnlo-

17 Welte a.a.O. S. 5
18 a.a.O. S. 6
19 Augustinus (87) III; 11, 64; Heidegger (27), 6. Kap.; Habermas (68) Teil 3
20 Welte a.a.O.
21 a.a.O. S. 7

sigkeit außer Kraft setzt. Denn diese Wahl setze bereits die Überzeugung von der Notwendigkeit des Sinnes voraus. Aus dieser weitgehenden These ergibt sich die Möglichkeit einer reich ausgestalteten ethisch fundierten Religionsphilosophie. Die Möglichkeit von Liebe und Treue, Gerechtigkeit und Ungerechtigkeit, Freiheit und Vernunft schließt radikale Standpunkte von Sinnlosigkeit aus. «Das Nichts, als nichtiges Nichts verstanden und gedeutet, stellt allen Sinn und damit alle ethische Haltung des Menschen von Grund auf in Frage». Da diese Lösung untragbar erscheint, wird das Sinnpostulat zum unverzichtbaren, einsichtigen, – wenn auch nicht zwingenden –, *ethischen Grundpostulat*. Dieser Gedanke hebt die Zweideutigkeit des Nichts auf; das leere Nichts muß verbergendes Nichts sein: «das Zeichen und die Spur unbedingter, aber entzogener und verborgener Wirklichkeit...»[22] So kommt denn Welte zu der Überzeugung, durch philosophische Reflexionen einen Weg zu Gott finden zu können: «Dann ist in der Religionsphilosophie... von mehr zu reden als nur vom Menschen. Es ist sogar *zuerst* vom Anderen des Menschen, vom Göttlichen, zu sprechen.» Es besteht die Möglichkeit, «vom endlichen menschlichen Dasein aus die Unendlichkeit in der Gestalt des unbedingt einfordernden Nichts zu *sehen*. Das heißt, darauf zu kommen, daß es sich selbst anzeigt und sehen läßt. Wenn es sich aber selbst anzeigt und sehen läßt, dann ist es keine menschliche Konstruktion. Dann ist es nicht vom Menschen gemacht, sondern es nimmt von sich her den Menschen immer schon, wenn auch im Verborgenen, in Anspruch.»[23]

Die Entfaltung der Grunderfahrung in eine Daseins-, eine Nichts- und eine Sinnerfahrung, in der sich das Ethische erst zuletzt als Argument innerhalb der Sinnsphäre offenbart, wird bei *Emmanuel Lévinas* ganz auf eben dieses Ethische hin konzentriert. Die eigentliche Ausgangstatsache ist weniger das Wissen von *mir*, von *meinem* Dasein und von *meinem* möglichen Tod, sondern *die Begegnung mit dem Anderen*. In ihr wird das Selbst der seit Descartes allmächtigen Idee der Subjektivität durchbrochen. Die Phänomene können nicht durchgängig auf Konstitutionen zurückgeführt werden; sie lassen sich in keine Totalität universaler Sinngefüge einschließen, sondern «der Andere ist das Prinzip des Phänomens».[24] Am Anfang steht

22 a.a.O. S. 8 und 9
23 a.a.O. S. 29/30 bzw. 72/73
24 Lévinas (87) S. 129

nicht – wie bei Welte – das Verstehen und Durchschauen meiner Situation, sondern die zwischenmenschliche Beziehung. Diese eigentliche, begrifflich nie einholbare Sinndimension bricht im Antlitz des Anderen auf, sie entzieht sich der Gewalt des Subjekts, fordert aber durch die Verwundbarkeit des Anderen zugleich zur Verantwortung auf. Eben weil die ethische Verpflichtung im Anderen jeder Erkenntnis spottet, ist sie nicht begründbar, jenseits jeder Arché, «an-archisch». Und trotzdem ist sie der Anfang der Gerechtigkeit und aller sekundären Sinnstiftungen. An die Stelle der Fundamentalontologie tritt das fundamentale Ethos. Der Mensch ist als Dasein nicht nackte Sorge um sein Sein, sondern Verantwortung für den Anderen. «Alle Menschen sind verant-wortlich füreinander, ‹und ich mehr als jedweder›». Die Ethik, «das ist das Humane als solches».[25]

Zugleich leuchtet im Anderen das nochmals ganz Andere auf: Gott. «Die Dimension des Göttlichen öffnet sich vom menschlichen Antlitz aus». Aber zugleich bricht der Primat des Ethischen» wieder durch: die Transzendenz Gottes verweist auf das Soziale; der unsichtbare Gott wird in der Gerechtigkeit zugänglich, nicht durch Teilhabe an dessen sakralem Leben. «Die Nähe des Anderen, die Nähe des Nächsten, ist im Sein ein unerläßliches Moment der Offenbarung... Die eigentliche Epiphanie des Anderen besteht darin, uns durch sein Elend im Anblick des Fremden, der Witwen und Waisen zu finden.»[26]

Lévinas steht weder in der Tradition der Wertphilosophie noch in der Reihe religionsphilosophischer Konzeptionen, sondern sieht sich ganz in der Folge Hegel – Husserl – Heidegger. Seine Lehre lebt von der Auseinandersetzung mit deren Subjektivitäts- und Seinsbegriffen. «Das Werk Hegels, in das alle Strömungen des abendländischen Geistes einmünden und in dem alle seine Ebenen sich manifestieren, ist eine Philosophie zugleich des absoluten Wissens und des befriedigten Menschen.» Aber «die Tätigkeit des Denkens vereinnahmt jede Andersheit...»[27], und genau dies ist der Kernpunkt seiner Kritik. Bei Husserl ist es die universale Noesis–Noema-Struktur, die den Anderen vergewaltigt. Heidegger dagegen «ordnet die Beziehung zu jemandem, der ein Seiendes ist (die ethische Bezie-

25 Lévinas (85) S. 22
26 Lévinas (87) S. 106, 108, 107
27 Lévinas (81) S. 67

hung), der Beziehung mit dem Sein des Seienden (eine Beziehung des Wissens) unter; das unpersönliche Sein des Seienden gestattet den Zugriff auf das Seiende, die Herrschaft über es...»[28]

Für Lévinas sind die drei genannten Denker repräsentativ für die gesamte abendländische Philosophie, die den «Primat des Selbst» lehrt und damit den Weg zum Anderen als dem Unendlichen verfehlt. Zugleich schlägt bei Lévinas die Selbstgenügsamkeit des modernen Wissens um in die Fülle der humanen Forderungen, die sich aus der Idee der Unendlichkeit stellen. Der Zugang zur Transzendenz erfolgt aber nicht im Wissen, weil die Unendlichkeit deren Idee im Menschen trotz phänomenologischer Betrachtungen, dialektischer Schlüsse und transzendentaler Begründungen schon immer übersteigt.

3.4 «Religion nach der Aufklärung»

Die religionsphilosophischen und theologischen Reflexionen der Gegenwart knüpfen nicht mehr direkt an die letzten Stationen der Gegenstands- und Seinslehren an, wie wir es bei Lévinas beobachten konnten. Sie gewinnen ihre Selbstsicherheit vielmehr dadurch wieder, daß sie aus der gegenwärtigen Stimmungslage eine *Relativität der Religionskritik* ableiten, die von der Resistenz der Religion gegenüber den Aufklärungsideen zu sprechen erlaubt. Entgegen allen Erwartungen und Prophezeiungen der beiden letzten Jahrhunderte hat die Religion sämtliche Angriffe der Aufklärung überlebt. Bewegungen außerhalb und sogar innerhalb der positiven und institutionalisierten Religionen ziehen heute wieder die Aufmerksamkeit der Öffentlichkeit auf sich und bestimmen die geistige Landschaft, wie man es sich noch vor wenigen Jahren kaum hat vorstellen können.[29] Der Mythos ist nicht nur im Bereich der Kunst wieder auferstanden, wo er seit je eine Sonderrolle spielt; mythologische und religiöse Gedanken prägen weite Teile der allgemeinen intellektuellen Szene, die sich auf diese Weise den totalitären Ansprüchen der Wissenschaften zu entziehen sucht. In der Philosophie wird wieder Religionsphilosophie betrieben, und selbst in einer traditionell so

28 Lévinas (87) S. 54
29 Vergleiche die Hinweise zur neuen Religiosität in 1.5

religionsfeindlichen Strömung wie in der analytischen Philosophie ist das Thema Religion kein Tabu mehr.[30]

Auf den Begriff gebracht hat dieses neue Bewußtsein vor allem *Hermann Lübbe*. Seine Vorträge und neuerdings sein Buch tragen den Titel einer «Religion nach der Aufklärung» und prägten so ein Schlagwort, das die Gegenwartsdiskussion bestimmt und bis in die Auseinandersetzungen um die Postmoderne hineinreicht. «Der Titel ‹Religion nach der Aufklärung› setzt voraus, daß wir die religiöse Aufklärung hinter uns haben, nicht aber die Religion», leitet Lübbe seinen Paderborner Vortrag (1978) ein.[31] Damit ist keine antimodernistische Apologetik gemeint, welche die Augen vor der Moderne verschließt: «damit soll gerade nicht gesagt sein, die Aufklärung sei… überwunden, in ihren Impulsen erschöpft, in ihren Intentionen aufgegeben und in ihren Wirkungen revidiert. Religion nach der Aufklärung – das soll ganz im Gegenteil heißen: in unserer Zivilisation, im Zusammenhang unserer intellektuellen, moralischen und politischen Kulturen leben wir religiös unter Voraussetzung vollbrachter Aufklärung. Die religiöse Aufklärung liegt hinter uns, weil ihre Intentionen erfüllt sind» (Rendtorff)[32].

Lübbe zählt *vier Wirkungen der Aufklärung* auf, die als Fakten hingenommen werden müssen und von keiner Religionstheorie rückgängig gemacht werden können:
- die Wissenschaftspraxis unterliegt heute keinerlei religiös bestimmter Weltbildkontrolle mehr;
- die Bürgerrechte sind von dem religiösen Bekenntnis losgekoppelt;
- Säkularisierungsprozesse beseitigen «die Bedeutung religiöser Institutionen als Instanzen sozialer Kontrolle», und
- ein historisches Bewußtsein akzeptiert die «fortschreitende Dynamisierung zivilisatorischer Evolution».[33]

Weil Religion trotz dieser Wirkungen der Aufklärung nicht abgestorben ist, versucht Lübbe durch eine Neubesinnung auf das Wesen von Religion dieses Überleben zu verstehen. Seine Definition der

30 Vergleiche das Standardwerk von H. Schrödter (79) sowie die Arbeiten des Verfassers (81), (82)
31 Lübbe (78) S. 315
32 Rendtorff in seinem Aufsatz: Religion ‹nach› der Aufklärung. Argumentationen für eine Neubestimmung des Religionsbegriffs, in: Rendtorff (80) S. 165
33 Lübbe (86) S. 10–12

Religion als «Kultur der Anerkennung unverfügbarer Daseinskontingenz»[34] deutet die Richtung seiner Überlegungen an. Nachdem der Fortschritt der Wissenschaften fragwürdig geworden ist, erkennen wir wegen der Nichtzuständigkeit der Wissenschaften für Probleme der Kontingenz die religiöse Indifferenz dieses Fortschritts. Dabei fällt auf, daß die von Lübbe propagierte *funktionalistische Religionstheorie* sich nicht auf kognitive Inhalte bezieht, die zu Galileis Zeiten zur Konfrontation mit der Wissenschaft führten. «Das religiöse Interesse ist nicht mehr auf wissenschaftliche Weltbilder bezogen, und eben deswegen haben auch die revolutionären Veränderungen, denen diese Weltbilder unterliegen, ihren provokativen Charakter eingebüßt». «Wissenschaftliche Auskünfte über die Welt, in der wir leben, sind auf der kognitiven Ebene betrachtet religiös irrelevant geworden.»[35] Das alles klingt sehr überzeugend in der Auseinandersetzung mit den modernen Wissenschaften, wird aber problematisch, sobald damit generell die Unabhängigkeit der Religion von solchen Inhalten behauptet wird: «Religiöse Lebensorientierung hätte so die Bedeutung, wirklichkeitsfähiger zu machen und resistent gegen ideologische Besetzungen des Bewußtseins nicht, weil man in religiöser Lebensorientierung über den Lauf von Natur und Geschichte stets schon hinreichend informiert wäre, vielmehr wegen der Unabhängigkeit religiös begründeter Daseinsverfassung von Inhalt und Verfügbarkeit solcher Informationen.»[36] Diese These von der religiösen Irrelevanz der Kognitivität wirft für die Religionsgemeinschaften gewaltige Probleme auf. Eine Abgrenzung vom blinden Dezisionismus auf der einen und vom Funktionalismus auf der anderen Seite bereitet die größten Schwierigkeiten. Reiner Aktivismus oder stille Resignation im Getto der tradierten Verhaltensweisen scheinen die unausweichlichen Folgen dieser Religion nach der Aufklärung zu sein.

Mit diesen Andeutungen sind einige Stichworte gefallen, welche die gegenwärtige Diskussion über die Stellung der Religion charakterisieren. Die Rede vom Ende der Aufklärung gibt Anlaß zu zahlreichen Mißverständnissen und inhaltlichen Kontroversen. Unter dem Etikett der «Postmoderne» präsentieren sich Varianten der Aufklä-

---

34 a.a.O. S. 16
35 a.a.O. S. 27 bzw. 32. Deshalb sucht man bei Lübbe vergeblich nach Aussagen über Gott oder gar Stellungnahmen zu zentralen christlichen Inhalten wie Erlösung, Auferstehung usw.
36 a.a.O. S. 63

rungskritik, deren Überzeugungskraft von den Nachfahren der «Kritischen Theorie» in Frage gestellt wird. Aber selbst J. Habermas demonstriert neuerdings gegenüber der religiösen Praxis eine Toleranz, die von der radikalen Religionskritik früherer Zeiten weit entfernt ist und nur noch im Konjunktiv von der Transformation der religiösen Heilspotentiale in philosophisch einsichtige Argumente spricht.[37] Die Unmöglichkeit einer argumentativen Rechtfertigung religiöser Überzeugungen bedingt nicht von vornherein und bei jedem die kritische Negation. Während sie bei dem einen weitere Bemühungen innerhalb einer aufgeklärten Dialektik auf den Weg bringt, bestätigt diese Unmöglichkeit bei anderen die Ohnmacht einer philosophischen Vernunft in der Begegnung religiöser Phänomene. Allemal bleibt die Möglichkeit, sich religionswissenschaftlichen und historischen Fragen zuzuwenden und die religiöse Praxis zu beschreiben, die sich längst an die Beunruhigung durch eine aufgeklärte Welt gewöhnt hat.[38]

37 So auf dem Kolloquium «Religion nach der Aufklärung» in Frankfurt, das vom Cusanuswerk im Februar 1988 veranstaltet wurde.
38 Diese religiöse Praxis behilft sich daher oft mit der erwähnten «Zivilreligion», die zwar die ethischen Maximen positiver Religionen internalisiert hat, sich aber von deren konfessionellen Aussagen distanziert. Vgl. dazu Pannenberg: Civil Religion? In: Koslowski (85) S. 63ff.

B. Phänomenologische Analysen
– Der Gegenstand der religiösen Vernunft–

Im ersten Teil unserer Untersuchungen begegneten wir der religiösen Vernunft in den verschiedenartigsten Formen: als Vermögen, vom ganz Anderen zu sprechen, als Empfänglichkeit für den ganz Anderen und als Sonderfall oder Höhepunkt der philosophischen Reflexion. Aber zu jeder dieser Formen entdeckten wir zugleich das Negativ: den Zweifel an der Möglichkeit eines Sprechens und Umgangs mit dem ganz Anderen und den Triumph, aber auch die Verzweiflung über die Selbstaufhebungen der scheiternden religiösen Vernunft. Im Bewußtsein dieser Spannung fragen wir: Lassen sich in diesem sich immer wiederholenden Schauspiel vom Aufstieg und Fall der religiösen Vernunft universelle Regieanweisungen entdecken, die alle Inszenierungen bestimmen und trotz des schnellen Wechsels der Schauspieler und ihrer bunten Kostüme dieselben Regeln meinen? Geht es nicht immer um die Entfaltung einer ewig gleichen condicio humana, in welche das ganz Andere einbricht und zur Stellungnahme herausfordert? Ringen nicht in jeder Szene die Akteure um die rechten Worte, die das Stammeln der ersten Begegnung und das Nein der Verweigerung ersetzen sollen? Und lassen die beiden dramatischen Grundformen, die Tragödie und das Schauspiel mit dem ersehnten guten Ausgang, wirklich auf *einen* Autor und Regisseur schließen?

Die in diesem Bild angedeuteten Fragen erfordern eine ausführliche Analyse der dort gemeinten religiösen Vernunft. Was wir bisher skizzierten, waren Beispiele aus der empirischen Religionswissenschaft und aus der Philosophie- und Kulturgeschichte verschiedener Epochen, wobei wir uns besonders auf den europäischen Traditionsbereich beschränkt haben. Sie sollten exemplarisch und ohne jeden Anspruch auf Vollständigkeit an die Problematik heranführen und charakteristische Formen des Umgangs mit den religiösen Phänomenen demonstrieren. Aber inwiefern handelt es sich um «*Formen der religiösen Vernunft?*» Lassen sich diese «Formen» in schärferen Konturen darstellen? Kann so etwas wie ein «religiöser *Gegenstand*» gefunden werden, um dessen Formen es sich hier handeln könnte? Läßt sich die gewissermaßen empirische Skizze der religionswissenschaftlichen und philosophiegeschichtlichen Reminiszenzen in eine *deskriptive Phänomenologie* verwandeln, in der die Erscheinungsweisen der religiösen Vernunft ihre innere Notwendigkeit offenbaren?

Vernunft bedeutet eine Tätigkeit, die über die diskursive Verständlichkeit hinausgeht und eine Tendenz zum Universellen, Ursprünglichen und Allerletzten enthält, die Wahrheit und Normen konstituiert. *Religiöse* Vernunft bezieht sich in dieser Bewegung zum Allgemeinen und Letzten auf Phänomene, die in der empirischen Religionswissenschaft, in der Theologie und in der Metaphysik zum Vorschein kommen. Wir nennen den Versuch, in jener Vielfalt des Gegebenen etwas Gemeinsames zu entdecken, das für jeden Menschen reflexiv nachvollziehbar ist, *deskriptive Phänomenologie*. In ihr geht es um die Beschreibung eines Bereichs, auf welchem die Konstitution jenes «religiösen Gegenstandes» aufbaut, der Anlaß zu der Vernunftbewegung ist, die wir im ersten Teil an Beispielen dargestellt haben.

Der Schlüsselbegriff in den folgenden Überlegungen ist der Begriff der *Kontingenz*. Wie bei allen Termini, die in der Kulturgeschichte bereits ihre Verwendung gefunden haben, müssen wir auch diesen Begriff von anderen Bedeutungen abgrenzen, um den von uns gemeinten Sinn präzisieren zu können. Der religiöse Gegenstand erhält seine Konturen in der Beschreibung des Umgangs mit eben dieser Kontingenz, sei es als *Kontingenzbegegnung* oder als *Transzendieren von Kontingenz*. Aber unsere «Kritik der religiösen Vernunft» geht weiter. Sie konstatiert auch andere Formen des Umgangs mit Kontingenz, die man in der Umgangssprache nicht als *religiös* bezeichnet, die aber wegen ihrer inneren Struktur als Kontingenzbewältigung analoge Ansprüche erheben wie Religionen oder Metaphysiken des unerreichbar Anderen.

4. Die Kontingenz als Voraussetzung der religiösen Vernunft

Religiöse Vernunft aktualisiert sich stets in charakteristischen Situationen, in denen die Selbstverständlichkeit der menschlichen Existenz zerbrochen ist. Wir versuchen, diesen Riß in der Kontinuität des menschlichen Daseins durch den Begriff der Kontingenz zu umschreiben.

4.1 Der Begriff der ontologischen Kontingenz

Der Begriff der Kontingenz, der vor allem durch *N. Luhmann* und *H. Lübbe* in die neueste religionsphilosophische Diskussion eingeführt wurde[1], ist als episprachlicher Terminus von der Tradition belastet. Deshalb bedarf seine Vieldeutigkeit im metaphysischen und spekulativen Gebrauch der Klärung, aus der hervorgeht, in welchem Sinne wir diesen Begriff verwenden wollen. Die Bemerkung Lübbes, die phänomenologische Vergegenwärtigung der Lebensbestände zeige einen «traditionell wohl-etablierten» Gebrauch des Kontingenz-Prädikators[2], wird durch seine vagen Ausführungen über den Zufall letztlich von ihm selbst ad absurdum geführt. Es bedarf im Gegenteil einer mühsamen begrifflichen Klärung, eben weil der traditionelle Sprachgebrauch so vieldeutig und unklar ist. Die begriffliche Analyse wird zeigen, daß der Begriff zu den zentralen Termini der Metaphysik gehört und deshalb stets im Zusammenhang mit deren allgemeinen Bestimmungen und Systematisierungen gesehen werden muß.

a. Definitionen

Hilfreich sind die Unterscheidungen, die Aristoteles eingeführt hat. Es handelt sich dabei um zwei Grundbedeutungen:

1 Vergleiche Luhmann (77), Kap. 3: Transformation der Kontingenz im Sozialsystem der Religion; zu «Kontingenzformeln» siehe S. 82ff. Zu Lübbe siehe (86), Teil 3: Religion und Kontingenz
2 Lübbe (86) S. 152

– *Kontingenz im weiteren Sinne* als Gegenbegriff zum Unmöglichen, von Bocheński «einseitige Möglichkeit» genannt. Kontingentes meint dann Mögliches in dem Sinne, daß es auch Notwendiges umfaßt. So heißt es in «Peri Hermeneias»: «Notwendig-Sein ist Möglich-Sein ... Jedoch folgt dem Möglich-Sein weder Notwendig-Sein noch Notwendig-nicht-Sein». Bocheński kommentiert: «Möglich ist, was nicht notwendig nicht ist (was nicht unmöglich ist)».[3]

– *Kontingenz im engeren Sinne* als Gegenbegriff zum Notwendigen und Unmöglichen, von Bocheński «zweiseitige Möglichkeit» genannt. Kontingenz ist dann Mögliches, das weder notwendig noch unmöglich, also zugleich nicht notwendig *nicht* ist. Bei Aristoteles heißt es dazu: «Ich nenne ⟨Möglich-Sein⟩ (ἐνδέχεσθαι) und das ⟨Mögliche⟩ (τὸ ἐνδεχόμενον) das, aus dem – während es nicht notwendig ist –, wenn man annimmt, daß es zutrifft, nichts Unmögliches sich ergibt».[4] Somit meint Kontingenz die Negation des Notwendigen und die Negation des Unmöglichen.

Wir verwenden im folgenden den Kontingenzbegriff in der Religionsphilosophie als Spezialfall der Kontingenz im engeren Sinne. Diese zweite Bedeutung von Kontingenz war es auch, die sich in der Geschichte der Philosophie und in der Logik schließlich durchgesetzt hat.

In der modernen Logik heisst daher ein Satz p kontingent genau dann, wenn weder p noch non-p notwendig wahr ist.[5] Alles hängt demnach an der Deutung der Notwendigkeit. Bleibt diese innerhalb der *formalen* Logik, so ist der Satz (oder dessen Proposition) *logisch-kontingent*. Werden zur Entscheidung, ob ein Satz notwendig wahr ist, auch *Bedeutungspostulate* verwendet, so ist dieser *analytisch-kontingent*. Zieht man auch *Naturgesetze* zu Rate, so heißt er *naturgesetzlich-kontingent*.

Der Begriff der naturgesetzlichen Kontingenz ist für unsere Zwecke zu eng. Notwendigkeit kann auch aufgrund ontologischer Zusammenhänge vorliegen, die nicht in den Untersuchungsbereich der Naturwissenschaften fallen. Wir denken uns daher die Naturgesetze durch ontologische Regelmannigfaltigkeiten ergänzt. Die Berufung auf solche noch näher zu charakterisierenden Mannigfaltigkeiten,

---

3 Aristoteles (58) 13.22 b. Bocheńskis Übersetzung in Bocheński (56) S. 94/95
4 a.a.O.
5 Siehe z. B. Kutschera (76) S. 15. Unmöglich wird dort als N(non-p) dargestellt: es ist notwendig, daß non-p.

die eine Entscheidung erlauben, ob ein Satz oder dessen Sachverhalt notwendig ist, führt zum Begriff der *ontologischen Kontingenz*.

b. Verschiedene Interpretationen

Je nachdem, wie die Wahl ontologischer Regelsysteme und die Beurteilung der Existenz von Naturgesetzen ausfallen, kann der Begriff der ontologischen Kontingenz mit mehr oder weniger reichen Inhalten gefüllt werden. In diesem Zusammenhang werden noch weitere Differenzierungen notwendig. Die Definition der Kontingenz bezieht sich in der gegebenen Formulierung auf Sätze. Da wir keine Modallogik zu betreiben gedenken, sondern deren Anwendungen im Auge haben, geht es uns nicht so sehr um die Modalität von Schreibfiguren im Sinne der formalen Logik, sondern um die gemeinten *Sachverhalte*. Dabei kann die Analyse solcher Sachverhalte durchaus die Redeweise von möglichen, notwendigen und unmöglichen *Gegenständen oder Ereignissen* rechtfertigen. Wenn beispielsweise die individuelle Staatsangehörigkeit von Adenauer als kontingent bezeichnet wird, dann läßt sich diese Redeweise einfach in den Sachverhalt umformulieren, daß Adenauer als Deutscher geboren wurde.

Wichtiger als diese Erweiterung des Sprachgebrauchs ist die Klärung, ob es sich bei unserem bisher entwickelten Begriff der ontologischen Kontingenz um eine *Modalität de re* oder um eine *Modalität de dicto* handelt. Seit Kant verwendet man Modalität im allgemeinen de dicto. Dieser schreibt dazu: «Was ich meine, urteile ich mit Bewußtsein problematisch; was ich glaube, assertorisch, aber nicht als notwendig. Was ich weiß: als apodiktisch nach Gesetzen des Verstandes».[6] Damit beziehen sich die Modalitäten auf die Aneignung eines Sachverhaltes durch das erkennende Subjekt und nicht auf die Sachverhalte selbst. Doch es ist bemerkenswert, daß in neuerer Zeit die Sachmodalität (de re) durch die Untersuchungen S. Kripkes gegenüber der Beschreibungsmodalität (de dicto) wieder rehabilitiert wurde.[7]

In der religionsphilosophischen Diskussion ist Kontingenz stets im Sinne der *Sachmodalität* gemeint. Damit wird nochmals deutlich, daß ontologische Kontingenz nur im Kontext ontologischer Sy-

6 Kant (24), Reflexion 2474
7 Kripke (81) S. 49f.

steme denkbar ist. Wenn K. Hübner Kontingenz auch im Sinne von Geschichtlichkeit, also von in der Zeit entfalteter Zufälligkeit, einführt und dabei eine Unterscheidung von Zufall und Kontingenz fordert, dann hat der Kontingenzbegriff wieder nur einen Sinn in seiner Metatheorie, in der von sich in der Zeit ablösenden «historischen Regelsystemen» die Rede ist.[8] Zählt man diese mythische und naturwissenschaftliche Ontologie beschreibende Sichtweise auch zur Ontologie im weiteren Sinne, so bestätigt sich unsere These von der Abhängigkeit des Kontingenzbegriffs von der Annahme einer Ontologie.

Extreme Deutungen von ontologischer Kontingenz findet man einerseits bei Spinoza, andererseits bei Wittgenstein. Für Spinoza gibt es keine Kontingenz (de re): «In der Natur der Dinge gibt es nichts Zufälliges, sondern alles ist kraft der Notwendigkeit der göttlichen Natur bestimmt, auf gewisse Weise zu existieren und zu wirken.»[9] Hier wird deutlich, wie sein universeller Pantheismus Kontingenz unmöglich macht.[10] Wenn er dann an anderer Stelle doch von Kontingenz spricht, dann meint er die Kontingenz de dicto: «Ich nenne die Einzeldinge zufällig, sofern wir(!), wenn wir bloß ihre Wesenheit ins Auge fassen, nichts finden, was ihre Existenz notwendig setzt oder was sie notwendig ausschließt.»[11] Umgekehrt kennt Wittgenstein innerhalb der Ontologie seines logischen Atomismus außer logischer Notwendigkeit nur Kontingentes, «denn alles Geschehen und Sosein ist zufällig».[12] Die meisten Verwendungen des Kontingenzbegriffs fallen zwischen diese beiden Extrema. In ihnen liegen die verschiedenartigsten Ontologien vor, die den Eingriff des menschlichen Willens oder die Wirkung von Zweitursachen berücksichtigen oder die über Notwendigkeiten im Denken und Handeln Gottes spekulieren und damit Unterschiede artikulieren, die aus der Dualität von Schöpfer und Geschöpf abzuleiten sind. Erwähnenswert, weil einflußreich, ist die Unterscheidung von verités de fait und verités de raison bei Leibniz, in welcher die Tatsachenwahrhei-

---

8 Hübner (85) S. 105; zu historischen Regelsystemen siehe Hübner (78) S. 194
9 Spinoza (63) I, Lehrsatz 29
10 Troeltsch (62) spricht S. 772 von «einer neuen Welle des reinen, die Kontingenz ausscheidenden Rationalismus».
11 a.a.O. IV, Definition 3
12 Wittgenstein (21) 6.41

ten als Beschreibung des rational nicht erfaßbaren Erfahrungsstoffes die Kontingenz repräsentieren.

Die gegenwärtige Kontingenz-Diskussion erfährt eine zusätzliche Erweiterung durch die Einbeziehung systemtheoretischer Aspekte. Bei N. Luhmann können Modalitäten weder de re, also z. B. aus der Perspektive eines *transzendentalen Bewußtseins*, noch de dicto, also aus der Perspektive eines erkennenden *Einzelsubjekts* gemeint sein. Die korrelierende Instanz betrifft vielmehr *soziale Systeme*. Diese entstehen aus Auswahlprozessen in bezug auf Umwelt. Der Begriff ist so weit gefaßt, daß schließlich der Sinn von Sein als «Aggregationsformel für alle Systemumwelten» aufgefaßt werden kann.[13] Die Umwelt enthält demnach Horizont und Transzendenz in einem. Damit ist sie auch der Ort, an dem sich Möglichkeit (Kontingenz) in Systemwirklichkeit verwandelt und innerhalb des selektierten Systems Notwendigkeitscharakter erhält.

Während wir die Modalitäten de dicto aus unseren weiteren Überlegungen ausgeschlossen haben, können wir die «systemtheoretische Kontingenz» als Spezialfall der ontologischen Kontingenz zulassen, da wir den Begriff der Ontologie nicht genau festlegen konnten. Wenn wir zur vorläufigen Charakterisierung von «Regelmannigfaltigkeiten» sprachen, welche die Notwendigkeit definieren sollten, dann schließt dies eine systemtheoretische Interpretation nicht von vornherein aus. Wir werden daher im Zusammenhang mit der Sinn-Diskussion nochmals auf die Aussagen der Systemtheorie zu sprechen kommen. Ontologische Kontingenz kann jedenfalls im folgenden auch die von Luhmann thematisierte kontingente Selektion aus der Umwelt bedeuten.

Aber gerade diese vielfältigen und unterschiedlichen Verwendungsweisen zeigen, daß der Begriff der ontologischen Kontingenz noch nicht der Kontingenzbegriff der *Religionsphilosophie* sein kann. Wenn nach Lübbe das Faktum «X wurde als Deutscher geboren» kontingent ist[14], dann wird in diesem Beispiel offenbar noch etwas anderes als nur die schlichte Wirklichkeit und nackte Faktizität gemeint. Wie muß also der Kontingenzbegriff weiterhin differenziert werden, damit er nicht auf *alle* Fakten anwendbar ist, sondern nur auf die *religionsphilosophisch* relevanten?

13 Luhmann (77) S. 17
14 Lübbe (86) S. 159

4.2 Kontingenz und Sinn

Wenn die Notwendigkeit eines Faktums, eines Gegenstandes oder eines Ereignisses durch Naturgesetze oder ontologische Regelmannigfaltigkeiten bestimmt ist, dann muß sich diese Notwendigkeit *identifizieren* und in ihrer Zwangsläufigkeit *nachvollziehen* lassen. Dort, wo solche Zusammenhänge nicht bestehen, also Kontingenz erfahren wird, und wo außerdem freies menschliches Handeln als Prämisse auftritt, kann der Mensch jene Fakten, Gegenstände oder Ereignisse beeinflussen; er kann über Kontingentes *verfügen* und sich dabei *zum Kontingenten bewußt verhalten*. Zur Beschreibung beider Tatbestände – des gedanklichen Nachvollzugs von vorhandenen Zwangsläufigkeiten und des Verfügens über Wirkliches – hilft uns der Sinnbegriff weiter.

a. Semantischer und funktionaler Sinn

Auch der Sinnbegriff ist vieldeutig und bedarf der Erläuterung.[15] Gehen wir vom *semantischen* Sinn aus. Bei der Frage nach der Bedeutung von Wörtern und Sätzen finden wir den Sinn als Zuordnungskorrelat für sprachliche Zeichen vor. Auch nicht-sprachliche Objekte können als Zeichen oder Symbole für Gegenständlichkeiten dienen, die dann als Sinn des Zeichens oder Symbols auftreten. Bedenkt man, daß solche Zuordnungen nicht vorgegeben sind, sondern von Sprechpartnern bzw. Interpretanten vermittelt werden müssen, dann gelangt man zur *noetisch-noematischen Bewußtseinsstruktur.* Darunter versteht man den Zusammenhang zwischen der sogenannten Intention, dem Hindeuten auf etwas durch materielle Zeichen auf der einen Seite und dem in der Intention Gemeinten auf der anderen Seite. Die Hinordnung eines intentionalen Aktes auf ein Gegenständliches in der weitesten Bedeutung erzeugt Sinn. Zu jedem Bewußtseinsakt, zur Noesis, gehört ein Vermeintes, ein Noema oder ein konstituierter Sinn. ««Sinnvoll» heißt daher soviel wie Erfüllbarkeit oder Erfülltheit der Tendenz durch die mögliche

15 Zur Geschichte des Sinnbegriffs siehe Sauter (80) S. 70f. Danach gehören der «hermeneutische» (bei uns «semantische») und der «anthropologische» Sinn (als Bezeichnung für die Wahrnehmungsorgane) zu den ursprünglichen Bedeutungen. Seit Ende des 19. Jahrhunderts haben sich drei allgemeinere und umfassendere Sinnbegriffe eingebürgert: als Handlungsorientierung, als Sinn, «worauf sich eine Gegebenheit bezieht bzw.

oder wirkliche Anwesenheit dessen, zu dem hin sie tendiert.» (Max Müller)[16]

Bei *Luhmann* wird die Konstitutionsleistung auch auf soziale Systeme erweitert und unter den Gesichtspunkt der Reduktion von Komplexität gestellt. Sinn ist für Luhmann ein *undefinierter Grundbegriff* für Subjekte und Sozialsysteme. Es «entspricht die Funktion von Sinn für psychische und soziale Systeme dem, was die biochemischen Universalien (DNA, RNA) für organische Systeme leisten. Sinn oktroyiert eine Form für Erleben und Handeln, die Selektivität erzwingt.»[17] Dabei erhält der Begriff eine solche Bedeutungserweiterung, daß er geradezu als überflüssig erscheint: «Der Begriff wird also weit gefaßt, er wird nicht gegen Natur unterschieden, auch nicht als Weltsicht eines Subjekts definiert, und er wird überdies als unnegierbar eingeführt, weil auch das Negieren von Sinn noch Konstitution von Sinn implizieren würde: Auch Unsinn kann nur aus Sinn erzeugt werden». Trotzdem enthält diese Verallgemeinerung für uns einen wichtigen Gedanken: Sinn ist in der Transformation von Umwelt-Kontingenz in Systemnotwendigkeit das eigentliche Weltkonstituens: «Durch den Gebrauch von Sinn wird Welt konstituiert als derjenige Gesamthorizont, in dem das System sich selbst auf seine Umwelt und seine Umwelt auf sich selbst bezieht.»[18]

Aus diesen Überlegungen folgt, daß notwendige Ereignisse als Elemente eines größeren Zusammenhangs in diesem Kontext als «sinnvoll» qualifiziert werden können. Aus dem *semantischen* Sinn ist ein *funktionaler* Sinn geworden.[19] Er garantiert die strukturelle Ordnung des Systemzusammenhangs und bewältigt auf diese Weise funktional Kontingenz. Während Luhmann dabei den Begründungsaspekt des Sinnzusammenhangs auszuschließen versucht[20], verweisen wir

worauf sie bezogen ist und wodurch sie mitgeteilt wird», sowie als Bezeichnung des Ganzen und der Wirklichkeit, sofern sich dadurch Einzelnes erst identifizieren läßt.

16 Müller (71) S. 124
17 Luhmann (77) S. 21
18 a.a.O. S. 20/21 bzw. 22
19 Müller (71) spricht auf S. 125/126 von «lebensdienlich». «Die Lebensdienlichkeit aber bedeutet Einfügung in ein Ganzes», das in Regionen unterteilt wird... «Innerhalb dieser Regionen ist jenes Einzelverhalten sinnvoll, welches den jeweiligen Lebensbezirk... bzw. die jeweilige Welt dienend aufbaut und sich so konstitutiv einfügt».
20 «Sinn ist... kein begründungshaltiger, sich selbst rechtfertigender Sachverhalt», Luhmann a.a.O. S. 20

ausdrücklich auch auf die Möglichkeit, durch die *Idee des zureichenden Grundes* die Zusammenhänge zu *Sinn*zusammenhängen zu erklären. Sinn betrifft dann die begründete Einordnung eines betrachteten Elements in einen dadurch notwendig erscheinenden Zusammenhang. Er meint eine gerechtfertigte Übereinstimmung, die ihre Rechtfertigung nicht nur behauptet, sondern auch vorweisen kann.

b. *Handlungssinn*

Wir heben die *theoretische* Interpretation des funktionalen Sinnes, wie er aus Luhmanns systemtheoretischem Sinnbegriff herausgearbeitet werden kann, ausdrücklich hervor und stellen diese Interpretation der *handlungs*theoretischen Deutung gegenüber. Für Lübbe gibt es Funktionssinn nur in der Bedeutung von Handlungssinn.[21] Zum Verständnis dieses Sinns muß ausdrücklich ein *frei handelndes Subjekt* vorausgesetzt werden. Nur wo freie Wahl und individuelle Verantwortung im Tun des Menschen mitgedacht werden, kann von Handlungssinn die Rede sein. Dieser liegt dann vor, wenn ein solches Freiheitssubjekt einem kontingenten Sachverhalt, einem kontingenten Gegenstand oder einem kontingenten Ereignis Interesse zuwendet, das heißt, in ihnen eine gewisse Bedeutsamkeit für sich selbst entdeckt und dabei zusätzlich dieses Interesse in eine Beeinflussung der Objekte umzusetzen versucht und umsetzen kann. Die geläufigsten Formen von Handlungssinn realisieren sich in rationalen Zweck-Mittel-Verhältnissen. Wenn ein Zweck bereits gesetzt ist, dann bedeutet der Einsatz von erfolgreichen Mitteln zur Erreichung des Ziels ein sinnvolles Verhalten. Das Mittel erhält seinen Sinn im Hinblick auf den gesetzten Zweck und umgekehrt ist der Sinn der Handlung die Erreichung des Zweckes. Handlungen heißen also dann sinnvoll, wenn sie mit Hilfe rationaler Zweck-Mittel-Vorstellungen notwendige Ereignisfolgen bedingen. Der darin enthaltene Handlungssinn bedeutet zugleich eine *Kontingenzbewältigung*.

---

21 In Lübbe (86) S. 181 ist von drei Bedeutungen von Sinn die Rede: «Sinn als Handlungssinn oder als Sinn von Elementen im Handlungssinn («Funktionssinn»), Sinn als Sinn sprachlicher oder sonstiger symbolischer Zeichen («semasiologischer Sinn»), Sinn schließlich als subjektives Vermögen, das uns für die Wirklichkeit wahrnehmungsmäßig oder wie immer sonst aufgeschlossen sein läßt («aufschließender Sinn»)...»

Zur Verdeutlichung dieses neuen Begriffs betrachten wir ein *Beispiel*. X stellt fest, daß sein Nachbar Not leidet. Sofern X den Kontingenzcharakter der Notsituation nicht durch Konstruktion eines perfekten Systems von Begründungen und zwangsläufigen Rechtfertigungen von Entschuldigungen aufhebt, ist zu erwarten, daß er dem Sachverhalt Interesse zuwendet und zu helfen versucht. Durch die Hilfe soll die Situation entschärft, im Idealfall bewältigt, das heißt, die Not aus der Welt geschafft werden. Der Sinn seiner Handlung, der Handlungssinn, besteht in der Bewältigung der kontingenten Notsituation, der Sinn bedeutet letztlich Kontingenzbewältigung.

c. *Religionsphilosophische Kontingenz*

Wir sind noch dabei, mit Hilfe des Sinnbegriffs die ontologische Kontingenz weiter zu differenzieren, um zum Kontingenzbegriff der *Religionsphilosophie* zu gelangen. Zu diesem Zweck sei der soeben dargestellte Sachverhalt nochmals anders formuliert. Qualifikation von Kontingenz bedeutet einerseits Konstatierung eines Sinndefizits, weil die individuelle Not unter der Voraussetzung von Freiheit nicht in ein durchsichtiges und perfektes System von Notwendigkeiten eingeordnet werden kann. Andererseits wird diesem Sinndefizit Bedeutsamkeit zuerkannt, welche die menschliche Aktivität herausfordert. In vielen Fällen läßt sich auf diese Weise Kontingenz durch die Konstitution von Handlungssinn bewältigen. Durch die Fortschritte von Wissenschaft und Technik gewinnt die Weise des Verfügens über Seiendes in unserem Leben nahezu ausschließlichen Charakter. Kein Bereich unserer Umwelt, keine Komplexität und keine Kontingenzerscheinung scheint sich dem Zugriff des modernen Bewußtseins zu entziehen. Handlungssinn als technische Verfügungsgewalt verdrängt immer mehr die Oasen der Unzugänglichkeiten. Aber trotzdem gibt es auch im Leben des modernen Menschen Situationen, in denen Kontingenz erfahren wird, ohne daß diese sich in Handlungssinn verwandeln ließe.[22] Genau diese Fälle rücken

22 Bei Rendtorff wird dieses Merkmal geradezu zum Grundelement für eine Definition von Religion: «Unter Religion könnte in diesem Falle eine Form des Ausdrucks verstanden werden, die das Eingeständnis von

in der Religionsphilosophie in den Mittelpunkt: Kontingenzen, *die sich dem Handlungssinn entziehen und höchstens in theoretischen funktionalen Sinn transformiert werden können.* – Nennen wir mit Lübbe Kontingenzen, die prinzipiell nicht in Handlungssinn transformierbar sind, *absolut*[23], so ist festzuhalten, daß auch unter den absoluten Kontingenzen nur einige eine religionsphilosophische Rolle spielen. Es gibt genügend Beispiele, bei denen die Zuwendung gekünstelt und ohne eigentliches Interesse erfolgt. So entzieht sich das Kontingente der Augenfarbe dem menschlichen Handlungssinn. Im Gegensatz zur Hautfarbe, die schwere existentielle Nöte bedingen kann, dürfte Kontingenz der zuerst genannten banalen Art nur von rein akademischem Interesse sein. Neugier, übertriebene Sensibilität oder Freude am Besonderen mögen zur Erwähnung solcher Kontingenzen führen. Sie sind jedenfalls nicht das Thema der Religionsphilosophie. Anders sieht es aus, wenn man diese Eigenschaften als Elemente der eigenen Identität sieht. Obwohl es banal ist, daß wir uns selbst nicht erschaffen und mit den uns bestimmenden Eigenschaften ausgezeichnet haben[24], stellt die Identität ein bemerkenswertes Beispiel einer absoluten Kontingenz dar. Lübbe verdeutlicht diese durch den Hinweis auf die eigenen Beschreibungsmöglichkeiten: «Innerhalb (gewisser)... prinzipiell unbestimmbarer Grenzen ist somit unsere Identität, wie wir sie durch Erzählen unserer eigenen Geschichte zu vergegenwärtigen pflegen, ein absolut kontingenter, das heißt in Handlungssinn nicht transformierbarer Bestand.»[25]

Offensichtlich handelt Religionsphilosophie von Kontingenzen, denen Bedeutsamkeit *existentieller* Art zugeschrieben wird. Das heißt genauer, daß uns die Phänomene verwirren, verunsichern und beunruhigen, aber auch positiv reagieren lassen, indem sie als

---

Grenzen des Handelns darstellt, ohne daß dieses Eingeständnis dem jeweiligen Handlungssubjekt unmittelbar als eine Schwäche zugerechnet wird mit der möglichen Folge seiner Liquidation» (Rendtorff (80) S. 190)

23 Lübbe (86) S. 156, 167

24 Vergleiche Gottfried Benns Ausspruch «... nur Narren halten sich für autochthon und selbstbestimmend. Jeder andere weiß, wir sind geschaffen, allerdings alles andere liegt im Dunkeln» (Zitiert nach A. Gehlen (71) S. 95). Siehe auch Rendtorff (80) S. 192: «Ich gehe aus von dem elementaren Satz: Niemand kann sich selbst das Leben geben.»

25 Lübbe (86) S. 159

Glücksfälle oder als gnadenhaftes Geschenk empfunden werden. Die prinzipielle Unmöglichkeit der Transformation von Kontingenz in Handlungssinn verursacht in Einzelfällen jene existentielle Beunruhigung, die Motivation für jede Beschäftigung mit religiösen Fragen ist. Die Beunruhigung kann aber nicht allein aus dem Absolutheitscharakter von Kontingenz verstanden werden; dieser umfaßt zu viele Banalitäten. Beunruhigungen gehen offensichtlich von Kontingenzen aus, welche die *gesamte* Existenzweise betreffen. Sie schlagen sich in Formulierungen nieder, in denen vom fehlenden Sinn des Lebens, der Geschichte oder von der Sinnlosigkeit der durchlebten Epoche die Rede ist. Aber auch partielle Bereiche, die wesentliche Bestandteile der eigenen Lebensform sind, können gemeint sein: der sinnlose Beruf, die sinnlose Ehe, die sinnlose Krankheit. Wie diese Beispiele zeigen, verfließen die Grenzen zwischen Handlungsrelevanz und Sinndefizit, wie auch die Grenzen zwischen Banalität und existentiellem Anliegen nicht scharf gezogen werden können.

Trotzdem lassen sich mit Hilfe der bisher entwickelten Begriffe die entscheidenden *Merkmale der religionsphilosophischen Kontingenz* mit hinreichender Schärfe angeben. Religionsphilosophisch kontingent sind für uns Sachverhalte, Gegenstände oder Ereignisse mit folgenden Eigenschaften:

– an ihnen muß Nicht-Notwendigkeit feststellbar sein;
– sie müssen dem Versuch einer Transformation dieser Nicht-Notwendigkeit in Handlungssinn widerstehen, das heißt, sie müssen im Lübbeschen Sinne absolut sein;
– sie werden von einem existentiellen Interesse begleitet, das auf die Bedeutsamkeit für die jeweilige Lebensform verweist, und
– sie bewirken einen reflexiven Impuls, sich mit dem erfaßten Sinndefizit auseinanderzusetzen.

Der Begriff der religionsphilosophischen Kontingenz läßt sich am Beispiel des Wissens vom ausstehenden eigenen Tod erläutern und veranschaulichen. Der eigene Tod ist kontingent in dem Sinne, daß sein Eintritt auch in einem anderen Augenblick als dem faktisch stattfindenden denkbar ist. Das Bewußtsein von menschlicher Freiheit enthält eben diese Möglichkeit des Eingriffs in die Faktizität. Trotzdem läßt sich der Tod nicht durch Selbstmord in Handlungssinn verwandeln. Handlungssinn impliziert stets eine neue Ordnung für das Subjekt nach Vollzug der Handlung. Da sich durch den Tod das Subjekt aufhebt, kann kaum von einer Transformation des Sinnlosen in Sinn gesprochen werden. Daß sich im Wissen vom Tod ein *existentielles* Wissen ausdrückt, hat Heidegger in seinen Ausführungen zum «Sein zum Tode» deutlich gemacht.[26] Das Wissen vom Tod prägt unser Leben in vielerlei Hinsicht, und zwar nicht nur in Grenzsituationen des Leides oder des Alterns. Es enthält auch zahllose Impulse zur Sinnbewältigung, sei es in der Entwicklung biologischer oder metaphysischer Theorien, sei es in der Glaubensvermittlung mythologischer Ahnenkulte und von Unsterblichkeitskonzepten. So konnten wir an diesem Beispiel alle relevanten Merkmale der religionsphilosophischen Kontingenz entdecken: *Nicht-Notwendigkeit, Absolutheit, existentielle Betroffenheit und Motivation zur reflexiven Reaktion.*

4.3 Der Aufweis religionsphilosophischer Kontingenz als vorläufige Arbeitshypothese

Wir haben den Begriff der religionsphilosophischen Kontingenz in der Überzeugung entwickelt, damit den Ausgangspunkt gefunden zu haben, von dem aus einerseits Religionen ihren Anruf an den Menschen artikulieren, an den aber andererseits auch allgemeinphilosophische und religionskritische Antworten anknüpfen. Diese *Zentralthese* gilt es im weiteren noch zu untermauern. Sie wird in Teil C ausführlich diskutiert und hier nur als vorläufige Arbeitshypothese gegen einige naheliegende Einwände verteidigt. Immerhin ist damit der Streitpunkt fixiert, auf den sich die folgenden Überlegungen wiederholt beziehen werden: die Möglichkeit, einen Komplex von Erscheinungen als anthropologische Konstanten zu identifizieren und zu beschreiben, der im Begriff der religionsphilosophischen Kontingenz zusammengefaßt ist. Stichwortartig haben wir die Merkmale als Nicht-Notwendigkeit, Absolutheit, Existentialität und Reflexivität im oben dargelegten Sinn bezeichnet.

Durcheilen wir in Gedanken nochmals die Beispiele der Formen der religiösen Vernunft, wie wir sie im ersten Teil dargestellt haben. Immer wieder geht es um Erfahrungen der Hiflosigkeit, Sündhaftigkeit, Fragwürdigkeit und um die Machtlosigkeit des Menschen in den verschiedensten Situationen. Gerade die größten existentiellen Nöte kommen zur Sprache und fordern zur reflexiven Auseinandersetzung heraus. Auch die kritischen Antworten beziehen sich auf die gleiche phänomenale Ebene: die Desillusionierungen, die psycholo-

26 Heidegger (27), 2. Abschnitt, 1. Kapitel

72

gischen und systemtheoretischen Antworten meinen eben jene Erscheinungen, die es zu deuten und – im Hinblick auf religiöse Antworten - umzuwerten gilt.

In reinster Form tritt uns beim Durchgang durch den ersten Teil die religionsphilosophische Kontingenz gleich am Anfang, in der dialektischen Theologie, als Bedingung für das Hören des Gotteswortes entgegen –, absurderweise dort, wo die Widerstände gegen eine allgemeine phänomenologische Einordnung am größten sind. Aber um den Anforderungen der dialektischen Interpretation gerecht zu werden, muß sich der Mensch «arm an Geist», hilflos und ausgeliefert erleben. Keine natürliche Theologie, keine philosophische Ontologie oder Anthropologie sagt über den Menschen Wesentliches aus. Allem, was jene Instanzen vorbringen, fehlt die Notwendigkeit des Einsichtigen und Geordneten. Der Mensch ist zudem außerstande, die Hilflosigkeit, die ihn existentiell berührt, handelnd zu bewältigen; er erlebt sich nach jedem Versuch in noch schlimmerer Verstrickung, jede vermeinte Bewältigung bewirkt einen noch tieferen Fall. Zugleich wird der Mensch durch solche Verunsicherungen übersensibel, er öffnet sich einem Ereignis, das ihn in seiner ganzen Existenz ergreift und antworten läßt.

Aber ist die geschilderte Haltung *vor* dem Anruf durch das Gotteswort nicht bereits Element der Antwort des Gotteswortes selbst? Das offenbarte Wort spricht ja gerade von der unendlichen Gottesferne des Menschen, von der Sündhaftigkeit, die ein versöhnendes Handeln des Menschen allein nicht denkbar macht. Ist also nicht erst durch das Hören auf das Wort Gottes die Kontingenz in die Welt gekommen? Ist unser Kontingenzbegriff letztlich nur aufgrund einer bestimmten Offenbarungswahrheit denkbar und damit gar nicht als Begriff einer deskriptiven Phänomenologie beschreibbar? Wurde nicht einfach ein zentraler Offenbarungsinhalt, den die dialektische Theologie besonders eindringlich formuliert, zum weltlichen Phänomen unserer Deskription deklariert?

Um diese entscheidenden Fragen zu beantworten, dürfen wir uns nicht von der Kontinuität der Tradition täuschen lassen. Wer in einer intakten jüdisch-christlichen Tradition aufgewachsen ist, kann in der Tat alle Kontingenz bereits im Lichte der Offenbarung begreifen. Aber wie steht es mit dem Außenstehenden, der erstmals mit den Ansprüchen dieser Art von Offenbarung in Berührung kommt, in anderen, beispielsweise buddhistischen, Traditionen aufgewachsen ist, oder der als Wissenschaftler, sich orientierend, in liberaler Radikalität beim Punkt Null anfangen will?

Greifen wir den zuletzt erwähnten Fall auf. Ein ausgebildeter Naturwissenschaftler bemüht sich um Klarheit in Fragen der Religion. Seine methodisch fixierte Denkweise verführt allzuleicht dazu, den *Begriff der ontologischen Kontingenz* zum Unbegriff zu erklären. Erst eine wissenschaftstheoretische Reflexion, die offensichtlich über die übliche Ausbildung zum Wissenschaftsexperten hinausführt, kann die Augen dafür öffnen, daß auch die Methoden seiner Wissenschaft auf ihre Bedingungen hin befragt werden können und müssen. Mit anderen Worten: ein wissenschaftstheoretischer Grundkurs kann die Sinnhaftigkeit des Begriffs einer ontologischen Kontingenz klären, weil wissenschaftliches Denken in praxi und als solches nicht schon kontingenzbewältigend wirkt.

Auch das *Merkmal der Absolutheit* fordert zum Widerspruch heraus. Wir haben erwähnt, daß der Begriff des Handlungssinns wesenhaft mit dem Gedanken der menschlichen Freiheit verknüpft ist. Es bedarf keines weiten Ausholens, um die Problematik dieser Annahme zu demonstrieren. Wie schnell ist man bei der Hand, sich auf biologische, psychologische oder soziologische Zwänge zu berufen, die den Begriff völlig in Frage stellen können. Oder blicken wir auf einen Menschen der hinduistischen oder buddhistischen Tradition. G. Paul verweist auf dieses Beispiel, um die Tragfähigkeit des Lübbeschen Kontingenzbegriffs anzugreifen. Er schreibt: «Zunächst ist festzuhalten, daß im... Hinduismus Kontingenz in Sinn transformiert *wird*... Nach hinduistischer Auffassung[27] existiert der Mensch ja keineswegs in irgendeinem Sinn ‹zufällig›. Seine Existenz ist vielmehr Folge und Ausdruck seines Karmas. Die hinduistische Weltordnung *ist* eine moralische Ordnung, und zwar Resultat und Ausdruck eines durchgängigen moralischen Determinismus». Auch hier – wie im Beispiel des Biologen, Psychologen oder Soziologen – ist es notwendig, zunächst die «nur» *im Bewußtsein* vorfindbare Freiheit als einen phänomenalen Tatbestand offenzulegen. Im Begriff des Handlungssinns ist das *Bewußtsein von Freiheit* gemeint, das allerdings in einem nachfolgenden Akt als Täuschung oder als Mißverständnis im eigentlichen Karma entlarvt sein kann. Das Wissen vom universellen Kosmos oder, im Falle des Hindus, das Wissen vom Karma, ist eine durch Tradition auf die unmittelbare Bewußtseinserfahrung aufgebaute Einsicht. Auch der Hindu kann das Fenster

---

27 Vergleiche Paul (88) S. 112. Auf S. 113 schließt Paul auch den Buddhismus in die Behauptung ein.

öffnen oder nicht; er ist aber unfähig, durch eigene Handlungen seine Kastenzugehörigkeit oder seine Lebenszeit auszuwählen.[28]

Am wenigsten dürfte der Begriff der *existentiellen Betroffenheit* Anstoß erregen. Selbst die verhärtetsten Menschen erleben Augenblicke der tiefen Erschütterung, wenn Erfahrungen des Schmerzes, Leids oder Todes, aber auch der Ekstase und der sublimierten Form des Glücks die eingefahrenen Bahnen des alltäglichen Dahinlebens durchbrechen. Natürlich lassen sich auch hier Menschen finden, die in ihren Exerzitien einer inneren Sammlung so weit vorangeschritten sind, daß ihnen Leid und Schmerz nichts mehr anhaben können. Auch hier sind Hinweise auf asiatische Traditionen und Praktiken naheliegend. Aber gerade die Tatsache, daß es der *Einübung* bedarf, zeigt, daß die ursprünglichen Daseinsbedingungen des Menschen ständig Bruchstellen mit existentieller Betroffenheit aufweisen. Und eben um diese ursprünglichen Bedingungen geht es uns im folgenden. Nicht der Endzustand, die praktizierte Existenzweise in perfektionierten Lebensformen interessiert uns in diesem Zusammenhang, sondern wir suchen die Ausgangsbedingungen solcher Formen, durch welche die Genese mitbestimmt und dadurch universell wird.

Das letzte zu diskutierende Merkmal in unserer Charakterisierung der religionsphilosophischen Kontingenz ist die *Motivation zur reflexiven Reaktion*. Natürlich gibt es Menschen, die in ihrer Oberflächlichkeit und Gleichgültigkeit unüberbietbar sind. Und trotzdem hängt Menschsein mit der Möglichkeit reflexiver Auseinandersetzung zusammen. Der Mangel manifester Ansprechbarkeit ist das Ergebnis einer Verdrängung, weil schlechthin alle Menschen die Herausforderungen durch Kontingenz erfahren, und sei es nur in den seltensten Augenblicken. Auch das Phänomen der *Indifferenz* kann nur unter der Bedingung von Antwort und Entscheidung existieren, auch wenn das Erscheinungsbild der Gleichgültigkeit die implizite Aktivität von reflexiven Prozessen nicht mehr vermuten läßt.

Mit diesen Überlegungen ist es uns gelungen, alle vier Momente der religionsphilosophischen Kontingenz unabhängig von den Inhalten der jüdisch-christlichen Tradition plausibel zu machen. Noch deutli-

---

28 Beispiele zur philosophischen Klärung des absoluten Bewußtseins liefern Descartes' Meditationen (60) und vor allem Husserls Bewußtseinsanalysen in (80) § 49: Das absolute Bewußtsein als Residuum der Weltvernichtung.

cher wird diese Plausibilität in der nun folgenden Beschreibung der Prozesse, die sich auf die Kontingenzerfahrung aufbauen. In allen Kontingenzbedingungen sind zugleich Leitfäden für das *Verhalten zur Kontingenz* angelegt. Die Entfaltung dieser Möglichkeiten bereitet die Klärung der Begriffe der *Kontingenzbewältigung* und der *Kontingenzbegegnung* vor, die für das religionsphilosophische Verständnis von Religion und Metaphysik von zentraler Bedeutung sind.

5. Religiöse Vernunft als Bewältigung ontologischer Kontingenz

Nachdem wir in einer ersten Skizze die Bedingungen religionsphilosophischer Kontingenz offengelegt haben, bedarf es nun einer eingehenden Analyse eben dieser Bedingungen im Hinblick auf *Möglichkeiten, sich zur Kontingenz zu verhalten*. Die Diskussion des ersten Merkmals religionsphilosophischer Kontingenz, der Nicht-Notwendigkeit, führt zwangsläufig zum Wissenschaftsbegriff.

5.1 Kontingenz und Wissenschaft

Es besteht kein Zweifel, daß die Religion in der Wissenschaft ihren bedrohlichsten Widersacher gefunden hat. Das moderne Bewußtsein ist so sehr von der Wissenschaft geprägt, daß man den von Walter Schulz in das Blickfeld gestellten Begriff der *Verwissenschaftlichung* als einen Leitbegriff unserer «veränderten Welt» bezeichnen könnte.[1] Mit der Verwissenschaftlichung geht eine Entzauberung der religiösen Welt einher. Die Wissenschaft wirkt als Aufklärungs- und Entmythologisierungsinstanz auf die Glaubenswelt ein und läßt deren Inhalte als unglaubwürdig erscheinen. Trotzdem kann diese Wirkung nicht in jeder Hinsicht begründet werden. Die Konfrontation der Wissenschaft mit der Religion beruht auf unbefragten Klischees, die jahrhundertelang das Verhalten der Menschen geprägt haben, ohne als Vorurteile durchschaut worden zu sein. Dabei stand seit jeher die *Naturwissenschaft* im Vordergrund. Zwar bieten auch *beschreibende* Wissenschaften Anknüpfungspunkte einer kritischen Auseinandersetzung. Diese setzen aber im allgemeinen einen naiven Erfahrungsbegriff voraus, der wissenschaftstheoretisch weitgehend durch die Kritik an der naturwissenschaftlichen Denkweise miterfaßt wird. Auch die *hermeneutischen* Wissenschaften sind in unserem Zusammenhang zweitrangig. Einmal bieten sie kein allgemein anerkanntes Wissenschaftskonzept an, sondern stellen eine Vielfalt sich zum Teil gegenseitig ausschließender Interpretationstheorien dar; zum anderen wirken sich deren Kritiken auf religiöse Fragestellungen nie so negativ aus, weil ihre Voraussetzungen nicht

1 Vergleiche Schulz (72), 1. Teil

die allgemeine Anerkennung finden wie naturwissenschaftliche Prämissen. Wir beschränken uns daher zunächst vor allem auf die Theorie der Naturwissenschaften.

Kurt Hübner spricht in seinem Buch «Die Wahrheit des Mythos» von der «historischen Kontingenz» der Wissenschaften. Er versteht darunter die Tatsache, daß Wissenschaft «weder rein zufällig oder willkürlich noch notwendig entstanden ist», sondern «auf einen nur in einer bestimmten historischen Situation gegebenen logischen Zusammenhang» zurückgeführt werden kann.[2] Wie wir sehen werden, verdeckt jedoch seine einseitige Blickrichtung auf die Entstehungsbedingungen der modernen Wissenschaften den an sich richtigen Kern seines Hinweises auf Kontingenz.

Hübner geht von bestimmten metaphysisch-religiösen Grundvorstellungen der Renaissance aus, die bei Descartes und seinen Zeitgenossen als Rechtfertigung der neuen Methode herangezogen wurden. Der wirkungsgeschichtlich revolutionäre Gedanke, daß auch die sublunare Natur durch die Mathematik bestimmt ist, wird als Konsequenz eines zufälligen Gedankens jener Zeit interpretiert. Wenn Gott der menschlichen Vernunft die Gnade erweist, die Natur verstehen zu können, dann müssen deren Gesetze notwendigerweise in der Sprache der Mathematik formuliert sein, weil nur diese solche Gewißheit garantiert. Die zweite grundlegende Annahme, die des Trägheitssatzes, folgert Descartes aus der metaphysischen Überzeugung, daß Gottes schöpferischer Ratschluß unveränderlich ist und deshalb die von ihm hervorgerufene Summe der Bewegung im All konstant bleiben muß.[3]

Hübner vermißt eine hinreichende Rechtfertigung dieser beiden Annahmen. Weil der philosophische Begründungshintergrund der Renaissance heute seine Glaubwürdigkeit eingebüßt hat, überträgt sich die Unsicherheit auch auf die daraus gefolgerten Wissenschaften. Aber selbst wenn man die Unterscheidung von Entdeckungs- und Begründungskontext[4] nicht in jedem Falle für gerechtfertigt hält, so ist diese hier doch von Bedeutung. Denn nicht die fadenscheinige Zusatzkonstruktion des Philosophen war für die Ausbreitung der Wissenschaften ausschlaggebend, sondern eben diese Ideen der Mathematisierung der Natur und des Trägheitssatzes innerhalb

2 Hübner (85) S. 255
3 a.a.O. S. 29
4 Erstmals bei H. Reichenbach (38) S. 6/7, später im Neopositivismus ganz allgemein gebräuchlich.

eines ausgebauten physikalischen Systems selbst. Diese ermöglichten eine so weitgehende Differenzierung der Naturbeschreibung und Naturerklärung, wie sie vorher von keinem Modell erreicht worden war.

Übrigens war der Gedanke der Mathematisierung von Objektbereichen nicht völlig neu. Zahlenmystik in astrologischen, kabbalistischen und apokalyptischen Schriften waren seit Jahrhunderten gang und gäbe. Wäre die Natur nicht wirklich *auch*(!) in mathematischen Lettern geschrieben, so wäre die Idee Galileis, Descartes' und anderer, sie mathematisch zu beschreiben, längst vergessen. Offensichtlich ist die Natur so beschaffen, daß man sie auch mathematisch beschreiben kann und dies zu großen Vorteilen führt. Diese Tatsache, die sich erst in den Jahrzehnten nach der Propagierung der Idee als solche offenbarte, entrückt sie allen Zweifeln an der Glaubwürdigkeit jener Hintergrundmetaphysik.

Die Kontingenz der Wissenschaften besteht also weniger in der Abhängigkeit von zufälligen Rechtfertigungsversuchen, sondern in der Festlegung auf bestimmte Prinzipien, die nicht gerechtfertigt werden können, aber wegen ihrer Anwendungserfolge weiterer Rechtfertigungen in diesem Bereich gar nicht bedürfen. Für die Geltung der Wissenschaften relevant ist nicht der metaphysische Entdeckungskontext, sondern die Reichweite der Anwendungsmöglichkeiten. Je einfacher die Lebensweise ist, um so weniger Schwierigkeiten türmen sich beim Wechsel von einem ontologischen System in ein anderes auf. In der Zeit relativ primitiver Jägerkulturen konnten aitiologische Mythenkomplexe innerhalb kleinerer Gruppen, die zu anderen Gemeinschaften meist nur geringen Kontakt pflegten, leichter ausgetauscht werden als im Zeitalter global verbreiteter Wissenschaften. Wegen der Kontingenz der Grundannahmen unseres wissenschaftlichen Weltbildes besteht natürlich auch heute noch die theoretische Möglichkeit, durch einen völlig andersartigen Ansatz eine neue Totalsicht aufzubauen. Nur ist es aus praktischen Gründen fast aussichtslos, daß solche Konkurrenzunternehmen wesentliche Folgen nach sich ziehen sollten. Die Untersuchungen von T. S. Kuhn zur Dynamik der Paradigmenwechsel[5] innerhalb der Wissenschaften haben deutlich gemacht, daß selbst neue wissenschaftliche Teiltheorien in ihren Entstehungsstadien nur ein geringes

---

5 Vergleiche Kuhn (62) und vor allem die daran anschließende Diskussion z. B. in Diederich (74) II, Lakatos/Musgrave (74) S. 89 oder Stegmüller (75), Kapitel V und (69), Band II, 3. Teilband.

Erklärungspotential besitzen. Es dauerte Jahrzehnte und bedurfte der Mitarbeit vieler Gleichgesinnter, um aus der genialen Vermutung ein praktikables Erklärungssystem zu entwickeln, das mit den älteren Paradigmen konkurrieren konnte. Als Galilei der Kopernikanischen Idee Gehör verschaffen wollte und dabei seine neuen mechanischen Ideen vorbrachte, konnte er nur wenige Beispiele anführen, die durch das Neue wenigstens ebensogut erklärt wurden wie in den Vorgängertheorien. Es bedurfte der persönlichen Ausstrahlungskraft Galileis und der Begeisterung seiner Anhänger für das Neue, um trotzdem bestehen zu können.[6] Die eigentliche Entscheidung, wie die neuen Ideen zu bewerten sind, fiel letztlich innerhalb der Fachwelt. Eine Forschergemeinschaft entscheidet sich aber nicht nur mit rationalen Mitteln, sondern es spielen dabei auch persönliche Präferenzen und Antipathien eine Rolle; Wertungen der Zeit gehen ein und psychologische Zufälligkeiten können bedeutsam werden.

Inzwischen hat sich innerhalb dieser neugeschaffenen Tradition ein Mechanismus der Theoriendynamik entwickelt, der wissenschaftstheoretisch durchaus durchschaut werden kann. Die Überlegungen Kuhns, Lakatos', Sneeds und Stegmüllers verdeutlichen, was *innerhalb dieser Tradition* Theorienwahl bedeutet. Es können zwar *einsichtige*, aber *nicht völlig hinreichende* Kriterien angegeben werden, die ein Festhalten an der alten Theorie beziehungsweise eine Annahme neuer Theorienverzweigungen rechtfertigen. In der gegenwärtigen Situation jedoch können solche Umwälzungen nur noch Einzelbereiche innerhalb des globalen Wissenschaftsmodells betreffen. Auch der immer lauter werdende Ruf nach einer völlig neuen Deutung der Elementarteilchenphysik bedeutet ja keine Aufforderung zum Verwerfen der alten Traditionen. Es geht nur darum, eine neue Gesamtkonzeption zu finden, in welcher die zahllosen Phänomene der Physik ihren adäquaten Ort erhalten und so verstanden werden können. Welche Raffinessen und Tricks und welche weltweite Propaganda wäre vonnöten, heute einen Paradigmenwechsel nicht nur in einem wissenschaftlichen Spezialbereich, sondern im wissenschaftlichen Denken schlechthin zu realisieren! Er wäre höchstens in einer radikalen Weltdiktatur denkbar, in der Willkürmaßnahmen durch perfekte Machtapparate beamteten Staatsdienern aufgezwungen und dadurch weltweit durchgesetzt werden

6 Sehr eindrucksvoll wird dieser Sachverhalt bei Feyerabend (75), Abschnitt 8 und 9, dargestellt.

könnten. Solange es noch Freiheit gibt, wird die Menschheit daher mit der tradierten Wissenschaft, wie sie sich in den letzten drei Jahrhunderten herausgebildet hat, auch weiterhin leben müssen. So verwundert es nicht, daß die Idee von einer völlig neuen Wissenschaft, wie sie H. Marcuse und neuerdings alternative Denker der ökologischen Szene oder innerhalb der New-Age-Bewegung vertreten[7], ein Traum ohne jeglichen Realitätsbezug bleiben wird. Zwar können solche Gedanken gewisse Entartungen in der wissenschaftlichen Praxis steuern und den Mißbrauch der Wissenschaft einschränken; aber es dürfte ihnen kaum gelingen, die Fundamente zu erschüttern und etwas ganz Neues vorzubereiten. So wird man auch vergeblich auf den neuen Mythos warten, der eines Tages als andersartiges ontologisches Bezugssystem unseren gegenwärtigen wissenschaftlichen Bezugsrahmen sprengt, so wie einst die neue Wissenschaft den Bezugsrahmen der griechischen Mythendeutung ersetzt hatte.[8] Die Kontingenz der Grundannahmen ist praktisch zur Notwendigkeit und Eigendynamik einer historischen Entwicklung geworden.

Wenn wir verstehen wollen, an welcher Stelle und auf welche Weise solche Kontingenzen durch methodologische Annahmen zur Notwendigkeit objektiver Sachverhalte transformiert werden, ist eine eingehende Analyse der Struktur moderner Wissenschaften unvermeidlich. Dieser müssen wir uns nun zuwenden. Erst nach der Klärung jener Transformation wird deutlich werden, wie Religionskritik, die sich auf die Wissenschaften beruft, wirkt und in ihren Ansprüchen gerechtfertigt oder zurückgewiesen werden kann.

5.2 Zur Analyse des Wissenschaftsbegriffs und dessen Prämissen

Das zentrale Argument der Wissenschaft gegen die auf Kontingenzen bezogene Religion entfaltet sich als Auflösung des Kontingenzbegriffs durch Einordnung der betreffenden Phänomene in das wis-

7 Marcuse (64) § 6; zum New Age siehe Sudbrack (87) S. 30f.
8 Die Visionen vom Wassermann-Zeitalter, welche die Vorstellungen des Zeitalters des Fisches ablösen (vgl. die kritische Darstellung bei König (86) S. 18/19), stellen astrologische Tagträume von Phantasten

senschaftliche Gesamtkonzept. Dieser Vorgang ist der eigentliche Kern jenes Prozesses, der unter den Stichworten der Entzauberung, Entmythologisierung, Rationalisierung und Verwissenschaftlichung bekannt und beschrieben worden ist. Nur die Offenlegung der Prämissen jenes wissenschaftlichen Gesamtkonzepts ermöglicht es uns, trotz der Wissenschaft auch heute von Kontingenz zu sprechen, die sich eben diesem wissenschaftlichen Zugriff entzieht.

Einer solchen Analyse stellen sich jedoch sogleich zahlreiche Schwierigkeiten entgegen. Zunächst ist der Wissenschaftsbegriff selbst sehr umfassend. Man kann zwar vereinfachend von Erfahrungswissenschaften (oder empirischen Wissenschaften) und von den hermeneutischen Wissenschaften (früher Geisteswissenschaften) sprechen, wobei erstere Naturwissenschaften, empirische Psychologie und empirische Soziologie umfassen. Aber nicht nur diese Einteilung ist umstritten; auch innerhalb des Schemas selbst lassen sich die einzelnen Wissenschaften ganz verschiedenartig interpretieren. Es gibt keinen einheitlichen Wissenschaftsbegriff, es sei denn in der Privatsystematik einzelner spekulativer Entwürfe.

Trotzdem wirkt der Wissenschaftsbegriff in der Religionskritik Wunder. Offensichtlich spielen in der Auseinandersetzung mit religiösen Themen gewisse Prämissen eine fundamentale Rolle, die dann sowohl Bultmanns Entmythologisierungsprogramm oder Gogartens Säkularismus-Kritik, wie auch Alberts Angriffe gegen Küng, Mackies Auseinandersetzung mit Swinburne, die Aufklärungsideen der Kritischen Theorie und das Wissenschaftsverständnis von Lübbe oder Lévinas bestimmen –, um nur einige Beispiele zu nennen.[9] Diese Prämissen beziehen sich weniger auf theorieinterne Festlegungen, welche die Axiome und die damit implizit mitdefinierten funktionalen Konventionen und instrumentellen Spezifikationen betreffen. Entscheidend sind vielmehr *ontologische und normative Festlegungen*, in denen der Gegenstandsbereich und die Grundforderungen für die Theorie (z. B. Widerspruchsfreiheit) fixiert sind. Die sogenannten judikalen Festlegungen sind allein für theoriendynamische Betrachtungen von Bedeutung und folgen aus der jeweiligen Interpretation der Normen.[10]

dar, die mit Fakten umspringen wie mit Tierkreis-Konstellationen. In solchen Ansätzen einen Konkurrenten für die etablierte Wissenschaft zu vermuten, ist mehr als naiv.

9 Vergleiche Gogarten (53), Albert (79), Mackie (82) und Swinburne (79)
10 Zu diesen Begriffen siehe Hübner (78) S. 86/87

Allen genetischen Thesen zum Trotz läßt sich die *praktische Wirksamkeit* dieser festen ontologischen Perspektiven mit ihren Theoriennormierungen nicht aus der Welt schaffen. Zumindest im Bereich der Erfahrungswissenschaften lassen sich sowohl die Haupttendenzen als auch die entscheidenden Prämissen lokalisieren. Man spricht geradezu vom *«Standardmodell der Erfahrungswissenschaften».*[11] Wir wollen uns mit der Zuwendung zum Standardmodell nicht einseitig auf eine bestimmte wissenschaftstheoretische Auffassung festlegen. Aber wir können gerade an diesem Modell deutlich machen, was im allgemeinen mit der «wissenschaftlichen Sicht» gemeint ist, die hier oder dort ihre religionskritischen Früchte trägt.

a. Der Aufbau einer wissenschaftlichen Theorie am Beispiel des Standardmodells

Eine erfahrungswissenschaftliche Theorie läßt sich informell wie folgt charakterisieren: Wir gehen von einer Menge von Problemen aus und entwickeln dazu einen geeigneten Begriffsapparat, genauer eine *wissenschaftliche Theorie.* Diese besteht aus einer *wissenschaftlichen Sprache* mit folgender Struktur: Sie ist Teil der Prädikatenlogik 1. Stufe mit Identität. Ihr Vokabular zerfällt in drei Bereiche: in das logisch-mathematische Vokabular, in Beobachtungsbegriffe und in theoretische Begriffe.

Eine erfahrungswissenschaftliche Theorie mit der angegebenen Sprache liegt dann vor, wenn es in ihr eine Teilmenge von «*Naturge-*

---

11 So z.B. W. Detel in seinem Aufsatz über Wissenschaft in: Martens/ Schnädelbach (85) S. 194 – Das Standardmodell dient nur als Illustrationsbeispiel. Die uns hier interessierenden Prämissen dürfen nicht als Grundevidenzen einer *allgemeinverbindlichen* Wissenschaftskonzeption gedeutet werden. Sie betreffen common sense-Plausibilitäten, die sich *methodisch* an bestimmten Stellen wissenschaftlicher Systeme auswirken können. Man hätte für unsere Zwecke mit gleichem Recht auch ein anderes Wissenschaftsmodell verwenden können, beispielsweise die sehr weit ausgebaute Systemtheorie N. Reschers (Vgl. Rescher (73) und (89)). In ihr wäre es möglich, aus der i.a. nicht-konsistenten Menge aller »Daten«, die beispielsweise auch die Existenz Gottes oder dessen Nichtexistenz enthalten könnte, aufgrund bestimmter Präferenzkriterien eine maximale konsistente Untermenge auszuwählen, die dann die pragmatische Wahrheit für die Daten eben dieser Untermenge garantiert.

setzen» und eine Teilmenge von «*Korrespondenzregeln*» gibt, die folgende Eigenschaften haben:

- Kein Satz aus der Menge der Naturgesetze enthält Beobachtungsbegriffe.
- Jeder Satz aus der Menge der Korrespondenzregeln enthält mindestens einen Beobachtungsbegriff und einen theoretischen Begriff.
- Beide genannten Teilmengen sind endlich und logisch miteinander vereinbar.
- Aus der Vereinigungsmenge der beiden Teilmengen lassen sich Beobachtungssätze herleiten.[12]

Die letzte Eigenschaft ist die interessanteste. Sie verweist auf den Begriff der *Erklärung*, d.h. auf die Zurückführung von Beobachtungssätzen auf die aus theoretischen Begriffen bestehenden Naturgesetze mittels Korrespondenzregeln und zusätzlichen Randbedingungen.

Das Standardmodell enthält weitreichende *Prämissen*. Es unterwirft sich vollständig der logischen Reglementierung, d.h. es setzt die elementare Logik in der heute am weitesten verbreiteten Form der Prädikatenlogik voraus. Zugleich konstituiert es mit der Berufung auf Beobachtungssätze die durch die beiden Teilmengen gegebenen Gegenständlichkeiten in ihrer Verquickung mit den menschlichen Sinnesorganen. Wenn Physiker Mesonen beobachten, dann sind dies Gegenständlichkeiten im hier gemeinten Sinn. Denn sie sind mit Hilfe von Korrespondenzregeln durch die Sinneserfahrungen der Menschen identifizierbar. Sie sind aber keineswegs anschaulich gegeben. Die in den Beobachtungen nachweisbare Zeitdilatation z.B. widerspricht dem naiven Zeitverständnis unserer Alltagserfahrung ganz entscheidend. Wissenschaftliche Gegenstände liegen also z.T. jenseits unseres Anschauungsvermögens, sie sind aber zumindest partiell auf Umwegen mit diesem vermittelt. Die nichtinterpretierbaren Elemente erhalten ihre Existenzberechtigung durch die Mittlerfunktion. Entscheidend ist dabei, daß die Verwirklichung der Vermittlung nicht auf auserwählte Individuen beschränkt ist. Die Einbettung der Theorie in die allgemeine Logik und in die Bewährung durch allgemein zugängliche Apparaturen gibt den Gegenständen eine Objektivität, die jeder nachvollziehen kann, der die Apparate kennt.

Ähnliche Festlegungen gelten auch für psychologische und soziolo-

---

12 Genaues bei Stegmüller (69), Band II, Teil C und D

gische Theorien. Erstere konstruieren «seelische Gegenstände», letztere «kommunikative Gegenstände». Die Korrespondenzregeln werden hier nicht mehr mit Hilfe von Apparaten definiert, sondern sie beziehen sich auf menschliche Verhaltensweisen bzw. auf gesellschaftliche Erscheinungen. Schweißausbrüche und Erröten können z. B. die Gegenstände Angst oder Scham konstituieren; bestimmte statistische Erhebungen interpretieren theoretische Gegenstände wie Armut oder Reichtum. Auch hier wird analog zu den Naturgesetzen eine Satzmenge ausgezeichnet. Es handelt sich dann um ein Regelsystem, das zwar nicht durch alle Jahrhunderte invariant bleibt, aber doch in einer bestimmten Epoche sinnvoll verwendet werden kann. Die Korrespondenzregeln vermitteln weiter zahlreiche theoretische Elemente mit den beobachteten Phänomenen.

Wenden wir uns nun den *Voraussetzungen* zu, die in diesen Gegenstandstheorien und insbesondere im Standardmodell der Wissenschaftstheorie mitgedacht werden.

Das Modell betrifft *drei Typen von Erfahrungswissenschaften*, die sich durch ihren Gegenstand unterscheiden:

– die *Naturwissenschaften* betrachten *materielle* Gegenstände in Raum und Zeit, wie Mesonen, Moleküle, Fixsterne usw.;

– die *empirische Psychologie* untersucht *seelische* Gegenstände wie Vorstellungen, Gefühle, Denkinhalte als Momente materieller Gegenstände und physischer Verhaltensweisen;

– die *empirische Soziologie* konzentriert sich auf *kommunikative* Gegenstände, d. h. auf Situationen, in denen sich Gruppierungen von raum-zeitlichen Individuen befinden oder in bestimmten Zeiten befunden haben.

Seelische und kommunikative Gegenstände heißen im Gegensatz zu materiellen Gegenständen «ideell».

Mit dem Modell der genannten empirischen Wissenschaften konkurriert das Wissenschaftsmodell der Hermeneutik oder der Geisteswissenschaften, dem wir uns später zuwenden. In diesem werden «geistige oder intentionale Gegenstände» konstituiert.[13]

Unser Ziel ist eine Explikation und Analyse der in diesen Modellen auftretenden Prämissen. Wissenschaft zu betreiben heißt, aus diesen oder ähnlich formulierten Prämissen, die zugleich die wissenschaftliche Methode mitbestimmen, Folgerungen zu ziehen und diese als Instrumente des Umgangs mit ihren Objekten zu betrachten. Zwar wird in diesem Zusammenhang viel von Modellen gesprochen. Der

13 Vergleiche 5.3d

Modellcharakter betrifft aber nur die Ausgestaltung, nicht die Grundlage der Wissenschaft. Man kann also nicht die wissenschaftliche Betrachtungsweise als solche zum *speziellen Modell* erklären und dieses gelegentlich durch Konkurrenzmodelle wie Dialektik oder Mystik ersetzen. *Dem widerspricht die allgemeine Anerkennung der wissenschaftlichen Ergebnisse vor allem als Hilfe zur Beherrschung von Natur und Alltag.* Wissenschaft liefert also de facto Aussagen über die Wirklichkeit. Sie konstituiert unser Wirklichkeitsverständnis in einem Ausmaß, daß es schwerfällt, noch Freiräume für andere Verhaltensweisen zu finden. Solche Freiräume können *kein Ersatz* für Wissenschaft sein. Wegen deren Eigendynamik läßt sich kein aussichtsreiches Alternativmodell entwickeln. Wir müssen mit den Wissenschaften leben. Dabei sollte die Schizophrenie der doppelten Wahrheit vermieden werden: am Wochentag die Wissenschaft ernst nehmen und vorantreiben und sie am Sonntag verdammen und zum inadäquaten Mittel von Wirklichkeitsauffassung abqualifizieren. Kontingenzerfahrungen, die über die Wissenschaft hinausführen, betreffen demnach nicht die Wissenschaft als solche, sondern müssen *trotz der wissenschaftlichen Perspektiven* möglich sein. Das schließt nicht aus, die *Reichweite* der Festlegung auf elementare Logik oder auf Raum-Zeit-Gegenstände in Frage zu stellen. Dort wird sich in Einzelfällen eine Möglichkeit auftun, sich dem Zwang der wissenschaftlichen Methodik zu entziehen. Aber wenn von raum-zeitlichen Gegenständen und ihren Beziehungen die Rede ist, sind wir ohne Ausnahme den Reglementierungen der Logik unterworfen.

Unser Ziel einer Explikation der Grundlagen der Wissenschaften läuft auf die Frage hinaus, wie das Sprechen von Gegenständen der jeweiligen Art konkret funktioniert. Dabei wird sich herausstellen, daß entscheidende Voraussetzungen gemacht werden, welche den Charakter der jeweiligen Gegenstandsart bestimmen.

Das Standardmodell der Wissenschaftstheorie enthält eine Reihe von *allgemeinen* Prämissen, die sowohl in der Naturwissenschaft als auch in der empirischen Psychologie und empirischen Soziologie stillschweigend vorausgesetzt werden, auch wenn das Standardmodell modifiziert oder aber überhaupt keine explizite Metatheorie gelehrt wird. Darüber hinaus lassen sich bestimmte ontologische Differenzierungen feststellen, welche dann die Unterscheidung in die drei genannten Wissenschaftsbereiche ermöglichen.

b. Allgemeine Prämissen

(AP 1) Die Begrifflichkeit einer wissenschaftlichen Theorie ist durch die Reglementierung der *elementaren Logik* bestimmt.

Hasenjäger hat diese als «diskrete Ontologie» bezeichnet.[14] Sie umfaßt die Elemente der Aussagen- und Prädikatenlogik samt Identität. Zu ihr zählen das Zweiwertigkeitsprinzip in bezug auf Aussagen, die Selbstidentität der Begriffe und die Widerspruchsfreiheit des Gesamtsystems. Sie argumentiert stets extensional.

(AP 2) Die Naturgesetze wissenschaftlicher Theorien haben den heuristischen Status von *Axiomen.*

Obwohl es sich um hypothetische Annahmen handelt – allerdings um bereits oftmals bewährte –, werden die naturgesetzlichen Aussagen wie Axiome eines klassischen Axiomensystems behandelt. Man betrachtet sie methodisch als letzte Gegebenheiten, aus denen mit dem gleichen epistemischen Unsicherheitsgrad logische Folgerungen gezogen werden können, wie er in den Hypothesen gegeben ist.

(AP 3) Die Naturgesetze beziehen sich auf *materielle* Gegenstände, d.h. auf Seiendes im Raum-Zeit-Kontinuum im Sinne der modernen Physik.

«Materielle Gegenstände» werden in der Physik genauer als Materie und Energie unterschieden. In der religionsphilosophischen Diskussion ist diese Unterscheidung nicht üblich; man meint mit «materiell» im allgemeinen beides. Für die meisten Überlegungen reichen auch die mesokosmischen Vereinfachungen innerhalb der Raum-Zeit-Strukturen aus. Das heißt, man setzt praktisch eine unendliche Lichtgeschwindigkeit, die Starrheit von Maßstäben und die Unabhängigkeit von Raum und Zeit voraus. Ebenso wird die Unschärferelation außer acht gelassen: wir sind in der Lage, für materielle Körper im Mesokosmos sowohl exakte Orts- als auch Geschwindigkeitsangaben zu machen. Raum und Zeit sind zwei voneinander unabhängige kontinuierliche Medien für alle uns in der Praxis interessierenden Objekte.

(AP 4) Jeder mesokosmische Gegenstand muß prinzipiell zu einem Zeitpunkt *vergegenwärtigt* werden können.

Man beachte, daß Vergangenes nicht direkt gegeben ist. Trotzdem handelt die Wissenschaft auch von Gegenständen, die der Vergangenheit angehören (z.B. ein explodierter Stern). Es wird dabei vor-

---

14 Hasenjaeger (62) S. 29ff. Siehe auch Wuchterl (87) 1.6

ausgesetzt, daß diese Gegenstände zu irgendeinem Zeitpunkt gegenwärtig waren, das heißt, unmittelbar beobachtet oder mit Hilfe unmittelbar beobachtbarer Hilfsmittel als gegenwärtig gedacht werden können. Diesen Zusammenhang garantiert das vorausgesetzte Raum-Zeit-Kontinuum. Zu jedem Gegenstand gibt es eine stetige Minkowski-Weltlinie. Bei der Entstehung bzw. bei der Zerstörung des Gegenstandes können diese Teil-Elemente im gleichen Sinn weiterverfolgt werden.

(AP 5) Sämtliche Gegenstände samt deren Veränderungen und gegenseitigen Beziehungen, Bewegungen und Einflüssen werden durch die *Naturgesetze* beschrieben.

Dabei ist der Gegenstandscharakter allerdings begrifflich vermittelt. Interpretierbare und nicht-interpretierbare Elemente lassen sich nicht säuberlich trennen. Alle Beobachtungsmerkmale sind durch Korrespondenzregeln mit theoretischen Elementen verknüpft und umgekehrt sind theoretische Elemente nur dann notwendig, wenn sie Beobachtungen zu interpretieren helfen. Deshalb erhalten auch Begriffe wie Potential, Gravitation u. a. nur durch ihre Anwendung auf raum-zeitliche Gegenstände ihre Bedeutung, d. h. auch sie sind materielle Gegenstände in einem allgemeinen Sinn. Dieser Begriff des materiellen Gegenstands läßt sich ohne weiteres auch auf die Gegenstände der modernen Physik anwenden. Der durch die Relativitätstheorie entdeckte enge Zusammenhang von Raum und Zeit und die damit verbundenen Abweichungen der relativistischen Annahmen von der klassischen Raum-Zeit-Vorstellung bestätigen die Notwendigkeit, den Begriff des materiellen Gegenstands so weit zu fassen, zumindest weiter als es in der klassischen Mechanik üblich war.

Alles, was Objekt einer naturwissenschaftlichen Theorie werden kann, wird so notwendigerweise in das Raum-Zeit-Schema eingebunden. Der Charakter von Raum und Zeit ist durch die Physik definiert. Kontinuierlichkeit und Meßbarkeit stehen im Vordergrund; beide Eigenschaften ermöglichen die Formulierung von Naturgesetzen, die ihrerseits Veränderungen und Beziehungen der Gegenstände erklären.

Die moderne Physik scheint eine Reihe von Möglichkeiten zu bieten, diese Prämissen in Frage zu stellen. Besonders im Umkreis der New-Age-Spekulationen[15] deutet man die moderne Physik der Rela-

15 Vor allem bei F. Capra (83) und (84)

tivitäts- und Quantentheorie als ontologische Revolution und versucht, über deren Begrifflichkeit das gängige Wirklichkeitsverständnis als wissenschaftlich überholt hinzustellen. Dabei findet aber eine *fundamentale Verwechslung zwischen menschlicher Anschaulichkeit und wissenschaftlicher Ontologie* statt. Letztere enthält bereits zahllose nicht-interpretierte und damit völlig unanschauliche Elemente, die nur durch ihren operativen Sinn, nicht dagegen durch die unmittelbare Einsichtigkeit zum Repertoire der Wirklichkeitsbausteine zählen. Innerhalb der wissenschaftlichen Denkweise bereitet es keine Schwierigkeiten, mit der Unschärferelation und mit den Gesetzen für Zerstrahlungsvorgänge zu arbeiten. Kein moderner Physiker hat je behauptet, daß wir es in jenen problematischen Bereichen mit Gegenständen zu tun hätten, die mit den Billardkugeln unseres Mesokosmos vergleichbar wären. Entscheidend ist, daß alles unter einer Gesetzlichkeit stehend gedacht wird, die zwar nur statistisch und in Wechselwirkung mit menschlichen Meßprozessen, aber eben doch *explizit* beschrieben werden kann. Behauptungen, daß man durch Meditation oder andere esoterischen Methoden hinter die Raum-Zeit-Welt mit ihrer Gesetzlichkeit blicken könnte, um dort die eigentliche Welt der Innerlichkeit zu entdecken, sind reine Spekulationen, die jeder intersubjektiven Nachprüfung logischer oder experimenteller Art entbehren. Sofern solche Lehren die Physik in das «neue Denken» integrieren wollen, mißverstehen sie die aufgezählten Prämissen; sofern sie bewußt über diese Prämissen hinausgehen wollen, zählen sie zu den denkerischen Unternehmungen, die wir hier in unseren religionsphilosophischen Reflexionen zum Thema gemacht haben. Dann müssen sie nach den Kriterien für diese Bereiche beurteilt werden. Und dies geschieht in späteren Überlegungen.

Die wissenschaftstheoretischen Auseinandersetzungen über die ontologischen Grundlagen in der Quantenphysik spielen sich *innerhalb* der angegebenen Prämissen ab. K. Hübner hat in seiner «Kritik der wissenschaftlichen Vernunft» die Diskussion ausführlich dargestellt. Seine dort entwickelten alternativen «Axiome» stehen unter den von uns formulierten Bedingungen. Wir verdeutlichen den Sachverhalt am Streit zwischen Einstein und Bohr. Hübner ordnet dem Standpunkt zwei Axiome zu, die beide innerhalb unserer Ontologie verständlich sind: «Gemäß dem einen dieser Axiome – demjenigen *Einsteins* – besteht die Wirklichkeit in Substanzen, die Eigenschaften haben, unbeschadet der Beziehungen, in denen sie zu anderen Substanzen stehen. Nach dem anderen Axiom – demjenigen *Bohrs* – ist die Wirklichkeit wesentlich eine Beziehung zwischen Substanzen, und die Messung ist ein Spezialfall einer solchen Beziehung. Für *Einstein* deckt eine Messung einen Zustand an sich selbst auf; für *Bohr* konstituiert sie eine Wirklichkeit. Für *Einstein* sind Bcziehungen durch Substanzen definiert; für *Bohr* sind Substanzen definiert durch Beziehungen. Diese allgemeinen philosophischen Standpunkte bilden die Grundlage der Diskussion.»[16] Substanz, Eigenschaft, Beziehung, Messung – all diese Begriffe sind durch die Prämissen abgedeckt. Die Komplementarität ist in (AP 4) dadurch berücksichtigt, daß ausdrücklich von mesokosmischen Vorgängen die Rede ist.

Auch bezüglich der *Logik* hat Hübner die entscheidenden Mißverständnisse aufgedeckt. Er kommt nach der Darstellung der einzelnen Lösungsvorschläge für eine neue Quantenlogik zu folgendem Ergebnis: «Daher scheint mir der Ausdruck ‹Quantenlogik› irreführend und nichts als Verwirrung stiftend. Die Quantenmechanik hat nicht – wie man heute so oft hört – zu einer neuen Logik geführt, sie hat nicht dem Denken neue Formen gegeben, sie hat nicht die Logik in den steten Fluß und Fortschritt der empirischen Wissenschaften mit hineingerissen. Dagegen setzt auch sie die allgemein gültigen Sätze der effektiven Logik voraus.»[17] Die elementare Logik kann also in diesem Zusammenhang sogar auf die effektive Logik[18] reduziert werden. Man bedarf keiner dreiwertigen und schon gar keiner mystischen Alternativ-Logik. Hübner schließt seine Untersuchungen mit der Feststellung ab: «So zeigt sich: Was mit der sog. dreiwertigen Logik, der sog. Quantenlogik, eigentlich beabsichtigt wird, das ist nichts anderes als eine Art der Formulierung quantenmechanischer Gesetze in einer Weise, wie sie überhaupt in der Physik üblich ist.»[19]

16 Hübner (78) S. 139
17 a.a.O. S. 184
18 Darunter versteht man den Kern aller Logik-Kalküle, der auch operativ (oder dialogisch und konstruktiv) gerechtfertigt werden kann. Er enthält die allgemein-zulässigen Regeln, die zu jedem Kalkül hinzugefügt werden können, ohne die Folgerungsmenge zu verändern. Siehe z.B. Lorenzen (55) S. 48.
19 Hübner (78) S. 185

c. Spezielle Prämissen

Die Differenzierung innerhalb der Erfahrungswissenschaften erfolgt durch die folgenden Axiome, die zum Teil neue Gegenstände einführen. Für die *Naturwissenschaft* gilt die Prämisse:

(NP) Die Beziehungen zwischen Gegenständen und Naturgesetzen werden mit Hilfe der Klassenlogik und mathematischer Strukturen beschrieben.

Deren Begriffsapparat ermöglicht die logische Subsumtion bei Gegenständen und Begriffen sowie bei Gegenständen und Naturgesetzen. Dadurch können Theoriekern und intendierte Anwendungen unterschieden werden. Zugleich ergibt sich eine Erklärung für die Geltung des Gesetzes, daß das Ganze eine Funktion seiner Teile ist.

In der *Psychologie* treten an die Stelle der naturwissenschaftlichen Prämisse (NP) die drei folgenden psychologischen Prämissen:

(PS 1) Es gibt neben den materiellen Gegenständen eine weitere Art von Gegenständen, nämlich «psychologische Vorgänge». Diese bedürfen stets materieller Gegenstände und müssen mit deren Gesetzmäßigkeiten verträglich sein.

Jedem psychologischen Vorgang ist eine Gesamtheit von materiellen Gegenständen zugeordnet. Diese Gesamtheit bildet eine Einheit in dem Sinne, daß sie nicht wieder in Untereinheiten eingeteilt werden kann, denen analoge materielle Gegenstände zugeordnet sind.

(PS 2) Die psychischen Vorgänge ereignen sich in Raum und Zeit. Die Identifizierung des Psychischen ist allerdings nicht direkt möglich, sondern nur anhand der zugeordneten materiellen Gegenstände, die sich als zugeordnete Komplexe organisieren. Dabei erfaßt die Gesamtheit dieser materiellen Gegenstände noch nicht den psychischen Vorgang selbst. Das Ganze ist mehr als seine in Raum und Zeit identifizierbaren Teile.

(PS 3) Die psychischen Gegenstände sind zusätzlich zur Raum-Zeit-Ordnung der zugeordneten materiellen Gegenstände nach Zwecken geordnet. Die Gesetze der Psyche, das heißt der Gesamtheit der psychischen Gegenstände, sind intentional strukturiert.

Damit lassen sich intentionale Zustände und Prozesse beschreiben, welche in der Psychologie im Vordergrund stehen. Die zugeordneten raum-zeitlichen Beziehungen spielen nur in speziellen grundlagen-theoretischen Fragestellungen eine Rolle und können in der Praxis weitgehend vernachlässigt werden.

Die ideellen Objekte der empirischen Psychologie betreffen Zustände oder Ereignisse an materiellen Gegenständen. Sie setzen also materielle Gegenstände voraus. Insofern ereignen sie sich in Raum und Zeit. Zum Repertoire der theoretischen Begriffe gehören hier zusätzlich die Idee der Ganzheit und die Idee des Zweckes. Gefühle, Vorstellungen usw. sind stets nur Momente oder Funktionen eines übergeordneten Gegenstandes, einer seelischen Einheit, eines Ichs, einer Person – oder wie immer man dieses Ganze nennen mag. Das Verhalten des raum-zeitlichen Gegenstandes, das die Kriterien für die Existenz des Seelischen liefert, ist zugleich durch Zwecke geordnet. Dabei wird der explikative Charakter der Naturgesetze transzendiert. Das in der Psychologie maßgebende Regelsystem läßt teleologische Deutungen zu.

Analog zur Erweiterung der Erfahrungswissenschaft zur psychologischen Wissenschaft erfolgt der Aufbau der *Sozialwissenschaft* durch weitere Prämissen:

(SP 1) Es gibt neben den materiellen Gegenständen und neben den psychischen Vorgängen eine dritte Art von Gegenständen, nämlich die kommunikativen Phänomene, welche die beiden genannten Gegenstandsarten wesenhaft voraussetzt.

Sie zerfallen in soziale Phänomene, wie z.B. in Familie oder Staat, und in historische Phänomene, wie beispielsweise in Staatenbildung oder Industrialisierung.

(SP 2) Die kommunikativen Phänomene ereignen sich in Raum und Zeit und in Abhängigkeit von psychologischen Prozessen.

Diese Abhängigkeit kann ganz verschieden sein, z.B. in der Form menschlicher Satzungen; es kann aber auch eine direkte intentionale Beeinflussung vorliegen. Häufig weisen kommunikative Phänomene eine Eigendynamik auf, die von den Intentionen der zugeordneten Individuen unabhängig sein kann. Man spricht dann auch von «geistigen Phänomenen».

(SP 3) Kommunikative Phänomene sind sowohl Funktionen ihrer Teile als auch teleologisch strukturierte Gegenstände.

Auch in der Soziologie und in den Geschichtswissenschaften wird die Auflösung des strengen Naturgesetzes weiter vollzogen. Bei der Behandlung raum-zeitlicher Situationen von Gruppen und Gemeinschaften reichen Deduktionen aus allgemeinen Gesetzen zum Verständnis nicht mehr aus. Zur Einbeziehung von Zwecken tritt noch der geschichtliche Wandel der Regelmenge hinzu. Ideelle Gegenstände betreffen zwar indirekt noch raum-zeitliche Gegenstände, die unter Naturgesetzen stehen; sie selbst fallen aber nicht mehr unter Naturgesetze, sondern unter historisch wandelbare *Regelsysteme*. Im Begriff der Regel soll die Möglichkeit der Ausnahme, der teleologischen Erweiterung und der geschichtlichen Abwandlung zum Ausdruck kommen. Es geht um Gemeinsamkeiten, die für bestimmte Bereiche und für bestimmte Zeiten konstatierbar sind. Das hängt vor allem damit zusammen, daß die Regeln durch menschliche Satzungen und menschliche Interessen mitbedingt sind, die sich im Laufe der Zeit ändern.

5.3 Ontologische Kontingenzbewältigung

Nach der langwierigen, aber doch notwendigen Untersuchung der Struktur und der Prämissen naturwissenschaftlicher Objektivität wollen wir uns jetzt wieder mit der *religionsphilosophischen* Problematik befassen. Wir erkennen, wie das wissenschaftliche Objekt als Sinn in der systemtheoretischen Bedeutung Luhmanns konstituiert wird. Aus der unbestimmten Mannigfaltigkeit von Möglichkeiten, welche die Umwelt anbietet, werden bestimmte Relationen ausgewählt. Damit ist die Komplexität auf das überschaubare System von Beziehungen reduziert, das wir Erfahrungswissenschaft nennen. Vieles bleibt unbestimmt und umgibt weiterhin das System als Umwelt. Sie umfaßt Bereiche, die einerseits von anderen Systemen, wie z. B. den hermeneutischen Wissenschaften, reduziert werden und die andererseits als herausfordernde Kontingenz weiterhin in Unbestimmtheit verharren.

a. *Modalitäten der wissenschaftlichen Ontologie*

Wir sind nach diesen Entwicklungen in der Lage, den Begriff der ontologischen Kontingenz genauer zu verstehen. Mit der Annahme des Standardmodells ist eine komplexe Ontologie mitgesetzt, die sich in ihren Prämissen manifestiert. Wir nennen sie die *wissenschaftliche Ontologie*. In ihr sind die Termini Wirklichkeit, Möglichkeit und Zufälligkeit festgelegt.
Wirklichkeit eines Gegenstandes bedeutet, sich an einer bestimmten Raum-Zeit-Stelle zu befinden oder eine bestimmte Raum-Zeit-Stelle zu betreffen. Dabei sind zwei Fälle möglich: die Existenz an der

bestimmten Raum-Zeit-Stelle ist gemäß den Naturgesetzen bestimmt oder sie widerspricht den Naturgesetzen. Im ersten Fall heißt sie *notwendig*, im zweiten Fall *kontingent*.[20] *Möglichkeit* eines Gegenstandes ist die Denkbarkeit, sich an einer bestimmten Raum-Zeit-Stelle zu befinden oder diese zu betreffen. Möglichkeit setzt die Verträglichkeit mit der Wirklichkeit voraus. Was zwar gedacht, aber nie wirklich sein kann, ist auch nicht möglich. Möglichkeit bezieht sich also nicht auf die Denkmöglichkeit innerhalb einer beliebigen Theorie, sondern auf die Denkmöglichkeit in bezug auf Raum-Zeit-Stellen. Umgekehrt bedeutet *zufällig*, daß etwas wirklich oder möglich, aber nicht aus der Theorie ableitbar ist. Dieser Begriff ist also ausschließlich auf in Raum und Zeit lokalisierbare Gegenständlichkeiten anwendbar.

Durch die Ersetzung von «Gesetzen» durch «Regeln» kann von den Begriffen «wirklich», «möglich» und «zufällig» noch der Begriff der *Geschichtlichkeit* unterschieden werden. «Zufällig» bedeutet in diesem Bereich in Analogie zur Nichtdeduzierbarkeit aus Gesetzen die Nichtherleitbarkeit aus den entsprechenden *Regeln*. Die Regeln selbst unterscheiden sich aber von den Naturgesetzen durch ihre Nicht-Notwendigkeit, d.h. sie sind geschichtlich. Gelegentlich spielen sie die Rolle von Naturgesetzen mit Ausnahmen. Die Möglichkeit von Ausnahmen macht sie zu Regeln. Ihre Abänderung im Laufe der Geschichte oder in anderen Kulturen bedingt ihre Geschichtlichkeit.[21]

Für die *Naturwissenschaften* und für die *Psychologie* gilt demnach das Schema

möglich	
notwendig	nicht notwendig zufällig (ontologisch kontingent)

20 Modallogisch handelt es sich also um ein System, das die naturgesetzliche Notwendigkeit als Grundbegriff einführt und im wesentlichen mit dem klassischen Modalkalkül zusammenfällt. Vergleiche dazu v. Kutschera: «Einführung in die intensionale Semantik» (76) S. 20.
21 Weil Hübner den Begriff der Kontingenz mit Geschichtlichkeit identifiziert, fällt der Begriff bei ihm nicht mit Zufälligkeit zusammen. Vergleiche Hübner (85) S. 105/106

Für die Sozialwissenschaften dagegen unterscheiden wir

möglich		
notwendig	nicht notwendig	
	geschichtlich (historisch bedingt)	zufällig (kontingent)
	(ontologisch kontingent)	

b. Die Beziehung zur religionsphilosophischen Kontingenz

Wenden wir uns nun einigen Beispielen zu, um den Anschluß an die
Überlegungen zur religionsphilosophischen Kontingenz zu finden.
Ganz entscheidend für diesen Übergang ist die Möglichkeit, vom
Handlungssinn zu sprechen. Die Idee einer frei handelnden Person
findet in der soeben skizzierten Ontologie keinen Platz: Das Phänomen des Handlungssubjekts ist *ontologisch kontingent*, das heißt,
aus dem gegebenen System nicht ableitbar und erklärbar. Auch die
psychologischen und soziologischen Prämissen reichen nicht aus,
um den Gedanken eines Handlungssubjekts zu deduzieren, das ja
bezüglich der raum-zeitlichen Gegenstände als autonom gedacht
werden muß. Genau dies ist die Herausforderung.
Aber auch die beiden letzten Merkmale religionsphilosophischer
Kontingenz, *Existentialität und Reflexivität*, finden in der wissenschaftlichen Ontologie keinen Anknüpfungspunkt. Individualität
besteht nur in bezug auf Raum-Zeit-Stellen; Materie ist jenseits
dieses Schemas nicht identifizierbar und daher substantiell aus-
tauschbar. Auch Individuen im Sinne der empirischen Psychologie
sind nur durch raum-zeitliche Verhaltensmuster erfaßbar. Bei gleichem Verhalten besteht ontologische Identität. Ebenso liegen reflexive Vorgänge als solche nicht im Bereich der Erfahrungswissenschaften. Ihre raum-zeitlichen Auswirkungen können zwar analysiert werden, aber eben nicht als notwendige Folgen einer
zugrundeliegenden Einheit, weil diese weder als theoretischer, noch
als Beobachtungsbegriff eingeführt wird.
Religionsphilosophische Kontingenz stellt sich demnach auf dieser
Stufe als *Spezialfall der ontologischen Kontingenz* dar. Denn *ontologische Notwendigkeit* ist ein Sonderfall der *religionsphilosophischen
Notwendigkeit*. Alles, was ontologisch notwendig ist, ist auch reli-

gionsphilosophisch notwendig. Im religionsphilosophischen Fall gehören z. B. auch (ontologisch-kontingente) Zweck-Mittel-Relationen zu den Notwendigkeiten, da sie vom Handlungssinn her verstehbar sind. Weil aber die Kontingenz durch Negation der Notwendigkeit erhalten wird, kehrt sich die Subsumtionsbeziehung um. Wir erkennen, *Berufungen auf ontologische Kontingenz können religionsphilosophisch völlig irrelevant sein.*[22] Uns geht es nicht um beliebige ontologische, sondern um eine ganz spezifische Kontingenz.

c. Das Transzendieren der wissenschaftlichen Ontologie

Andererseits stellt – wie bereits bemerkt – die Rede vom Subjekt, von Existentialität und Reflexivität für den mit der wissenschaftlichen Ontologie vertrauten Menschen eine Herausforderung dar. Der Schwung des wissenschaftlichen Gedankens treibt gewissermassen über sein eigentliches Anwendungsfeld hinaus. Weil sich die wissenschaftliche Ontologie so mannigfach bewährt hat und ihr Erklärungspotential von Tag zu Tag wächst, entstehen immer größere Spannungen zwischen diesen noch im Schatten der Kontingenz verharrenden Umweltelementen und der ausgebauten Systematik der etablierten Wissenschaften. Man versucht, Freiheit als Epiphänomen, als Täuschung oder Scheinbegriff zu eliminieren. Existentialität erscheint als unendliche, aber doch konvergierende Reihe von durch Raum und Zeit vermittelten singulären Eigenschaften und Relationen. Auch für die Reflexivität findet man verschiedenartige, vor allem am Computer orientierte Modelle, die neue Komplexitätsgrade von Systemen als Fulgurationen oder Emergenzen eines völlig Neuen zu erklären suchen.[23]

Was hier geschieht, nennen wir *ontologische Kontingenzbewältigung*: das – meist unbewußte – Überschreiten der Grenzen objektivierender Wissenschaftlichkeit, die in unserer Analyse eindeutig erkennbar sind, in Richtung auf alternative Begriffe, vor allem der religionsphilosophischen Kontingenz. Dabei bedeutet «Bewältigung» nicht nur «Verfügung», sondern auch und vor allem die Konstitution von

---

22 Damit entfallen Einwände, die den Kontingenzbegriff ablehnen, weil alle menschlichen Handlungen kontingent seien. So etwa bei H. Krings. Vergleiche Wuchterl (88) S. 300, Fußnote 22.

23 So beispielsweise bei Popper: Die Theorie der Emergenz und ihre Kritik, in Popper/Eccles (77) P 1.8

Sinnzusammenhängen, die der Kontingenz ihre unverstandene Bedrohung nehmen. Prinzipiell lassen sich zu allen aufgeführten Prämissen Alternativen formulieren. Inwieweit diese einen Sinn haben und mit ihnen ein vernünftiger Argumentationszusammenhang entwickelt werden kann, ist von besonderem Interesse vor allem dann, wenn unsere religionsphilosophische Problematik berührt wird. Eine allgemeine Untersuchung *aller* Alternativen ist hier nicht möglich, weil sie das Universum fast aller philosophischer Grundlagenfragen betreffen würde, angefangen von der Naturphilosophie bis hin zu den Spekulationen über Subjekt- und Geisttheorien, Kommunikationssysteme und Seinslehren. Wir konzentrieren daher unsere Überlegungen im folgenden ausschließlich auf die Merkmale der religionsphilosophischen Kontingenz.

Wissenschaftliche Hypothesen und Theorien liefern wissenschaftlichen Sinn nur in den abgesteckten Bereichen. Was über dessen Grenzen hinausgeht, enthält – von der Wissenschaft aus betrachtet – zunächst Sinndefizite, die innerhalb der betreffenden Methodologie prinzipiell nicht behebbar sind. *Wissenschaft ist ursprünglich für religionsphilosophische Kontingenz offen.* Das heißt nicht, daß nicht immer wieder Versuche gemacht wurden und auch weiterhin unternommen werden, diese Grenzen gewaltsam zu überschreiten. «Gewaltsam» in dem Sinne, daß unter dem Deckmantel und in der Terminologie der Wissenschaften persönliche Vermutungen und weltanschauliche Überzeugungen zur Bewältigung der genannten Sinndefizite eingesetzt werden. Sie stiften ein universelles Weltsystem, in welchem die religionsphilosophischen Kontingenzen zwar noch nicht in allen Einzelheiten wissenschaftlich erforscht sind, aber doch *als prinzipiell erklärbar angenommen werden*, erklärbar aber mit Hilfe der wissenschaftlichen Ontologie. Ontologische Kontingenzbewältigung bedeutet die selbstbewußte Kanonisierung des hypothetischen Wissenschaftsdenkens für das gesamte Sein.[24]

24 Beispiele hierzu gibt es zahllose. Nicht nur in E. Haeckels «Welträtsel» (Haeckel (99), auch im Neodarwinismus (z.B. Riedl (80) S. 19) oder im New-Age-Denken bei F. Capra (siehe Sudbrack (87) S. 35) werden die wissenschaftlichen Hypothesen stillschweigend zu ontologischen Selbstverständlichkeiten. – Max Weber spricht hier von «Entzauberung». Diese bedeutet die Zerstörung des abendländischen Logos, der drei Komponenten enthält: Gesetzmäßigkeit, Systematisierung zum großen Sinnzusammenhang, der auch das Heilige denkbar macht, und die Orientierung des persönlichen Handelns an Gesetz und Kosmos. Die Orientierung an Gesetzmäßigkeiten entpuppt sich in der Neuzeit als technische

Natürlich ist es ein legitimes Mittel, den Anwendungsbereich der Wissenschaften Schritt um Schritt zu vergrößern und die Grenzen zwischen System und Umwelt weiter hinauszuschieben. In diesem Sinne hat bereits Kant die regulative Vernunftidee des Kosmos als Totalität gefordert, um der wissenschaftlichen Praxis die Offenheit ihrer Forschungen zu ermöglichen.[25] Ebenso ist es selbstverständlich, die intendierten Anwendungen einer Theorie möglichst zu expandieren. Aber die wissenschaftliche Ontologie bzw. – im speziellen Fall – der Theoriekern verweisen zugleich auf die Grenzen dieser Ausweitungen. So wie bei Kant das Ganze nie wissenschaftlich erfaßt werden kann, weil es nicht Gegenstand einer Anschauung wird, entziehen sich Freiheit, Existentialität und Reflexivität a priori dem eingeschränkten Ansatz einer wissenschaftlichen Ontologie. Extrapolationen im radikalen Sinn, wie wir sie in älteren mechanistischen Weltbildern und Determinismus-Konzeptionen sowie in neueren Gesellschafts-Systemen und Evolutionstheorien kennen, sind spezifische Kontingenzbewältigungen, aber keine Ergebnisse wissenschaftlicher Forschung.[26] Sie enthalten persönliche Bekenntnisse, die sich häufig mit Hilfe von alles erklärenden Leitbegriffen wie Kosmos, Gesellschaft, System oder Evolution argumentativ organisieren.

Es ist wenig sinnvoll, solche Kontingenzbewältigungen *religiös* zu nennen, obwohl sie Universalisierungen enthalten, die man auch im religiösen Umgang mit der Kontingenz entdeckt. Mit Recht stößt man sich an der willkürlichen Verwendung des Begriffs «religiös». Wenn etwa T. Luckmann Personalität bereits religiös deutet, weil Religion «der Inbegriff des Selbstverständnisses des gesellschaftlichen Menschen in seiner Daseinswelt» sei, dann ist jeder Mensch ein religiöser Mensch.[27] Der Begriff verliert in dieser Allgemeinheit

Verfügung (wissenschaftlich-technische Rationalität). Durch diese enge Verbindung von Gesetz und Herrschaft über die Dinge wird die ursprüngliche Sinnsphäre «entzaubert». Zugleich wird der metaphysisch-ethische Rationalismus desavouiert, der sich früher an beliebigen Sinnganzheiten orientieren konnte. (Siehe Weber (73): Über einige Kategorien der verstehenden Soziologie; ferner S. 317, 338, 472)

25 Kant (68), Band IV, B 536f.

26 Für die moderne Evolutionstheorie macht dies H. M. Baumgartner deutlich. Er zeigt den «vitiösen Zirkel» in allen Versuchen, die Wissenschaft auf ihre eigenen Bedingungen anzuwenden. (Baumgartner (81) S. 62). Siehe auch Wolters (88) S. 125f.

27 Luckmann (63) S. 37

seine Anwendung und damit seinen Sinn. Im Begriff der ontologischen Kontingenzbewältigung haben wir ein Mittel gefunden, um
eine solche «innere Form der Weltanschauung der Gesellschaft»[28] im
Falle der extrapolierenden Forschergemeinschaft von der Religion
zu unterscheiden, obwohl in beiden «religiöse Vernunft» wirksam
ist.
Durch die Beschränkung auf den systemtheoretischen Aspekt haben
wir bisher nur Kontingenz*bewältigungen* als Antwort auf die
ursprüngliche Offenheit der Wissenschaften betrachtet. Wenn wir
uns im folgenden auch auf die anderen Merkmale der religionsphilosophischen Kontingenz beziehen, ergeben sich Möglichkeiten, zur
eigentlichen Religiosität und ihrer Negation vorzustoßen. Denn zu
jeder Weise religiösen Verhaltens zur Kontingenz läßt sich auch eine
Kontingenzbewältigung nicht-religiöser Art aufzeigen. Doch bevor
wir uns diesem Aufweis zuwenden, müssen wir noch einen Blick auf
die hermeneutischen Wissenschaften werfen, die wir bisher aus unserer Betrachtung ausgeklammert haben.

d. Zum Problem einer hermeneutischen Wissenschaft

Seit Diltheys Versuch[29], mit Hilfe des Verstehensbegriffs die Geistes-
wissenschaften als autonomes Konkurrenzunternehmen neben die
erklärenden Naturwissenschaften zu stellen, ist die Frage nach der
Möglichkeit einer hermeneutischen Wissenschaft nicht verstummt.
Da kein Zweifel besteht, daß beispielsweise auch die *historischen*
Wissenschaften einen wesentlichen Beitrag zur Entzauberung der
Welt und damit zur Verbreitung kontingenzbewältigender Perspektiven beigetragen haben, taucht die Frage auf, ob wir nicht unseren
Wissenschaftsbegriff ergänzen und erweitern sollten. Läßt sich
dann nicht neben der *ontologischen* Kontingenzbewältigung, die wir
im wesentlichen auf die (empirischen) Erfahrungswissenschaften bezogen haben, eine Art *hermeneutische* Kontingenzbewältigung identifizieren, welche die religiösen Phänomene in ihr Verstehens-Kon-
zept einzuordnen vermag und so zur Entzauberung der Welt beiträgt?
Wir können hier nicht die gesamte Hermeneutik-Diskussion aufrol-

---

28 a.a.O. S. 37
29 Vergleiche: Die Entstehung der Hermeneutik, in: Dilthey (57), Band 5

len.[30] Gadamer hat in «Wahrheit und Methode» auf zahlreiche Schwierigkeiten und Paradoxien hingewiesen, die mit dem Versuch verbunden sind, die Hermeneutik als wissenschaftliche Methode zu etablieren.[31] Deshalb beruft sich Gadamer beim Verstehen auf einen nicht-methodologischen Sinn, der die Möglichkeit einer nicht-wissenschaftlichen Annäherung an eine spezifische Wahrheit ermöglicht, wie sie vor allem in der Kunst praktiziert wird und – so seine Grundthese – auch in der Philosophie praktiziert werden sollte.

Die geistesgeschichtliche Methode im Sinne Diltheys enthält in der Tat Prämissen, die über die Möglichkeit eines methodischen Nachvollzugs hinausgehen. Es sind vor allem drei Grundgedanken, die Diltheys Wissenschaftsbegriff prägen:

– Erstens ist die Rede von der Berufung auf das Vertraute, Erlebte, wir würden sagen: auf eine *Lebensform*. Geisteswissenschaftler «denken nur weiter, was in der Lebenserfahrung schon gedacht wird», bemerkt Gadamer.[32] Durch die Lebensform ist das Vorverständnis geprägt. Alle Erscheinungen sind dadurch bereits in einen bestimmten individuellen historischen Kontext gestellt.

– Zweitens beruft sich Dilthey auf Personalität, Subjektivität und Intentionalität, die ursprünglich in seinem Lebensbegriff mitgedacht waren, später aber den Sinn eines durch die Zeiten vermittelten Geistes erhalten. Dadurch rückt das *Geschichtliche* an die Stelle der alten metaphysischen Legitimationsinstanzen. Aber gerade die damit verbundene Rückversetzung in die ursprüngliche «geistige Lebendigkeit» stellt nach Gadamer ohne die Metaphysik Hegels alles Verstandene in die isolierte Einzelheit. Die wissenschaftliche Erfassung des spezifisch Individuellen mißlingt, solange Geschichtlichkeit nur Rekonstruktion des Ursprünglichen bleibt. «Was ist denn der Generalnenner, der ein Zusammenzählen erlaubt, wenn ein (solches) Ziel und ein (solcher) Plan in der Geschichte nicht angenommen wird?» fragt Gadamer.[33]

– Drittens soll Verstehen nach Dilthey trotz allem *Einverleibung* eines fremden Sinnes ermöglichen. Das Fremde ist Hilfe zur Selbsterkenntnis. Was Gadamer später «Verschmelzung» von Fremd- und

30 Über den neuesten Stand siehe den Artikel des Verfassers «Die hermeneutische Position» im Handbuch Sprachphilosophie, Band 1, Abschnitt III.42, Dascal (89). Zur Einführung siehe Wuchterl (87) § 7
31 Gadamer (72) S. 165ff.
32 a.a.O. S. 208
33 a.a.O. S. 195

Eigenhorizont genannt hat, läßt sich aber methodisch kaum rekonstruieren, wenn sich das individuelle Selbst nicht in ein wesenloses Allgemeines auflösen soll. Es ist kein Zufall, daß die Klärung des Paradoxons erst in der existentialen Hermeneutik Heideggers gelingt, in der durch den Existenzbezug von vornherein auf eine *methodische* Objektivierung verzichtet wird.

Die besonders bei Gadamer in den Vordergrund gerückte *«hermeneutische Situation»* bedeutet eine Einschränkung des Standortes, der eine wissenschaftliche Objektivierung nicht mehr zuläßt. Zur hermeneutischen Situation gehört wesenhaft «der Gesichtskreis, der all das umfaßt und umschließt, was von einem Punkt aus sichtbar ist».[34] Erst das wirkungsgeschichtliche Bewußtsein ermöglicht es, trotz der perspektivistischen Beschränkung noch von «Wahrheit» zu sprechen, aber von einer Wahrheit, die durch Autorität und Tradition, nicht durch wissenschaftliche Objektivität und rekonstruierbare Methodik bestimmt ist.

Mit diesen Zweifeln an der Möglichkeit einer autonomen hermeneutischen Wissenschaft ist noch nichts gegen die Grundidee einer allgemeinen Hermeneutik gesagt. Denn der Verweis auf ein notwendiges Vorverständnis (bei Gadamer «Vorurteil») und auf die sogenannte Zirkelstruktur des Verstehens enthält einen Wahrheitskern, der die Rolle einer fundamentalen Entdeckung spielt, nämlich als Einsicht in die «Theoriebeladenheit» von Beobachtungen und sogenannten reinen Tatsachen. Eine ausführliche Analyse dieses Zusammenhangs findet man bei W. Stegmüller. Einleitend stellt dieser in seinem Aufsatz «Walther von der Vogelweides Lied von der Traumliebe und Quasar 3C273» fest: «... der Verstehenszirkel scheint der rationale Kern zu sein, welcher nach Ausschaltung aller irrationalen Faktoren von der These der Auszeichnung oder der Sonderstellung der Geisteswissenschaften gegenüber den Naturwissenschaften übrigbleibt.»[35] Das überraschende Ergebnis, daß auch die exakten Wissenschaften dem richtig verstandenen «hermeneutischen Zirkel» ausgesetzt sind, bedeutet jedoch keine Auflösung des von uns zugrundegelegten Wissenschaftsbegriffs, sondern liefert umgekehrt ein entscheidendes Argument gegen die Möglichkeit der Trennung von Natur- und Geisteswissenschaften. Dort, wo von Wissenschaft die Rede ist, sind durchaus vergleichbare Prozesse und Methoden identifizierbar. Natürlich bringen die spezifische Art und der verschie-

34 a.a.O. S. 285 bzw. 286
35 In Stegmüller (79) S. 28

dene Komplexitätsgrad der Gegenstände von Fall zu Fall bemerkenswerte Schwierigkeiten in der methodischen Durchführung mit sich. Die Vergangenheit geschichtlicher Ereignisse, die nicht mehr dem direkten Augenschein unterworfen werden können, oder die enorme Komplexität meteorologischer oder gehirnphysiologischer Prozesse stellen an die Forschung verschieden hohe Anforderungen.

Mit diesen Überlegungen können wir die Diskussion der Hermeneutik vorläufig abschließen. Sofern *wissenschaftliche* Ansprüche gestellt werden, müssen sie aus dem Standardmodell hergeleitet werden. Wir können uns also im folgenden auf die bisher ausgearbeiteten Prämissen beschränken. Dort, wo die Hermeneutik keine wissenschaftlichen Ansprüche stellt und beispielsweise Beiträge zur sprachlichen Erschließung der Welt liefert, wird das Thema später wiederaufgenommen.[36] Bisher ging es nur um die Frage, ob die ontologische Kontingenzbewältigung durch eine weitere Bewältigungsart ergänzt werden muß, die auf andere wissenschaftstheoretische Prämissen aufbaut. Da diese Frage verneint wurde, knüpfen wir an den Gedankengang aus c) an und wenden uns den Merkmalen *religionsphilosophischer* Kontingenz zu.

36 Siehe 10.3b. Über die «hermeneutische Auseinandersetzung» mit der Wirklichkeit, die nicht mehr als wissenschaftliche Methode bezeichnet wird, vergleiche z. B. B. Casper: Die Bedeutung der Lehre vom Verstehen für die Theologie, II,3. In: Rahner (70). Der Gedankengang geht in die folgende Richtung: Wenn Naturwissenschaft die Wirklichkeit als Mannigfaltigkeit hypothetischer Gesetze sieht, die uns zugleich Macht über dieses Wirkliche und damit Macht über den Menschen gibt, dann stellt sich die Frage, was der Mensch mit dieser Macht bezwecken will und soll. Sowohl die transzendentale Problematik, die das Wollen des Menschen, also die Freiheit, thematisiert, als auch die normative Problematik, die vom Sollen handelt, können nicht mehr Themen der wissenschaftlichen Methodik sein. Hier beginnt das Terrain der philosophischen Hermeneutik als metaphysische Disziplin.

6. Religiöse Vernunft und Kontingenzbegegnung

Religionsphilosophische Kontingenz war durch *vier* Merkmale bestimmt. Die *Nicht-Notwendigkeit* führte auf die ausführliche Darstellung der wissenschaftlichen Ontologie, deren Extrapolation zur universellen Geltung durch den Begriff der Kontingenz*bewältigung* beschrieben wurde. Das zweite Merkmal, die *Absolutheit*, wirft die Frage nach dem Verhältnis von *menschlicher Freiheit* und der durch ontologische Kategorien bestimmten Wirklichkeit auf. Kann menschliches Handeln Seiendes in definitiv Zuhandenes transformieren oder steckt nicht im Gedanken der Kontingenz die Idee des Widerstandes gegen menschliche Bewältigung? Muß religiöse Vernunft, die Freiheit ernst nimmt, sich nicht auch in der Öffnung für Kontingentes realisieren? Die Bejahung dieser Frage macht deutlich, daß es auch ein Verhalten zur Kontingenz in der Form einer Kontingenz*begegnung* gibt, in der von *Bewältigung* nicht mehr die Rede ist.

In diesem Zusammenhang stellen sich zahlreiche neue Fragen, insbesondere auch hinsichtlich der weiteren Merkmale religionsphilosophischer Kontingenz, nämlich:

- Wie sind *religiöser Ritus* auf der einen Seite und die Auflösung des Zuhandenen in *Funktionalität* auf der anderen Seite innerhalb einer phänomenologischen Deskription der Kontingenzbegegnung zu deuten?
- In welchem Verhältnis stehen *existentielle* Bestimmungen, die durch religiöse Erfahrungen zugänglich sind, zum Phänomen des Numinosen? Führen solche Zusammenhänge nicht notwendig auf Projektionstheorien, die Religion prinzipiell in Frage stellen?
- Ist das Phänomen der *religiösen Indifferenz* nur eine sekundäre Erscheinung, die in der Praxis verschwindet und stets auf eine bestimmte Art von Verhalten zur Kontingenz hinausläuft oder hebt sie die Idee einer deskriptiven Phänomenologie von religionsphilosophischer Kontingenz überhaupt auf?

6.1 Handlungssinn und religiöse Praxis

a. Zuhandensein und Mitsein

Der religionsphilosophische Kontingenzbegriff setzt Handlungsfreiheit voraus. Indem wir mit unserer Umwelt umgehen, ihre Gegenstände für unsere Interessen dienstbar machen und uns mit der Widerspenstigkeit der Dinge auseinandersetzen, konstituiert sich die Wirklichkeit. Aus den Handlungen bewußter Akteure bauen sich Gegenstände in einem bestimmten Modus auf. In Heideggers Terminologie spricht man vom *Zuhandensein*. Jede Lebenswelt setzt solche Gegenständlichkeit als Spielraum ihrer Möglichkeiten voraus: Einzelobjekte werden durch die Interessen des Handelnden in ihrem jeweiligen speziellen Charakter bestimmt. Dabei sollte die Verwendung des Terminus «Zuhandensein» nicht ausschließlich die Heideggersche Bewertung suggerieren. Für Heidegger bedeutet das Zuhandensein vor allem eine räumliche Kategorie: es ist nicht nur «das Seiende, das je *zuerst* vor anderem begegnet, sondern meist zugleich das Seiende, das ‹in der Nähe› ist». Die Bewegung des Denkens bedingt aber bei Heidegger gerade ein sich Entfernen aus der Alltäglichkeit des Daseins. Der «Charakter der unauffälligen Vertrautheit», der im Zuhandensein zum Ausdruck kommt, wird negativ als Ausweichen vor der Sorge um das Sein selbst gedeutet.[1]

Wir verstehen unter Gegenständen im Sinne des Zuhandenen schlicht die Korrelate dieser unauffälligen Vertrautheit mit der Verwendbarkeit des Umgebenden für menschliche Zwecke. Die Gegenstände werden so zu Sinnträgern einzelner Verhaltensweisen innerhalb eines ganzen Handlungskosmos. Der Navigator verwendet die Gestirne als Koordinaten, weil er ein Schiff navigiert; der Medizinmann verwendet Amulette, weil er heilen will. Gestirne und Amulette sind Elemente eines Ganzen, in welchem die Handlungen des Navigierens und des Heilens ihren Sinn haben. Der Handelnde steht in einer Gemeinschaft und realisiert in dieser Sinngebungen durch Gegenstandskonstitutionen.

Die Sinngebung in einer Handlungsgemeinschaft setzt eine weitere Differenzierung des Gegenstandsbegriffs voraus: der Umgang mit dem Zuhandenen wird durch den Widerstand anderer Handelnder eingeschränkt. Der Kommunikationspartner läßt sich nicht als Zu-

1 Heidegger (27) S. 102 bzw. S. 104

handenes mißbrauchen, sondern pocht auf seine Autonomie, die ihn an die Seite des Kontrahenten stellt. Die Begegnung des Anderen als analoges Gefühls- und Handlungszentrum führt auf eine Form von Gegenständlichkeit, die sich diesem Begriff verweigert. Insofern hat Sartre recht, wenn er sagt: «Man *begegnet* dem Anderen, man konstituiert ihn nicht.»[2]

Der Andere ist nicht nur der, der sich als Zuhandener verweigert, nicht nur der Widerspenstige und Herausfordernde. Der Andere ist ein Selbst wie ich, er ist *Mit-Sein* (Heidegger), nicht Ergebnis einer Systemreflexion, die aus dem cogito sum oder aus Bewußtseinserlebnissen mit Analogiebetrachtungen und Wahrscheinlichkeitsüberlegungen ihre Erkenntnis-Schlüsse zieht. Der Andere erschließt sich in dieser neuen Dimension nur dann, wenn er uns zum direkten Gegenüber wird, gewissermaßen Auge in Auge, hautnah und als Einzelner. Menschenansammlungen aus der Vogelperspektive, Menschen als Vertreter bestimmter Rassen oder Gruppierungen und als Element einer amorphen Masse verführen uns immer wieder, den Anderen als Instrument zu mißbrauchen und auf eine Stufe mit anderen affektiv aufgeladenen Gegenständen und mit Zuhandenem zu stellen.

Das Mitsein bei Heidegger, die Ich–Du-Begegnung bei M. Buber und das Für-andere-Sein bei Sartre umschreiben die Sonderstellung des Menschen in der Welt des Zuhandenen, die seit jeher in der Philosophie auch als *Personalität* umschrieben wurde.[3]

Wie aber sind menschliche Freiheit und Personalität in einer Welt der wissenschaftlichen Ontologie überhaupt denkbar? In den psychologischen Prämissen wurde einerseits auf die Verträglichkeit der psychologischen Vorgänge mit den Gesetzmäßigkeiten der materiellen Gegenstände (PS 1) und andererseits auf die Existenz von Zwecken und Intentionen (PS 3) hingewiesen. Menschliche Freiheit, die noch nicht in den Konstruktionen einer ontologischen Kontingenzbewältigung untergegangen ist, setzt Kontingenzen voraus. In deren Wesen liegt es, daß Handlungen nicht eindeutig durch Vergangenheit und Gegenwart bestimmt und deshalb auch nicht vorausberechenbar sind. Die Zukunft wird so «ein Zufallendes und frei Ergriffenes» (Pannenberg[4]). Was nach dem von Motiven und Zei-

---

2 Sartre (52) S. 334
3 Heidegger a.a.O. § 26; Buber: Ich und Du, in (47) S. 13–128; Sartre a.a.O. 3. Teil.
4 Eschatologie, Gott und Schöpfung, in: Pannenberg (71) S. 19

chen geprägten Akt der Wahl zum Gegenwärtigen geworden ist, steht im Einklang mit den materiellen Bedingungen des Seins. Das Faktum der Kontingenz ist also sowohl Voraussetzung für Freiheit als auch möglicher Gedanke einer durch das Standardmodell fixierten Denkweise. Denn die Beschreibung durch Naturgesetze (AP 5) läßt den Zufall zu, der sich auf Individuen bezieht. Die Ontologie beschreibt zwar die Kausalketten, die sich in der individuellen Situation kreuzen, sie erklärt aber nicht, warum die Überschneidung gerade diese Person trifft. Der Verkehrsunfall, der auf technisches Versagen zurückgeführt werden kann, enthält eine Reihe unabhängiger Kausalketten, die einsichtig sind; trotzdem ist der Tod des Betroffenen Zufall, Tragik, Schicksal, sofern er auf individuelle Zusammenhänge bezogen wird. Die Vorstellung, daß alles Zukünftige aus eindeutigen Ursachen und Wirkungen des Vergangenen bestimmt ist, bedarf daher der Korrektur. Der Leplacesche Dämon[5] ist nicht nur im mikroskopischen Bereich widerlegt, sondern er bleibt auch für die Welt der Handlungen eine Illusion. Weil Menschen die Zukunft durch Zielvorstellungen und Wünsche vorwegdenken können, bestimmt auch das Zukünftige die Gegenwart. Im Begriff der Kontingenz kommt zum Ausdruck, daß die Ontologie des Standardmodells nicht ausreicht, das Faktische allein durch Vergangenes oder aber allein durch Zukünftiges oder durch beides eindeutig zu bestimmen. Der Auffassung der Gegenwart als Wirkung der *Vergangenheit* steht die Denkmöglichkeit der Gegenwart als Wirkung der *Zukunft* gegenüber. Während die Metaphysik die erste Möglichkeit in zahlreichen Variationen ihrer Prinzipienforschung durchgespielt hat, gibt es nur wenige Beispiele zukunftsorientierter Metaphysiken. Selbst Utopien sind in ihrer Erklärungsstrategie meistens vergangenheitsorientiert. Erst in der christlichen Theologie mit ihrer eschatologischen Thematik findet man Ansätze zu einer konsequenten zukunftsorientierten Ontologie. Wir werden später in Wolfhart Pannenbergs Theologie ein Beispiel dieser Art kennenlernen.[6]
Sowohl das Wegdiskutieren von Freiheit und Personalität als auch

5 Danach würde «eine Intelligenz, die für einen gegebenen Augenblick alle Kräfte der Natur (also alle Anfangsbedingungen und alle Gesetze) kennen würde», alle folgenden und alle vorausgegangenen Zustände überblicken: «Nichts bliebe ihr unerkannt.» (Philosophischer Versuch über die Wahrscheinlichkeit, in Laplace (76) VII, S. 7)
6 Siehe unten 10.3 b

deren weitere Ausgestaltung als Element von Utopien und Eschatologien sind Prozesse, die der Annahme einer Ontologie des common sense und der strengen Wissenschaften *nachfolgen*. So bleibt das Ernstnehmen der religionsphilosophischen Kontingenz in der Kontingenzbegegnung eine naheliegende Möglichkeit menschlichen Verhaltens.

Wie erfolgt nun im Bereich des Zuhanden- und Mit-Seins die Begegnung mit der religionsphilosophischen Kontingenz? Wie wird Wirklichkeit erfahren, deren Kontingenzen nicht mehr *bewältigt* werden, sondern *hingenommen* werden müssen?

Das Wort Wirklichkeit hängt mit Einwirken zusammen. Einwirkungen bedingen Reaktionen. Allerdings wird nur bestimmten Einwirkungen reaktive Aufmerksamkeit gezollt, nämlich solchen, auf die auch wirklich und erfolgreich geantwortet werden kann. Am Anfang stehen deshalb die Handlungen, welche die elementaren Bedürfnisse nach Nahrung, Kleidung und allgemeinere Lebenssicherung betreffen. Darauf bauen dann handwerklich und künstlerisch orientierte Reaktionen auf. Die Wirklichkeit wird also weitgehend von den Dingen bestimmt, welche in den genannten Zusammenhängen von Menschen beeinflußt und verändert werden können. Zugleich stellt sich in diesem Umgang eine Vertrautheit ein, in welcher man sich – eben weil es Wirklichkeit ist – zu orientieren gelernt hat. Die Zusammenhänge erscheinen weitgehend als sinnvoll. Aber an bestimmten Stellen wird dieser Sinnzusammenhang abrupt unterbrochen. Ziele werden verfehlt, Einschätzungen der richtigen Mittelwahl stellen sich als falsch heraus, ja die Zwecke selbst werden zum Beispiel im Angesicht des Todes in Frage gestellt. Unsere Einflußnahme auf die Umwelt scheitert in der Konfrontation mit dem Zufall, mit Grenzsituationen und mit der Undurchsichtigkeit des Individuellen und Geschichtlichen. Wir erfahren Kontingenz in einer ihrer eindringlichsten Formen: Unsere Handlungen stoßen an Grenzen; Umwelt verweigert sich unserer Einflußnahme und unseren Verfügungswünschen. Nicht *wir* gehen mit den Dingen um, sondern die *Dinge* üben ihre Macht über uns aus. Diese Ohnmacht ist der Ursprung aller Endlichkeitsideen. Die Endlichkeit des Menschen besteht in der Wirkungslosigkeit seiner Handlungen, weil sie auf letzte Widerstände stoßen.

Im Leitbegriff des *Ritus* wird eine solche ohnmächtige Handlung zum *sinnhaften* Tun: im Umgang mit dem Göttlichen transzendieren wir das vordergründige Sinndefizit; Zuhandenes signalisiert nicht Sinnlosigkeit, sondern Anwesenheit des Göttlichen; und damit eine neue Dimension von Sinn, in dem Zuhandensein und Mitsein eins werden.

b. Die Transformation des Zuhandenen im religiösen Ritus

Riten sind stereotype Handlungsschemata, die im menschlichen Zusammenleben kommunikative Prozesse begleiten (wie Staatsfeiern, Gerichtsverhandlungen u. ä.) oder kommunikative Gegenstände erzeugen (wie Ehen, Kaufverträge). *Religiöse* Riten sind genormte Handlungsschemata im Umgang mit *Göttlichem*. Nach Karl Kerényi verwandelt sich im «Umgang» die profane Subjekt–Objekt-Beziehung zur religiösen Ich–Du-Begegnung.[7] Die Einseitigkeit des Handhabens im direkten Zugriff, die sich das Andere ganz zu Diensten macht und es eigenwillig beherrscht, wird zur Begegnung mit einem Du, das antwortet und seit Urzeiten Bestand hat. So löst sich Zuhandenes durch Reflexion auf immer schon Gewesenes in Mitsein auf. Die Gegenstände, mit denen der Mensch hantiert, sind nicht nur totes Zuhandenes, sondern zugleich «Zeichen» für mindestens Gleichartiges, «Numen» für Personhaftes, das seit Ewigkeiten wirkt. Der Andere ist nicht fremdes Objekt, nicht Mittel, sondern Dialogpartner, Zweck, Du als Mitsein. Trotz aller Ergriffenheit und Unmittelbarkeit bleibt aber das Ich auf Distanz, im kreisenden Umgang und hält dem Du die Treue. Wer den Umgang pflegt, «tut dies alles – Distanzhalten, die treue Aufnahme und Überlieferung des Empfangenen – achtsam, lateinisch: *religiose* . . .».[8] Die Erweiterung des Zuhandenseins zur Gegenseitigkeit, die Vertauschbarkeit und Resonanz ermöglichen dennoch die Rede vom «Größeren», das heißt vom schon immer seienden Göttlichen. Die vordergründige Wirklichkeit in ihrer verletzbaren Scheinsicherheit verwandelt sich in die eigentliche Wirklichkeit, in ein letztes Sicheres und Vertrautes, in geschichtlich vermittelte Wiederholung. Kerényi zieht daher dem von Rudolf Otto eingeführten Begriff des *Numinosen* mit seinem Nebensinn des Unheimlichen (tremendum) den Begriff des *Göttlichen* vor.

Es ist vor allem der religiöse *Ritus*, in dem die durch den Umgang mit Göttlichem entdeckte Resonanz wirksam wird. Im Ritus verlieren die Handlungen ihren instrumentellen Charakter und verwan-

7 Kerényi (61) S. 5
8 a.a.O. S. 6

deln sich in zweckfreie Spiele. Die unruhige Frage nach dem Sinn verstummt, weil der Spielende im Spiel selbst den Sinn gefunden hat. «Der religiöse Spielraum ist dadurch gekennzeichnet, daß derjenige, der ihn betritt, sich dort nicht bloß in einer für sich bestehenden, sinnvollen Welt befindet, sondern den Eindruck hat, den Zusammenhang mit der ganzen Welt und ihren wahren Sinn erst gefunden zu haben».[9]

Am Beispiel der Überlegungen Kerényis erkennt man, wie im religiösen Ritus das vordergründige Zuhandensein zum Ausgangspunkt für die *Begegnung* mit Transzendentem wird. Transzendenz bedeutet dabei nicht nur Höheres und Unerreichbares, sondern auch Vertrautes, das sich als Heilsgewißheit manifestiert. Die letztlich zum Zwecke der Selbsterhaltung betriebene Besorgung von *Nahrung* verwandelt sich in eine Bereitung von *Speise und Trank*, durch die zugleich Göttliches geschieht, ähnlich wie aus der Erstellung des vor den Naturgewalten schützenden Baus die Heimstätte des letzte Sicherheit bietenden Gotteshauses wird. Der Ritus transformiert die materielle Selbsterhaltung zum geistigen Seelenheil. Die von Kontingenz bedrohte Naturwirklichkeit weicht einer seit Urzeiten von Gott getragenen Wirklichkeit, in der selbst in der größten Not ein letzter Sinn gewahrt bleibt.

Die Kontingenzbegegnung im religiösen Ritus lebt vom Leitbegriff des uns vertrauten und uns tragenden Göttlichen, mit dem wir durch Handlungen in Beziehung treten können, in eine Beziehung, welche die Relationen des Zuhandenseins und des menschlichen Mitseins im Bewußtsein des ganz Anderen und des unendlich fernen Majestätischen transzendiert. Die Erfolglosigkeit der Handlung ruft zur Umkehr auf, zur Umkehrung der Blickrichtung, um eben in der Erfolglosigkeit den göttlichen Sinn zu entdecken, der zwar inhaltlich unbestimmt bleibt, aber trotzdem anwesend ist. Die Erfahrung Hiobs, daß alles menschliche Trachten selbst in bester Absicht zum Scheitern verurteilt bleibt, stellt uns nicht vor das Nichts, sondern zeigt eindringlich die unerforschliche Größe Gottes. Hiobs Tragödie als Falsifikation zu bewerten, zeigt die Blindheit für den verifizierenden Charakter alles Scheiterns.

Die Transformation des menschlichen Scheiterns in göttlichen Sinn durch religiöse rituelle Praxis ist die *eine* Weise des Verhaltens zur Kontingenz. Sie bedeutet einerseits Vertrautheit, Überzeugung, daß trotzdem Sinn vorliegt, andererseits aber auch Wissen von der un-

---

9 a.a.O. S. 15

endlichen Ferne des ganz Anderen, der sich im Numinosen als Angesprochener, aber zugleich auch als Fordernder zeigt, der den Sinn in seiner Konkretion verhüllt. Diese Ferne wird von anderen als *Abwesenheit* gedeutet, als Leere und Nichtsein. Das Sinndefizit im menschlichen Scheitern findet seine Erklärung im Mechanismus des *Funktionalismus*. Dies ist – vom Standpunkt der phänomenologischen Beschreibung aus gesehen – die andere Weise des Verhaltens zur Kontingenz.

c. Zuhandenes als reine Funktionalität

Der im Ritus vollzogenen Verklärung des Zuhandenen steht die Entlarvung aller rituellen Erhöhung als Instrument der Selbsterhaltung gegenüber. Besonders im Umfeld der biologistischen Metaphysik moderner Evolutionstheorien werden Riten als stabilisierende Faktoren labiler Systeme angesehen.[10] Lebewesen, die in ihrem machtgierigen Zugriff über alles zu verfügen glauben, betrachten Verweigerungen durch das ganz Andere als vorübergehende *Defekte*, die es möglichst schnell zu reparieren gilt. Der Leitbegriff des Systems bewertet rituelle Prozesse als primitive *Realisierungen des ursprünglichen Selbsterhaltungstriebes*. Die zweckmäßige Illusion des sinnstiftenden ganz Anderen muß ersetzt werden durch die Gewißheit, die dadurch aufgebrochenen Defekte instrumentell reparieren zu können.

Diese krude Form des Funktionalismus, der auf religiösem Gebiet tabula rasa macht, stellt einen *Extremfall* dar. In den Sozialwissenschaften treten abgeschwächte Formen auf, in denen sogenannte *latente Funktionen* eine Rolle spielen. Dieser Begriff setzt die Unterscheidung von *handelndem* Subjekt einerseits und *beurteilendem* Subjekt andererseits voraus.[11] Wenn in einer *fremden* Kultur gruppenstabilisierende Handlungen vollzogen werden, so werden die bewußten Absichten der handelnden Personen häufig von dem abweichen, was diese Handlungen implizit für die Gemeinschaft bedeuten; die Handlungen bewirken unter Umständen latent etwas anderes als beabsichtigt war: sie haben latente Funktionen. Falls der

10 Siehe z.B. Wuketits: Evolutionäre Ursprünge der Metaphysik, in: Riedl (87) S. 220ff.
11 Vgl. z.B. Spaemann: Religion und Funktion der Religion; Abschnitt I. Latente Funktionen und Funktion der Latenz, in: Koslowski (85)

Forscher der Kultur, die beurteilt wird, nicht angehört, wird die Einsicht, daß persönlicher Handlungssinn und latente Funktion auseinanderfallen, keine Folgen nach sich ziehen. Problematisch wird die Konstatierung, wenn sie der Beurteilte zur Kenntnis nimmt oder wenn die Kultur des Forschers selbst gemeint ist. Dann stellt sich ein Konflikt ein, falls die latente Funktion als die «eigentliche» hingestellt wird. Die Qualität der Eigentlichkeit bedingt eine Verunsicherung im Handlungsobjekt und zerstört so das kulturelle Gebilde, das durch die Untersuchung betroffen ist. Sobald beispielsweise der Untertan, der seit seiner Kindheit den König als von Gottes Gnaden eingesetzte Instanz anerkannt und danach sein Verhältnis zu ihm normiert hat, von der Aufklärungsthese erfährt, daß der Glaube an die gottgewollte Herrschaft «eigentlich» nur der Stabilität des faktischen Herrschaftssystems dient, wird das Vertrauen zwischen beiden gestört. Seine Handlungen werden früher oder später durch den skeptischen Hintersinn in andere Bahnen gelenkt.

Anders, wenn die latente Funktion nur als *Nebeneffekt* gedeutet wird. Dann wird der subjektive Handlungssinn nicht nur *bestätigt*, sondern durch seine Nützlichkeit oder Natürlichkeit im großen Systemzusammenhang zusätzlich *begründet*. Die Handlungen werden noch deutlicher als sinnvoll erkannt. Die Systemerhaltung ist in diesem Fall kein Leitbegriff, sondern nur untergeordneter Ordnungsbegriff. Funktionalität beschreibt dann Strukturen, die durch höhere Leitbegriffe geordnet sind. Riten, die in ihrem Spielcharakter der strengen Zweckgebundenheit und allen Nützlichkeitsüberlegungen weitgehend entzogen schienen, erhalten in solchen latenten Funktionen wieder den Status von sinnbezogenen Handlungen zurück. Das Zuhandensein verschafft sich auf Umwegen über den Betrachter der Handlung wieder sein Recht. Religiöses ist «zu-handen»; es wird verwendet, als Instrument der gesteckten Ziele eingeplant und zweckmäßig in den allgemeinen Lebenskalkül eingeordnet.

Die Setzung der Selbsterhaltung als latente Funktion *aller* religiösen Handlungen dagegen zerstört diese Möglichkeiten. Die Konstitution des Religiösen als Zuhandenes geschieht nur noch mit schlechtem Gewissen. Das Gebet wird zum primitiven Betteln, die feierliche Verklärung im Ritus zur Massensuggestion, welche die Sinnlosigkeit des Daseins wenigstens zeitweise verdrängt, und die Nächstenliebe zur ausgeklügelten Rückversicherung im eigenen Existenzinteresse. Die religiöse Systemwelt erscheint im grellen Licht der biologischen

Aufklärung als raffiniert konstruiertes Instrumentarium der gesellschaftlichen Selbsterhaltung. Die Umdeutung des Zuhandenen zum letztlich Geschenkten, zum nur äußeren Zeichen eines von Gott gewirkten inneren Geschehens verliert als sublimierte Form der Selbstüberlistung seine Glaubwürdigkeit. In der Entlarvung der «List der Natur» bleibt kein Rettungsanker. Die Natur hat ihre List selbst überlistet.

Auf die Tatsache, daß Religiöses auch als Zuhandenes konstituiert wird und so funktionale Aufgaben übernimmt, beziehen sich zahlreiche Religionskritiken. Die bekanntesten Reduktionen des Religiösen knüpfen daran an. Sie unterstellen, daß Religion zu dem Zwecke erfunden wurde, solche Funktionen der Selbsterhaltung und der Erhöhung der Lebensqualität zu garantieren. Voltaires «Wenn Gott nicht existierte, müßte man ihn erfinden» ist charakteristisch. Gott als Erfindung für «simple Geister», als Lückenbüßer für Unbewältigtes und Problematisches.[12] Diese Erfindung trägt verschiedene Züge, immer aber ist sie Mittel zum Zweck. Ob Feuerbach oder Marx, Nietzsche oder neuerdings die Evolutionstheoretiker – sie alle gehen von der funktionalistischen Idee aus, daß der Glaube als Instrument der Lebensbewältigung verwendet wird.

6.2 Existentialität und religiöse Erfahrung

Wie der Handlungssinn nur unter der Bedingung von Zuhandensein denkbar ist, so setzen existentielle Erfahrungen *Gefühlsrelationen* und deren Objekte voraus. Beide gehören zu den Grundbedingungen menschlicher Existenz. Im Gefühl werden nicht willkürliche, durch Übertragungsmechanismen erklärbare illusionäre Welten entworfen, sondern das Verhalten in einem «Gefühlsraum» gibt unserer Lebenswelt ihre notwendige Festigkeit. Grundstimmungen sind kein luxuriöser Gefühlsüberschwang, sondern Bindemittel gängiger Verhaltensweisen. Im Gefühl und seinen Objekten kommt dabei nicht nur «der Lastcharakter des Daseins» zum Vorschein, wie Heidegger behauptet. Dieser ordnet die Befindlichkeit einer einzigen Aufgabe zu, nämlich den «abgedrängten Seinscharakter» des fac-

---

12 Bei Voltaire wird der funktionalistische Standpunkt allerdings häufig überschritten. Vergleiche dazu z. B. (67) S. 47 und 162.

tum brutum zu verkraften. Denn dort sei «das Sein (als) Last offenbar geworden».[13] Gefühle drücken aber zugleich die *Fülle* möglicher Erlebniswelten aus. Denn Freude, Liebe, Begeisterung sind in ihrer Unmittelbarkeit neben Angst, Haß und Verzweiflung gleichgewichtige Phänomene, die erst in der intellektuellen Abwägung gegeneinander aufgerechnet werden können. Selbst wenn man affektive Gegenstände ganz auf Übertragungen reduziert, bleibt doch die Tatsache, daß das Übertragene als Eigentum der persönlichen Erfahrung Qualitäten enthält, die unser Leben bereichern und der kargen Begriffswelt des Abstrakten Fleisch und Blut geben. Wenn Evolutionstheoretiker den biologischen Sitz solcher Fähigkeiten in tiefer liegenden Hirnbereichen des limbischen Systems lokalisieren, so zeigt das die innige Verwobenheit dieser Strukturen mit den Bedingungen der elementaren Naturbegegnung, die auch für tierische Organismen existenznotwendig sind. Der affektive Gegenstand erscheint als Objektivation des in der Natur eingeordneten Einzelwesens.

Im Gefühl erleben wir Wirklichkeiten, die uns besonders innig berühren; es ermöglicht eine Fülle von *Erlebnissen, die sowohl positive als auch negative Wertbesetzungen aufweisen.* Im Gefühl drückt sich eine elementare Naturverbundenheit aus, auf die unsere Stimmungen und Übertragungsmechanismen aufbauen. Das Gefühl bildet das Gegengewicht zur Übermacht von Reflexion und Intellekt.

Auch die Begegnung mit der Religion baut im allgemeinen auf Erlebnisse auf. Kognitive Inhalte in der Form von Lehrmeinungen und Dogmen sind im affektiven Stadium zu sekundären Phänomenen degradiert. Die entscheidenden Phänomene erscheinen im «Gefühl der schlechthinnigen Abhängigkeit» (F. Schleiermacher), im «religiösen Erlebnis» (G. Mehlis), in «religiösen Intuitionen» (R. Otto), neuerdings im meditativen Versinken in das All-Eine.[14]

a. Gefühl und Kontingenz

Friedrich Heiler zählt zu den Grundformen des religiösen Erlebnisses Ehrfurcht und Furcht, Vertrauen und Hoffnung, Friede, Freude

13 Heidegger (27) S. 135
14 Schleiermacher spricht auch vom «Instinkt fürs Universum» und vom «Gefühl des Unendlichen» (58) S. 64 bzw. 30; zu Mehlis (17) S. 1, zu R. Otto (17), Kap. 3. Zur neuen Religiosität siehe z.B. Mynarek bei Sudbrack (87) S. 20.

und Bekenntnisdrang.[15] Es fällt in dieser Aufzählung auf, daß nur die Furcht negativ besetzt ist. Wenn wir aber die Fülle unserer unmittelbar erlebten Gefühle durchmustern, entdecken wir eine wesentlich reichhaltigere Palette. Den genannten Gefühlen können Mißtrauen und Mißachtung, Verzweiflung, Unrast und schweigender Haß an die Seite gestellt werden.

Auch in den reflektierten Formen einer Beschreibung religiöser Gefühle stellen wir eine analoge Einseitigkeit fest. Für Schleiermacher ist das Wesen der Religion «Anschauung und Gefühl», genauer ein andächtiges, ahnendes, staunendes Belauschen des Universums[16], von dem sich der Mensch ergreifen und erfüllen läßt. Anschauung und Gefühl gehören innig zusammen; beides sind rezeptive Fähigkeiten und zeigen den Menschen in seiner Offenheit für das Andere.

Vergleichen wir solche Gefühle angesichts des Universums mit den Gefühlen moderner, astronomisch gebildeter Zeitgenossen, so wird die Diskrepanz sichtbar. «Ahnendes Staunen» schlägt um in ein Erschrecken vor der Tiefe des leeren Raumes, «Belauschen» wird zur verzweifelten Konstatierung eines unmenschlichen Schweigens der Grenzenlosigkeit und die anschauliche Erfüllung verwandelt sich in die Entdeckung des wesenlosen Nichts.

Bei Hegel, dem Höhepunkt der Reflexion affektiver Phänomene, stellt das Gefühl nur ein Moment im Ganzen der menschlichen Erfahrungen dar. Die definitive pantheistische Grundstimmung der Jugendfragmente weicht später der Skepsis, in der Unmittelbarkeit des Gefühls zum Wissen von Gott vorstoßen zu können.[17] Gefühl fungiert als subjektivistische Vorstufe, die Sache des Einzelnen ist und Objektivität ausschließt. Im Hinblick auf die höheren Formen des sich entwickelnden Wissens erkennt er, «daß das Gefühl den *zufälligsten* Inhalt hat; dieser kann der wahrhafteste und schlechteste sein... Daß ein Inhalt im Gefühl ist, dies macht für *ihn selbst* nichts Vortreffliches aus. Denn... nicht bloß Reales und Seiendes, sondern Erdichtetes, Erlogenes, alles Gute und alles Schlechte, alles Wirkliche und alles Nichtwirkliche ist in unserem Gefühl...».[18]

15 Heiler (61), Abschnitt C 1
16 Schleiermacher (58) S. 50
17 Zum Verhältnis der religionsphilosophischen Auffassungen Hegels in den Jugendfragmenten und in der späteren Zeit siehe Jaeschke (83) S. 49ff.
18 Hegel (69), Band 16, S. 128

Die Ambivalenz des Emotionalen wird vor allem in den Lehren der «neuen Religiosität» völlig übersehen. Die meditative Einstimmung in das All-Eine kann auch als autistischer Rückzug auf das Selbst, als eine Flucht aus der Verantwortung gedeutet werden; die Aufhebung der Vielheit läßt sich als Blindwerden für die differenzierte Wirklichkeit interpretieren; die Erfahrung einer eigentlichen Welt unter der Raum-Zeit-Oberfläche schließlich braucht nichts anderes als eine Fehldeutung der Inhaltslosigkeit des Emotionalen an sich zu sein. Nur wer schon weiß, was emotional erfahren werden soll, erfährt dieses. Denn dieses «was» enthält auch begriffliche Kategorien und damit interpretatorische Elemente. Mit der Anleitung des Yogi geht eine kognitive Anerkennung der zu erwartenden Erfolge und Versprechungen einher. Die Emotionen als solche sind inhaltlich blind und bedürfen der Interpretation, die sich nicht selbst wieder allein auf Gefühlselemente stützen kann.

Die Berufung auf das schlichte Gefühl ist keine Rechtfertigung für Religion. Im Gefühl manifestiert sich einzig und allein die Begegnung mit Kontingenz. Die Kontingenzerfahrung ist im Gefühlserlebnis unmittelbar und unreflektiert. *Wir fühlen*, daß wir mit der Welt und mit unserem Leben nicht im reinen sind, daß vieles anders sein könnte und sollte. Wir *fühlen* die Nichtnotwendigkeit – und eben das heißt *unmittelbare* Kontingenzerfahrung. Durch die Konstruktion von Sinnzusammenhängen, also durch die *Überwindung* von Kontingenz, tritt das Gefühl in den Hintergrund. Der Blitz verliert seine Bedrohlichkeit, wenn man sein physikalisches Wesen kennt und wenn man sich an einem durch moderne Techniken geschützten Ort befindet. Umgekehrt schwindet aber auch die unmittelbare Freude am Naturschönen, wenn man nur biologische Funktionalität sieht. Das Zufällige, noch nicht ins umfassende Sinngefüge Eingeordnete und damit nicht ganz Durchschaute ist der eigentliche Träger der Affekte. Je unmittelbarer das Erlebnis ist, das heißt, je mehr das Erlebte in seiner Faktizität belassen wird, um so intensiver sind die Gefühle und die nachgeordneten Übertragungsmechanismen. Je eindringlicher die Kontingenzerfahrung, um so tiefer die Gefühle wie Freude und Haß, Zuneigung und Angst.

b. Das religiöse Gefühl als Moment des Verhaltens zur Kontingenz

Religiöses Wissen, das sich auf Gefühle beruft, leitet die Begründung nicht allein aus der affektiven Unmittelbarkeit ab. Letztere enthält stets die Möglichkeit der areligiösen Affekte. Das Faktum der Kontingenz, dem jeder begegnet, ruft im allgemeinen unterschiedliche Gefühlsreaktionen hervor. *Religiöse* Gefühle leben demnach von einem *Überschuß*, der über die Phänomenologie des reinen Gefühls hinausweist. Die Verschmelzung dieses Überschusses mit der Gefühlsebene führt auf Fundamentalgefühle, die sich ihre eigenen Namen schaffen. Es ist die Rede vom Numinosen, vom Heiligen, vom Mystischen, vom ganz Anderen, vom deus absconditus. Wenn R. Otto das mysterium tremendum und das mysterium fascinans beschreibt, so sind in der Beschreibung der emotionalen Inhalte zunächst weder rationale noch ethische Kategorien enthalten.[19] Aber die Auswahl gerade dieser Gefühlsqualitäten bedeutet die Konstitution dessen, was den Überschuß über die profane Unmittelbarkeit beliebiger emotionaler Inhalte ausmacht. Begrifflich faßbar wird also der Überschuß und die Richtung des Transzendierens erst durch den *Leitbegriff* des Numinosen. Dieser ordnet die religiösen Gefühle in unseren affektiven Kosmos ein und verleiht auch den profanen Gefühlen einen neuen Sinn. Im Angesicht Gottes wird der Haß verwerflich, die Furcht töricht und das liebende Vertrauen zum adäquaten Verhalten aller Kreatur.

Ähnliches geschieht auch in den Fällen, in denen der Leitbegriff nicht von so reichen Gefühlsqualitäten geprägt ist. Wenn etwa die Rede vom «ganz Anderen» ist, so schwingt doch selbst in dieser vorsichtigen Namensgebung noch die Möglichkeit einer totalen Sinnstiftung mit. Selbst in Wittgensteins Gefühl des Mystischen, das er mit dem Gefühl der Welt als begrenztem Ganzen identifiziert, wird die Grenze nicht als Wand zum Nichts, sondern als Signum der menschlichen Endlichkeit aufgefaßt, die sich eben in diesem Gefühl von einem Unendlichen getragen weiß.

Der religiöse Mensch denkt nicht daran, den Überschuß zu rechtfertigen. Dieser ist ein Gegebenes oder Geschenktes. Allenfalls beruft man sich auf die Stimmigkeit und Tragfähigkeit der religiösen Gefühle. Aber diese Berufung ist eher die Bestätigung eines Selbstverständlichen als die Begründung eines Bezweifelten. Die Leitbe-

---

19 R. Otto (17), Abschnitt 6

griffe konstituieren zusammen mit bestimmten Gefühlen die Wirklichkeit und bedürfen keiner weiteren Reflexion. Indem das Numinose oder in anderen Fällen das Mystische als oberste Instanz wirken, werden bestimmte Gefühle als Entgleisungen und als Verfehlungen des eigentlich Wirklichen eingeschätzt; andere erhalten den Charakter der Tiefe und Fülle von Wirklichkeitserfahrungen. Der religiöse Mensch erlebt deshalb die Welt anders als der areligiöse. Seine Wirklichkeit ist durch den Leitbegriff des Numinosen geprägt und normiert. Die durch Leitbegriffe vollzogene Kontingenzbewältigung bedeutet zugleich eine Kontingenznormierung, einen spezifischen Aufbau des Wirklichen und seiner Ordnungen.

c. Gefühlsprojektion und Religionskritik

Die Offenheit der Weltbegegnung durch das Gefühl ermöglicht auch die konträre Reaktion. Heilsverlangen und Glücksstreben erhalten den Status von Projektionen. Mit Hilfe des Leitbegriffs der Natürlichkeit gelingt es, das kontingente Faktum des *natürlichen Bedürfnisses* als Fundament der Objektivierungen zu durchschauen. Vor allem für Feuerbach ist die Natur der «Inbegriff der Wirklichkeit». «Die tiefsten Geheimnisse liegen in den einfachsten natürlichen Dingen, die der jenseits schmachtende Spekulant mit Füßen tritt. Die Rückkehr zur Natur ist allein die Quelle des Heils.»[20] Deutlicher kann die fundamentale Rolle des Naturbegriffs nicht formuliert werden. Natur ist nicht allein die Gesamtheit des Gegebenen, sondern auch die Instanz, in der das Heil gefunden werden kann. Natur ist der Leitbegriff, von dem her alle Bewertung, Einschätzung und Wertordnung deduziert werden muß.

Die Projektionsthese Feuerbachs geht davon aus, daß die auf das individuelle Glück hin orientierten Wünsche, Triebe und Gefühle zwar transzendente Gegenstände aufbauen, diese als Gegenstände in Wirklichkeit aber reine Chimären sind. Wirklich sind nicht die *Gegenstände*, sondern allein die *Prädikate* des Göttlichen, nämlich als Bestimmung des göttlichen Menschenwesens. «Das absolute Wesen, der Gott der Menschen, ist sein eigenes Wesen.»[21]

Menschen in vergleichbaren affektiven Situationen kommen wegen der Offenheit der kontingenten Gefühlswelt zu grundverschiedenen

20 Feuerbach (60), Band 2, S. 203
21 a.a.O. Band 6, S. 15

Haltungen. Das Numinose entartet bei Feuerbach zum verselbständigten Ausdruck einer Wesensbestimmung des natürlichen Bewußtseins. Dabei bleibt dem Menschen bei Feuerbach noch der Rest eines Glorienscheines erhalten, der im Begriff des Göttlichen auf das Numinose verweist. Dieses Relikt wird schließlich von *Marx* getilgt. Den verbliebenen Dualismus von natürlichen und göttlichen Prädikaten beseitigt Marx durch den Hinweis auf die Selbstzerrissenheit der Welt (4. These über Feuerbach). Die Produktion eines «religiösen Gemüts» ist selbst ein gesellschaftliches, und das heißt ein natürliches Produkt, ein Ergebnis des realen Widerspruchs in der Welt (These 7). Der Leitbegriff der in Geschichte und Natur eingebundenen Gesellschaftlichkeit bewältigt alle Kontingenz, wobei Spekulationen über göttliche Gegenstände und Prädikate überflüssig werden. Alle menschliche Wirklichkeit folgt aus dem «ensemble der gesellschaftlichen Verhältnisse» (These 6).[22] Der Projektionsgedanke ist perfekt: Religiöses nicht nur als schöner Schein auf einer diesseitigen Leinwand, sondern als vergebliches Leuchten in die Leere des Nichts.

Trotzdem blieb die Deutung von Marx nicht die letzte Potenzierung der Projektionsthese. Wir finden diese schließlich bei Nietzsche. Nicht nur die *theoretische* Reflexion, die Kant schon in seiner «Kritik der reinen Vernunft» perfektioniert hatte und die durch Feuerbach und Marx zu Ende geführt worden ist, sondern auch die auf *Praxis* hin orientierte Reflexion wird bei Nietzsche in den Strudel der affektiven Reaktionen hineingezogen. Der moralische Gott als Garant der Sittlichkeit (Kant) und der abendländischen Kulturleistungen ist tot, der Horizont aller Werte und aller gesicherten Wirklichkeit weggewischt. Der Mensch steht in seiner Endlichkeit ganz auf sich allein.[23] Aber die Kontingenzbewältigung und Sinngebung vollzieht sich bei Nietzsche gerade in der Überwindung des *Menschen*, im Übermenschen, der an dem von Göttern entleerten Diesseits nicht verzweifelt, sondern die Freiheit als neue Chance nimmt. Der Übermensch als Ersatz des Numinosen, als Inbegriff des Überwerthaften und Letzt-Wirklichen erhält aus der Sicht des Menschen, der als «Übergang» noch nicht zum Übermenschen geworden ist, wieder Projektionscharakter. So hat sich der Kreis, der bei Kant begann, in Nietzsche geschlossen.

22 Marx: Die deutsche Ideologie, in (71) S. 339f.
23 Nietzsche: Der Mensch mit sich allein, 9. Hauptstück in: Menschliches Allzumenschliches, in Nietzsche (80), Band II

In diesem Kreis von Theorie und Praxis vollzieht sich alle Kritik, welche Religion als Gefühl identifiziert. Die Erfahrung eines scheinbar Numinosen, die Vermenschlichung dieses Göttlichen, die Entlarvung des Traumes vom eigenen Wesen und schließlich die Sehnsucht nach einem völlig Neuen – diese Verhaltensweisen sind vom gleichen Leitbegriff geleitet: von der Idee einer defekten Natur, die sich in ihrer kreativen Potenz auch die Illusionen selbst erschafft, um diesen Defekt zu überleben.

6.3 Reflexion und religiöse Indifferenz

a. Zur Rolle des Indifferenten

Wir befinden uns häufig in einer Verfassung, in der wir mit Gegenständen umgehen, ohne diese zu identifizieren. Sie bilden einen unbeachteten Hintergrund, der unsere Gedankenlosigkeit und Blindheit für das Gegebene widerspiegelt. Diese Indifferenz stellt jedoch einen labilen und nur vorübergehenden Zustand dar, welcher der Ergänzung bedarf. Sie bedeutet den Ausgangspunkt für neue Verhaltensweisen, die ihre spezifischen Gegenständlichkeiten entdecken.

Obwohl die Gegenstände in diesem Indifferenzstadium keine Aufmerksamkeit auf sich ziehen und uns zunächst völlig desinteressiert lassen, bedarf man ihrer stets als Kulisse, welche die Leere des Nichtbeachteten füllt und unser Tun auf festen Boden stellt. Die Metapher vom diffusen Licht kann das Gemeinte verdeutlichen: Nicht der gezielte Lichstrahl der interessengebundenen Reflexion, die sich am Gegenüber spiegelt und so das objectum in seinen scharfen Umrissen möglich macht, sondern das sich in alle Richtungen verstrahlende Dämmerlicht gibt die verschwommenen Konturen einer wenig beachteten Wirklichkeit wider, in der wir eigentlich stehen. Tierisches Bewußtsein dürfte von solchen diffusen Begegnungen geprägt sein, dem die Transformation ins Begriffliche prinzipiell versagt ist, während sie hier vom Menschen nur punktuell unterlassen wird.

Der diffuse Umgang mit dem Gegenständlichen darf demnach nicht ausschließlich negativ gedeutet werden. Nicht nur Desinteresse, Gleichgültigkeit und Apathie sind dafür verantwortlich, sondern auch die Unfähigkeit des Menschen, als beschränktes biologisches

Wesen ständig in voller Konzentration zu existieren. Ökonomische Gesichtspunkte spielen eine mindestens gleichbedeutende Rolle. In den Phasen diffuser Erkenntnisleistung erholt sich der Organismus von den Anspannungen anderer Begegnungsweisen. Nur auf solchem nicht-stimulierenden Hintergrund lassen sich neue Kräfte sammeln, um in zukünftigen Erfahrungen wieder klare Umrisse und Bedeutsamkeiten zu entdecken.

Diese labile Indifferenz findet man auch im *religiösen* Bereich. Wir begegnen immer wieder Menschen, die zur Religion ein sehr distanziertes Verhältnis haben. Man könnte fast sagen, daß sie in *gar keinem* Verhältnis zu ihr stehen, weil das zweite Relationsglied fehlt. Sowohl in Krisen- und Kriegszeiten, die den verzweifelt Fragenden längst zermürbt haben, als auch in ruhigen Zeiten, in denen der Überfluß zur Gedankenlosigkeit verführt, verstummt bei vielen Menschen die Frage nach der Religion. Religion ist für sie ein Fremdwort; religiöse Phänomene liegen im blinden Fleck ihrer Welterfahrung. Wir sprechen hier nicht von gelegentlichen Indifferenzstadien, die später wieder von Phasen der Religiosität abgelöst werden. Diese «*sekundäre Indifferenz*» ist hier nicht gemeint. Es geht vielmehr um all diejenigen, die in ihren Alltagsgeschäften, im Trubel ihrer gesellschaftlichen Verpflichtungen oder im Streß beruflicher Ansprüche für religiöse Erfahrungen blind geworden sind. Wir sprechen dann von einer «*primären Indifferenz*», die ein ganzes Leben lang besteht und die These von der Religiosität aller Menschen zu widerlegen scheint. Es sieht so aus, als ob Menschen in diesem Zustand Kontingenz nicht als *Kontingenz*, sondern als *factum brutum* erfahren, das keine weiteren Fragen zuläßt. Krankheit und Tod, Individualität und Geschichtlichkeit sind einfach Fakten, mit denen man leben muß wie mit anderen Gegebenheiten auch.

Zweifellos gibt es Menschen, die von Krankheit verschont bleiben und die Erfahrung vom «Sein zum Tode» noch nicht konkretisiert haben. Der Tod ist für viele Menschen lange Zeit ein Abstraktum, das sie persönlich nicht betrifft, weil es immer der Tod der anderen ist. Unfalltod in frühen Jahren, Herzschlag im besten Mannesalter und hinreichende Verkalkung in späteren Stadien können die Fähigkeit, Kontingenz zu identifizieren, unterbinden. Trotzdem steht die Kontingenz als vage Möglichkeit ständig im Hintergrund. In den meisten Fällen stellt der Versuch, ein Leben lang in einem indifferenten Zustand zu verharren, eine Illusion dar. Früher oder später erlebt man Kontingenz, gerade dann, wenn man zum Durchschnitt gehört, der im Laufe des langen Lebens Krankheiten und Leiden,

Enttäuschungen und Verzweiflungen am eigenen Leibe erduldet. Der aufgeschlossene Beobachter registriert die Kontingenz, auch wenn diese noch nicht als Herausforderung in einen eigenen Sinn- und Handlungskosmos einbezogen wird.

b. *Indifferenz und Lebensform*

Die Indifferenz drängt stets auf Konkretisierung in anderen Gegenstandsbereichen. Aber sie kann sich auch selbst thematisieren, nämlich als *spezifische Art der Überwindung von leidvoller Wirklichkeit* oder aber als *Argument für Reduktionen des Religiösen*. Das beste Beispiel, wie Indifferenz positiv zur Grundlegung einer Lebensform umgedeutet werden kann, findet man im *Buddhismus*. Sinn und Ziel buddhistischer Lehren ist das Eingehen in das Nirwana. Dieses bedeutet ein «Erlöschen» des erlebenden und damit leidenden Ich, eine Auflösung aller Widerständigkeit der Gegenstände und damit die Empfindungslosigkeit einer absoluten Freiheit von den Zwängen der Welt.[24] Aber die damit angesprochene Indifferenz bewirkt diese Folgen nicht aus sich heraus, sondern nur durch zusätzliche Leitbegriffe. An erster Stelle steht der *Leitbegriff der Erlösung von Leiden*. Die Tendenz, die indifferenten Erlebnisweisen nur als Durchgangsstadium und Rahmen für eigentliches Erleben aufzufassen, schlägt mit der Setzung von Leitbegriffen um in die Überzeugung, auf eben diese Ergänzungen verzichten zu müssen, um das damit notwendig verbundene Leid zu vermeiden. Die Abwertung des möglichen Glücks anderer Erlebnisweisen erfolgt so aus einer fundamentalen pessimistischen Grundhaltung heraus, die nicht weiter begründet wird. Sie kann sich auch nicht auf pure Erfahrung berufen, denn der Mensch erlebt auch Freude, Glück, Vollkommenheit und Erfüllung. Deren Vergänglichkeit ist kein Argument für ihre völlige Mißachtung; denn auch Leiden und Qualen sind vergänglich. Die Fortsetzung der Leiderfahrung durch die Annahme einer *Wiedergeburt* im ewigen Kreislauf des Daseins beruht nicht auf Erfahrung, sondern stellt einen *zweiten Leitbegriff* dar.

Die Indifferenz der Welterfahrung im Nirwana unterscheidet sich demnach von der ursprünglichen, allen Menschen erfahrbaren Indifferenz durch die Unterordnung unter den Leitbegriff der Erlö-

---

24 Einzelheiten z.B. in Küng (84), Abschnitt C

sung von Leid und dem Leitbegriff der Wiedergeburt. In beiden
wird die Kontingenzerfahrung überhöht durch Bewältigungspraktiken, die zusätzlicher Bekehrungs- und Erleuchtungserfahrungen bedürfen. Die These, daß es sich im Urbuddhismus des Himayana
eigentlich um keine Religion, sondern um die früheste Form einer
systematischen Philosophie handelt[25], kann nur dann aufrechterhal-
ten werden, wenn man der Philosophie Kontingenzbewältigungen
zubilligt, die weit über die allgemein-zugänglichen Erfahrungen und
Gegenstandskonstitutionen hinausgehen und in *metaphysische
Spekulationen* einmünden. Besonders deutlich werden solche Tendenzen in der Willensmetaphysik Schopenhauers, die dieser im buddhistischen Nirwana-Verständnis bestätigt findet.[26] Hält man an
einem engeren Philosophiebegriff fest, der auf allgemein zugängliche Vernunftgründe aufbaut, so läßt sich die Selbsterlösung des
Urbuddhismus nur als Religion deuten. Worauf es uns hier jenseits
aller Terminologie allein ankommt, ist die Einsicht in die Notwendigkeit von zusätzlichen Leitbegriffen, die zur allgemeinen Kontingenzerfahrung hinzukommen müssen, um Lebensformen zu ermöglichen. So wird die Indifferenz zum Argument nur durch die Setzung
weiterer Leitbegriffe, welche den argumentativen Zusammenhang
erst schaffen. Das bedeutet: *Weil Leid vermieden werden soll, ist die
Indifferenz erstrebenswert und erlösend*; nicht dagegen: Der Zustand
der Indifferenz ist die eigentliche adäquate menschliche Verhaltensweise, aus der sich die Möglichkeit ergibt, Leid zu vermeiden und die
absolute Seelenruhe zu finden. Die ursprünglich erlebte Indifferenz
allein garantiert noch nicht das Eingehen in das Nirwana, sondern
kann genauso gut in andere Lebensweisen umschlagen, die z.B.
Erfahrungen des Glücks und der Daseinsbejahung kultivieren.[27]

25 So Paul (88) S. 59
26 Über die eigentlich metaphysische Konzeption der Schopenhauerschen
   Religionsphilosophie siehe Schmidt (86): Schopenhauer studiert «religiöse Texte Asiens von vornherein mit der Absicht, in ihnen die Bestätigung von Ansichten zu finden, die er, unabhängig von solcher Lektüre,
   zuvor schon entwickelt hat» (S. 125).
27 Daß Schopenhauers Beobachtung der Kontingenz im Leiden nicht notwendig zur Askese in seinem Sinne führt, zeigt die Reaktion Feuerbachs:
   «Post mortem nulla voluptas, edite, bibite» (zitiert nach Schmidt (86)
   S. 41).

c. Indifferenz als Argument für Areligiosität

Wie wir gesehen haben, besteht die Möglichkeit, die Indifferenz positiv zur Begründung einer Lebensform zu verwenden. Noch häufiger aber ist die Alternative, diese Offenheit durch einen *negativen* Leitbegriff abzuschließen, der *Religiöses reduziert*.

Die Ausdeutung der Indifferenz als Argument für die Nichtexistenz des Religiösen versteht sich nicht von selbst, sondern bedarf weiterer Prämissen. Diese werden beim Übergang zum negativen Urteil nicht begründet, sondern gesetzt. Die Überzeugung, daß es mit der Religion nichts auf sich hat oder daß alles ohne Religion erfaßbar sei, läßt sich als Leitbegriff interpretieren. Dieser folgt nicht aus der Indifferenzerfahrung – denn Indifferenz bedeutet ja gerade Abkehrung von Umdeutungen – sondern umgekehrt: die Indifferenz wird vom Leitbegriff her mit Sinn erfüllt. Anstelle der schlichten Aussage, daß Religiöses faktisch nicht interessiert, tritt die Behauptung: Weil Religiöses nicht existiert, kann man sich zu diesem Phänomen indifferent verhalten. Der Leitbegriff komprimiert die Entscheidung zum begrifflich Faßbaren. Er kann nicht legitimiert werden, auch nicht von anderen Erfahrungen her, weil wir uns hier noch auf den Standpunkt der primären Indifferenzerfahrung stellen. Der Leitbegriff drückt eine nicht weiter zurückführbare Grundhaltung aus, die sich mit der Vagheit und Verschwommenheit ihrer ursprünglich indifferenten Gegenstände gut verträgt.

Im Rückblick fällt auf, daß die Indifferenzerfahrung nicht als Grundlage für die Beliebigkeitsthese der Postmoderne diskutiert wurde. Denn diese These ist nicht aus der ursprünglichen Undifferenz ableitbar, sondern sie ist das Ergebnis einer umfangreichen, aber erfolglosen Auseinandersetzung mit religiösen Phänomenen.[28]

---

28 Siehe unten 8.2b

7. Grundstrukturen der religiösen Vernunft

Nach dem Aufweis der religionsphilosophischen Kontingenz setzen wir nun die phänomenologische Deskription fort und verdeutlichen, auf welche Weise sich der Mensch zur Kontingenz verhält. Unserem phänomenologischen Ansatz liegt die Annahme zugrunde, daß es gewisse Grunderfahrungen gibt wie Leid, Ohnmacht und Geschichtlichkeit, die allen Menschen zugänglich sind. Der Begriff der religionsphilosophischen Kontingenz faßt die wichtigsten Merkmale dieser Erfahrungen zusammen. Aber damit ist die Beschreibung nicht abgeschlossen. Kontingenzerfahrung ist nur die *Voraussetzung* des Sinn konstituierenden Umgangs mit Kontingenz. Dieser Umgang ist identisch mit der *religiösen Vernunft*. Kontingenzerfahrung ist demnach der Anknüpfungspunkt für religiöse Vernunft. Die Analysen der von der Vernunft vollzogenen Gegenstandskonstitutionen zeigten, daß zum letzten Verständnis nicht notwendig *nur religiöse Korrelate* gefunden werden können. Die Behauptung, die alle Menschen betreffenden Kontingenzerfahrungen bewiesen die Religiosität als anthropologische Konstante, widerspricht den Beobachtungen. Denn zu jeder religiösen Variante einer Antwort auf Kontingenz gibt es eine Kontingenzbewältigung, die man im allgemeinen *nicht* als religiös bezeichnen kann:

- dem von Freiheit und Individualität überzeugten Wissenschaftler kann der kompromißlose Evolutions- und Systemtheoretiker gegenübergestellt werden, der in einer ontologischen Kontingenzbewältigung die ursprüngliche Offenheit der Wissenschaften universell abschließt, ohne irgendwelche Anleihen bei religiösen Wahrheiten zu erwägen;
- dem rituellen Umgang des Priesters mit dem Numinosen tritt der radikale Funktionalist entgegen, der jenseits jeder Religiosität alle Rituale durch Umdeutung in einfache Selbsterhaltungsabsichten entmythologisiert;
- im Pathos der großen Entlarver zerfließen unter dem grellen Licht der Projektionsthese alle religiösen Gefühle und Erlebnisse; der philosophische Anthropologe bewältigt Kontingenz durch die Entdeckung übersteigerter Bedürfnisse und geheimer Wünsche;
- und schließlich liefert der Gleichgültige im Wegsehen die entscheidende Waffe zur Reduktion von religiösen Bemühungen schlechthin.

In jeder Betrachtungsweise entdecken wir einen Riß, der die Bedeutsamkeit jener Gegenständlichkeiten relativiert. Die Kontingenz trennt spezifische Phänomene von der durch die gegenständliche Konstitution mitgedachten Notwendigkeit und öffnet den Horizont zur Überwindung der damit erkannten Sinndefizite. Dabei ist immer ein antithetisches Transzendieren der Kontigenz zu beobachten.

7.1 Kontingenzbewältigung und Kontingenzbegegnung

Die antithetischen Antworten auf die Kontingenzerfahrung müssen noch weiter differenziert werden. Die auffälligste Reaktion ist die Beseitigung des ursprünglich erkannten Sinndefizits durch Konstitution von Sinn *aus autonomer Vernunft*. Die dabei auftretenden Leitbegriffe wie Freiheit oder Subjektivität liegen im Autonomiegedanken begründet. Es handelt sich um die Entfaltung dessen, was der Mensch als letzte Instanz aus sich heraus zu entwickeln wähnt.

a. *Sinnkonstitution durch autonome Vernunft*

Wenn der *Wissenschaftler* die Strukturen seines Arbeitsgebietes kennt und durch seine Erfolge von deren Gewichtigkeit überzeugt ist, entdeckt er analoge Zusammenhänge auch in den kontingenten Dingen wieder. Er *bewältigt* Kontingenz durch Extrapolation seines Wissens unter der Voraussetzung, daß eben dieses Wissen die einzige Möglichkeit einer Antwort enthält. Diese Bemächtigung durch das Subjekt erfolgt auch in vielen *philosophischen* Kontingenzbewältigungen. Wenn bei Hegel alle Kontingenz in notwendige Geschichtlichkeit transformiert wird – «was vernünftig ist, das ist wirklich; und was wirklich ist, das ist vernünftig»[1] –, wenn bei Husserl Kontingenz als Bewußtseinsphänomen undenkbar wird, weil alle Bewußtseinsinhalte als noetisch-noematische Sinnstrukturen zu denken sind, und wenn schließlich bei Heidegger alles Seiende vom Sein her verstanden werden muß, dann wirkt auch in diesen Entdeckungen die Autonomie des Subjekts oder des Bewußtseins oder schließlich des Seins kontingenzbewältigend.

In seinem Hauptwerk stellt E. Lévinas diese philosophischen Traditionen unter die Begriffe der Totalität und der Ontologie. In der

1 Hegel (69), Grundlinien der Philosophie des Rechts, S. 24

letzteren herrsche der «Primat des Selben», der alles Seinsverständnis und alle Fragen beantwortet.[2] Alles abschließen, alles sich aneignen; selbst das Andere und der Andere müssen erkannt, gewußt, verstanden und damit bemächtigt werden. «Dieser Primat des Selben war die Lektion des Sokrates. Von Anderen nur annehmen, was in mir ist, als ob ich von Ewigkeit besäße, was mir von außen zukommt! Nichts annehmen oder frei sein!» Der letzte Sinn der Freiheit «liegt in dieser Permanenz im Selben; die Permanenz im Selben ist Vernunft. Sie ist Freiheit. Die Vernunft ist letzten Endes die Erscheinung einer Freiheit, die das Andere neutralisiert und einnimmt; dies kann nicht mehr überraschen, seit es heißt, die souveräne Vernunft kenne nur sich selbst, sie sei durch nichts anderes begrenzt.»[3] So entpuppen sich die angeblichen Revisionen und Überwindungen von alten ontologischen Einstellungen als ihre letzten Formen; *Philosophie als ontologische Kontingenzbewältigung*. «Die Beziehung mit dem Sein, die sich als Ontologie abspielt, besteht darin, das Seiende zu neutralisieren, um es zu verstehen oder zu erfassen.»[4] Lévinas verwendet so die Ontologie als Gegenfolie für seinen eigenen Umgang mit Kontingenz, der von der Entdeckung des Anderen als radikal Anderem bestimmt ist, und als Gegentheorie für eine Metaphysik, die unter dem Primat der Ethik steht, für eine Philosophie des bescheidenen Vernehmens, die sich deutlich von der Philosophie der Macht jener autonomen Vernunft abhebt. Dem cogito bei Descartes und Husserl unterstellt er – wie aller modernen Bewußtseinsphilosophie bis hin zu Heidegger – einen Bemächtigungswillen, wie er in unserer Terminologie der Kontingenzbewältigung hindurchscheint: «‹Ich denke› läuft auf ‹Ich kann› hinaus – auf eine Aneignung dessen, was ist, auf eine Ausbeutung der Wirklichkeit. Die Ontologie als Erste Philosophie ist eine Philosophie der Macht.»[5]

b. *Kontingenzanerkennung als Kontingenzbegegnung*

Wir nennen Konstitutionen von Sinn aus autonomer Vernunft in der Auseinandersetzung mit Sinndefiziten aus religionsphilosophi-

2 Lévinas (87) S. 51
3 a.a.O.
4 a.a.O. S. 55
5 a.a.O.

scher Kontingenz im folgenden Kontingenz*bewältigungen*. Damit ist dieser Begriff für das weitere als Terminus festgelegt. Er kann dort nicht mehr angewandt werden, wo die Kontingenz nicht *bewältigt* und damit beseitigt, sondern ausdrücklich *akzeptiert* und bewußt *anerkannt* wird. Lübbe identifiziert in bezug auf absolute Kontingenz den Begriff der Kontingenzbewältigung mit Kontingenz*anerkennung*. «Zu sein, jetzt zu sein und dieser zu sein – das sind nicht-dispositive Bestände, und je entschiedener einer ... aus sich zu machen bemüht ist, was immer nur geht, um so entschiedener erfährt er zugleich die Unverfügbarkeit der ... kontingenten Bestände ... Insoweit läßt sich somit gar nichts machen. Was soll da Bewältigung heißen? Die Antwort lautet: Bewältigte Kontingenz ist anerkannte Kontingenz.»[6] Nun bleibt einem in jeder Erfahrung absoluter Kontingenz nichts anderes übrig, als die Kontingenz «anzuerkennen». Das heißt, Kontingenzanerkennung in der Lübbeschen Bedeutung ist erst sinnvoll als Antwort auf das Mißlingen, Kontingenz durch explizite Sinnkonstitutionen zu beseitigen. Das Subjekt begegnet scheiternd immer wieder kontingenten Fakten, das heißt, es ist gezwungen, die Kontingenz als das ewig Andere und sich seinem Sinnentwurf ständig Entziehende anzuerkennen. Dieser zweite, entscheidende Anerkennungsakt ist der Reflex eines Widerstandes. Weil Lübbe durch Bezug auf absolute Kontingenz einen wesentlich weiteren Kontingenzbegriff meint als wir, nennen wir den Spezialfall solcher Kontingenzanerkennung, sofern sie sich auf *religionsphilosophische* Kontingenz bezieht, *Kontingenzbegegnung*. Der Terminus dient – in Anlehnung an Sartre und Lévinas – als Gegenbegriff gegen Kontingenz*bewältigungen*, die das Andere in das Selbe einverleiben. Kontingenzbewältigung und Kontingenzbegegnung sind die beiden möglichen *Formen des Transzendierens von Kontingenz*.

Während bei Lübbe in den von uns gemeinten Kontingenzbegegnungen nur die *Distanz* des Menschen zu den kontingenten Phänomenen auf den Begriff gebracht wird, sind wir überzeugt, in den Offenbarungsreligionen auch Inhaltliches *als Botschaft vom ganz Anderen* entdecken zu können. Der Begriff der Offenbarung enthält die Vorstellung, daß jenes vom Menschen radikal Verschiedene sich trotzdem dem Menschen mitteilen kann. *Jede Religion enthält kognitive Inhalte, die vom Hörer als Offenbarungswahrheiten verstanden werden können.* Wie sich dieses Sprechen über das ganz Andere von der profanen Sprache und Logik unterscheidet, ist einer späteren

6 Lübbe (86) S. 166

ausführlichen Untersuchung vorbehalten.[7] Hier ist nur festzuhalten, daß in der zweiten Form des Transzendierens von Kontingenz, in der Kontingenzbegegnung, auch Sinndefizite abgebaut werden, ohne daß dieses Ereignis als *Bemächtigung* durch das Subjekt verstanden werden muß. Das Andere wird als das Andere anerkannt; aber weil nicht nur Distanz, sondern auch Begegnung gemeint ist, vollzieht sich zwischen dem Menschen und dem Anderen etwas, das sprachlich vermittelt wird und – sofern es überhaupt etwas anderes aussagen will, als daß es nur das ganz Andere ist – kognitiv nicht völlig unbestimmt bleiben kann. Der verzweifelte Versuch, diesem Dilemma der notwendigen Mitteilbarkeit zu entgehen, um Ansprüchen der Aufklärung zu genügen, endet in leeren Konzeptionen einer resignativ beurteilten letzten Fraglichkeit. Wie schwer es ist, diesen inhaltsfreien Standpunkt durchzuhalten, zeigen die Antworten Weltes, Weischedels, Horkheimers, aber auch Schlettes und Lévinas', bei denen früher oder später die verantwortungsbewußte Radikalität in inhaltliche Grundannahmen über diese Verantwortung selbst umschlägt.

Welte entdeckt nach der Aufzählung der «drei Tatsachen» – daß wir sind; daß wir nicht immer waren und eines Tages nicht sein werden; daß es uns auf unser Dasein ankommt – ein explizites «Sinnpostulat»: «Es kommt uns nicht bloß im allgemeinen auf dieses Dasein an, vielmehr insbesondere darauf, daß dieses Dasein sich als ein sinnvolles erweise.»[8] Zwar versucht Welte, der Annahme eines kognitiven Inhalts dadurch zu entgehen, daß er von einem vollzogenen und gelebten, nicht von einem gedachten und entworfenen Sinnpostulat spricht. Aber kurz danach heißt es dann: «Das gelebte Sinnpostulat entwirft die erfüllenden Gestalten des Daseins je und je voraus. Es treibt das menschliche Dasein seiner erfüllten Gestalt entgegen.»[9]

Bei *Weischedel* finden wir nach der radikalen Negation eine «skeptische Ethik»: «Wird aber der Skeptizismus selber der Fraglichkeit unterworfen, dann löst sich offensichtlich alles in einem Wirbel auf... In dieser Situation bleibt nur eine einzige Möglichkeit: daß der Skeptiker den Skeptizismus, den er als den Grundzug seiner Epoche versteht, ausdrücklich setzt und in einem Grundentschluß(!)

---

7 Siehe Abschnitt 9
8 Welte (79) S. 6
9 a.a.O. S. 7

als seine eigenste Möglichkeit ergreift.» «Der Grundentschluß zum Skeptizismus ist nicht möglich, wenn nicht zugleich damit die Freiheit des Menschen bejaht wird; denn diese ist die unabdingbare Voraussetzung aller Entschlüsse.»[10] In dieser Ethik entfaltet sich dann der Grundentschluß in der Annahme der Freiheit, im Ja zum Dasein und in der humanen Gestaltung dieses Daseins.

Nach *Horkheimer* kommt keine Gesellschaftskritik am Phänomen der «Sehnsucht nach dem ganz Anderen» vorbei. Aber diese Sehnsucht ist für ihn kein sonntägliches Gefühl frustrierter Menschen, sondern genauer eine «Sehnsucht danach, daß der Mörder nicht über das unschuldige Opfer triumphieren möge», das heißt, sie bezieht sich auf das, was eben jene Gesellschaftskritik in Bewegung hält und ihren Sinn ausmacht. Es ist letztlich die Sehnsucht nach der vollendeten Gerechtigkeit.[11]

Selbst *Schlettes* «Skeptische Religionsphilosophie» lebt von der Idee der «intellektuellen Redlichkeit und Empfindsamkeit», die er aus dem «Bewußtsein dieser Zeit» schöpft. Seine Aporetik zeigt sich als ein Postulat, um das Humanum und die menschliche Freiheit zu retten; «ohne Aporetik gibt es menschliches Freisein nicht».[12]

Der Hinweis auf Kontingenzbegegnungen im radikalen Sinn ist demnach immer nur Ausgangspunkt für Kontingenzbewältigungen oder – wie in religiösen Konzeptionen der theologia negativa – für Berufungen auf Offenbarungsinhalte, die in verschlüsselter Form erscheinen und damit Rätsel aufgeben.

Am deutlichsten vollzieht sich der Umschlag der Kontingenzbegegnung in inhaltliche Verantwortung bei *Lévinas*. Dieser verwendet den Begriff des Kontingenten im Sinne von Unvernunft. Also nicht das Faktum des ganz Anderen wird als kontingent bezeichnet; denn es ist gerade vernünftig, die Andersheit des Anderen zu erkennen und zu respektieren. Kontingent, d. h. unvernünftig, ist vielmehr der Egoismus: «Nicht die Begrenzung durch den Anderen macht die Kontingenz aus, sondern der Egoismus; denn er hat aus sich keine Rechtfertigung.»[13] Lévinas denkt so sehr in der Tradition Husserls und Heideggers, daß deren ontologische Kontingenzbewältigung stillschweigend vorausgesetzt wird. Diese Einverleibung alles Sinn-

---

10 Weischedel (76) S. 181 bzw. 182
11 Horkheimer (70) S. 62 bzw. 69
12 Schlette (72) S. 14 bzw. 31/32
13 Lévinas (87) S. 293

haften im Selbstbewußtsein und im Seinsverständnis ist seinerseits aber kontingent, das heißt, im Angesicht des Anderen nicht gerechtfertigt. Das Selbst, der Egoismus, ist für Lévinas das Kontingente, das mit dem Anderen prinzipiell nicht zusammengedacht werden kann. Aber indem das Selbst als Egoistisches, als ethisch Minderwertiges gedacht wird, ist Kontingenzbegegnung *ethisch* möglich. Das an sich Beziehungslose kommt zusammen, begegnet sich, es wird zum «Ereignis des Unendlichen».[14] Der Leitbegriff des Selbst als Egoismus, als Sündenfall der abendländischen Philosophie, qualifiziert die Kontingenzbegegnung als Anerkennung des Anderen, dem damit nichts Kontingentes mehr anhaftet. Diese Aufhebung des Sinndefizits ist rein ethisch gemeint: es erfolgt keine Partizipation am Anderen, sondern Transzendieren des Selbst: wissen, daß der Andere der ganz Andere ist und bleibt.

7.2 Die Funktion von Leitbegriffen

Sowohl in der Diskussion der Kontingenzbewältigung als auch in der Beschreibung der Kontingenzbegegnung stießen wir immer wieder auf Begriffe, deren bloße Erwähnung das Gesagte in ein bestimmtes unverwechselbares Licht setzte: Wissenschaft, Evolution, Gesellschaft, Humanität, Moralität, Rationalität, autonome Vernunft, Selbst, Sein, Ethik – um nur einige zu nennen. Mit ihnen fallen gewissermaßen die Stichworte, in denen sich das Transzendieren von Kontingenz, also Kontingenzbewältigung und Kontingenzbegegnung, vollzieht. Da wir uns hier noch vorwiegend deskriptiv verhalten wollen, versuchen wir, die Funktionen dieser Leitbegriffe ohne Wertungen zu beschreiben.

Leitbegriffe sind kritikimmun. Das bedeutet, sie enthalten selbst die letzten Maßstäbe und können im Selbstverständnis der Akteure nicht nochmals in Frage gestellt werden. Über Leitbegriffe läßt sich nicht streiten; man kann nur konstatieren, daß der Gesprächspartner die Kritik nicht versteht oder nicht gelten lassen will, daß man a priori aneinander vorbeiredet.

14 a.a.O. S. 27

a. Ein Beispiel

Als illustratives Beispiel sei auf die *Theodizee-Diskussion bei Mackie und Lübbe* hingewiesen. Auf 42 Seiten versucht Mackie, anhand des Problems des Übels zu zeigen, «daß dem traditionellen Theismus nicht nur jede vernünftige Grundlage fehlt, sondern daß er auch positiv widervernünftig ist, weil einige seiner zentralen Aussagen einander widersprechen». Zunächst wird durch inhaltliche Festlegungen, die jedem Verfechter des Theodizeegedankens unterstellt werden, ein Widerspruch konstruiert. Es handelt sich um folgende «wenigstens zunächst plausibel klingende Prämissen..., daß das Gute dem Übel in der Weise entgegengesetzt ist, daß ein vollkommen gutes Wesen, soweit es ihm möglich ist, Übel beseitigt und daß einem allmächtigen Wesen keine Grenzen seines Tuns gesetzt sind...»[15] So läuft jede Theodizee-Verteidigung auf das logische Problem hinaus, die zentrale Behauptung Mackies zu widerlegen, die er folgendermaßen formuliert: «Ein vollkommen gutes und allmächtiges Wesen würde die Übel vollständig beseitigen; wenn es aber tatsächlich Übel gibt, kann es ein solches Wesen nicht geben.»[16] Im Laufe der Diskussion der Lösungsversuche mit Hilfe des freien Willens konzentriert sich Mackies Argumentation auf Unternehmungen, welche die obigen Prämissen nicht als selbstverständlich und klar anerkennen. Er spricht von «Versuchen zur Umgehung des Problems» und von der damit verbundenen «Paradoxie der Allmacht.»[17] Beharrt man auf der Annahme einer Existenz Gottes, so bleibt als äußerstes Zugeständnis, daß er Übel und Sünde nicht «wissend hervorgebracht hätte, man könnte ihn also nicht vorsätzlicher Bosheit anklagen; dennoch aber hätten wir allen Grund, ihm schlimmste Fahrlässigkeit oder größten Leichtsinn vorzuwerfen».[18]
Lübbe geht auf keinen einzigen der vorgebrachten Gedankengänge ein.[19] Souverän stellt er sich über solche «formale» Auslassungen: «Entsprechend ist hier die Absicht nicht, die bis in die analytische

---

15 Mackie (82) S. 239
16 a.a.O. S. 16
17 a.a.O. Kap. 9b bzw. 9c
18 a.a.O. S. 279/80
19 Obwohl «The Miracle of Theism» schon 1982 erschienen ist, spricht Lübbe nur von dem Artikel «Evil and Omnipotence», Mind 64 (1955), der aber bereits die entscheidenden Einwände enthält.

Philosophie der Gegenwart hinein endlos repetierten, formal denkbaren Lösungsmöglichkeiten des Problems erneut zu erörtern...»[20] Er knüpft vielmehr an eine immunisierende Beobachtung an, die Mackie seinerseits unter Berufung auf den Leitbegriff der Rationalität vom Tische wischt. Bei Mackie heißt es: «Zweifellos *empfinden* manche, die einen sehr starken Glauben haben, kein Bedürfnis nach einer Theodizee; dennoch ist sie gefordert, wenn ihre Auffassung und die des Theismus im allgemeinen rational verteidigt werden soll.»[21] Das Stichwort «Rationalität» bewirkt bei Lübbe nichts. Für ihn ist die Theodizee kein «Problem des religiösen Lebens», sondern sie ist «den intellektuellen Bemühungen zuzuordnen, Religion überflüssig zu machen».[22] Darin steckt zugleich der Vorwurf gegen Makkie, den Kontingenzcharakter in Fragen des Leids, der Sünde und des Verbrechens zu mißachten. In Lübbes Augen zielt das Denken Mackies und der Verfechter der Theodizee auf die Moralisierung der Wirklichkeit. Das heißt, Mackies Einwände sind nur stichhaltig unter der Voraussetzung eines Leitbegriffs, der eine universelle und durchschaubare Moralität garantiert. So ist das Scheitern der Theodizee nach Lübbe kein Beweis für die Inkonsequenz und für die Unwahrhaftigkeit der Gottgläubigen, sondern «im Scheitern der Theodizee erweist sich die Sinnwidrigkeit aller Versuche, Lebenssinn handlungssinnanalog denken und leben zu wollen. Entsprechend ist auch die Frage der Theodizee nicht eine religiös unvermeidliche Frage. Sie ist vielmehr eine religiös überflüssige Frage. Ihr Scheitern bringt den Frommen nicht in Verlegenheit, sondern es desillusioniert in bezug auf die Lage, in der sich der Fromme... ohnehin weiß.»[23] Für Lübbe impliziert in der Konfrontation mit Leid und Verbrechen der Begriff der Rationalität nicht ohne weiteres die völlige Durchsichtigkeit moralischer Beziehungen, weil sich jene Erscheinungen als kontingente Phänomene menschlichem Handlungssinn entziehen.

20 Lübbe (86) S. 196
21 Mackie (82) S. 251
22 Lübbe a.a.O.
23 a.a.O. S. 204

b. Leitbegriffe und Argumentationen

Solche Beispiele von Auseinandersetzungen, die völlig aneinander vorbeiargumentieren, weil sie sich *auf verschiedenen Ebenen* vollziehen, ließen sich beliebig vermehren. Sie führen auf kein inhaltliches, sondern nur auf ein metatheoretisches Ergebnis: die konkrete Diskussion geht nicht auf die Argumente des anderen ein, sondern setzt neben das gegnerische abgeschlossene Argumentationsgebäude ein zweites in sich geschlossenes Argumentationsganzes. *Die Geschlossenheit wird durch die erwähnten Leitbegriffe garantiert.* Bei Lübbe ist es der Gedanke der absoluten Kontingenz, der auch nicht durch Moralität bewältigt werden kann; bei Mackie entdecken wir die Idee der universellen Rationalität, welche die in den Wissenschaften praktizierten Kategorien unverändert auch auf die absolute Kontingenz ausweitet; denn Mackie hat den Begriff der absoluten Kontingenz durch die in der Extrapolation vollzogenen Kontingenzbewältigung längst wirkungslos gemacht.

Leitbegriffe konkretisieren die Annahmen oder Glaubensinhalte, die beim Transzendieren der religionsphilosophischen Kontingenz mitgedacht werden und so die Lebensform, die religiöse Gemeinschaft, die weltanschauliche Kommunität oder das «framework» ermöglichen. Es geht uns hier noch nicht um die genaue Charakterisierung dieser Hintergründe und ebensowenig um eine Bewertung einzelner Leitbegriffe, wie sie in der Rationalismus-Fideismus-Diskussion erfolgt. Es handelt sich allein um die *Funktionsbeschreibung der Leitbegriffe.* Der entscheidende Gedanke ist, daß Auseinandersetzungen über Kontingenzprobleme, in denen kein Konsens erzielt wird, eine Verlagerung der Argumentation auf verschiedene Ebenen bewirkt, in denen die Leitbegriffe konstitutive Funktionen übernehmen. Der Dissens kann dabei von sachlichen Gründen herrühren, er kann aber auch das Ergebnis unklarer, unvollständiger oder sachinkompetenter Diskussion sein.

Argumentationen sind nur im beschränkten Sinne rein formal zu beurteilen, z.B. wenn logische Fehler vorliegen oder einfache logische Folgerungen zu ziehen sind.[24] Sieht man von rhetorischen und eristischen Praktiken ab, dann ist die überwiegende Mehrzahl von Auseinandersetzungen «substantiell» (Toulmin), das heißt, sie ver-

---

24 Wie sich dieser Sachverhalt im religionsphilosophischen Bereich auswirkt, wird in dem Aufsatz (85) des Verfassers: «Logik und Argumentation in der Religionsphilosophie» dargelegt.

wenden Regeln, die über den modus ponens und äquivalente for-
mallogische Prinzipien hinausgehen.[25] Die wichtigste Regel betrifft
die «Schlußregelstützungen» bei fehlendem Konsens. Dabei wird die
Ebene, in der bisher deduktiv oder induktiv gestritten wurde, verlassen, indem Argumente zur Stützung eben jener Ebene vorgebracht
werden.

Wir können den Vorgang an unserem Theodizee-Beispiel verdeutlichen. Lübbe erkennt am Ergebnis des Gedankengangs Mackies,
daß ein grundsätzlicher Dissens vorliegt. Deshalb verläßt er die
Ebene der direkten Auseinandersetzung und weist darauf hin, daß
der «nur formale» Standpunkt Mackies die absolute Kontingenz
außer acht läßt. Mit Hilfe dieses neuen Leitbegriffs schwenkt nun
Lübbe auf seine vorher entfaltete Explikation des Verhaltens zur
Kontingenz ein, die in sich schlüssig zeigt, wieso das Theodizee-
Argument keine Kraft gegen seine These von der Aufklärungsresi-
stenz der Religion besitzt. Die Tieferlegung der Argumentations-
ebene bedeutet in unserem religionsphilosophischen Zusammenhang also zugleich ein Deuten der religionsphilosophischen Kontingenz, die bei *Lübbe* in der Kontingenz*anerkennung* expliziert wird,
bei *Mackie* dagegen als ontologische Kontingenz*bewältigung* implizit schon mitgedacht wird. Das Aufsuchen der neuen Argumente
erfolgt also im Rahmen dieses Transzendierens von Kontingenz, das
wegen der verschiedenen Leitbegriffe zugleich ein Aneinandervor-
beireden ist. Die Weise des Transzendierens wirkt also normativ auf
die konkrete Begründungsstrategie ein. Nicht *neue* Fakten der *alten*
Ebene werden vorgebracht, sondern umgekehrt: in der Kontingenzbewältigung oder Kontingenzbegegnung werden gewisse Phänomene als *alte* Fakten einer *neuen* Ebene angesehen und dem Gesprächspartner entgegengehalten. Steht dieser in einer Tradition, die
völlig andersartige Transzendenzweisen repräsentiert, dann ist eine
Verständigung unmöglich. Die entsprechenden Leitbegriffe organisieren also die jeweiligen Argumentationsschichten in einer Weise,
die nur bei Leitbegriffsverwandtschaft zum Konsens führen kann.

An anderer Stelle wurde gezeigt[26], daß sich auch in der philosophischen Diskussion, sofern sie auf *Aussagen über Art und Möglichkeit*

25 Habermas spricht von «rationaler Motivation». Siehe dazu seinen Auf-
    satz «Wahrheitstheorien», in: Fahrenbach (73) S. 240. Habermas bezieht
    sich dabei ausdrücklich auf Toulmin (75).
26 Vgl. die analytischen, hermeneutischen und integrierenden Methoden in
    Wuchterl (87).

des Denkens von Totalität abzielt, Traditionen herausgebildet haben, die intensiv und permanent aneinander vorbeireden. Konstruktionen eines kontinuierlichen Entwicklungsgangs der Gedanken, etwa von Hegel über Husserl zu Heidegger, sind selbst traditionsabhängig.[27] Sie sind für andere philosophische Schulen, wie etwa die analytische, nicht nachvollziehbar, weil sie gar nicht die Philosophie als solche, sondern nur gewisse Schwach- und Fehlformen repräsentieren. Der Pluralismus der Methoden, der Denkweisen und der grundsätzlichen Wirklichkeitsauffassungen in der sogenannten Postmoderne ist kein Hirngespinst, sondern Faktum. Die Frage, wie das Faktum zu bewerten ist, als Aufgabe und Aufforderung zur Überwindung oder als wertvolles Indiz realisierter Toleranz und Humanität, steht noch nicht zur Debatte.[28] Der Hinweis auf die «Methoden der Gegenwartsphilosophie» soll nur illustrieren, wie sich der Pluralismus verschärft, sofern der Diskussionsgegenstand nicht allgemein zugängliche Gedankeninhalte, sondern religionsphilosophische Kontingenz betrifft.[29]

Wenn wir die Betrachtung auf religionsphilosophische Kontingenz einschränken, dann können wir die Instanzen, durch welche die über die Kontingenz hinausgehenden Aussagen argumentativ organisiert werden, als *Leitbegriffe* identifizieren. Inhalte, die sich nach dem Transzendieren von Kontingenz weiter als kognitiv ausweisen wollen, erhalten ihre Rechtfertigung von diesen impliziten Leitbegriffen. Dabei gelingt allerdings nicht in jedem Einzelfall eine deduktive Herleitung des Inhalts aus den Leitbegriffen; es besteht aber die Überzeugung, daß ein solcher gedanklicher Zusammenhang bei richtiger Deutung *prinzipiell* existiert und damit die Kognitivitätsaussage letztlich vertretbar ist. Die Organisation der kognitiven Inhalte durch Leitbegriffe ist also kein konkretes Geschehen, sondern eine *regulative Idee*. Leitbegriffe sind notwendig, um diese regulative Idee zu ermöglichen.

27 Diese Tatsache übersieht Lévinas, wenn er seine Lehre vom Antlitz als «Phänomenologie des Antlitzes» deutet (Lévinas (87) S. 11).

28 Näheres dazu siehe unten 8.2b.

29 Wir werden später zeigen, daß auch innerhalb der dort entwickelten Methoden in bezug auf religionsphilosophische Kontingenz alternative Antworten möglich sind, also methodische Leitbegriffe *nicht hinreichend* für Lebensformen oder Religionen sind. Illustrativ ist in diesem Zusammenhang die Kontroverse zwischen Swinburne und Mackie (in (82)), die beide aus der gleichen analytischen Tradition stammen (vgl. dazu Swinburne (79)).

7.3 Religionsphilosophische Paradigmen

a. Präzisierungsversuche zum Paradigmenbegriff

Seit T.S. Kuhns erstmaligem Vorschlag, Paradigmen zum Verständnis von Wissenschaftsstrukturen einzuführen, beobachtet man eine geradezu inflationäre Ausbreitung dieses neuen Begriffs in den verschiedensten Kontexten.[30] Bekanntlich war Kuhns ursprüngliche Verwendungsweise nicht gerade präzise; M. Masterman wies einundzwanzig verschiedene Bedeutungen nach.[31] Auch die Umformulierung auf den Begriff einer «disziplinären Matrix», das heißt auf die Gesamtheit der spezifischen Gemeinsamkeiten einer Forschergemeinschaft[32], räumte die Vieldeutigkeiten nicht aus dem Wege, weil der Begriff der Forschungsgemeinschaft weiter oder enger gefaßt werden kann. Wir beziehen uns zunächst auf die folgenden drei Komplexe, die den Begriff des Paradigmas zu umschreiben gestatten:

1. das Vorliegen eines historischen Standardbeispiels für bestimmte Problemlösungen;
2. die sich daran anschließenden symbolischen Verallgemeinerungen innerhalb des Lösungsvorschlags und
3. die Umgestaltung des speziellen Entwurfs zu einem allgemeinen Erklärungsmodell.

Für unsere Zwecke ist es ausschlaggebend, daß die Problemlösungen Antworten auf die *religionsphilosophische Kontingenz* betreffen. Nur im Zusammenhang mit Kontingenzbewältigungen und Kontingenzbegegnungen nennen wir die Standardbeispiele Paradigmen. Nach unserer Definition sind sowohl Religionsgemeinschaften oder Konfessionen, die sich auf Heilige Schriften berufen, als auch Ideologien oder Bewegungen wie der Nationalsozialismus, der Kommunismus oder der Evolutionismus, sofern sie sich auf Standardprogramme beziehen, Beispiele für religionsphilosophische Paradig-

---

30 Zur Verwendung im naturwissenschaftlichen Bereich siehe besonders Stegmüller (73) 2. Halbband: Theorienstruktur und Theoriendynamik. In der Studienausgabe Band II, Teil D, Kap. VIII. Zur Verwendung im historischen und philosophischen Kontext siehe Wuchterl (83).
31 Masterman (74) S. 61 f.
32 Kuhn: Neue Überlegungen zum Begriff des Paradigmas; in: Kuhn (77) S. 392

men.[33] In den symbolischen Ausgestaltungen und Interpretationen tauchen Leitbegriffe als Normierungsinstanzen auf. Im christlichen Paradigma gibt die Liebe und Gerechtigkeit Gottes allem einen Sinn; im Marxismus tritt zur Gerechtigkeit und Humanität der Gesellschaftsbegriff als normierende Instanz. Aber nicht jede Erweiterung eines religionsphilosophischen Erklärungsbeispiels mit Leitbegriffen zum Modell stellt schon ein Paradigma dar. Wir fordern für ein religionsphilosophisches Paradigma als weitere Eigenschaft

4. die historische kommunikative Wirksamkeit des verallgemeinerten Konzepts.

Nicht die originellen Entwürfe *einzelner* Denker oder Propheten, die eine Schule weniger Gleichgesinnter um sich versammeln – man denke etwa an den Stefan George-Kreis –, nicht provokative Konstruktionen, die vorübergehend zur Mode wurden, und auch nicht die Proklamation großer Ideen, die keine bleibende Auswirkung zeigen, sind hier gemeint. Entscheidend ist in jedem Falle, ob das auf Kontingenzbewältigung und Kontingenzbegegnung bezogene Standardbeispiel mit seinen symbolischen Verallgemeinerungen und Leitbegriffen längere Zeit auf viele Menschen eingewirkt hat und so historische Auswirkungen hatte. Paradigmen erweisen sich erst *nachträglich*, in der realisierten Wirkungsgeschichte als geistige Prägungen. Nur was in der Geschichte seine Spuren hinterlassen hat, ist für eine religionsphilosophische Reflexion von Bedeutung und deshalb auf den Begriff gebracht.

b. *Leitbegriffe und Paradigmen*

Zur Funktion von Leitbegriffen in religionsphilosophischen Paradigmen gibt es eine informative Analogie im Bereich der Wissenschaftstheorie. Im Anschluß an die radikalen Inkommensurabili-

---

33 Demnach werden auch *inhumane* Bewegungen als religionsphilosophische Paradigmen identifiziert. – Frappierend ist H. Holzeys saloppe Rezensions-Bemerkung zu «Philosophie und Religion»: «Ein Statement von Elisabeth Anscombe ... betrifft auch Wuchterls Religionsbegriff: ‹sie denken immer nur an nette Religionen›. Oder sind es gar nur religiöse Versatzstücke, ‹Erinnerungen› an Religion, die in der modernen ‹Religionsphilosophie› angesprochen werden?» – Das schließt natürlich nicht aus, daß man *bei Bewertungen* den Religionen mit *humanen* Inhalten seine Sympathie schenkt. (Holzey (86): Zur gegenwärtigen religionsphilosophischen Debatte in Deutschland, S. 216)

tätsthesen Kuhns versuchte W. Stegmüller, mit Hilfe strukturtheoretischer Überlegungen, die er v.a. bei Sneed vorfand, eine Klärung des Verhältnisses von im Kuhnschen Sinne inkommensurablen Paradigmen zu erreichen.[34] Stegmüller unterscheidet den Strukturkern einer Theorie, der ein Fundamentalgesetz und grundlegende Nebenbedingungen enthält, von der empirischen Komponente, die er als Menge von intendierten Anwendungen versteht. Obwohl der Strukturkern im historischen Entwicklungsprozeß stets gleich bleibt, gibt es Erweiterungen desselben, sobald weitere Gesetze und Nebenbedingungen mit Angabe ihres Anwendungsbereichs eingeführt werden. Damit verändert sich der Bereich der intendierten Anwendungen; es kommen neue Bereiche hinzu. Andererseits können auch bestimmte Bereiche ausgeschlossen werden. Die Kernerweiterungen wissenschaftlicher Hypothesen ergeben sich nicht zwangsläufig aus der wissenschaftlichen Forschung. Die Kriterien zur Aufstellung solcher Erweiterungen sind keineswegs hinreichend, und deshalb ist auch ein Festhalten an der alten Theorie möglich.

In einer solchen strukturtheoretisch beschriebenen Theorie T spielen die T-theoretischen Begriffe eine Sonderrolle. Zunächst hat es keinen Sinn, sie falsifizieren zu wollen. Falsifikationen vollziehen sich innerhalb der Theorie, das heißt, sie setzen die T-theoretischen Begriffe voraus. Zugleich garantieren sie die Fortsetzbarkeit der Versuche, gescheiterte Erweiterungen durch andere, bessere zu ersetzen. Effektive Mißerfolge berühren sie also in keiner Weise. Genau diese beiden Eigenschaften weisen auch Leitbegriffe in religionsphilosophischen Paradigmen auf. Sie stehen im Paradigma nicht zur Disposition und verlieren durch mißlungene Deduktionen noch lange nicht ihren Sinn. Während jedoch in der Strukturtheorie durch das wiederholte Scheitern der Anwendungen in einem *bestimmten* Bereich dieser einfach aus dem Ensemble der Anwendungsbereiche ausgeschlossen werden kann, besteht diese Möglichkeit in der Religionsphilosophie nicht. Denn die Funktion der Leitbegriffe bezieht sich auf den *Gesamtbereich* der über die religionsphilosophische Kontingenz hinausgehenden Aussagen. Wiederholte Mißerfolge können höchstens einen alles umstürzenden Akt der Bekehrung bewirken – und das geschieht in den seltensten Fällen –, nicht aber eine Einschränkung der Leitbegriffsanwendungen auf genehme Bereiche. Der Mißerfolg muß als Eingeständnis des eigenen, persönlichen Unvermögens aufgefaßt werden; denn

34 Siehe Stegmüller a.a.O.

«eigentlich» ist die Legitimation der Deutung des Phänomens durch die Geltung der Leitbegriffe garantiert.

c. Religion und Ideologie

Weil wir noch auf einem deskriptiven Standpunkt stehen, stellen unsere Überlegungen Religion und Ideologie auf die gleiche Stufe. Selbst Verfechter einer strikten Trennung beider Erscheinungen geben auffällige Gemeinsamkeiten zu. So spricht Lübbe von «aufdringlichen Analogien in ihrer kulturellen Phänotypik».[35] Er verweist auf eine ganze Liste gemeinsamer Züge der religiösen und der ideologischen Kultur: – nicht nur der Reliquienkult und die Gestaltung von Prozessionen, die Orientierung an Heiligen Texten und die Verehrung herausragender Gestalten, sondern die ganze Ästhetik ritueller Vollzüge vom Ausnützen der Wirkung des kollektiven Schweigens (das «stumme Gebet») bis hin zum Absingen der Hymne, der Form von Aufmärschen, der Aufnahme- und Exkommunikationsriten und der Struktur einzelner sozialer Kontrollinstanzen fallen als Gemeinsamkeiten ins Auge. Trotzdem fordert Lübbe eine scharfe Trennung zwischen Religion und Ideologie. Seine Argumentation geht von der Unzweckmäßigkeit eines zu weiten Religionsbegriffs aus. Diesen wirft er z. B. T. Luckmann vor, der Religion und Ideologie innerhalb seiner funktionalen Deutung identifizieren muß. Für Luckmann ist die «Sozialisierung in ein das Einzeldasein transzendierendes ... ‹Sinngefüge›» eine anthropologische Konstante[36], die sowohl in der Religion als auch in der Ideologie wirksam wird. Genau diese im Menschenleben immer wieder auftretenden Ausbildungen von allgemein wirkungsmächtigen Sinnstiftungen nennen wir *religionsphilosophische Paradigmen*. Dieser Begriff stellt den *Oberbegriff für Religionen und Ideologien* dar. Da wir Bewertungen sowie Folgerungen aus dem Selbstverständnis der Paradigmenvertreter außer acht lassen, bezieht sich unser Paradigmenbegriff auf die oben erwähnten deskriptiv aufweisbaren Gemeinsamkeiten. Die entscheidende Differenz, die Lübbe zur Unterscheidung beider Begriffe führt, betrifft die Beurteilung kognitiver Inhalte. Spielte sich nach Lübbe die Religion *vor* der Aufklärung – wie im Fall Galilei – als Kontrollinstanz für naturwissenschaftliche

35 Lübbe (86) S. 61
36 Luckmann (71) S. 75

Lehren auf, so erhebt eine «Religion *nach* der Aufklärung» solche Ansprüche nicht mehr. Genau diese Kontrolle übernehmen jetzt die politischen Hochideologien, wie z.B. der Kommunismus, die sich selbst als wissenschaftlich gebärden, um ihren Anspruch legitimieren zu können. Hochideologien entwicklen sich demnach sozusagen aus dem Verlust des Orientierungspotentials von Religionen. Da Menschen ohne Orientierung, die ihnen die Religionen seit Jahrtausenden gewährten, nicht existieren können, scheint es selbstverständlich, daß sich «Ersatzreligionen», eben die Hochideologien, herausgcbildet haben. Aber gerade diese letzte Folgerung bestreitet Lübbe für die Nachaufklärung. Denn Religion nach der Aufklärung habe die Unabhängigkeit der Religion von kognitiven Inhalten, die Weltanschauungsfunktionen übernehmen, durchschaut. Eben weil solche Verpflichtungen zur Rechtfertigung von Weltanschauungen nicht mehr existieren, kann Religion sich gegen Ideologien behaupten, die in ihrem falschen Anspruch unglaubwürdig bleiben. «Religion wäre, insoweit, ein Medium der Neutralisierung der Ideologien; sie machte selbsttäuschungsresistent und weltanschauungsunbedürftig.»[37]
Lübbes Argumentation krankt einerseits an einem zu engen Religionsbegriff, andererseits an einer zu optimistischen Einschätzung wissenschaftlicher Kompetenzen. Wir haben wiederholt darauf hingewiesen, daß auch in der Religion nach der Aufklärung kognitive Inhalte eine notwendige Rolle spielen. Die Auflösung der Religion in reine Kontingenzanerkennung ohne jeden inhaltlichen Bezug macht praktische Religion unmöglich. Hier kann man G. Paul beipflichten, der ein solches Religionsverständnis «nur einer vergleichsweise kleinen Menge im besten Sinne des Wortes redlicher Menschen und/oder bestimmter Intellektueller» zuspricht.[38] Und was die wissenschafltiche Kompetenz betrifft, so gibt es durchaus Bereiche, wo der Wissenschaftler als Wissenschaftler keine Antwort geben kann, nämlich dort, wo wir von religionsphilosophischer Kontingenz gesprochen haben. Daß er es trotzdem immer wieder versucht, steht auf einem anderen Blatt. Gegen solche Grenzüberschreitungen, die zu offenen Widersprüchen zu den oben geforderten kognitiven Inhalten innerhalb der Religion führen, kann sich der Gläubige mit Recht wehren; er fällt damit keineswegs in die Denkweise der Voraufklärung zurück. Diese Überlegungen zeigen, daß es keinen

37 Lübbe (86) S. 63
38 Paul (88) S. 110

140

Grund gibt, religiöse und ideologische Kulturen nicht unter einen gemeinsamen Begriff zu stellen. Da damit keine *Be*wertung intendiert ist, enthält er auch keine *Ent*wertung.

d. *Kognitivität und historische Wirksamkeit*

Religionsphilosophische Paradigmen enthalten Antworten auf die religionsphilosophische Kontingenz. Die dabei verwendeten Leitbegriffe garantieren kognitiv erfaßbare Verallgemeinerungen. Aber nur, wenn diese Formen von Kontingenzbewältigung und Kontingenzbegegnung auch *historisch wirksam* geworden sind, werden sie zu Gegenständen der deskriptiven Phänomenologie. Damit bleiben Neuansätze so lange unbeachtet, bis sie ihre Wirkungen zeigen. So kann beispielsweise die «dialektische Theologie» Barths im «Römerbrief» erst dann ein religionsphilosophisches Paradigma in unserem Sinne heißen, wenn die dort vollzogene Kontingenzbegegnung auch in der Kirchengemeinde nachvollzogen worden wäre. Aber gerade das konnte erst nach der Füllung des ursprünglichen Ansatzes mit Inhalten einer «Kirchlichen Dogmatik» geschehen. Dort werden in der Berufung auf das «Wort Gottes» wieder Inhalte gelehrt, die eine lebendige Theologie erst möglich machen. Das Beispiel zeigt zugleich, wie fließend die Grenzen auch unseres Paradigmenbegriffs sind. Daß wir den Begriff trotzdem verwenden, liegt in der Möglichkeit, Phänomenkomplexe von extrem eindeutiger Struktur genauer beschreiben zu können, die sich sonst – wie die Grenzfälle – einer Analyse entziehen würden.

Die im Begriff des religionsphilosophischen Paradigmas gegebene Artikulation der Pluralität verführt immer wieder zur Annahme eines metatheoretischen Standpunkts und damit zur Konstruktion eines Metaparadigmas. Sein Fundament wäre das oberflächlich vorgestellte Allgemeine, das für alle Menschen letzte Gültigkeit hat, das, was Husserl im Begriff der *«Lebenswelt»* zu erfassen sucht. Aber gerade die Bemühungen Husserls um die Klärung dieses Begriffs zeigen die Hoffnungslosigkeit des Unternehmens. Der Begriff des religionsphilosophischen Paradigmas, der nichts anderes bedeutet als eine Abkürzung für eine Reihe von Merkmalen, über deren ursprüngliches Gegebensein weitgehender Konsens besteht, verklärt sich sogleich zu einem *Inbegriff von menschlicher Notwendigkeit*, dessen Struktur es zu entfalten gilt. Die Gefahr dieses «Lebenswelt-mißverständnisses» hat H. Blumenberg treffend formuliert: «Die

Magie der Sprache ermöglicht es und verleitet dazu, aus der Luft zu greifen, was darin liegt, um einem verblüfften Publikum vorzuzeigen, wovon es alsbald nicht mehr wissen wird, was es gewesen war oder sein sollte.»[39]

Mit der Diskussion solcher metatheoretischer Fragen verlassen wir die deskriptive Basis unserer Überlegungen. Damit sind wir zugleich beim Thema des wichtigsten Teils der Untersuchungen angelangt, bei den Grenzen der religiösen Vernunft.

39 Blumenberg (86) S. 9

C. Wahrheit und Illusion
–Die Grenzen der religiösen Vernunft–

Nach der historischen Einleitung in die religionsphilosophische Problematik und nach der Entfaltung der deskriptiven Analysen entwickeln wir im dritten Teil die eigentliche Kritik der religiösen Vernunft, das heißt, wir reflektieren unser Vorgehen und fragen nach den Grenzen solchen Vorgehens. Wir stellen zuerst die Frage, ob unsere «Beschreibungen» wirklich Beschreibungen sind oder nur Bekenntnisse zu viel diskutierten Streitpunkten, denen wir zum Zwecke größerer Wirksamkeit den Deckmantel der Deskription umgehängt haben. Um diese Frage beantworten zu können, müssen wir die Begriffe der *Phänomenologie* und des *Phänomens* einer eingehenden Analyse unterziehen (8). Von besonderer Bedeutung wird die Frage sein, welcher Stellenwert den Phänomenen im Zusammenhang mit der religionsphilosophischen Kontingenz zukommt. Erst im Anschluß daran lassen sich die Weisen des Umgangs mit Kontingenz verstehen. Als Nebenergebnis gelingt es uns, die vieldeutigen Begriffe wie Religion, Mythos, Wissenschaft, Metaphysik, Ideologie, sowie Theologie und Religionsphilosophie genauer zu umschreiben. Dabei wird sich die Sonderstellung der Logik als notwendige Bedingung für alle Bereiche nachweisen lassen.

In der Diskussion der *Sprache*, die sich (in 9) an die Darlegung der Logik anschließt, stoßen wir zum Kernpunkt der gesamten Abhandlung vor. Wir versuchen, die sprachlichen Prämissen aufzufinden, die unserer Ontologie vorgeordnet sind, um an deren Alternativen die Strukturen von Kontingenzbewältigungen und Kontingenzbegegnungen zu verstehen. Damit glauben wir, zugleich den Schlüssel zum *Wahrheitsproblem* (10) entdeckt zu haben. Die Ergebnisse der Sprachreflexion führen uns wieder auf die Fragen zurück, welche die gesamte Geschichte der religionsphilosophischen Auseinandersetzungen prägten und die im historischen Einleitungsteil aufgeworfen wurden: Liegen den phänomenologisch aufgewiesenen Fakten nicht einfache psychologisch erklärbare Prozesse zugrunde, welche diese Tatsachen zwar als lebensdienliche Hilfen und soziale Stabilisatoren ausweisen, deren kognitiver Charakter aber für einen aufgeklärten Menschen eine Zumutung darstellt, weil von «Wahrheit» nicht mehr die Rede sein kann? Reißen unsere Ergebnisse nicht alles in den Strudel des Relativismus und des Beliebigkeitsdenkens, das heute unter dem Titel der Postmoderne so viel von sich reden macht? Sind wir endgültig dort angekommen, wovon Nietzsche einst in seinen Prophetien gesprochen hat, wo Wahrheit und Humanität jeden Sinn verlieren? Ist das Wesen der religiösen Vernunft deren Selbstauflösung? Der Sinn der vorausgegangenen Analysen war es, auf eben diese Fragen jetzt Antworten zu finden. In ihnen zeigt sich die Grenze jeder Kritik, zugleich aber auch die Reichweite einer Wirklichkeit konstituierenden religiösen Vernunft.

8. Deskription und Konfession

Unser Versuch, eine gemeinsame Phänomenbasis zu beschreiben, auf der sinnvolles Reden und Argumentieren über religionsphilosophische Kontingenz aufbauen kann, führt uns notwendig zur Auseinandersetzung mit der Phänomenologie. Unser zentrales Kriterium für religionsphilosophische Paradigmen hat sich nicht am allgemeinen Bewußtseinsbegriff der Phänomenologie, sondern an der Idee der *Bewährung in kommunikativen Zusammenhängen* orientiert. Der Begriff der Beschreibung setzt demnach eine Modifikation der Phänomenologie voraus. Sie geht von der Einsicht aus, daß nur das vom Einzelbewußtsein «nachgedacht» werden kann, was in einer Sprach- und Lebensgemeinschaft schon allgemein gemeint ist. Diese sprachlich vermittelte Phänomenologie gilt es im folgenden zu umreißen und den traditionellen Formen von Phänomenologie gegenüberzustellen.

8.1 Phänomenologie und religionsphilosophische Kontingenz

a. Kontingenz in der klassischen Phänomenologie

Als Husserl zu Beginn unseres Jahrhunderts den Begriff der Phänomenologie neu prägt, geht er von der Vorstellung aus, eine philosophische Grundwissenschaft aufbauen zu können, in der die Idee absoluter Erkenntnis verwirklicht wird.[1] Er ringt um «das Erfassen des Seins der absoluten Gegebenheit, der absoluten Klarheit des Gegebenseins».[2] Im intentionalen Erlebnis haben wir das Bewußtsein von Gegenständen, die ihrerseits nur im sprachlichen Funktionszusammenhang von Zeichen und Bedeutung verständlich gemacht werden können. Dabei kristallisieren sich im Laufe der verschiedenen Ausformungen und Umgestaltungen seiner Lehre drei Problemkreise heraus. Am Anfang steht die Einbindung der Gegenständlichkeit in das Subjekt, der prinzipielle Rekurs auf das *Bewußtsein*. Die Analyse des Bewußtseinsbegriffs führt aber über den Begriff der Intentionalität auf die Einsicht, daß Bewußtsein stets

1 Husserl (80) S. 5
2 Husserl (58) S. 9

Korrelat zweier Pole ist, einer subjektiven cogitatio und eines gegenständlichen cogitatum (Noesis und Noema). Deshalb sucht man im solipsistisch Einzelnen und im Faktischen zugleich das Allgemeine, das Wesentliche, das über die Einschränkung Hinausführende. Das Ergebnis ist der Kosmos einer *universellen Wesenswissenschaft*. Mit diesem zweiten Problemkreis läßt es aber Husserl nicht bewenden. In der transzendentalen Phänomenologie geht es schließlich drittens um das Verstehen des Sinns des Wesenszusammenhangs, genauer: um die *Konstitution des Wesens* aus dem Bewußtsein selbst: «Alles, was für mich ist, ist es dank meinem erkennenden Bewußtsein, es ist für mich Erfahrenes meines Erfahrens, Gedachtes meines Denkens, Theoretisiertes meines Theoretisierens, Eingesehenes meines Einsehens... Alles, was für den Menschen, was für mich ist und gilt, tut das im eigenen Bewußtseinsleben, das in allem Bewußthaben einer Welt und in allem wissenschaftlichen Leisten bei sich selbst verbleibt... Jede Begründung, jede Ausweisung von Wahrheit und Sein verläuft ganz und gar in mir und ihr Ende ist ein Charakter im cogitatum meines cogito».[3]

Nicht nur das phänomenologische Programm einer universellen Wesenswissenschaft, sondern auch der Versuch einer transzendentalen Letztbegründung des Sinnhaften aus dem Bewußtsein sind gescheitert. In der Auseinandersetzung mit Heidegger versucht Husserl in seiner Spätphilosophie, die in «Sein und Zeit» vollzogene Wende zur Fundamentalontologie des Daseins phänomenologisch aufzuarbeiten. Zu diesem Zweck entwickelt er eine *genetische* Phänomenologie, in der die Phänomene zeitlichen Charakter erhalten. Gebündelt werden die Phänomene im Lebensweltbegriff. Dessen Konstitution übernehmen Funktionen, die jene neuen Aspekte des Heideggerschen Existenzverständnisses mitumfassen sollen. Husserl spricht von Leben und Lebensstrom. Aber während bei Heidegger durch die Faktizität Kontingentes in aller Schärfe mitgedacht wird, ordnet der feste Seinsboden am Grunde des Lebensstromes die Phänomene zum vernünftigen Ganzen. «Kontingentes» kennt Husserl nur als Ergebnis der *wissenschaftlichen* Sichtweise; dem *Phänomenologen* bleibt der Begriff ein Fremdwort. Die programmatisch entworfene phänomenologische Lebenswelttheorie verdeckt so für unsere Problematik mehr als sie offenbart. Sie versperrt vor allem die Zugänge zum Verständnis des faktischen Transzendierens struktureller Betrachtungen. Auf die Schwierigkeiten einer expliziten Le-

---

3 Husserl (50) S. 115

benswelttheorie hat Blumenberg in den erwähnten Überlegungen zum «Lebensweltmißverständnis» hingewiesen. Dort heißt es: «Die Lebenswelttheorie dient, so ruppig sich dies ausnehmen mag, nicht zum Verständnis der Lebenswelt. Ihre Definition schließt das aus: Sie ist es, die sich von selbst versteht.» Offensichtlich meint Husserl mit Lebenswelt etwas, was sich erst durch Transzendierung von Kontingenz ergibt und sich deshalb einer expliziten Beschreibung der Sinnhaftigkeit auch entziehen kann. Das hat Blumenberg erkannt. Er versucht zu zeigen, «daß mit dem Titel ‹Lebenswelt› gerade ein Lebensintegral gemeint ist, das ‹von innen› nicht beschrieben werden kann. Die beschreibende ‹Einstellung› hätte immer schon zerstören müssen, was sie vor sich bringen wollte».[4] Die notwendige Transzendierung des Subjekts gelingt nicht durch die introspektive Entdeckung einer Lebensweltstruktur, sondern allein durch die Sprache.

b. Die Transzendierung des Subjekts

Wenn Menschen Gegenstände *haben*, dann sind diese stets *sprachlich* vermittelt; es wird zugleich von den Gegenständen *gesprochen*. Genauer: *Gegenstand ist das, von dem sinnvoll gesprochen werden kann.* Ein alltäglicher Gegenstand, wie beispielsweise ein Tisch, ist nicht nur ein Vorstellungsgebilde im Einzelbewußtsein, sondern zugleich etwas, auf das man – eventuell mit Hilfe anderer Vorstellungen – verweist, über den man in der Synthesis seiner Abschattungen als von einem *spricht* und den man schließlich in einer Gemeinschaft verwenden kann. Ein *wissenschaftlicher* Gegenstand (z. B. ein Elektron) ist keine spezifische Modifikation eines einzelnen wissenschaftlichen Bewußtseins[5], sondern Diskussionsgegenstand der Forschergemeinschaft, in welcher dessen Gegenständlichkeit innerhalb eines sprachgebundenen Theoriemodells definiert und nach Bewährung akzeptiert wurde. Ein *mythischer* Gegenstand, wie etwa der Gott der Fruchtbarkeit, ist Element einer allgemeinen Lebensordnung, in der sich Menschen des mythologischen Zeitalters verstehen, und zugleich Gegenstand des wortverwendenden Ritus. Ein

4 Blumenberg (86) S. 22 bzw. 23
5 Vergleiche Carnaps vergeblichen Versuch, Wissenschaft auf einer eigenpsychischen Basis aufzubauen (Carnap (28): Der logische Aufbau der Welt).

religiöser Gegenstand schließlich, wie beispielsweise das Korrelat des Gefühls der schlechthinnigen Abhängigkeit (Schleiermacher), ist eben nicht nur Gefühl, sondern Ausdruck einer kommunikativen Struktur, die erst im Spannungsfeld von Ich und Anderer realisiert wird; und das geschieht wieder durch die Sprache, in diesem Fall durch die Sprache der Anbetung. Man spricht ernsthaft nicht zu sich selbst, sondern immer zu einem Du.

Eine Phänomenologie der Gegenständlichkeit, die sich auf die Bewußtseinsprozesse des jeweiligen Einzelsubjekts beschränkt, vergewaltigt ihre Phänomene, so wie Descartes' methodischer Zweifel keine phänomenologische Basis hat, weil in jedem einzelnen Schritt das Bewußtsein durch Sprache transzendiert wird. Das cogito sum kann sich nur in der Sprache finden und, darauf aufbauend, sich als Abstraktion aus den sprachlich vermittelten Bereichen der Sinnlichkeit und des Allgemeinen verstehen. Das In-der-Welt-Sein Heideggers muß deshalb vor allem *sprachlich* verstanden werden, was auch bei Heidegger selbst durch den Verweis auf das Verstehen als Existential offensichtlich mitgemeint ist.[6]

Der Ausgangspunkt unserer Überlegungen darf also nicht in der Bewußtseinsanalyse des Einzelsubjekts liegen. Der Cartesische und auch der Husserlsche Bewußtseinsbegriff sind defiziente Modi des wirklichen Bewußtseins. Deshalb besteht unsere *Aufgabe* in der *Beschreibung dessen, was sich in einer Gemeinschaft sprachlich manifestiert*. Am Anfang steht nicht das Subjekt, sondern das vielen Subjekten Gemeinsame, das sich eben diesen vielen in der Sprachverwendung als Gegenständlichkeit erweist.

c. Die Umkehr der Blickrichtung

Auch Husserl ging es letzten Endes nicht um das Einzelsubjekt als solches, sondern um das transzendentale Subjekt, das aus dem Einzelsubjekt als Allgemeines entfaltet werden konnte. Er wollte schließlich das allen Subjekten Gemeinsame finden. Trotzdem unterscheidet sich unser Ansatz vom Husserlschen Vorgehen vor allem durch eine neue Blickrichtung. Wir gehen nicht vom Bewußtsein aus, weil dessen Gegenstände bereits theoriegetränkt sind. Die eidetischen und die phänomenologischen Reduktionen Husserls führen auf Wesensstrukturen, die bereits im Phänomen, von dem

6 Heidegger (27) § 31 und 34

ausgegangen wird, mitgesetzt sind. Unsere Reflexion beginnt daher bei dieser Setzung, bei jenem Allgemeinen, *das in der jeweiligen geschichtlichen Situation als Bewährtes in Erscheinung tritt* und sich als sogenanntes apriorisches Element im ursprünglich Gegebenen manifestiert. Von diesem Allgemeinen versuchen wir, zur Bedeutsamkeit für den Einzelnen vorzustoßen. So entpuppt sich das ursprüngliche Allgemeine zwar als Kontingentes[7], das aber trotz allem zum entscheidenden Faktor des Wirklichkeitsverständnisses wird. Wir finden uns als Individuum einer bestimmten Epoche, als Deutsche, als Bürger einer bestimmten gesellschaftlichen Ordnung und als Mitglieder religiöser oder liberaler Glaubenswelten vor. Alles, was wir denken, ist *zunächst* diesen Vorgaben nachgeordnet. Erst durch die Erweiterung unseres Erfahrungshorizonts und durch die bewußte Reflexion und Strukturierung eben dieses Horizonts, sowie durch die bewußte Analyse jener situativen Kontingenzen modifizieren wir unser ursprüngliches Wirklichkeitsverständnis. Doch alle Modifikationen vollziehen sich im gleichen sprachlichen Rahmen. Der Schlüssel zum Allgemeinen ist demnach die *Sprache*.

Wir haben den Gegenstand ursprünglich als das definiert, über das man aufgrund bestimmter allgemein anerkannter Prämissen sinnvoll sprechen kann.[8] Sinnvolles Sprechen hängt offensichtlich mit der Bedeutsamkeit für den Einzelnen der Sprachgemeinschaft zusammen. Letzte Basis, gewissermaßen das phänomenologische Residuum, ist demnach nicht die allgemeine Noesis-Noema-Struktur, sondern die in einer Gemeinschaft ablaufende Konfrontation mit kontingenten Phänomenen, welche die Bedeutsamkeit konstituieren.

Hatte einst Husserl aus der Alltäglichkeit durch eidetische Reduktion das in jedem Subjekt liegende Allgemeine gewonnen und dies durch eine transzendentale Reduktion schließlich in seiner ursprünglichen Sinnhaftigkeit als Noesis-Noema-Struktur resti-

---

7 Der scheinbare Widerspruch zur soeben festgestellten Apriorität des Allgemeinen löst sich auf, wenn man den von S. Kripke herausgearbeiteten Unterschied des epistemischen und metaphysischen (ontologischen) Standpunktes berücksichtigt. Kontingenz bezieht sich hier nur auf den Erkenntnisvorgang. Siehe Kripke (81) S. 45. Wichtig ist auch die Bemerkung (S. 52): «Wenn jemand denkt, daß die Vorstellung einer notwendigen oder kontingenten Eigenschaft ... eine Vorstellung von Philosophen ist, die keinen intuitiven Gehalt hat, dann irrt er sich.»

8 Vgl. 5.2a

tuiert, so führt jetzt die Untersuchung in die entgegengesetzte Richtung: Das in der Kommunikationsgemeinschaft vorgegebene Allgemeine wird auf seine subjektive Bedeutsamkeit hin analysiert. Dabei offenbaren sich Sinn und Sinnlosigkeit, und zwar innerhalb eines umfassenden Argumentationszusammenhangs. Die eigentlichen Phänomene können also nicht in der Husserlschen Allgemeinheit verharren, sondern sie erhalten als sprachlich vermittelte Kontingenzerscheinungen persönliche Qualitäten.

d. Die Destruktion der klassischen Phänomenologie durch das Faktum der Kontingenz

Durch die Phänomenologie und durch verwandte Betrachtungsarten hatte die Vernunft in der Wirklichkeitskonstitution ein Übergewicht erlangt, das durch nichts zu rechtfertigen war. Die Distanzierung Heideggers von der Phänomenologie im Laufe der Ausgestaltung seiner Existenzialontologie war symptomatisch. Aber gerade in «Sein und Zeit» wird deutlich, daß die ursprüngliche Fixierung auf das Subjekt auch hier nicht überwunden, sondern eher potenziert wird. Dasein und Existenz sind autonome Gegebenheiten, aus denen alles verstanden werden soll, aber eben – wegen der fundamentalontologischen Reduktion – nur als reine Möglichkeit, die inhaltlich in die Beliebigkeit mündet. Die Verstrickung im irrationalen *Existenzvollzug*, der später in den mysteriösen *Seins*vollzug umschlägt, ist der Erfahrung des modernen Menschen so fremd geworden, daß die Gemeinsamkeit des Gemeinten verloren geht. Kein Wunder, daß hier alle Brücken zum Allgemeinen der Alltäglichkeit und der Wissenschaften abgebrochen sind. Die Tragik der Unüberwindbarkeit der Isolation im Cartesischen ego cogito hat sich in Heideggers Philosophie der reinen Existenz bzw. des ankommenden Seins wiederholt. Aber weder Descartes noch Heidegger waren ausserhalb der Geschichte stehende Geistesheroen; sie philosophierten in einer Zeit, die ihnen die Probleme vorgab, deren Lösung aber zur Privatangelegenheit der Urheber wurde.

Eine Phänomenologie, die nicht von den Gegebenheiten der Allgemeinheit ausgeht, sondern auf zufällige Entwürfe einzelner Individuen aufbaut, setzt das voraus, was sie leisten will. Deshalb ist es notwendig, die historisch wirksamen, sprachlich vermittelten und durch Leitbegriffe argumentativ organisierten religionsphilosophischen Paradigmen an den Anfang der Überlegungen zu stellen. *Phä-*

nomenologie ist so nicht mehr die Lehre von den notwendigen Bewußtseinsinhalten einzelner Individuen, sondern *Lehre von den kontingenten Paradigmen unserer Geschichte.*

Rückblickend läßt sich unser Standpunkt durch drei Gesichtspunkte von der klassischen Phänomenologie abheben:

– Nicht was dem Einzelbewußtsein erscheint, ist «Phänomen», sondern was sich in Sprachhandlungen innerhalb von Sprachgemeinschaften bestimmter religionsphilosophischer Paradigmen als Invariante zeigt.

– Deshalb kann sich das Gemeinte nicht aus den Leistungen eines Einzelbewußtseins aufbauen, sondern umgekehrt: nur was in der Sprachgemeinschaft schon allgemein gemeint ist, kann von einzelnen als sinnvolles Phänomen «nachgedacht» werden.

– Durch die Abhängigkeit von Paradigmen zeigt sich in jedem Phänomenbereich Zufälliges, Kontingentes, das die Vernunft herausfordert. Ursprüngliche Gegenstands- und Welterfahrung begegnet stets der Kontingenz und stellt uns die Aufgabe, Kontingenz zu transzendieren.

e. Religionsphilosophische Kontingenz als «Phänomen» einer deskriptiven Phänomenologie

Schon ein nur oberflächlicher Blick auf die Begriffsgeschichte des Wortes «Phänomen» zeigt, daß der Ausdruck selbst im Umkreis der modernen Phänomenologie, wie sie sich seit 1900 bei Husserl entwickelt hat, vieldeutig und sehr allgemein ist. Im Frühstadium, das man als *eidetische* Phänomenologie bezeichnen kann, hängt er eng mit dem *Wesensbegriff* zusammen. Nach Husserls Wende zur *Transzendentalphilosophie* tritt der Gedanke des *Wiederaufbaus von Sinn* in den Vordergrund, der aus den Bedingungen der Vernunft Notwendigkeiten freilegt. «Phänomen» ist der aus den Bewußtseinsleistungen heraus verstandene Sinn. In der letzten Phase schließlich, in der *existentialen* Phänomenologie, die sich weitgehend in der Auseinandersetzung mit Heidegger entfaltet, sind Phänomene nur noch *genetisch* zu deuten, als Konturen eines Strömenden, die aus dem Zusammenhang der geschichtlichen Notwendigkeiten herausleuchten und immer wieder zu falschen Fixierungen auf dem Boden jenes allgemeinen Flusses verführen. Da wir keine allgemeine Phänomenologie zu entwickeln beabsichtigen, sondern unsere Aufmerksamkeit auf die *religionsphilosophische* Kontingenz richten, streben wir nur einen Konsens in der Verwendung der zu diesem Begriff gehörenden Grundmerkmale an.

Wir wollen zeigen, daß es möglich ist, die *religionsphilosophische Kontingenz als Phänomen* in der von uns konzipierten deskriptiven Phänomenologie nachzuweisen.

Möglichkeit, Unmöglichkeit und Notwendigkeit sind modale Grundbegriffe, die erst in der inhaltlichen Ausgestaltung insbesondere in bezug auf die Bestimmung der Notwendigkeit kontroversen Charakter erhalten. Die gesamte Kontingenz-Diskussion hängt von der Möglichkeit ab, *Modalitäten de re* denken zu können. Diese wiederum setzen die Möglichkeit von *konkreten Regelsystemen* voraus. Daß es solche kommunikativ bewährte und sprachlich vermittelte Regelsysteme gibt, kann als «phänomenologischer Tatbestand» festgehalten werden. Angefangen von Verkehrs- und Anstandsregeln über juristische und linguistische Regeln bis hin zu den Praxis und Wissenschaft normierenden Vorstellungs- und Verhaltensregeln ist das menschliche Leben von solchen Wiederholungs- und Ähnlichkeitszügen geprägt. Bei der Tatbestandsaufnahme geht es uns nicht um strenge Abgrenzungen der Regelmannigfaltigkeiten, auch nicht um die Diskussion über deren Legitimation oder Reichweite. Nur das Faktum ist gemeint, daß jeder Mensch weiß, worum es geht, wenn man von Regeln und deren Ansammlungen, Komplexen und Systemen spricht. Letztlich ist das Zusammenspiel von Regeldenken und Subsumtion unter Regeln, die Kantische Urteilskraft, eine Grundvoraussetzung jeder Verstandes- und Vernunfthandlung, wie vage die zuletzt genannten Begriffe auch immer gemeint sein mögen. Die Einordnung von Gegenständen oder Personen in solche Regelzusammenhänge führt uns zum Begriff des *Sinns*. Der Kontingenzbegriff betrifft ein Sinn*defizit*, das heißt, er betrifft den Fall, daß solche Einordnungen mißlingen. Auch dieses Scheitern ist eine allgemein-menschliche Erfahrung. Damit ist zumindest der Begriff der *ontologischen* Kontingenz als konsensfähig in einem universellen Sinn nachgewiesen, das heißt: ontologische Kontingenz ist phänomenologisch aufgewiesen oder im Sinne unserer Theorie deskriptiv erfaßt.

Schwieriger verläuft die Argumentation in bezug auf den im Handlungssinn vorausgesetzten *Freiheitsbegriff*. Es geht letztlich um die Frage, ob unsere bewußten Handlungen objektiv in zwei Klassen eingeteilt werden können: in eine Klasse von Handlungen, in denen es uns plausibel erscheint, daß wir uns auch alternativ hätten verhalten können, und in eine Klasse von Handlungen, wo wir trotz

Bedenken aller Möglichkeiten und Fähigkeiten keinen Weg erkennen, Alternativen zu verwirklichen. Die Existenz der zweiten Klasse dürfte zweifelsfrei sein. Jeder Mensch erlebt im einfachsten Schmerzerlebnis die Grenzen seiner Handlungsmöglichkeiten. Problematischer erscheint die erste Klasse, besonders dann, wenn durch lebenspraktische und religiös bedingte Exerzitien die Erfahrung des individuellen Könnens im Sinne der Eigenleistung nahezu verschwunden und einer höheren Fähigkeit gewichen ist, in der sich das Können gleichsam von selbst vollzieht, weil es zum Erlebnisganzen gehört. Aber gerade der Hinweis auf Einübung und hartes, langwieriges Training zeigt, daß auch solche Personen, die ihren Handlungsspielraum durch die Einordnung in das Karma oder in andere Fatalismen verloren zu haben meinen, den *Gedanken* des Handlungssinns verstehen können. Er betrifft die Erlebnisse des ‹vermeintlichen› Freiheitsbewußtseins *vor* den Exerzitien, in der nicht erkannten Jugendsünde oder im gedankenlosen Alltagsablauf. Zwar ist dieser Zustand nur noch in der Erinnerung jener Subjekte aktivierbar; er ist aber benennbar und damit gerechtfertigter Begriff einer konsensbedürftigen Phänomenologie. Den Menschen der abendländischen Tradition sind die Erlebnisse des Freiheitsbewußtseins geläufiger. Zahlreiche Entwicklungs- und Fortschrittsprozesse sind genau auf diese Fähigkeit bezogen. Im christlichen und liberalen Denken, im deutschen Idealismus und neuerdings im Existentialismus, insbesondere bei Sartre, erlangt der auf das Bewußtsein bezogene Freiheitsgedanke eine Macht, die sich über deterministische Konstruktionen naturwissenschaftlicher Provenienz souverän hinwegsetzt und zum Zentralbegriff schlechthin wird. Handlungssinndefizite und damit absolute Kontingenzen im Sinne Lübbes gehören demnach zu den konsensfähigen Phänomenen unserer Erlebniswelt. Repräsentativ für die zahllosen Berufungen auf Freiheit sei Max Müller zitiert: «Kein Nennen von Vermögen, von Wesensbestandteilen, von umfassenden Gattungen und hinzukommenden Artunterscheidungen vermag uns zu definieren, festzustellen und festzulegen; wohl aber vermag dies die Nennung der Tatsache, daß wir Freie und geschichtlich Erfahrende sind.»[9]
Die bisher betrachtete Kontingenzklasse ist noch zu umfassend; daher sind Einschränkungen naheliegend. Bei der weiteren Spezifizierung stehen ökonomische und traditionsrelevante Gesichtspunkte im Vordergrund, deshalb bedürfen diese keiner *phänomenologi-*

9 Müller (71) S. 11

schen Rechtfertigung. Da wir hier eine *philosophische* Abhandlung vorlegen, ist die Einschränkung auf *reflexiv* identifizierbare und diskutierbare Kontingenzen geboten. Auch die Konzentration auf das letzte Merkmal religionsphilosophischer Kontingenz ist plausibel: Religionsphilosophie bezieht sich traditionsgemäß auf Sinndefizite, die unsere *Gesamtexistenz* betreffen und beispielsweise durch die Jasperschen Grenzsituationen umschrieben werden.[10] Die Berufung auf Reflexivität und Existentialität ist demnach durch Konventionen legitimiert. Wer es unternimmt, eine philosophische Arbeit zu verfassen, verpflichtet sich in dieser Entscheidung für die Reflexivität und gegen die Darstellungsweisen des Bildhauers oder Lyrikers; wer es unternimmt, ein *religionsphilosophisches Thema* aufzugreifen, meint damit nichts anderes, als die Reflexion unserer Gesamtexistenz im Angesicht von Grenzsituationen und ähnlichen letzten Fragen. Unsere *Ausgangsbasis* scheint problemlos. Wie steht es aber mit der Beschreibung des *Verhaltens* im Umgang mit der religionsphilosophischen Kontingenz?

8.2 Das Transzendieren von Kontingenz als notwendige Voraussetzung für Existenz

a. Kontingenznormierungen

Gibt es die Möglichkeit, religionsphilosophische Kontingenz einfach hinzunehmen, ohne ihr weitere Aufmerksamkeit zu widmen und vor allem: ohne irgendeine Form von Kontingenz*transzendierung* durchzuführen? Ist eine fortgeschrittene Reflexivität nicht hinreichend für die Verweigerung, sich zur Kontingenz *bestimmt* zu verhalten? Die Allergie, mit der viele moderne Menschen auf die Zumutung von Sinnstiftungen reagieren, scheint die Frage nach der Notwendigkeit von Kontingenztranszendierungen zu verneinen.[11] Aber das Eingeständnis, Einzelphänomenen gegenüberzustehen, die in keiner Weise begriffen oder verfügbar sind, bedeutet noch keinen generellen Verzicht auf Leitbegriffe. Der Unterschied wird an den regulativen Ideen Kants deutlich. Wissenschaftliche Forschung geht von dem Faktum des noch nicht Verstandenen aus, weiß aber von

10 Jaspers (56), Band II, S. 201f.
11 Repräsentativ für solche Aversionen ist Sauter (82).

der Möglichkeit, die Grenze zwischen Unbekanntem und Bekanntem beliebig erweitern zu können. Ebenso kennt das sittliche Bewußtsein die Beschränkungen der Freiheit und stellt trotzdem Imperative auf. Selbst die kritische Rationalität versteht sich als regulative Idee, weil sie die Macht des Kontingenten respektiert und als Herausforderung empfindet. Menschliches Handeln ist von Intentionen geleitet. Ziele und Zwecke, die nicht durch Begründungen organisiert sind, erhalten ihre Motivation durch natürliche biologische Vorgaben: Instinkte, Leidenschaften und elementare Stimmungen werden wirksam. Weil der Mensch diese Abhängigkeit durchschauen kann, bedeutet der bewußte Verzicht auf Änderung des Abhängigkeitsverhältnisses eine Anerkennung des Naturhaften. Ziele und Zwecke dagegen, die argumentativ gerechtfertigt werden, führen im Verlauf des Begründungsvorgangs durch die Argumentationsstruktur mit Notwendigkeit auf Leitbegriffe. Deshalb ist menschliches Handeln letztlich *immer* durch Leitbegriffe normiert. In religiöser Terminolgoie heißt das nach Scheler: «Jeder endliche Geist glaubt entweder an Gott oder an einen Götzen».[12]
Wirklichkeit im Sinne eines Zusammenwirkens von Gegebenem und Gesetztem enthält daher stets *normative Elemente*, die es uns ermöglichen, mit Kontingenzen zu leben. Insofern steckt in jedem Wirklichkeitsverständnis eine argumentativ rechtfertigungsfähige *Kontingenznormierung*, das heißt eine bestimmte, auf Regeln gebrachte Art und Weise des Verhaltens zur Kontingenz. *Kontingenznormierungen sind die als Regeln rekonstruierbaren Elemente religionsphilosophischer Paradigmen.* In ihnen spielen die *Leitbegriffe* eine entscheidende Rolle. Sie enthalten alle normativen Potentiale, die das Sollen menschlicher Handlungen bestimmen. Sie ziehen zugleich die Grenze zwischen Können und Müssen. Eine naturalistische Instinktlehre wird die Handlungsmöglichkeiten stark einengen und kaum von Imperativen sprechen. Dagegen eröffnen Sartres Freiheitsverständnis und die Berufung auf den Anderen bei Lévinas dem menschlichen Sollen unendliche Möglichkeiten, die vom Natürlichen kaum eingeschränkt sind. Daß bei diesen Denkern die normativen *Inhalte* zusätzlich durch bestimmte liberale bzw. hebräische Traditionen geprägt sind, braucht hier nicht weiter zu interessieren.
Nach dem Nachweis der Notwendigkeit von Kontingenznormierun-

---

12 Scheler formuliert diesen Satz als «Wesensgesetz» für das Religiöse. Siehe Scheler (54) S. 261

gen tritt die Frage auf, ob diese Einsicht nicht metatheoretische Folgen hat. Ist es nicht denkbar, angesichts der zahlreichen identifizierten Paradigmen einen Standpunkt zu suchen, der die Gesamtschau inhaltlich ausbeutet und sich so den primären Normierungen entzieht? Eben diese Möglichkeit führt zur These einer einseitig interpretierten Postmoderne, die sich gegen Normierungen, das heißt gegen Festlegungen auf Bestimmtes, wehrt. Die Behauptung, auf Kontingenznormierungen verzichten zu können, wäre zugleich ein Argument gegen unsere Paradigmen-Konzeption überhaupt.

b. Die Illusionen der Postmoderne

Die paradigmenbezogene Religionsphilosophie scheint, oberflächlich betrachtet, die Intentionen einer bestimmten Art von Postmoderne zu bestätigen, die Welsch die «diffuse Postmoderne» genannt hat.[13] Die Heilsvisionen der *Moderne*, die stets als Einheitsvisionen aufgetreten sind, – als klassische Aufklärung, als kritischer Rationalismus, als emanzipatorische Dialektik, – wurden als Beispiele von Kontingenzbewältigungen durchschaut, deren Legitimation sich nicht von selbst versteht. Die Entlarvung solcher nicht legitimierbarer monistischer Konzepte wird auch in der Postmoderne behauptet und zugleich als Befreiung gefeiert. Der Postmoderne-Denker fühlt sich als Souverän über eine Vielzahl irreduzibler Lebensformen gestellt, die jegliche Meta-Erzählung ausschließen. Es wäre ein großes Mißverständnis, wenn man glaubte, dies wäre zugleich die Stellung des Religionsphilosophen, der Paradigmen identifiziert und nebeneinanderstellt. Denn die irreduziblen Lebensformen dieser Postmoderne können weder die Paradigmen der Vergangenheit noch die faktisch etablierten Religionen oder Ideologien betreffen. Dies schließt die generelle Verurteilung des Festgestellten, Objektivierten, Sinnträchtigen, Perennierenden oder gar absolut Wahren aus. Es handelt sich um Pseudo-Lebensformen, die sich erst im Lichte postmoderner Redeweisen herausgebildet haben.

Die in der Idee der Postmoderne versteckte Illusion betrifft einen vordergründigen und einen tiefer liegenden Aspekt. Die oft unvorsichtig und mehrdeutig formulierte *Betonung des Beliebigkeitsdenkens* macht es den Kritikern der Postmoderne leicht, die Inkonsequenz, ja in Einzelfällen sogar die Unwahrhaftigkeit dieses Grund-

13 Welsch (87) S. 2

satzes aufzuweisen. Nicht nur, daß die Gleichgültigkeit in unmenschlichen Situationen mit heiligem Eifer verdammt wird, auch die Argumentation selbst wird von den Vertretern der Postmoderne hitzig geführt und läßt nichts von der Inkompetenz des logischen Denkens ahnen, das in anderen Zusammenhängen emphatisch an den Pranger gestellt wird. Mit Recht wird daher diese Betonung der Beliebigkeit als Mißverständnis zurückgewiesen. Welsch behauptet: «Dieser Postmodernismus ist in Wahrheit weder irrational (wenn schon, wäre er als hypo-rational zu bezeichnen), noch huldigt er einem «anything goes», sondern beachtet die Unterschiede des Gutgehens, Danebengehens und Zugrundegehens sehr genau. Auch ist er kein Agent der Beliebigkeit, sondern schätzt spezifische und benennt allgemeine Verbindlichkeiten, und er plädiert nicht für Orientierungslosigkeit, sondern tritt für präzise Maßgaben ein.»[14] Die Postmoderne akzeptiert demnach die Grundanliegen ethischer, auf Gerechtigkeit, Humanität, Gewalt- und Gewissensfreiheit zielende Argumentationen. Nur glaubt man, auch hier «offen» bleiben zu müssen und auf eine «Meta-Erzählung» verzichten zu können. Genau das ist die große Illusion. Die Distanzierung vom «Denkzement», vom Darstellbaren und Feststellbaren als Grundlage von Globalkonzeptionen und Gesamtutopien lebt von der Sorge um den Menschen, der den Totalitarismen der technologischen, gesellschaftlichen, politischen und kirchlichen Mächte ausgeliefert wird. In der so interpretierten Postmoderne lebt ein Leitbegriff fort, der unsere Geschichte geprägt hat: eine tiefe Humanität, die sich ihres Leitbegriffcharakters nicht zu schämen braucht. Deshalb repräsentiert die Postmoderne durchaus einen *Standpunkt*. Wenn aber – wie behauptet[15] – das Vertreten eines Standpunktes bereits den Keim zum Totalitarismus in sich trägt, dann ist auch die Postmoderne totalitär. Ist der Dissens, der in der Konfrontation mit einem rückständigen religiösen Gemüt besteht, das die Weihe der Postmoderne noch nicht erlangt hat, nur eine nichtssagende Antithese? Kann die Postmoderne solche Rückständigkeit hinnehmen? Enthält nicht gerade die Qualifizierung des neuen Zeitalters als Postmoderne den Anspruch, die adäquate Beurteilung der Zeit zu praktizieren? Wenn dies alles nicht ernst gemeint ist, warum verlieren dann die Vertreter der Postmoderne darüber überhaupt ein einziges Wort?

14 a.a.O. S. 3
15 Vgl. Lyotard (86) S. 184 und 191, ferner die 3. Hauptthese bei Welsch
a.a.O. S. 5

Recht verstandene Postmoderne, die sich nicht als Epoche der Geschichte versteht, sondern ihre Aussagen über Pluralität ernst nimmt, wäre ein Paradigma unter vielen. Ihre Leitbegriffe der Offenheit und Humanität ermöglichten eine Kontingenzbewältigung, die den Begriff der Toleranz ernster nimmt als viele ihrer Kontrahenten.

Die Illusion der Postmoderne besteht in der Meinung, einen Standpunkt zu vertreten, der gerade das Denken von Standpunkten überwunden hat und das Denken in Perspektiven radikalisiert. Die Diskussion um Nietzsches Perspektivismusthese zeigt die Schwierigkeiten dieser Behauptung.[16] Perspektivisches Denken orientiert sich am Sehen eines Gegenstandes. Ein solcher kann zunächst nur aus einer bestimmten Perspektive betrachtet werden. Aber die Möglichkeit, viele Standpunkte einzunehmen, ermöglicht ein besseres Kennenlernen des Gegenstandes, der sich von verschiedenen Seiten auch in verschiedenen Qualitäten zeigt. Der Gegenstand als solcher ist nach Husserl aber aus der *Synthesis* der Perspektiven erzeugt[17], die nicht durch direktes Sehen realisierbar ist. Ähnliches schwebt den Vertretern der Postmoderne vor: die Anerkennung der Pespektivität von Lebensformen schärft den Blick für die Wirklichkeit, die sich erst im Stehenlassen aller Lebensformen zeigt. Der Fehler dieses Analogieschlusses liegt darin, daß weder Wahrheiten im Sinne Nietzsches noch inkommensurable Lebensformen im Sinne der Postmoderne zur Synthesis gebracht werden können – bei Nietzsche nicht, weil Wahrheit autoritär ist, bei Feyerabend nicht, weil Lebensformen unvergleichbar sind. In der Synthesis des objektiven Gegenstandes können nicht am gleichen Ort zur gleichen Zeit verschiedene Farben sein; in den Wahrheitskonzeptionen und in den Lebensformen dagegen werden durchaus kontradiktorische Thesen vertreten, die aber nicht *gemeint* und zugleich *nicht gemeint* werden können. Da hilft auch die Floskel von der Außerkraftsetzung der formalen Logik nicht weiter, die sich immer dann einstellt, wenn die Argumentation in eine hoffnungslose Sackgasse geraten ist.

Wir wollen unsere Überzeugung, daß die Postmoderne einer Illusion zum Opfer gefallen ist, an *zwei Beispielen* verifizieren: an *Lyo-*

16 Siehe das «Post-scriptum» von Willem van Reijen über Nietzsche (S. 19 ff.) in: Kamper/Reijen (87)
17 Husserl (80) § 41

tards Konzeption der narrativen Pragmatik und an der postmodernen *Idee einer «transversalen Vernunft» bei Welsch*.[18]

Im Gegensatz zu Welsch, der seine wichtigste Veröffentlichung sogar «unsere postmoderne *Moderne*» nennt, betont *Lyotard* den *Bruch* des neuen Denkens mit der Moderne. Sein Ausgangspunkt ist die Beschreibung der Situation des Menschen, in den höchstentwikkelten Industriegesellschaften des Westens.[19] «Postmoderne» bezeichnet für Lyotard «den Zustand der Kultur nach den Transformationen, welche die Regeln der Spiele der Wissenschaft, der Literatur und der Künste seit dem Ende des 19. Jahrhunderts getroffen haben» (13). Im Zentrum steht die Skepsis gegenüber den «Metaerzählungen», die auf die Dialektik des Geistes, die Hermeneutik des Sinnes und auf die Emanzipation des vernünftigen und arbeitenden Subjekts zurückgreifen. Lyotard bezieht sich in seinen Beschreibungen und Argumenten explizit auf Wittgensteins Sprachspielkonzeption (z. B. 39). Wie die Übertragung seines Anliegens auf jene Gedankenwelt erfolgt, stellt ein Schauspiel besonderer Art dar.[20]

Lyotard zählt drei «Beobachtungen» auf, die das Sprachspiel cha-

18 Wir beziehen uns dabei auf Lyotard (86): Das postmoderne Wissen, und auf Welsch (87): Unsere postmoderne Moderne.

19 Lyotard schrieb das genannte Buch im Auftrag des Universitätsrates der Regierung von Québec. Der Bericht wurde nach der Veröffentlichung in zahlreichen Zeitschriften verschiedener Länder zu einem Schlüsseltext für die Postmoderne-Diskussion.

20 Man muß an dieser Stelle daran erinnern, daß Lyotard in der *Grundlegung* der Postmoderne gewissermaßen über seinen eigenen Schatten zu springen sucht. Frühere Veröffentlichungen weisen ihn nicht so sehr als *argumentierenden Denker*, sondern eher als *Provokateur* aus. Die folgende Ungeheuerlichkeit möge als Beispiel ausreichen. Lyotard schreibt: «Die arbeitslosen Engländer (der frühindustriellen Zeit) sind nicht zu Arbeitern geworden, um zu überleben, sie haben – haltet euch gut fest und verachtet mich meinetwegen – diese hysterische, masochistische (und ich weiß nicht was sonst noch) Erschöpfung genossen, sie haben es genossen, es in den Minen, den Gießereien, den Fabriksälen, in der Hölle auszuhalten, sie haben die verrückte Zerstörung ihrer organischen Körper genossen, die ihnen aufgezwungen wurde, sie haben es genossen, daß sie ihnen aufgezwungen wurde.» Zitiert nach Altwegg/Schmidt (88) S. 145, wo noch weitere ähnliche Geschmacklosigkeiten aufgezählt werden. Siehe auch K. Laermann: Lacancan und Derridada, wo es auf S. 41 heißt: «Die Adepten der Frankolatrie wollen vor allem eines nicht – verstanden werden» (Laermann (86)). Lenk nennt die Postmoderne «bunte Rüschen zur Karnevalsmaskerade an den Säumen philosophischer Gewänder» (88), S. 155.

rakterisieren: die Notwendigkeit von Regeln, die Abhängigkeit der Regeln von einem «expliziten oder impliziten Vertrag zwischen den Spielern» und die Interpretation der Aussagen als Sprachspielzüge. Deshalb ist «Sprache Kämpfen im Sinne des Spielens» (40/41). Die Tatsache, daß wir alle an dieser «sprachlichen Agonistik» der Sprachspiele teilnehmen müssen, zeigt unsere Stellung zwischen den Totalordnungen auf der einen Seite und den Robinsonaden auf der anderen Seite (56). Unser soziales Leben vollzieht sich «im lockeren Netze des Sprachspiels» und ist dadurch atomisiert, aber nicht ganz aufgelöst (59). Lyotard spricht auch von «Wolken mit pragmatischen Valenzen» (15). Der Philosoph findet sich im Sprachspiel des Fragens wieder, der Experte im Sprachspiel der Wissenschaften. So scheint die Denkstruktur der Postmoderne eine einsichtige Folge der Sprachspielstruktur unserer Daseinsweise zu sein.

Aber an anderer Stelle wird dieses Konzept wieder eingeschränkt; es spielt dann nur die Rolle einer Arbeitshypothese: «Dieses Szenario ... hat nicht den Anspruch, originell, nicht einmal den, wahr zu sein» (30). Es hat «keinen prognostischen Wert gegenüber der Realität», sondern ist nur strategisch zu verstehen. Hier unterscheidet sich Lyotard eindeutig von Wittgenstein, der die Therapie nie aus den Augen verloren hat und so implizit einen Wirklichkeitsbezug mitdachte. Wittgensteins selbstquälerische Art, mit den Verhexungen der Sprache fertigzuwerden, bestätigt die Verwurzelung dieses Denkers in der Realität. Hier bloß von einer unverbindlichen Denkstrategie zu reden, wäre absurd. Aber auch Lyotard merkt den inneren Widerspruch seiner Annahme.[21] Im gleichen Atemzug, in dem von der Arbeitshypothese gesprochen wird und damit dem modernen kritischen Bewußtsein der wissenschaftlich gebildeten Welt ihr Tribut gezahlt wird, betont er die «hohe Glaubwürdigkeit» der Hypothesen, deren Wahl auch keineswegs willkürlich sei (30). Noch mehr: er rechtfertigt sie damit, daß die Beschreibung durch Experten, – von denen er sich oft genug distanziert – schon weitgehend ausgearbeitet sei und ihre öffentlichen Folgen zeitigten. So zählt dann plötzlich das Konzept «schon teilweise zur Ordnung beobachtbarer Realitäten» (31).

Das Fazit: Das Denken der Postmoderne vollzieht sich in Sprachspielen und Regeln; und es geschieht in «Wolken mit pragma-

---

21 Lyotard betont, daß er Wittgenstein nur *interpretierend* verwendet und nicht dessen persönliche Intentionen vertritt. (Siehe «Nach Wittgenstein», in: Das Grabmal des Intellektuellen, (85), S. 68–74).

tischen Valenzen», in denen keine sprachlich notwendigerweise stabilen Kombinationen möglich sind! Es realisiert sich als Sprachspiel des Fragens; zugleich sind aber die Kombinationen, «die wir formen, ... nicht notwendigerweise mitteilbar» (15). Sprachspiel-Aussagen haben keinen prognostischen Wert; doch sie betreffen teilweise eine Ordnung beobachtbarer Realitäten! Postmoderne versteht sich als «Pragmatik der Sprachpartikel», gleichsam über den Wolken schwebend; sie verfügt aber über eine bemerkenswerte «Sensibilität für Unterschiede», die uns das Inkommensurable zu ertragen hilft (16).

In seinem Hauptwerk «Der Widerstreit»[22] wird der ursprüngliche Ansatz, der zunächst nur für das *Wissen* formuliert war, weiterentwickelt und in neuer Terminologie auf die *Gesellschaft* übertragen. Statt von Sprachspielen spricht Lyotard jetzt von «Satz-Regelsystemen» und von «Diskursarten». Erstere betreffen Prozesse wie Erkennen, Argumentieren, Beschreiben, Erzählen, Fragen, Befehlen usw. Diskursarten dagegen sind komplizierter; sie verwenden unter Umständen Regeln aus verschiedenen Systemen und betreffen komplexe Tätigkeiten wie das Führen eines Dialogs, das Unterrichten, Werben, aber auch das Verführen und die Beeinflussung von Sprachpartnern, vor allem aber Handlungen, in denen es um *Gerechtigkeit* geht.

Weil die Gesellschaft, das heißt die beobachtbare soziale Ordnung aus sprachlichen «Spielzügen» besteht, müssen sich Autonomie und Agonistik der Sprache aus dem Bereich des Wissens auf die gesellschaftlichen Verhältnisse übertragen lassen. Aus dem *Wissens*modell wird ein *Gesellschafts*modell. Folgenreich ist Lyotards Gedanke, daß Sprechen und Handeln nicht nur faktische Veränderungen ausdrücken und bewirken, sondern daß sie in ihrer Heterogenität stets zugleich *Unrecht* bedingen. Diese unvermeidbare Ungerechtigkeit besteht darin, daß man sich je für eine Möglichkeit entscheiden muß und dabei andere unrealisiert bleiben, obwohl sie völlig gleichberechtigt sind, weil wegen des Fehlens von Metaregeln eine Legitimation des einen oder des anderen Tuns unmöglich ist. So zeigt Lyotard in allen gesellschaftlichen Situationen entscheidende und nicht wegdiskutierbare Differenzen auf, die als «Widerstreit» in elementarer Ungerechtigkeit stehen bleiben müssen. Deshalb muß der Philosoph Sorge tragen, diesen Widerstreit ungeschminkt bloßzulegen. Aber zugleich muß er darauf hinarbeiten, die in den Gesche-

22 Lyotard (87)

nissen verwickelten Institutionen so zu beeinflussen, daß sie den Widerstreit ernst nehmen. Lyotard fordert z.B. neue Gerichte mit einem neuen Pluralitätsverständnis, weil die alten in der Verfolgung eines *bestimmten* positiven Rechts zugleich Unrecht *fördern*.[23]

Die Einzeluntersuchungen zeigen, daß hinter den Sprach- und Gesellschaftsanalysen die Idee einer echten Humanität steht, die eine neue und bessere Gerechtigkeit anstrebt. Nach Welsch entwickelt Lyotard eine neue Weise, «wie die alte, aufklärerische Idee einer Universalgeschichte der Menschheit heute aufrechtzuerhalten und fortzuführen ist».[24] Es geht nicht darum, einen Standpunkt zu fixieren und in einem Urteilsspruch zu realisieren, sondern den Konflikt als solchen anzuerkennen und jenseits einer Entscheidung als humane Handlungsanleitung zu akzeptieren.[25]

Die Absurdität dieser Forderungen, die der komprimierten Darstellung der Überlegungen Lyotards angelastet werden könnte, verflüchtigt sich leider auch bei genauerem Studium nicht. Selbst Welsch übt massive Kritik. Obzwar Lyotard wie kein zweiter die Fähigkeit habe, die «Konfliktlage transparent zu machen»[26], verfalle er in der *Interpretation* der Konflikte einem Objektivismus, der aus dem Autonomiegedanken des Sprachspielkonzepts folge. In der neuen Terminologie bezieht sich der Objektivismus auf die verabsolutierte Heterogenität der Satz- und Regelsysteme und der Diskursarten. Weil Lyotard alle Widerstandspotentiale, die sich als Widerstreit entfalten lassen, «von den Intentionen und Haltungen der Menschen auf die objektive Verfaßtheit der Sprache und der Unvorwegnehmbarkeit der Ereignisse zurückverlagerte», entwickelt er eine neue objektive Metatheorie, die der postmodernen Grundabsicht zuwiderläuft.[27] So kommt Welsch zu dem Ergebnis, daß sich Lyotards Sprachobjektivismus und antianthropologischer Affekt als «unhaltbar» erweisen. Er spricht von einer «überzogenen Autonomie», die zugleich Züge einer «linguistischen Remythisierung» enthalten.[28]

23 a.a.O. Abschnitt 44
24 Welsch (87) S. 246
25 Lyotard beruft sich in diesem Unternehmen auf Aristoteles und will in dessen Phronesis-Begriff jene Unbestimmtheit im Regelhaften entdeckt haben, die er hier meint.
26 Welsch (87) S. 239
27 a.a.O. S. 250
28 a.a.O. S. 251 und 252

Während man bei Lyotard von einem Widerspruch zum nächsten taumelt, versucht *Welsch* die Gedanken auf geordnetere Bahnen zu lenken und das postmoderne Anliegen in klarer und zugleich positiver Gedankenführung zu rekonstruieren. Dabei bietet er eine eigene Lösung an, welche die zuletzt angedeuteten Schwierigkeiten bei Lyotard aus dem Wege räumen soll.

In der Einleitung des Buches «Unsere postmoderne Moderne»[29] wird Großes versprochen: «Es ist an der Zeit, über Postmoderne anders zu sprechen. Heute ist es möglich geworden, sich dem vernünftigen Kern des Themas zuzuwenden... Es gilt, den vernünftigen Gehalt des als ‹postmodern› Bezeichneten zu entwickeln.» Wer sich über die Vielfalt des Gemeinten, die Genese des Begriffs «Postmoderne» und über die zahlreichen Verwendungsweisen der Wörter «Moderne» und «Postmoderne» nicht nur in der Philosophie, sondern auch in Literatur, Architektur, Malerei und Soziologie informieren will, findet reichhaltige und übersichtliche Informationen. Auch die Hauptvertreter sind kurz charakterisiert. Viel Raum wird allerdings den falschen Kritikern gewidmet, welche die Beliebigkeit und die Oberflächlichkeit der Postmoderne in den Vordergrund rükken. Wenn man die Differenzen nicht festhält, sondern verwischt und so ein Potpourri erzeugt und damit die postmoderne Pluralität tilgt, dann attackiert man nach Welsch eine Fehlform, den «diffusen Postmodernismus». Man übersieht, daß es daneben eine echte Postmoderne gibt, die Welsch «präzisen Postmodernismus» (2) nennt; Lyotard spricht von einer «achtenswerten Postmoderne».[30] Der diffuse Postmodernismus wird in allen Schattierungen vorgestellt. Dabei häufen sich die Polemiken, und die guten Vorsätze einer sachlichen Darstellung werden mehr und mehr vergessen. *Wogegen* die Postmoderne ist, wird in immer wieder neuen und eindrucksvollen Wendungen entfaltet. Was Welsch über Lyotard sagt, nämlich daß dieser wie kein anderer die Konfliktlagen transparent machen kann, läßt sich ohne weiteres auf Welsch selbst übertragen. So wartet man denn gespannt auf die Lösung des Grundproblems innerhalb des «präzisen Postmodernismus», auf die Theorie der «transversalen Vernunft», welche die Postmoderne als Paradigma rechtfertigen soll und damit den von Lyotard eingeschlagenen Irrweg vermeidet.

Die Zentralthese Lyotards lautete, daß es keine ausgezeichnete Me-

29 Die folgenden Zahlen beziehen sich auf die Seiten dieses Buches.
30 Lyotard (86) S. 35

tasprache und keine oberste Moral gibt, welche die Gerechtigkeit ermöglichen und den Terror vermeiden könnte. Es fehlen übergeordnete Regeln und Imperative, sofern man verschiedene Diskursarten im Auge hat. *Innerhalb* der einzelnen Konzepte gibt es Lösungen; auf das Ganze gesehen regiert der Widerstreit als letzte Wirklichkeit. Der Philosoph hat vom Widerstreit Zeugnis abzulegen. Welsch formuliert diesen Grundsatz als postmoderne Grundregel, als «Pascal-Regel»: «Die Regeln der Diskursarten gelten nur binnen-, nicht trans-diskursiv» (244). Aber bei dieser wichtigen Grenzbeachtung darf man nicht stehen bleiben; man meint eigentlich mehr.

Der Hauptgedanke von Welsch bezieht sich auf die möglichen *Übergänge* zwischen den Diskursarten: «Man könnte von einem Diskurs des Vergnügens zu einem der Überredung, von einem der Überzeugung zu einem des Urteils, von einem der Affektion zu einem des Zeigens übergehen, man könnte sozusagen aus dem Geltungsbereich der Aristotelischen Poetik in den der Topik, von der Analytik zur Ethik, von der Kantischen Ästhetik zur Wittgensteinschen Sprachanalyse übergehen...» (243). Waren diese unlegitimierten Übergänge bei Lyotard der Grund für die unvermeidbare Ungerechtigkeit und ein Demonstrationsbeispiel für den unaufhebbaren Widerstreit, entdeckt Welsch darin das Wesen der *«transversalen Vernunft»*. Welsch bricht «mit dem Dogma des radikalen Bruchs» (256), indem er den genetischen Aspekt wieder in die Philosophie einführt. Die Wirkungsweise der Vernunft zeigt sich in Übergängen, Verschränkungen und Bezugnahmen von sogenannten Rationalitätsfeldern. «So ist es zwar richtig, daß ethische Ansprüche von anderer Art sind als kognitive, aber zu ihrer verantwortlichen Einlösung kann es doch kognitiver Momente bedürfen. Und ästhetische Stimmigkeit ist zwar nur ästhetisch zu definieren, stellt aber innerhalb des Ästhetischen eine Art ethischer Komponente dar. Und zuletzt ist in jedem, auch im kognitiven Urteil ein ästhetisches Moment nicht nur wirksam, sondern unerläßlich» (258).

Damit glaubt Welsch gezeigt zu haben, daß die Lyotardsche Heterogenität der Satz-Regelsysteme und der Diskursarten nicht absolut ist. «Die Sprachformen sind genetisch aufeinander bezogen» (258). Daraus entwickelt er ein «Konzept der Übergänglichkeit» zwischen kognitiver, ethischer und ästhetischer Rationalität. Zwar hat die These von der Inkommensurabilität der Meta-Erzählungen Konjunktur, das heißt, alles spricht von der Nichtvergleichbarkeit der Paradigmen, weil rationale Vergleichsmaßstäbe fehlen und Rationa-

lität nur innerhalb der Paradigmen definiert ist. Aber – so Welsch –
«zum anderen ist zunehmend auch von außerwissenschaftlicher Rationalität die Rede: von einer Rationalität der Kunst, des Mythos,
der Religion, der Lebenswelt», was sich auch in der gesellschaftlichen Debatte auswirkt (266). Gerade in der allgemeinen Vernunft-
debatte über die Inkommensurabilität und ihre Problematik zeigt
sich, daß die «These von der reinen Vielfalt nicht zu halten
ist» (275). Unter Verweise auf Aristoteles, Pascal und Kant wird die
Idee eines Übergangs zwischen Vernunftformen vorbereitet. Vernunft ist bei Welsch auf Totalität *bezogen,* «aber allein im Modus
von Verbindungen und Übergängen» (296). An Beispielen der öko-
nomischen, ethischen und ästhetischen Rationalität wird diese Möglichkeit demonstriert. Besonders ausführlich fällt die Kontroverse
des l'art pour l'art-Standpunktes mit dem avantgardistischen Verständnis von Kunst als Leben aus. Dabei werden notwendigerweise
ethische Gesichtspunkte einbezogen oder aber abgewehrt. So zeigt
sich, wie die Binnensektoren der ästhetischen und ethischen Rationalitätstypen ineinander zerfließen. Mit der Ausformulierung eines
bestimmten Rationalitätstyps macht man auch Aussagen über andere Rationalitätstypen: der l'art pour l'art-Standpunkt schließt die
ethische Komponente der Kunst aus und nimmt dadurch zu dieser
Stellung.
Welsch versucht die Notwendigkeit solcher Übergänge und die Ak-
tivitäten der «transversalen Vernunft», des Vermögens und der Voll-
zugsweise dieser Übergänge, aufzuzeigen. «Auch wenn es Unlösba-
res gibt, ... so sind diese Unlösbarkeit, Heterogenität und Funda-
mentalität des Dissenses doch nur im Medium solcher Vernunft
erfahrbar und feststellbar» (306). Transversale Vernunft ist eine
Prozeßform, mit Kants Urteilskraft vergleichbar, und jenseits von
modernen Subjektivitätstheorien oder von Hegels Integrationsstre-
ben zum fertigen Ganzen. Die transversale Vernunft erklärt und
«legitimiert» die postmoderne Lebensform.
Was hier Welsch in seiner Theorie der transversalen Vernunft bietet,
ist die erstaunliche Leistung einer perfekten Selbsttäuschung. Ganz
unmerklich ist die Argumentation und Illustration von den eigentlichen Problemen der Postmoderne in eine völlig andere Fragestellung abgeglitten. Die Perfektion der Beschreibung *dieses neuen* Themas suggeriert nachträglich die Lösung der *Ausgangsfrage.* Aber
das Problem ist *nicht,* daß es Möglichkeiten gibt, vom Diskurs des
Vergnügens zu dem der Überredung oder der Ethik oder der
Sprachanalyse überzuwechseln; ebensowenig geht es darum, daß

man Staatsgalerien bauen kann, in denen verschiedene Stilelemente verschiedener Stilformen, verschiedene Gedanken diverser Dimensionen, unterschiedliche kognitive Leistungen aus metaphorischen und symbolischen Vorgaben in Erscheinung treten; das Problem ist auch nicht, daß Wissenschaft, Ethik und Ästhetik auf verschiedene Weise verflochten und in der Isolierung nicht lebensfähig sind; es geht nicht um die Verfolgung der Verknotungen und Maschen im Netz unserer vielfältig verwickelten Wirklichkeit, in der Menschen an verschiedenen Diskursen teilnehmen, in diversen Lebensformen existieren und sich in Übergängen von Rationalitätstypen üben können. Worum es geht, sind schlicht die uralten Fragen nach der Wahrheit und nach der Gerechtigkeit. Die in der transversalen Vernunft usurpierte *materiale Kooperation von Lebensformen* müßte in unserem Zusammenhang doch vor allem auf folgende Fragen antworten können: Ist der fanatische Moslem, der in einem Schulbus eine Bombe zur Explosion bringt, weil ihn dies Allah befiehlt, im Recht? Oder ist es der aufgeklärte Liberale, der aufgrund einer in seinem Lande praktizierten Toleranz die politischen Differenzen durch Verhandlungen, und das heißt durch Diskurs und pragmatische Kompromisse, beseitigen will? Wie ist die interessengebundene Sophistik der Leugnung des Naturrechts mit den Thesen der Verfechter eben jenes Rechts vereinbar, die von einer naturgegebenen oder gottgewollten Ordnung überzeugt sind? Ist das Problem des Sprechens zu Gott, des Gebets, damit gelöst, daß man auch ästhetische und ethische Elemente konstatiert und sich damit der Frage nach der Bedeutung des Kognitiven enthoben wähnt? Die diskutable Postmoderne geht häufig von *solchen* einschneidenden Differenzen aus; an *diesem* «Widerstreit» reibt sich das moderne Bewußtsein, nicht an der Möglichkeit oder Unmöglichkeit, Hiroshima auch ästhetisch aufzuarbeiten. Ob man Naturgesetze im Alltag als Realitätskomponente akzeptiert und zugleich von der Wertlosigkeit dieser Gesetze überzeugt sein kann, weil sie ja *nur* hypothetisch sind; ob man *gleichzeitig*, durch transversale Vernunft bestärkt, vom «Mord am ungeborenen Leben» und von der «noch nicht zum Menschen gewordenen Zellkultur» sprechen kann, – dies und ähnliches ist doch im Pluralismus vor allem gemeint, nicht nur, daß man zum barocken Ballkleid heute auch geometrische Colliers tragen darf.

Welsch spricht in seiner Beschreibung der transversalen Vernunft nur von den Übergängen zwischen den Rationalitätstypen. Nach jeder neuen Deskription eines Typs folgt charakteristischerweise ausschließlich ein Beispiel aus der Architektur, wo die Beschreibungen in der Tat bestens zutreffen. Doch in der Zusammenfassung der Ergebnisse am Ende des Buches ist plötzlich wieder von der *allgemeinen Problematik* die Rede. Da taucht der Begriff der Mehrfachkodierung (324) auf, die «mögliche Sprünge in den Wirklichkeitsverläufen» (325) einführt; «Hybridbildung» dient als Strukturmerkmal der Postmoderne. «Avancierte postmoderne Gestaltung ist in besonderer Weise auf Komplexionseffekte des Pluralen gerichtet» (323). Diese «anspruchsvolle Konzeption» läßt «die Alternativen aus der Regularität selbst entstehen» (324). Obwohl dies alles nur an ästhetischen Beispielen belegt wurde, fungiert transversale Vernunft als «Korrektur und Überwindung» (311) anarchistischer Tendenzen und pluraler Antagonismen im allgemeinen.

An den Gedankengängen von Welsch zeigt sich deutlich, wie hier ein neuer *Standpunkt* angestrebt wird, der ältere Konzeptionen, die großen und auch gewisse kleine Erzählungen, attackiert und durch eine «zeitgemäße» Sicht zu ersetzen sucht. Aversionen gegen «katastrophale» Postmoderne-Versionen (Cioran, Baudrillard, Kamper und Sloterdijk werden erwähnt, 321), eine selbstverständliche Verteidigung des Humanum (in der Form eines «schwachen und wahrhaftigen Subjekts», 316), Affinitäten zu einer gemäßigten Rationalität («präzis und doch nicht bloß exakt», 317[31]) und vor allem die Offenheit für das Unfaßliche, das sich im Grenzbewußtsein manifestiert, sind die Grundbestimmungen dieses neuen Standpunkts. Der Leitbegriff des *Weisen* sorgt für eine geschlossene Philosophie-Konzeption (325ff.). «Der Weise ist... derjenige, der noch und gerade dort, wo es keine eindeutige Regel mehr gibt, das Richtige zu sagen und zu treffen weiß», der alte Prophet in modernem Gewande. In dem Bild, daß die Philosophie «in einer Balance von Wissenschaft und Weisheit steht», drückt sich der Anspruch aus, *das* Paradigma der postmodernen Moderne zu repräsentieren. Die Inszenierung der Pluralität entpuppt sich so als Exekution der alten Feindbilder, die durch eine schwache Beleuchtung ihre Konturen verloren haben und deshalb kaum noch störend wirken, wenn das Theater der postmodernen Pluralitätsbewältigung seinen Fortgang nimmt. Dem gegenüber glauben wir gezeigt zu haben, daß die *Kontingenznormierung* eindeutig ist und weder durch Prozesse der transversalen Vernunft noch durch die Beschwörung des Widerstreits vermieden werden kann, – es sei denn, man spielte Theater.

---

31 Welsch verweist zugleich auf Lyotard, für den Wissenschaft auf ähnliche Weise «absolut unumgehbar ist» (326).

Die paradigmatische Religionsphilosophie unterscheidet sich von der Konzeption der Postmoderne durch das Ernstnehmen von Kontingenz*normierungen.* Wir sind gezwungen, einen Standpunkt einzunehmen. Dieser Standpunkt ist von den Vorgaben der Standardmodelle geprägt. Als Menschen eines Jahrhunderts, das die wissenschaftlichen Ergebnisse der vergangenen Generationen zum Aufbau des alltäglichen Wirklichkeitsverständnisses verwendet hat, lebt man zunächst in einer allgemein anerkannten normierten Gegenstandswelt. Die periodische oder gar permanente Verweigerung der Anerkennung solcher Normierungen heißt «Schizophrenie» beziehungsweise «Dementia». Doch diese allgemeine Ausgangsbasis ist relativ eng und zugleich für viele darauf aufbauende Verhaltensweisen und kritische Prozesse offen. Die durch die Offenheit bedingten Fakten der Kontingenz zwingen uns zum Transzendieren eben dieser Kontingenz. Auch die Postmoderne kann sich dieser Aufgabe nicht entziehen, – und entzieht sich ihr auch faktisch nicht, indem sie entweder eine neue Humanität oder aber einen neuen Zynismus[32] vorzuleben bemüht ist.

c. *Begriffsklärungen zur religionsphilosophischen Terminologie*

Nach diesem Nachweis der Notwendigkeit des paradigmatischen Denkens, das durch Überschreiten und Normieren von Kontingenzen bestimmt ist, wurde ein Kontext geschaffen, der eine Reihe fruchtbarer Begriffserklärungen ermöglicht. Wir sind damit in der Lage, Vorschläge zu einer einheitlichen Verwendung von Begriffen wie Religion, Metaphysik, Wissenschaft, Mythos, Theologie, Ideologie und Religionsphilosophie zur Diskussion zu stellen. Damit werden die häufig beklagten Universalverwendungen der Begriffe Religion und Mythos ausgeschlossen und durch präzisere Verwendungsweisen ersetzt.

Das *Verhalten zur Kontingenz*, sei es als Kontingenzbewältigung oder als Kontingenzbegegnung, stellt den letzten *Oberbegriff* in un-

---

32 Bei Sloterdijk taucht statt dessen der Begriff des Kynischen auf. In ihm soll der banale Zynismus überhöht werden durch eine Philosophie der Frechheit, der animalischen Heiterkeit, der Obszönität und einer den Streit suchenden komödiantischen Dialektik. Vgl. Sloterdijk (83) S. 203 ff. («Auf der Suche nach der verlorenen Frechheit»).

serer Einteilung dar. Bei Luckmann heißt diese Sinntranszendenz
«*Religion*»; ähnlich bezieht sich bei Brunner Religion auf jede
menschliche Lebensform. Lübbe definiert Religion als Lebenspraxis
der Kontingenzbewältigung und der Kontingenzanerkennung.[33] Andere verwenden für eben diese Prozesse den *Mythosbegriff*. So etwa
sieht Poser die zentrale Funktion des Mythischen im Aufweis der
letzten verbindenden Sinnhorizonte. Rapp stellt «die funktionale
Bedeutung von allgemein akzeptierten Vorstellungen und Denkmu-
stern, die bei individuellen und sozialen Orientierungs- und Legiti-
mationsprozessen wirksam sind» unter den Begriff des Mythos.[34]
Beide recht unbestimmten Verwendungsweisen, in denen bei den
genannten Autoren vieles von der ursprünglichen Wortbedeutung
verloren geht, stellen wir unter den Oberbegriff des *Verhaltens zur
Kontingenz*, in dem weder von Religion noch von Mythos die Rede
ist.
Religion bezieht sich vielmehr auf Kontingenzbewältigungen und
Kontingenzbegegnungen, in denen ausdrücklich *personale Bezüge*
mitgedacht werden, sei es in der Form von Offenbarung transzendenter Götter, sei es in der Form der innerweltlichen Begegnung mit
Numinosem, das als Zeichen von personhaft Göttlichem erfahren
wird. Hegels Begriff von Religion als «die Beziehung des Subjekts,
des subjektiven Bewußtseins, auf Gott» darf nicht auf bloß subjektive Stimmungen eingeengt werden.[35] Auch die «Gegenwart des
göttlichen Lebens im Menschen», wie es Eucken nennt[36], muß
immer zugleich als Kontingenzbegegnung gemeint sein, nicht nur als
Modifikation des Subjekts wie bei W. James oder bei C.G. Jung.
Für Jung bleibt alles Religiöse im Psychologischen des «seelischen
Hintergrunds»: «Religion ist eine lebendige Beziehung zu den seelischen Vorgängen, die nicht vom Bewußtsein abhängen, sondern
jenseits davon, im Dunkel des seelischen Hintergrunds sich ereignen.» Eine ähnliche Einengung auf ein allgemein Seelisches findet
man bei seinem Mythosbegriff: «Die Mythen sind ursprünglich Of-
fenbarungen der unbewußten Seele, unwillkürliche Aussagen über
unbewußtes seelisches Geschehen, und nichts weniger als Allego-

33 Luckmann: Säkularisierung – ein moderner Mythos, 1969, in: Luckmann (80) S. 36; Brunner (48): Religionsphilosophie evangelischer
   Theologie, in: Bäumler/Schröter (48), S. 5; Lübbe (86) S. 17, 60f, 66
34 Poser: Mythos und Vernunft; in: Poser (79) S. VII; Rapp (79) S. 11
35 Hegel (69), Band 16, S. 66
36 Eucken (20), S. 351

rien physischer Vorgänge.»[37] Auch Toynbees Definition ist zu eng, wenn im Begriff der Antwort nicht zugleich die Beziehung zu einem personalen Gegenüber gemeint ist: «Religion ist die Antwort des Menschen – seines Fühlens, Denkens und Tuns – auf die Weise, wie er seine Stellung im Kosmos, in welchem er zum Bewußtsein erwacht ist, ‹erfährt›.» Einen analogen Mangel zeigt auch Gehlens Definition: «Religion schlechthin ist eine handelnde Interpretation der Gesamtwirklichkeit, wobei man sich der Realität und Anwesenheit eines Übersinnlichen in dieser Welt gewiß ist.»[38] Auch Theorien über das religiöse Apriori betreffen nur dann wirklich Religion, wenn die gnoseologische Sphäre ausdrücklich in Korrelation zu einem personalen Gegenüber steht. «Die Scheu vor dem mysterium tremendum fascinosum, vor dem ‹ganz Anderen› als eine ursprüngliche Mitgift des menschlichen Geistes, als ein mit dem Erfahrungsinhalt erst auszufüllendes psychologischen religiösen Apriori» (K. Adam[39]), ist Gegenstand der allgemeinen Psychologie und betrifft erst dann die *Religions*psychologie, wenn sich im Apriori zugleich Personales konstituiert. Wertphilosophien, die Religion als allgemeinen Kulturfaktor (Cohen) oder als Krönung des Kulturstrebens (Cohn) einordnen, degradieren die Religion zu einer noologischen Methode zur Rechtfertigung von Moral, Wissenschaft und Personalität. Die These von der Religion als Phänomen sui generis ist gleicherweise ergänzungsbedürftig. Wenn Scholz Religion definiert als «die auf unirdischen Eindrücken... aufruhende positive oder negative Bestimmtheit des Lebensgefühls durch das Gottesbewußtsein», dann vermißt man den auf einen wirklich existierenden personalen Gott bezogenen Wahrheitsanspruch.[40]

Lévinas schlägt vor, «das Band, das zwischen dem Selben und dem Anderen entsteht, ohne eine Totalität auszumachen... Religion zu nennen.»[41] Da das «Band» hier als Von-Angesicht-zu-Angesicht gedacht wird und der Andere stets im «Antlitz» und zugleich als asymmetrisch Transzendentes gegenübertritt, ist hier das Wesen der Religion als personale Kontingenzbegegnung anschaulich und zugleich respektvoll beschrieben. Entscheidend ist die Blickrichtung bei Lévi-

37 Jung (36) S. 261
38 Toynbee (71) S. 20; Gehlen (71) S. 86
39 Adam (28) S. 111
40 Scholz (22) S. 109
41 Lévinas (87) S. 46

nas, die *personale* Transzendenz deutlich macht und nicht in der Gefühlssphäre eingebunden bleibt.

Wenn wir unter *Metaphysik* alle Formen der Kontingenzbewältigung und -begegnung verstehen, die jenen personalen Bezug *nicht* kennen, dann lassen sich die meisten kritisierten Religionstheorien als metaphysische Entwürfe einordnen. Nicht nur der Pantheismus und der Konfuzianismus, sondern auch gewisse asiatische Lebensformen, die wie der Urbuddhismus häufig als Religionen bezeichnet werden, fallen dann unter den Begriff der Metaphysik.[42]

Der *Begriff der Wissenschaft* orientiert sich ganz am dargestellten historisch wirksamen Standardmodell. Wissenschaft bedeutet also nicht irgendeine historische Regelmenge (K. Hübner), sondern nur das seit einigen Jahrhunderten etablierte System der *heute* betriebenen Wissenschaften. Wir haben schon darauf hingewiesen, daß die Eigendynamik dieses Systems so groß ist, daß eine totale Umgestaltung des ontologischen Rahmens faktisch ausgeschlossen ist. Auch neue Elementarteilchentheorien und «Weltformeln» stehen in der Tradition der Theoriendynamik und bedeuten deshalb Verbesserungen und Erweiterungen, aber keine völlige Außerkraftsetzung. Die Beschränkung des Wissenschaftsbegriffs auf das Standardmodell bedingt eine Einschränkung für die sogenannten hermeneutischen Wissenschaften.[43]

Mit der Fixierung des Wissenschaftsbegriffs auf die etablierten Systeme bietet sich die Verwendung des *Mythosbegriffs* im Sinne Hübners an: *Mythos als Denk- und Erfahrungssystem vergangener Epochen*, als autonomer Vorläufer des neuen Wissenschaftssystems. Ob die Ausgestaltung dieses Systems im griechischen Kulturbereich in der Einheitlichkeit gelang, wie es Hübner in «Wahrheit und Mythos» vorführt, ist allerdings zweifelhaft. Darauf kommt es hier aber nicht an; es geht um seine Idee, geschichtliche Systemmengen mit Hilfe des Mythosbegriffs zur Deutung von Wirklichkeit zu verwenden.

Der Gebrauch des Wortes «Mythos» ist im allgemeinen äußerst vielfältig. Hübner beschreibt im III. Kapitel elf Deutungen. Häufig

---

42 Wir deuten hier Metaphysik als metaphysica *specialis*, die von Welt, Seele und Gott spricht, nicht als metaphysica *generalis*, die Element unserer deskriptiven Phänomenologie ist.

43 Vergleiche die Ablehnung des Begriffs einer hermeneutischen Wissenschaft bei Gadamer (72) S. 5: «Es gibt keine eigene Methode der Geisteswissenschaften.»

ist «Mythos» ein Synonym oder ein Oberbegriff für Religion in unserem Sinne. In vielen Fällen betrifft er spezielle Götter- und Heldengeschichten sowie die bildhafte Ausgestaltung religiöser oder enthusiastischer Grundstimmungen. «Mythen sind Geschichten» heißt es bei Marquard lapidar. Häufig sind Elemente des Mythischen in unserem Sinne mit Elementen des Religiösen und Metaphysischen vermischt. So etwa in Marquards Begriff des Monomythos, der als Mythos der geschlossenen Gesellschaft sowohl wissenschaftliche als auch religiöse Funktionen erfüllt. Für Marquard geht es nicht ohne Mythen: «narrare necesse est»; «Mythen abzuschaffen,: das ist aussichtslos».[44] Für solche Verwendungen schlagen wir den Begriff der *Mythologie* vor. Während Mythos das Analogon zum Wissenschaftsbegriff ist, sind Mythologien Kontingenz transzendierend. Sie konstituieren aber nur in seltenen Fällen Paradigmen, weil die Vielfalt der Ausgestaltung ihrer Inhalte die Institutionalisierung einschränkt und Mythologien nur in räumlich und zeitlich eng begrenzten Bereichen wirksam werden.[45]

Sofern *Theologie* nicht als «theologia naturalis» Metaphysik meint, bezieht sie sich eindeutig auf Religion. In ihr wird eine bestimmte, persönliche Kontingenzbewältigung oder -begegnung begrifflich strukturiert und als vertretbar ausgewiesen.[46] Auch die sogenannte

44 Marquard: Lob des Polytheismus. Über Monomythie und Polymythie. In Marquard (81) S. 93, 97, 95

45 Solche mythologischen Elemente hat offensichtlich K. Hübner im Auge, wenn er in «Wahrheit des Mythos» davon spricht, daß Hölderlin und Wagner herausragende Beispiele für die noch lebendige Gegenwart des Mythos seien (S. 408). Er ist überzeugt, daß der Mythos für die meisten Menschen die Wirklichkeit mitbestimmt (S. 412), und wünscht auch für eine Kultur der Zukunft, daß sich dort Wissenschaft und Mythos «weder einander unterdrücken noch unverbunden nebeneinanderstehen, sondern in eine durch das Leben und das Denken vermittelte Beziehung zueinander treten» (S. 410). Diese Art Privatmythos haben wir *«Mythologie»* genannt. Sie liefert je individuelle Ausschmückungen der Kontingenzüberschreitung, die aber wegen der Eigendynamik der Wissenschaften nie ontologischen Charakter annehmen können.

46 Ein charakteristisches Beispiel dafür, daß in der Theologie die Existenz eines (persönlichen) Gottes vorausgesetzt wird, bietet Beck (86) S. 170f. Es ist die Rede von der «Emporwandlung unserer Begriffe von den positiven Seinsgehalten der Welt *in der Richtung* absolut unüberbietbarer Vollkommenheit» (171).

Fundamentaltheologie, die Theologie in ihren Bezug zur Offenbarung ganz allgemein analysiert, zielt letztlich auf die Glaubwürdigkeit einer *bestimmten* Theologie. Ihre Nachweise und Legitimationsversuche erfolgen stets für die *christliche* Offenbarung, und zwar ex officio, nicht nachträglich als Ergebnis einer neutralen Entdeckung. Zahlreiche Aussagen sogenannter christlicher Philosophien oder christlich geprägter Religionsphilosophien betreffen letztlich fundamentaltheologische Perspektiven.

Unsere bisherigen Festlegungen enthalten zugleich eine Bewertung von *Ideologien*. In Ideologien wird Kontingenz transzendiert und zugleich beteuert, daß die Transzendierung legitimiert sei. In Wirklichkeit handelt es sich stets um fehlerhafte oder schlicht um fehlende Legitimationen. Vor allem die Beteuerung, «nur wissenschaftlich» zu argumentieren, erweckt den Eindruck von Notwendigkeit. Aber auch die Berufung auf «offensichtliche Phänomene» kann ideologisch sein, falls man die Einseitigkeit des Gesehenen nicht zugesteht. Gegenpositionen und kontradiktorische Erfahrungen werden oft durch den Hinweis auf die Außerkraftsetzung der formalen Logik oder auf die Blindheit eines «falschen Bewußtseins» vom Tisch gewischt.

Zum Schluß stellt sich die Frage nach der Bedeutung von *«Religionsphilosophie»*. Die gegenwärtige Situation innerhalb dieser lange Zeit sehr stiefmütterlich behandelten philosophischen Disziplin beschreibt treffend D. Z. Phillips: «To work on the field of philosophy of religion ... is like working on the Tower of Babel: one cannot take for granted, that one's colleaques understand what one is saying.»[47] Was besagt schon Religionsphilosophie als «vorurteilsfreie Hermeneutik der religiösen Erfahrung» (Hessen), als «philosophische Bestimmung von Religion», als «Rückgang in die Bedingungen der Möglichkeit von Religion» (beides bei Schrödter), als «vernünftiges Argumentieren über das Phänomen Religion» (Grabner-Haider), als «Kritik des religiösen Bewußtseins» (im Positivismus), als «natürliche Theologie», die natürliche Fragen nach dem letzten Grund und Sinn allen Seins «mit rein philosophischen Methoden als ‹Gott› bestimmt» (Beck), als Summe von «Religionswissenschaft plus Aufwerfen der Wahrheitsfrage» (Hubbeling) oder Religionsphilosophie als Analyse des religiösen Sprachgebrauchs (sprachanalytische Philosophie), – wenn nicht der zugehörige Kon-

---

47 Phillips (65) S. 1

text erläutert wird.[48] Unsere bisherigen Ausführungen stellen einen solchen Kontext dar und führen so zu einer eindeutigen Begriffsbestimmung.

Religionsphilosophie ist weitgehend deskriptiv. *Sie beschreibt die Kontingenzerfahrungen* als deskriptive Konstanten. Sie führt ferner logische, argumentationstheoretische und sprachkritische *Analysen des Verhaltens zur Kontingenz* aus und zeigt, wo überkommene Standardmodelle vorliegen und wo die Überschreitung jener Gegebenheiten stattfindet. Die Entdeckung von Leitbegriffen und der Aufweis von deren Wirkungsweisen wirft Licht auf eine Vielfalt von historisch etablierten Paradigmen. Die Religionsphilosophie macht zugleich deutlich, daß Wirklichkeit nur unter der Bedingung von Leitbegriffsetzungen denkbar ist. Dagegen enthält die religiöse Vernunft, die in der Religionsphilosophie wirksam ist, keine universellen Entscheidungsverfahren für Wahrheitsfindungen. Sie verweist zwar auf *notwendige* Bedingungen; eine letzte Antwort durch *hinreichende* Bedingungen jedoch widerspricht der Möglichkeit von Widerfahrnis und Gnade, die in der Religion denkbar bleiben muß. Religionsphilosophie ist keine Instanz, die aufgrund religionswissenschaftlicher Analysen die Wahrheitsfrage vollständig beantworten könnte (so etwa bei Hubbeling[49]). Sie kann nur innere Widersprüche, versteckte Leitbegriffe und verleugnete Wertvorstellungen aufdecken und bewährten Paradigmen gegenüberstellen. Deshalb sprechen wir von einer «*paradigmenbezogenen Religionsphilosophie*», in der sich mannigfaltige Kontingenzidentifikationen und -normierungen vollziehen. Die eigentlichen Entscheidungen *inhaltlicher* Art fallen in den Paradigmen der Metaphysik und der Religion. Religionsphilosophie ist nur eine *Metatheorie*, die zwar zur eigenen Standortbestimmung und zur allgemeinen Orientierung beiträgt, die Legitimationen dieser Ortsbestimmungen aber nicht abzuleiten vermag. Bestände diese Möglichkeit, so wäre sie vermutlich schon längst in einem «Katechismus der religiösen Vernunft» Allgemeingut und Grundlage eines universellen Superparadigmas geworden.

Fassen wir unsere terminologischen Vorschläge zusammen:
– *Religion* ist bewährte Kontingenzbewältigung und -begegnung,

48 Hessen (48), Band 1, S. 191; Schrödter (79) S. 31 bzw. 33; Grabner-Haider (78) S. 7; Beck (86) S. 7; Hubbeling (81) S. 13
49 Hubbeling (81) S. 13 und S. 44. Ähnlich U. Mann in seiner «Einführung in die Religionsphilosphie» (70) S. 17.

sofern Bezüge zu einer personalen Transzendenz mitgedacht werden;

- *Metaphysik* betrifft historisch wirksames Transzendieren von Kontingenz unter bezug auf abstrakte Prinzipien;
- *Wissenschaft* ist die Entfaltung der in den Standardmodellen anerkannten ontologischen Vorgaben unseres Kulturkreises;
- *Mythos* bedeutet den Sammelbegriff für Vorformen der wissenschaftlichen Weltbewältigung;
- *Theologie* betrifft die begriffliche Ausgestaltung und Rechtfertigung einer bestimmten religiösen Kontingenzbewältigung oder Kontingenzbegegnung;
- *Ideologie* bezeichnet die Transzendierung von Kontingenz unter Vortäuschung nicht vorhandener Legitimationen;
- *Religionsphilosophie* schließlich ist die deskriptive Phänomenologie der Kontingenzerfahrungen sowie der Formen des (notwendigen) Verhaltens zur Kontingenz; sie bedeutet demnach Kontingenzidentifikation und Kontingenznormierung innerhalb der «religionsphilosophische Paradigmen» genannten Lebensformen.

9. Rationalität und das Transzendieren von Kontingenz

In der Tradition des kritischen Rationalismus beharrt man auf einem Rationalitätsbegriff, in dessen Bereich die Rede vom «framework», von Lebensformen und Paradigmen samt Leitbegriffen sinnlos ist.[1] Kritische Rationalität bedeutet nicht *Rechtfertigung* aus Vernunft, wie sie von Rationalisten oder Empiristen alter Schule angestrebt wurde. Rechtfertigung in rationalistischem oder empiristischem Sinn bedarf in der Tat letzter Anknüpfungspunkte, die z.B. als angeborene Ideen oder als schlicht gegebene sinnliche Erfahrungen nicht mehr in Frage gestellt werden können. *Kritischer* Rationalismus setzt der *Rechtfertigung* die *Kritik* entgegen. Also bedarf es keiner argumentativen Rechtfertigung durch Leitbegriffe; auch diese müssen der Kritik unterworfen werden.

Doch die Radikalisierung dieser Forderungen stößt auf Widersprüche. So heißt es, daß Kritik bedeutet, wir sollen unsere Überzeugungen und Handlungsweisen so einrichten, daß so wenige Irrtümer wie möglich auftreten. Welches sind aber die Kriterien für Irrtümer? Es gibt deutlich erkennbare, aber auch sehr vage Anhaltspunkte dafür. Deutlich erkennbar sind sie dort, wo Rationalität mit *Logik und Erfahrung* in Zusammenhang gebracht wird, weil beide Begriffe im Standardmodell der Wissenschaften präzisiert sind; sehr vage aber bleiben die Kriterien, wo von der Rationalität als von einer regulativen Idee die Rede ist und Bewertungen in der Form von *Toleranz und Humanität* ins Spiel kommen.[2] Logik, Erfahrung und Humanität in diesem normativen Sinn definieren erst den Kritik-Begriff und werden von den Vertretern des kritischen Rationalismus nicht in Frage gestellt. Das Rationalitätskonzept des kritischen Rationalismus stellt demnach einen speziellen Weg dar, religionsphilosophische Kontingenz in Anknüpfung an die ontologischen Voraussetzungen der Erfahrungswissenschaften zu bewältigen. Wir versuchen im folgenden, einen Überblick über die weiteren

---

1 Siehe z.B. W.W. Bartley: «A rationalist is, for us, one who holds all his positions – including standards, goals, criteria, authorities, decisions, and especially his frame-work or way of life – open to criticism. He witholds nothing from examination and review.» (Non-Justificationism: Popper versus Wittgenstein; Weingartner (83), S. 259).

2 Genaueres zum Thema Rationalität und Humanität in 10.3a

Möglichkeiten solcher Bewältigungen zu erhalten. Dabei dürfen wir uns nicht auf die beiden vom kritischen Rationalismus in den Vordergrund gerückten Themen *Logik* und *Erfahrung* beschränken; insbesondere muß das *Problem der Sprache* ausführlich diskutiert werden, zu dem die analytische Philosophie Bemerkenswertes zu sagen hat.

Werfen wir nochmals einen Blick auf das Standardmodell der Wissenschaften, um die *Möglichkeiten von Alternativen* zu erkennen. Am Anfang steht die Berufung auf eine wissenschaftliche Sprache mit einem logischen Kern. Dann werden Beobachtungsbegriffe, theoretische Begriffe und Korrespondenzregeln zur Festlegung des Erfahrungsbegriffs eingeführt. In den zugehörigen Prämissen kommt insbesondere die herausragende Rolle von Raum und Zeit zum Vorschein. Damit ist der Rahmen für die alternativen Themen abgesteckt:

- Profane und religiöse Logik (9.1),
- Sprache und Sprachlosigkeit (9.2 und 9.3),
- Raum-zeitliche Endlichkeit und das «ganz Andere» (9.4),
- Rationalität und mythisches Denken (9.5).

Es wird sich zeigen, daß der Begriff einer «religiösen Logik» irreführend ist. Dagegen besteht durchaus die Möglichkeit, durch religiöse Leitbegriffe eine spezifische Sprachverwendung zu entwickeln, die es erlaubt, neben der profanen Verwendung von Worten Religiöses auszudrücken. Dies geschieht jedoch nicht mit Hilfe von Mythen, die in Hübners Deutung die Rolle einer alternativen Rationalität übernehmen, weil Hübner Rationalität als *formalen* und nicht als inhaltlichen Begriff auffaßt.

9.1 Profane und religiöse Logik

Es besteht die weitverbreitete Meinung, daß Religion nichts mit Logik zu tun habe. Nicht nur für Luther war die Logik ein Werk des Teufels. Man solle beten und verehren, nicht argumentieren und logisch denken.[3] Es gibt kaum eine Religion, in der nicht Geheim-

---

3 Wenn Luther «gegen die Philosophie anbellt», wie es in seiner Römerbriefvorlesung heißt, so bezieht sich vieles auf die zeitbedingte Absetzung von der scholastischen Philosophie. Siehe dazu z. B. Ebeling (77) S. 81 ff. Quellen zu Luther: siehe Luther (83) 18, 164, 25 f.; 40/I, 365, 18 f.

nisse und Wunder, Paradoxien und Widersprüche als Alibi gegen die Logik verwendet werden. Wie sollten auch strenge Logik und Religion vereinbar sein?

a. Zum Problem einer Kernlogik

Solche Vorurteile resultieren aus einer falschen Vorstellung vom Wesen der Logik. Die Diskussionen über dialogische Logik, dialektische Logik, aber auch über intuitionistische und effektive Logik erwecken den Eindruck, es stehe im Belieben der Menschen, sich seine Logik auszuwählen und die passende Logik für das jeweilig vorliegende Problem auszusuchen. Dabei übersieht man, daß eine «elementare Logik» existiert, die all den genannten «Logiken» vorgeordnet ist, weil sie nichts anderes bedeutet als die Gesamtheit der logischen Zusammenhänge *aller* Darstellungen identischer Gedankeninhalte. Diese elementare Logik wird häufig als Kernlogik, gelegentlich auch als Begriffslogik bezeichnet.[4] Die Fundamentallogik enthält alle allgemeinzulässigen Regeln, die zu jedem Denksystem oder Kalkül hinzugefügt werden können, ohne deren Konsequenzenmenge zu vergrößern. Man stellt sie im allgemeinen als Konsequenzenlogik dar, kann sie aber auch auf eine axiomatische Form bringen. Letzteres hat den Vorteil, daß man zur Charakterisierung relativ wenige Axiome aufzählen kann und diese gegebenenfalls in einem zu untersuchenden System dann nachweisen muß. Die Axiome sind bereits bei Aristoteles zum Teil explizit formuliert, zum Teil wenigstens implizit mitgemeint.[5] Es handelt sich um das Prinzip der Identität, des Widerspruchs, des ausgeschlossenen Dritten (tertium non datur) und um das Prinzip von der Art und Gattung (dictum de omni et dictum de nullo). Der Nachweis, daß die Kernlogik in bestimmten Systemen vorliegt, verläuft dann über diese Prinzipien. So versuchte z.B. G. Paul, die Kernlogik in der sogenannten neomohistischen Logik, einer der bedeutendsten chinesi-

4 Von «Kernlogik» spricht z.B. H. Lenk (73) S. 98, von «Begriffslogik» Schrödter (79) S. 285, von «reiner Logik» Petzinger (73) S. 1, der sich direkt an Freytag-Löringhoff (55) anschliesst. Bei v. Kutschera (67) bedeutet «elementare Logik» die Aussagen- und Prädikatenlogik 1. Stufe. Wir meinen damit letztlich die häufig als Konsequenzenlogik dargestellte Lorenzensche Minimallogik aus Lorenzen (55).
5 Siehe Bocheński (56) § 12

schen logischen Schulen (4. Jh. v. Chr.), nachzuweisen.[6] Ähnliche Versuche für andere implizite Logikpraxen bestätigen die These von der Notwendigkeit der Kernlogik für argumentative Systeme jeglicher Art.

Wir erwähnten bereits, daß die Widerstände gegen die Annahme einer einheitlichen Fundamentallogik vom falschen Verständnis des Wesens der Logik herrühren. *Formale* Logik – und um eine solche handelt es sich bei der Kernlogik – hat keine andere Aufgabe, als aus *klar formulierten vorgegebenen Prämissen* neue Aussagen zu folgern, die unter der Annahme, daß die Prämissen wahr sind, selbst wieder wahr sind. Formale Logik verändert also nur die *Form* eines bereits Vorgegebenen und Anerkannten. Sie schmuggelt keine neuen Inhalte ein und sie liefert keine Erkenntnisse, die nicht schon in den Prämissen implizit mitgegeben wären. Der Streit im Umfeld der formalen Logik bezieht sich stets auf das falsche Objekt: man verdächtigt das *logische Instrument* und meint eigentlich die *Voraussetzungen.* Die grundlegenden Entscheidungen fallen in der Annahme jener Prämissen. Wenn sich ein Phantast weigert, seine Gefühle und Visionen in einer allgemein verständlichen und anerkannten Sprache zu formulieren, dann ist der Hinweis auf eine «Logik des Herzens» (Pascal), die den Äußerungen angeblich eine eigene Struktur und Legitimation gibt, nicht sehr hilfreich. Der Logiker hat nichts gegen die Äußerung von diffusen, dichterisch verklärten Bildern und Metaphern, so lange damit nicht der Anspruch verknüpft wird, daß sich daraus *notwendig* anderes ergibt. Logisches Denken enthält kein Veto gegen eigenwillige, originelle und subjektive Äußerungen. Es verwahrt sich auch nicht gegen die Aneinanderreihung mehrerer solcher Äußerungen. Widerspruch erhebt es ausschließlich gegen die Behauptung, daß eine solche Folge von Äußerungen eine innere oder anders etikettierte (z. B. «dialektische») Notwendigkeit habe, zu der nur der Eingeweihte Zugang hat. Notwendigkeit setzt Vergleichsmöglichkeiten voraus und diese sind nur in der Gesamtheit der allgemein anerkannten Regeln realisierbar.

Thesen, daß nur der Mensch mit dem «richtigen Bewußtsein» die Notwendigkeit eines in Kategorien des Klassenkampfes beschriebenen Geschehens durchschauen kann, sind von gleicher zweifelhafter Qualität. Entweder sind die Prämissen, aus denen mit Notwendigkeit auf anderes geschlossen wird, formulierbar, dann kann die Logik auch von einem Menschen der «falschen Klasse» durchschaut

6 Vgl. Paul (88) S. 23 f.

werden; – oder aber die Prämissen selbst sind schon unklar und mit jenem Gestammel von Phantasten vergleichbar. Auch in der religiösen Diskussion verwechselt man häufig die Notwendigkeit der *Klarheit* der Prämissen mit der Notwendigkeit der *Folgerungen*. Wenn sich Mystiker in Ekstase befinden, so beziehen sich die Äußerungen auf eine bestimmte Erfahrungsqualität, die sich nur schwer auf eindeutige Begriffe bringen läßt. Aber wenn beispielsweise in einer Vision behauptet wird, daß *alles* in helles Licht getaucht war, dann folgt daraus logisch, daß auch *Teilbereiche* des Geschauten in hellem Licht standen, ferner daß ein bestimmter Ausschnitt nicht finster gewesen sein kann, usw. Religiöse *Zusammenhänge* haben keine eigene Logik. Eine ganz andere Frage ist, ob solche logischen Folgerungen hilfreich und nicht vielmehr banal sind. Die *Prämissen* in religiöser Ekstase können von den *Prämissen* in profaner Sprache abweichen.

Der Terminus «Logik der Religion», wie ihn I.M. Bocheński verwendet, betrifft die Anwendung der Logik auf Religion.[7] In seiner Untersuchung mit dem genannten Titel entlarvt er eine Reihe weiterer Vorurteile über die Stellung der Logik innerhalb der Religion, die es abzubauen gilt. Bocheński betrachtet dabei ausdrücklich nur die Weltreligionen. Er bezieht sich also auf die Religion als soziales und öffentliches Phänomen, in welcher eine Sprache über Religiöses verwendet wird, um gewisse Glaubenssätze zu formulieren. Seine Überlegungen dürfen also nicht ohne weiteres auf spezielle Deutungen von Religion im Sinne Schlettes, Lübbes oder Weischedels übertragen werden, in denen solche kognitiv gemeinten Glaubenssätze, von denen Bocheński spricht, ausdrücklich als überholt hingestellt werden.[8] Für Bocheński sind die logischen Regeln und Gesetze der religiösen Sprache mit denen der allgemeinen Logik identisch, weil und insofern beide von Propositionen handeln. Diese Überzeugung setzt keine Teilhabe an den jeweiligen Glaubenssätzen voraus. Was

7 Bocheński (68)
8 Vgl. z.B. Lübbe (86) S. 240: «Insofern ist es wahr: Die sogenannte ‹Wahrheitsfrage›... wird in der funktionalistischen Religionstheorie beiseite gelassen.» Als besonderen Mangel hat dies auch Schaeffler in seiner Rezension über «Neuerscheinungen zur Religionsphilosophie» herausgestellt: «Kritisch bleibt anzumerken, daß Lübbe, entgegen seinen Versicherungen, eine reduktionistische Beschreibung der Religion nicht vermeiden kann... Bezeichnenderweise ist von dem zentralen Thema aller religiösen Aussagen, von Gott, in Lübbes Religionsbetrachtung überhaupt nicht die Rede.» Schaeffler (88) S. 90.

allein gefordert wird, sind Sätze über Gott oder andere religiöse Gegenstände, die von Gläubigen formuliert werden. «So hat z.B., wer religiöse Logik betreibt, anzuerkennen, daß die Gläubigen der einen oder anderen Religion sagen, daß Gott unser Vater ist – aber er muß deshalb keineswegs auch anerkennen, daß Gott unser Vater ist.»[9]

Bocheński geht in seiner Argumentation ausschließlich von solchen Manifestationen aus. «Einige Teile der religiösen Sprache jeder Religion sind von ihren Benützern dahin intendiert, daß sie Aussagen ausdrücken und behaupten.»[10] Wenn dies so ist, dann steht einer Übertragung der Logik auch in diesen Fällen nichts im Wege. Wir betonen nochmals, daß diese Überlegungen das Zugeständnis enthalten, daß in der Religion Aussagen mit *kognitivem Inhalt* gemacht werden: Gott ist Vater; Christus ist Sohn Gottes; Gott wird einst als Richter erscheinen. Skeptiker werden Bocheński die quaestio iuris entgegenhalten. Vielleicht hat die Masse der Gläubigen gar kein Recht, so von Aussagen zu sprechen, weil sie die eigentlichen Probleme nicht durchschaut. Im logischen Positivismus wurde häufig genug auf die Leere und Sinnlosigkeit solcher Propositionen hingewiesen. Doch wenn Schlette oder Weischedel die radikale Fraglichkeit und Skepsis predigen, die nach den logischen Analysen im Sinne Carnaps oder Ayers allein übrigbleiben, dann zerstören sie in den Augen Bocheńskis den Glauben: «Um es ganz grob zu sagen, sie raten den Gläubigen, damit aufzuhören, weiterhin Glaubende zu sein. Denn ‹gläubig› hat bisher stets ganz einfach bedeutet und bedeutet noch immer – : ein Mensch, der bestimmte Aussagen glaubt und sie als wahr behauptet.»[11]

Für den *Logiker* Bocheński geht es also nicht um die Frage, ob Menschen mit Recht innerhalb der Religion Aussagen machen und deren Wahrheitsanspruch vertreten, sondern darum, daß – falls es sich um Propositionen handelt – diese genauso behandelt werden müssen wie in jedem anderen Bereich. Die quaestio iuris ist bei Bocheński eine Frage der *angewandten* Logik und der Erkenntnistheorie. Formale Logik, von der hier die Rede ist, kann nur den

9 Bocheński (68) S. 24
10 a.a.O. S. 44
11 a.a.O. S. 45. Bocheński übernimmt hier die Augustinische Glaubensauffassung: Glauben als cum assensione cogitare (Augustinus: De praedestinatione sanctorum II, 5).

Wahrheitsgehalt bereits *bekannter* Prämissen weitervermitteln, aber nicht *neue* Wahrheiten auffinden.

Um unsere These zu erläutern, sind zwei Aufgaben zu erfüllen:

- erstens sind alle Angriffe auf die formale Logik zurückzuweisen, die von einer besonderen «Logik der Religion» sprechen, ohne Regeln für die Anwendung dieser Logik formulieren zu können;
- zweitens muß geklärt werden, wie die Ausdrücke beschaffen sein müssen, die zwar als religiöse Vorgaben fungieren, aber nicht zugleich als Prämissen für formale Schlüsse verwendet werden können.

b. Angriffe auf die formale Logik

Zahlreiche Vorwürfe gegen die Logik verweisen auf eine Einschränkung des Denkens durch den Bezug auf Logik. Die ungestüme Entwicklung der modernen Logik in der Form logistischer Kalküle führte zu der Vorstellung, daß die Anwendung der Logik von einer vorausgegangenen Mathematisierung des betrachteten Bereichs abhängig sei. Deshalb wurden Philosophen, die sich auf Logik berufen, von vornherein verdächtigt, die Wirklichkeit zu vergewaltigen und sie nur unter der Perspektive des Meßbaren zu sehen. Dieser Umstand dürfte ein Grund für die ungebrochene Antipathie der kontinentalen Philosophie gegenüber der analytischen Philosophie sein. Unsere Überlegungen betreffen aber nicht die ausgefeilten Spezialkalküle der sogenannten Logistiker, die in der Tat oft sehr spezielle mathematische Teilbereiche wie die Wahrscheinlichkeits- oder die Spieltheorie betreffen. Uns geht es ausschließlich um die *Kernlogik.* Diese hat nichts mit *Meßbarkeit,* sondern nur mit *eindeutiger Identifizierung* zu tun. Sie ist die Lehre von der Identität und der Differenz.[12] Überall dort, wo Identisches gedacht wird, bleibt sie anwendbar. Falls in einer Argumentation die verwendeten Begriffe in einer identischen Bedeutung gemeint sind, – und nur in den seltensten Fällen wird das ausdrücklich verneint, – dann können die Aussagen auch auf eine andere Form gebracht werden. Und nur von dieser Umformung handelt die formale Logik.

Ein anderes Mißverständnis liegt vor, wenn man den Begriff der Logik so weit faßt, daß er auch die *konventionellen* Regeln des

12 Besonders deutlich hat das Freytag-Löringhoff in (55) herausgearbeitet. Vgl. S. 14

Sprachgebrauchs betrifft. Die «Logik der Sprache» im Sinne von Strukturen der Oberflächen- und Tiefengrammatik ist ein zentrales Thema der sprachanalytischen Philosophie. Argumente, die mit dem Hinweis auf diese Logik operieren, dürfen nicht als Einwände gegen die formale Logik mißverstanden werden. Verwechslungen dieser Art gibt es in der Literatur in großer Zahl. Wenn beispielsweise Winch in seinem Buch «Die Idee der Sozialwissenschaft» darauf hinweist, «daß Kriterien der Logik nicht ein unmittelbares Geschenk Gottes sind, sondern dem Kontext von Lebewesen oder gesellschaftlichen Lebensformen entspringen und nur in ihnen verstehbar sind»[13], dann meint er den genannten Komplex von formaler Logik, Sprachgebrauch und Rationalitätsnormen. Eine ähnliche Verwechslung finden wir bei N.H.G. Robinson, wenn er zu Beginn des Aufsatzes «Die Logik der religiösen Sprache» einen engen Zusammenhang mit der allgemeinen Sprachkritik feststellt und dann später auf S. 196 plötzlich von der «inneren logischen Kohärenz» spricht.[14] Auch dort ist der *semantische* Aspekt gemeint. Das Wort «logisch» ist irreführend, weil es dann wiederum die Konsistenz und damit die logisch widerspruchsfreie Ableitbarkeit betrifft.

Gewichtiger erscheinen Einwände der sogenannten *Dialektiker*, die sich unter Berufung auf Hegel selbstbewußt von dem «nur formalen» Standpunkt distanzieren und über eine eigene Logik zu verfügen meinen. Besonders im Umkreis der «Frankfurter Schule» wurde die These von der Dialektik als Alternative zur formalen Logik immer wieder formuliert. Dabei handelt es sich dort aber um recht durchsichtige Paradigmen, deren unhinterfragte Leitbegriffe der Gesellschaft und der Humanität alle Antworten zu liefern scheinen. Paradoxerweise stört es beispielsweise Adorno oder Marcuse wenig, daß diese Antworten sich intensiver logischer Argumentation auch formaler Art bedienen. Nur an den Bruchstellen, an denen die Widersprüche ihrer Gedankengänge offen zu Tage treten, wird wieder die Dialektik bemüht. Trotz des Nachweises, daß keine der vorgeschlagenen Dialektiken als methodologisches Instrument zur Schlußfolgerung verwertbar ist[15], sind deren Ansprüche, die gesellschaftlichen Bedingungen mit Hilfe eben dieser Dialektik in ihren

13 Winch (66) S. 129
14 Siehe Dalfert (74) S. 190f.
15 Vgl. die Reichweite der dialektischen Logik und deren Kritik in Wuchterl (87) 5.5 und 6

(dialektisch-) notwendigen Zusammenhängen richtig beurteilen zu können, bis heute nicht verstummt.[16] Auch die Berufung auf Hegel ist zweifelhaft. Man kann schwerlich behaupten, er habe die formale Logik nicht anerkannt. Im Gegenteil, er hat weit besser als gewisse Hegel-Anhänger durchschaut, daß das Verhältnis von Identität und Differenz nur innerhalb dieser Logik adäquat darstellbar ist. Die Frage, ob es auch ein Denken jenseits von Identität und Verschiedenheit gibt, berührt demnach gar nicht die Geltung der Logik. Wenn es ein solches Denken gäbe, müßte es darstellbar sein, sobald es Notwendigkeit beansprucht. Wie aber sollte das ohne die Voraussetzung der Identität des Gemeinten geschehen?

Auch Verweise auf das *asiatische Denken* überzeugen nicht. Wenn D. T. Suzuki in bezug auf den Zen-Buddhismus von der «Brechung der Tyrannei von Namen und Logik» spricht[17], dann muß wieder deutlich zwischen Semantik und Logik unterschieden werden. Die gebräuchliche *Syntax* wird von den Zen-Meistern zwar beibehalten, aber die *Semantik* außer Kraft gesetzt. Doch ohne die üblichen semantischen Übereinkünfte ergeben selbst logisch einwandfreie Folgerungen Ungereimtheiten, Paradoxien und Widersprüche. Das darf wieder nicht der Logik angelastet werden.

Auch die Logik-Diskussion im Umfeld *Nietzsches* krankt an dieser Verwechslung. Im Nachlaß heißt es deutlich: «Logik ist der Versuch, *nach einem von uns gesetzten Seins-Schema die wirkliche Welt zu begreifen, richtiger: uns formulierbar, berechenbar zu machen…*» Wenn Nietzsche vorher schreibt: «Tatsächlich gilt die *Logik…* nur von *fingierten Wesenheiten, die wir geschaffen* haben»[18], dann bleibt offen, ob es andere fingierte Welten oder vielleicht sogar wirkliche Welten gibt; jedenfalls sind diese dann nicht formulierbar und innerhalb der Philosophie nicht vermittelbar. Sofern solche Erfahrungen – sei es in der Form der persönlichen Liebeserfahrung oder der religiösen Gotteserfahrung – vermittelt werden sollen, sind sie längst der Logik unterworfen und auch in anderer Form sagbar, weil formale Logik Regeln der Umformung des Sagbaren enthält, die das Gleiche nochmals anders sagen.

Logik handelt von den Möglichkeiten in allen denkbaren Welten

16 Siehe dazu Fuller (83) S. 11
17 Suzuki (86) S. 82. Vergleiche dazu auch die unveröffentlichte Magisterarbeit von K. M. Barth: Wirklichkeit und Sprache bei Martin Buber und im Zen-Buddhismus, Phil. Fak. Tübigen 1987, III.1.a
18 Nietzsche (80), Band VI S. 538/39

(Leibniz), die zugleich formulierbar sind. Sie betrifft auch die Möglichkeiten, die sich die Phantasie der Evolution noch nicht ausgedacht hat. Es ist deshalb unverständlich, weshalb selbst von den überzeugtesten Verfechtern der Existenz einer Kernlogik immer wieder die Einschränkung gemacht wird, daß sich die Kernlogik nur auf die Spezies homo sapiens bezieht, wie sie sich innerhalb der Evolution bisher entwickelt hat. So betrachtet zum Beispiel Paul die Kernlogik als zentralen Bestandteil der Kritik, bemerkt aber zugleich «Eine Änderung der ‹Institution Kritik› käme dann wohl einer Mutation von der Gattung Mensch gleich. So etwas ist natürlich nie auszuschließen; und insbesondere ist es nicht auszuschließen, wenn man konsequent evolutionsbiologisch denkt.»[19] Gerade diese evolutionsbiologische Konsequenz ist in sich widersprüchlich. Besonders R. Riedl hat im Anschluß an K. Lorenz versucht, über die Raum-Zeit-Schemata hinaus auch Kategorien evolutionstheoretisch plausibel zu machen, indem er sie durch Adaptionen interpretiert.[20] Andererseits ist die Systemtheorie mit ihren logischen und mathematischen Prämissen das einzige Hilfsmittel, um das Transzendieren des Mesokosmos begrifflich zu realisieren. In bezug auf Raum und Zeit wird das von Riedl unumwunden zugegeben. «Die große Leistung *Einsteins* liegt in der Transzendierung seiner Ausstattung als Kreatur. Ähnliches leistet die Mikrophysik. Nun sind wir naturgemäß an einem Mesokosmos adaptiert, wie *Hans Mohr* sagt; die Dimensionalität im Makro- und Mikrokosmos konnte nur durch Übersteigen unserer angeborenen Anschauungsformen aufgeschlossen werden».[21] Was anderes kann «aufgeschlossen werden» bedeuten als eine logisch-mathematische Erschließung? Die Legitimation, mehr als nur mesokosmische Fakten festzustellen, wird allein aus der Logik gewonnen! Im gleichen Atemzug aber bezieht Riedl diese selbst in den Adaptionsprozeß ein. Er führt nämlich fort: «Die vier im folgenden zu beschreibenden Entscheidungshilfen aber betreffen dimensionslose, also auch im Mesokosmischen auftretende Qualitäten.» Die nachfolgende Diskussion der Quantität und der Funktion des «alle» macht deutlich, daß Riedl auch von den *logischen* Prämissen spricht. Hier kann nur das Alibi der angeblichen Sprachabhängigkeit aller Logik helfen, und prompt wird dieses als Argument nachgereicht: «In der Folge des Indogermanischen

19 Paul (88) S. 22, Fußnote 33
20 Riedl/Wüketits(87) S. 93ff.
21 a.a.O. S. 96

und der griechischen Grammatik entsteht die Suggestion (!) der Syllogismen; beispielsweise die Vermutung, man könne nach der Kenntnis von vielem über ‹alles› (von irgendetwas; ‹alle Menschen sind sterblich›) etwas aussagen und aus solcherart Behauptungen zwingende Schlüsse folgern (‹also ist *Sokrates* sterblich›); was in unserer Redeweise die Wahrheit genannt wird. Ich darf daran erinnern, daß Kinder und Naturvölker (auch herausgefordert) Syllogismen zu vermeiden trachten, diese aber auch der Kultur Chinas fremd sind.»[22] Das heillose Durcheinander von «Syllogismus», «Induktion» und «Wahrheit» kann auch nicht durch den Hinweis auf die Sprachabhängigkeit aufgelöst werden. Der eigentliche Widerspruch im Denken Riedls und anderer Evolutionstheoretiker liegt im Versuch, durch Hinweise auf biologische Prozesse dasjenige Mittel in Frage zu stellen, das diese Prozesse überhaupt erst zu denken ermöglicht. Wie kann man von Adaptionsmängeln der Logik sprechen, wenn durch den Zweifel an der Logik die Grundbegriffe der Identität und Verschiedenheit in Frage gestellt werden? Zwar hat Riedl zugegeben, daß damit «eine der wichtigsten Fragen gestellt» sei[23]; eine Antwort sucht man aber vergebens. Die Frage bleibt offen, – weil sie unbeantwortbar ist. Den Zugeständnissen an die Evolutionsbiologie, die so leichthin gegeben werden, liegt die Verwechslung von Erfahrung und logischer Umformung von Erfahrbarem zugrunde. Natürlich können sich Erfahrungsweisen verändern und vor allem durch Adaptionen verbessern. Aber die Möglichkeiten, diese so oder so darzustellen, sind eingeschränkt, sobald man sie als «so» oder «so» aufgefaßt hat, das heißt, sobald man Identität und Verschiedenheit gedacht hat. Daran können auch Gehirnmutationen nichts mehr ändern.

Es geht letztlich immer um die Weisen der *Erfahrung* und deren *sprachlichen Formulierungen*, nicht um die Logik, die Gemeintes nur formal variiert.

Um Mißverständnisse der besprochenen Art zu vermeiden, verwenden wir daher in all den Fällen, in denen von der «*Logik* der Religion» gesprochen wird, den eindeutigen Ausdruck «*Sprache* der Religion». Denn nicht die *Konsequenzen* aus den Prämissen, sondern eben diese sprachlichen Prämissen selbst enthalten bereits die ausschlaggebenden Vorentscheidungen. Alles hängt an der *Sprache*, die

22 a.a.O. S. 97
23 a.a.O. S. 112

sich im Erfahrungsvollzug herausbildet. Was die formale Logik daraus macht, ist von sekundärer Bedeutung.

Nach der Zurückweisung der Angriffe auf die formale Logik wenden wir uns nun dem zweiten Problem zu, nämlich der Verwendung von Ausdrücken, die sich angeblich logischer Betrachtung entziehen.

c. Der metaphorische Gebrauch des Logikbegriffs

Die These, daß die Logik in der Religion an entscheidenden Stellen nicht sinnvoll angewandt werden kann, geht davon aus, daß dort keine widerspruchsfreien Prämissen formulierbar sind, sondern Paradoxien und zwielichtige Sonderbarkeiten («odds», Ramsey) konstatiert werden müssen. Dabei lassen wir hier die Fälle außer Betracht, in denen der kognitive Inhalt religiöser Sprachen geleugnet und dabei als paradoxe Rede aufgefaßt wird (so z.B. bei R.W. Hepburn[24]). Wir sprechen vielmehr von Autoren wie John Wisdom oder Jan T. Ramsey, die am kognitiven Standpunkt festhalten. *Wisdom* zeigt ein besonderes Interesse an Paradoxien, die angeblich neue Einsichten vermitteln können. Während für seinen Lehrer Wittgenstein das Auftreten von Paradoxien bedeutet, daß spezielle Mißverständnisse vorliegen, die es in einer sprachanalytischen Therapie zu beseitigen gilt, haben Paradoxien für Wisdom eine positive Funktion. Sie sind ein Mittel, über die Wirklichkeit etwas auszusagen, was mit der logisch gereinigten Sprache oder mit der banalen Alltagssprache nicht gelingt. In der Welt der Tatsachen zeigt sich durch die Paradoxien etwas, was nicht direkt gesagt werden kann. Dabei beruft sich Wisdom auf die Gesamtordnung («pattern») der Fakten. Durch diese gelangt der Gläubige über die bloßen Tatsachen hinaus. In der berühmt gewordenen *Gärtnerparabel* beziehen sich angeblich der Gläubige und der Ungläubige auf die gleichen Tatsachen, nur «sieht» paradoxerweise der Gläubige eine tätige Hand, die der Ungläubige nicht sieht.[25] Weil die Tatsachen nicht isoliert, sondern innerhalb eines Gesamtrahmens gedacht werden, handelt es sich aber gar nicht um Paradoxien im Sinne widersprüchlicher Fakten; es liegen vielmehr zwei von der Art des «pattern» bestimmte Sicht-

---

24 Hepburn (58) S. 17ff.
25 Zur Gärtnerparabel siehe Wisdom (74) S. 63f. und die Auseinandersetzung mit Wisdoms Gedanken bei Flew (74) S. 84f.

weisen vor. Der Ausgangspunkt für logische Deduktionen des Gläubigen war gar nicht das Faktum des gerodeten Waldstücks, sondern die Existenz Gottes, die sein Paradigma konstituiert. «Die Existenz Gottes ist keine experimentelle Streitfrage», beginnt die Abhandlung «Götter»; sie ist das Medium, das in dem «Faktum» mehr zu entdecken erlaubt als der Unglaube des Kontrahenten. Paradoxien werden als Indiz einer Wirklichkeit gedeutet, die mit Hilfe der richtigen Sichtweise zugänglich ist. Wenn Wisdom den letzten entscheidenden Schritt in diesem Prozeß mit dem Richterspruch im Gerichtssaal vergleicht[26], dann wird deutlich, daß hier nicht mehr die Autonomie einer Logik der Paradoxien, sondern die Kraft des zugrunde gelegten Glaubens wirkt. Die Rede von der Logik hat bei Wisdom nur einen metaphorischen Charakter.

Analoge Beobachtungen können bei *Ramsey* gemacht werden. Auch er behauptet, daß Religion ihre eigene spezifische Logik habe; formale Ähnlichkeiten mit der wissenschaftlichen Logik seien nur äußerlich. Religiöses Sprechen setzt nach Ramsey im totalen Engagement eine eigentümliche Inblicknahme (odd discernment) voraus, die sich auf bestimmte empirische Situationen bezieht. Es gibt Situationen, die zwar verifizierbare und jedem zugängliche Elemente enthalten, die aber zugleich darüber hinaus in jener eigentümlichen Sicht noch mehr offenbaren. Diese zweifache Möglichkeit stellt keine strenge Paradoxie dar, sondern berücksichtigt nur eine zweite, tiefer liegende Ebene, die wesentlich zur menschlichen Erfahrungssphäre gehört. In solchen «Erschließungssituationen» (disclosure situations) geht dem Glaubenden ein Licht auf: er erblickt hinter den Fakten den religiösen Gehalt. Das Sprechen in solchen Erschließungssituationen bedarf nach Ramsey einer besonderen Logik. Diese repräsentiert er durch eine modifizierte Modelltheorie, die es dem Theologen ermöglicht, dort zu sprechen, wo wir ohne Modell schweigen müßten. Solche Modelle gehen von Komplexen aus, die uns zunächst bestens bekannt sind, z.B. von Erzeugungen oder Schöpfungen (vgl. den Vaterbegriff). Während wissenschaftliche Modelle aber solche Erfahrungen als objektivierende Theorien methodisch völlig in den Griff bekommen, entwickelt das *theologische* Modell das gleiche empirische Datum in «eigenartiger Weise» weiter und ermöglicht so völlig neue Bewertungen. Nach der damit vollzogenen Erschließung erscheint das ursprünglich Eigenartige

26 Wisdom a.a.O. 6.5

plötzlich in einem sinnvollen und harmonischen Zusammen-hang.[27]

Offensichtlich ist bei Ramsey nicht die empirische Situation allein, sondern die dabei erfolgte Einordnung in den Gesamtrahmen der entscheidende Ausgangspunkt für die logischen Überlegungen. Die religiösen Inhalte erhalten nicht als paradoxe Eigenheiten ihren Sinn, sondern als Interpretationshilfen in der Gesamtorientierung des Lebens. Es besteht kein Zweifel, daß Wisdom und Ramsey das religiöse Sprechen gut beobachtet haben. Dieses Sprechen betrifft Situationen, in welche alle Menschen geraten können. Aber die Reaktionen auf diese Situationen sind grundsätzlich verschieden. Sowohl der Richterspruch Wisdoms als auch die Erschließung Ramseys sind nur denkbar nach der Übernahme eines Entscheidungs-rahmens, der keinerlei Rechtfertigung in der Art der allen Menschen gemeinsamen Erfahrung findet. Paradoxien und Seltsamkeiten kön-nen in analogen Vorentscheidungen Indizien überholter und rück-ständiger Verhaltensweisen sein. Worauf es ankommt, ist die Art des mit dem Glaubensakt verbundenen Kontingenzbewältigungspro-zesses, nicht die spezifische Prämisse für zweifelhafte logische Ablei-tungen.

Aus der Perspektive unserer Logik-Diskussion kranken die erwähn-ten Konzepte an dem Mangel struktureller Aussagen, um ihren Status bezüglich der Logikanwendung zu rechtfertigen. Die Be-zeichnung «religiöse Logik» ist eher im Sinne von Wittgensteins Grammatikbegriff zu deuten, das heißt als faktische Gepflogenheit im Sprachgebrauch, der sich in gewissen Gemeinschaften bewährt hat, aber in anderen Gruppen keine Rolle spielt. Die Absicht, neben der formalen Logik gleichberechtigt eine Logik der Paradoxien und der Erschließungsmodelle anzunehmen, um die Universalität reli-giöser Ansprüche zu begründen, geht von der unannehmbaren Ver-träglichkeit beider Konzeptionen aus. Denn isoliert gegebene Para-doxien oder Eigenartigkeiten müssen vom logischen Standpunkt aus als Aufforderung zur weiteren Analyse angesehen werden, wel-che jene Phänomene gerade zu beseitigen suchen. Widersprüche können zwar eine sinnvolle Rolle in unserer Sprache spielen – dar-

---

27 Siehe v.a. Ramsey (57) S. 49f. Zum Modellbegriff siehe S. 61f. Daß Ramseys «Logik des theologischen Stammelns» nicht auf Paradoxien beruht, sondern so bedeutsame Kriterien wie Widerspruchsfreiheit und Kohärenz mit dem bereits Bekannten und empirische Bewährung vor-aussetzt, hat Wim de Pater in (78) S. 47 klar gemacht.

auf wird unter Berufung auf Wittgenstein immer wieder hingewiesen[28]–, aber ihre Bedeutung liegt in der Aufforderung zur Beseitigung durch Einordnung in den Gesamtrahmen.

Die Paradigmen-Konzeption klärt die Rolle jener paradoxen und seltsamen Aussagen. Deren Charakter ist nicht von logischer Natur, sondern die Aussagen erhalten ihre Spezifikation durch die Art des gesetzten Gesamtrahmens. Innerhalb eines bestimmten Rahmens sind sie weder paradox noch seltsam und können als Prämissen beliebiger logischer Deduktionen dienen, die allerdings die eingeführten Leitbegriffe wesentlich mitverwenden.

d. Das Kognitivitätsproblem[29]

Wir haben schon darauf hingewiesen, daß die Berufung auf den paradoxen Charakter sprachlicher Äußerungen meistens innerhalb eines nicht-kognitiven Standpunktes erfolgt. Besonders im Anschluß an Entwicklungen der analytischen Philosophie des späten Wittgenstein wird die These vertreten, daß religiöse Aussagen keinerlei kognitive Inhalte enthalten. Wittgenstein hatte in der Sprachspielkonzeption der «Philosophischen Untersuchungen» die verschiedenen Funktionen von Sprache herausgearbeitet.[30] Die Funktion der Erkenntnisvermittlung und objektiven Informationsweitergabe war dabei nur eine Funktion unter vielen. Daneben haben sprachliche Äußerungen auch die Aufgabe, Handlungen mit Realitätsfolgen zu bewirken und Bekenntnisakte zu realisieren. Die Berufung auf die inzwischen von J. L. Austin und J. Searle ausgebildeten Sprechakttheorien ermöglichen Präzisierungen solcher performativer Gesichtspunkte auch im religiösen Bereich (z. B. durch J. M. Smith/Mc Clendon[31]).

In den meisten Theorien, die den nicht-kognitiven Charakter reli-

28 Z. B. in Wittgenstein (56) S. 51. Eine ausführliche Diskussion zur Rolle des Widerspruchs in Wittgensteins Philosophie findet man in Wuchterl (69) S. 184f.
29 Der Kognitivitätsbegriff in diesem Abschnitt ist nicht identisch mit dem Begriff, der neuerdings in der sogenannten «cognitive science» der Hochtechnologie auftaucht. Zu diesem Begriff siehe unten 9.2a.
30 Wittgenstein (53), Erster Abschnitt
31 Smith (72) S. 55–63; Standardwerke zu Austin siehe (72), zu Searle siehe (71).

giöser Äußerungen betonen, wird übersehen, daß die Kognitivitätsdiskussion ein Relikt neopositivistischer Terminologie darstellt. Dort spricht man die Kognitivität entweder empirischen Einzelaussagen zu oder empirischen Allaussagen oder aber analytischen Sätzen. Man orientiert sich an Sachverhalten, über die nach *festgelegten* wissenschaftlichen Methoden ausgesagt wird. Die strenge Unterscheidung von kognitiv und nicht-kognitiv ist nur sinnvoll, wenn man Sprache als Abbildung oder als Instrument wissenschaftlicher Informationsvermittlung im Sinne unseres Standardmodells deutet. Wittgenstein hätte im «Traktat» alle abbildenden, also alle «sinnvollen» Sätze kognitiv nennen können. Schon dort wird deutlich, daß in der Abbildung gleichzeitig anderes als nur Abbildbares sichtbar wird: in jedem abbildenden Satz *zeigt* sich zusätzlich Verschiedenes.[32] Auch die Vermittlung von Informationen im wissenschaftlichen Sinn kann in einem weiteren Kontext erfolgen. Informationen stützen gelegentlich ethische Argumente oder erhalten eine pragmatische Bedeutung. Aber auch in diesen Fällen bezieht sich die «sinnvolle» wissenschaftliche Tätigkeit nur auf die Informationsvermittlung; alles andere ist wissenschaftlich nicht faßbar und außerhalb der Wissenschaftskompetenz. In beiden Fällen wird demnach durch den Kognitivitätsbegriff das eigentlich Sinnvolle ausgedrückt. Die Sinnkonstitution ist durch den Leitbegriff der Abbildung und Informationsvermittlung im Sinne des wissenschaftlichen Standardmodells mit dessen common sense-Semantik vollzogen. Die Kognitivitätsthese entpuppt sich als spezielle ontologische Kontingenzbewältigung: Religiöse Aussagen können dann a priori nicht kognitiv sein.

Kein Wunder, daß Sinnkriterien wie Verifikations- und Falsifikationskriterien als Kognitivitätskriterien im religiösen Bereich versagen, wie die Empiriker A.J. Ayer und A. Flew gezeigt haben. Auch die eschatologische Verifikation von J. Hick überzeugt nicht so recht, weil ihre Prämisse einer durch die These vom Weiterleben nach dem Tode möglichen Totalinterpretation den innerweltlichen Rahmen säkularer Philosophie sprengt.[33] Religiöse Aussagen mußten in der neopositivistischen Tradition notwendigerweise auf den Kontext reduziert werden, in welchem sich Abbildung und Informationsvermittlung vollzogen. Sie erfuhren wegen der Ablehnung metaempirischer Bereiche dann vor allem ethische (R.B. Braithwaite)

32 Wittgenstein (21), 4.121; 4.1212
33 Zu Ayer siehe (70) S. 150f., zu Flew (74) S. 96–99, zu Hick (57) S. 150f.

und pragmatische (R.B. Hepburn) Umdeutungen, in denen jeglicher kognitive Rest eliminiert war.[34]

Wenn wir in unseren früheren Überlegungen darauf bestanden haben, und auch weiter darauf bestehen werden, daß religiöse Aussagen einen kognitiven Inhalt haben und nicht in Akten ethischer oder pragmatischer Bekenntnisse auflösbar sind, dann geschieht dies im Wissen um die Möglichkeit, in religiösen Aussagen die Barrieren solcher ontologisch abgeschlossener Systeme transzendieren zu können. «Wirklichkeit» ist nicht nur innerhalb dieser Systeme definiert, die mit Abbildungen und Korrespondenzen arbeiten. Wir bedürfen weiterer normierender Leitbegriffe, die *nicht* zur innerwissenschaftlichen Begrifflichkeit zählen. Die Verwendung solcher Leitbegriffe ermöglicht es, die Enge vergegenwärtigender Abbildungstheorien zu vermeiden.

Es ist sicherlich kein Zufall, daß Wittgensteins Äußerungen über religionsphilosophische Kontingenz aus seinen Tagebüchern nicht in den «Traktat» übernommen wurden, was biographisch wegen der nachträglichen Komposition seines Erstlingswerkes durchaus denkbar gewesen wäre. Die Tagebuchnotierungen, wie «An Gott glauben heißt sehen, daß das Leben einen Sinn hat» (8. 7. 1916)[35], erhalten für Wittgenstein eine existentielle Bedeutsamkeit und können daher in seinem System des klar Sagbaren nicht erscheinen, weil in ihm nichts Innerweltliches abgebildet wird. Religionsphilosophische Kontingenz entzieht sich der Transformation in rein Abbildbares und kontextuell Miterscheinendes, weil sie die Qualität des Ganzen bestimmt. Die Aussage «Gott ist Vater» verweist durch die Verwendung des Worts «Gott» auf den Umstand, daß *mehr* als nur Abbildung und Kontext gemeint ist. Über diese semantische Sonderrolle wird unten noch vieles zu sagen sein. Hier sollte nur deutlich werden, daß Kognitivität im allgemeinen Sinne unserer obigen Sprachverwendung zwar nicht mit den Erkenntnisfunktionen innerhalb eines ontologisch abgeschlossenen Systems identisch ist (wie im Positivismus), aber trotzdem z.B. durch die Verwendung des Wortes «Vater» einen Informationsgehalt aufweist. Denn der Verweis auf

34 Zu Braithwaite (55) siehe Dalferth (74) S. 167–189, zu Hepburn (58) S. 17ff.
35 Wittgenstein: Tagebücher, in: Werkausgabe, Band 1. Zur Entstehungsgeschichte des «Traktats» siehe Wuchterl/Hübner (79) S. 73/74 und insbesondere Wright: «Die Enstehung des ‹Tractatus›» in: Wright (86a). Zur Beurteilung des Religiösen aufgrund der Biographie siehe v.a. McGuinness (88) und Baum (85)

die Funktion solcher Wörter innerhalb der religionsphilosophischen Kontingenz ist durchaus realistisch gemeint und betrifft Fakten, die unter entsprechenden Rahmenbedingungen einen konkreten Sinn erhalten wie profane Aussagen auch (in unserem Beispiel ist damit die Geschöpflichkeit allen Seins ausgedrückt).

Weil religiöse Aussagen *kognitive Restbestände im angegebenen weiteren Sinne* enthalten, kann die Logik der Propositionen nicht außer Kraft treten. Die Restbestände ermöglichen Argumentationen und die Anwendung profaner Logik. «Gott ist Vater» schließt nun einmal die Aussage «Es gibt keinen Gott» aus, um das Ergebnis mit einem banalen Beispiel zu verdeutlichen.

9.2 Der «normale» Gebrauch von Sprache

In den letzten Überlegungen wurde deutlich, daß die gesamte Rationalitätsdiskussion und die damit verbundenen Säkularisierungs- und Humanitätsthesen, ferner die Bewertungen von Logik und Dialektik weitgehend von der Rolle der Sprache in unserem Denken abhängen. Wir müssen uns zuerst über den Stellenwert der Sprache in den Prämissen des Standardmodells Klarheit verschaffen. Erst wenn wir eine Art *linguistisches Standardmodell* beschrieben haben, wird verständlich, wo *religiöse* Sprache wirksam werden kann. Denn *überall dort, wo die Grenzen jenes Standardmodells überschritten werden, entzieht sich religiöse Rede dem Verdikt der common sense-Religionskritik.* Es wird dann der Weg frei für ein Sprachverständnis, in dem vom «ganz Anderen» die Rede ist, ohne daß man sich dadurch in Widersprüche verwickelt. Die Sprachauffassungen von Buber, Kierkegaard, Wittgenstein und Lévinas verdeutlichen diese Möglichkeiten.

a. Normale und wissenschaftlich orientierte Sprache

Wir beabsichtigen hier keine historische Untersuchung über die Funktion von Sprache in den verschiedenen Kulturepochen. Uns geht es zunächst nur darum, das in der Gegenwart wirksame Sprachverständnis im Umkreis wissenschaftlich orientierter Denkweisen auszuarbeiten, weil dieses die Grenzen des Verständnisses für die religiöse Rede bestimmt.

Wir knüpfen an drei Prämissen an: an den Bezug auf materielle

Gegenstände des physikalischen Raum-Zeit-Kontinuums (AP 3 und AP 4) und auf die Einordnung «psychischer Vorgänge» (PS 2) sowie «kommunkativer Phänomene» (SP 2) in die Raum-Zeit-Welt. Die in diesen Prämissen formulierte Bezugnahme auf Gegenstände erfordert auf linguistischer Ebene die Möglichkeit einer sprachlichen Referenz, das heißt des Bezugs sprachlicher Ausdrücke auf raum-zeitlich gegebene Objekte, die zugleich die Basis für psychologische und kommunikative Phänomene darstellen.

Der hier genannte Referenzbezug ist im Gegensatz zur Namensnennung bei primitiven Völkern rein intentional und weder kausal noch magisch. Der sprachliche Bezug auf einen raum-zeitlichen Gegenstand beläßt diesen in seiner Eigenart. Deshalb bedeutet der Referenzbezug auch keine Auslösung eines Wirkungsmechanismus, so daß der Gegenstand auf den Sprecher zurückwirken könnte.

Solche Sprachverwendung setzt eine naive Erkenntnistheorie voraus. Die direkte Vermittlung durch Sinnesorgane, die Intersubjektivität garantiert, steht neben der Annahme von Konstrukten, die zwar theoretische und zum Teil nicht-interpretierbare Bestandteile enthalten, dann aber doch letztlich als modelltheoretische Einheiten innerhalb des Anschauungsraumes «gesehen» werden. Alle Gegenstände sind «an sich», das heißt, sie werden weder in ihrem Gesamtwesen noch in entscheidenden Einzelmerkmalen durch den jeweiligen Betrachter erzeugt oder spezifisch modifiziert. Der allgemeine Umgang mit den wahrnehmbaren Gegenständen beziehungsweise die von der Forschergemeinschaft entschiedene wissenschaftliche Praktikabilität bei den theoretisch vermittelten Objekten garantieren die Identität des Referenzobjekts.

Nun hat aber die moderne Referenztheorie[36] gezeigt, daß der Gegenstandsbezug nur möglich ist, wenn zugleich die semantische Sinndimension und die Möglichkeit von Wahrheit mitgedacht werden. Dabei ist es zweitrangig, ob die Erschließung des semantischen Sinnes durch sortale Begriffe, aristotelische Substanzen, Freges Sinnkonstrukt, Carnaps Intensionen oder aber in der Form von Sprechakten und Wortverwendungen erfolgt. In allen Fällen setzt man das Vorhandensein von Bedingungen voraus, die den Zusammenhang mit der raum-zeitlichen Situation herstellen.

Wir verdeutlichen dies am Beispiel der Sprechakttheorie. Der Sprechakt ist keine moderne Form von Magie, sondern baut auf

36 Siehe vor allem Runggaldier (85) 1.4 und 1.5

explizierbare Bedingungen im raum-zeitlichen Kommunikationsbereich auf. So gibt beispielsweise A. Grabner-Haider für das Versprechen einen Kanon von fünf Regeln an[37]; die beiden ersten lauten: «1. Der Indikator V («verspreche...») darf nur geäußert werden in einem Sprachzusammenhang, der einen zukünftigen Akt A des Sprechers S anzeigt... 2. V darf nur geäussert werden, wenn der Hörer H die Ausführung von A der Unterlassung von A vorziehen würde und wenn S glaubt, daß H die Ausführung von A der Unterlassung von A vorziehen würde», usw. Das Versprechen beschreibt so einen Komplex im raum-zeitlichen Kommunikationsbereich. Die Sprechaktregeln sind gewissermaßen die Korrespondenzregeln, die den «theoretischen» Begriff des Versprechens mit der raum-zeitlichen «Basis» verknüpfen und dadurch interpretieren. Diese Bemerkung ist deshalb von Bedeutung, weil damit eine Übertragung auf sogenannte *religiöse* Sprachspiele *nicht* ohne weiteres möglich ist. Schon bei Wittgenstein findet man die Verwischung dieses Unterschieds, wenn in der Auflistung der profanen Sprachspiele plötzlich auch das Beten als Sprachspiel auftritt.[38] Es dürfte Schwierigkeiten bereiten, die Bedingungen des Sprechaktes «Beten» auf analoge Weise innerhalb eines Raum-Zeit-Feldes zu formulieren, wie es Sprechakttheoretikern für den Sprechakt «Versprechen» gelungen ist.

Aus den allgemeinen Prämissen AP 1 bis AP 4 und der Strukturprämisse NP folgen die Forderungen der Eindeutigkeit und der intersubjektiven Zugänglichkeit sprachlicher Elemente.[39] Mehrdeutigkeiten müssen durch Umschreibungen oder Indizierungen ausgeschlossen werden. Die begrifflichen Klärungen sind so weit durchzuführen, daß sie in jedem Subjekt mit hinreichender Bildung im entsprechenden Sprachbereich verstanden und gleichartig verwendet werden können.

Wir nennen die beiden Eigenschaften der direkten bzw. indirekten Referenz auf raum-zeitliche Objekte und die der eindeutigen intersubjektiven Zugänglichkeit im folgenden *«analytische Bestimmtheit»*. Sprache im Umkreis des objektivierenden und verwissen-

---

37 Grabner-Haider (78) S. 99
38 Wittgenstein (53) § 23
39 Hübner verwendet die Begriffe der semantischen und empirischen Intersubjektivität (Klarheit und allgemeine Einsichtigkeit; empirische Sachhaltigkeit). Vgl. Hübner (85) S. 239/40

schaftlichten Denkens, aber auch des alltäglich-praktischen Umgangs setzt im allgemeinen die analytische Bestimmtheit ihrer Begriffe und Aussagen voraus. Diese präsentiert sich als *das linguistische Pendant zur ontologischen Bestimmtheit*. Wir sprechen daher im folgenden vom «linguistischen Standardmodell». Es definiert die Basis des phänomenologisch Beschreibbaren. Diese Ebene des analytisch Bestimmten ist allen Menschen als sprachlich kommunizierenden Wesen zugänglich und verfügbar. Durch die Notwendigkeit ihrer ontologischen Korrelate enthält das auf diese Weise Gesagte seine innere Logik und strukturelle Sinnhaftigkeit. Es bedarf also keiner zu engen Abbildtheorien oder naiv-realistischen Korrespondenztheorien der Wahrheit, um auch innerhalb moderner Sprachtheorien einen Bereich abtrennen zu können, der *die Grenzen zum religiösen Sprechen definiert*. Auch für Sprachpragmatiker, für Vertreter von Sprachspiel- und Sprechakttheorien gibt es einen immanenten Bereich analytischer Bestimmtheit.[40]

Das linguistische Sprachmodell betrifft den Kern der schon erwähnten «cognitive science».[41] Diese erklärt gewisse kognitive Kategorien zu ihren Grundbegriffen und beansprucht darüber hinaus, mit deren Hilfe *alle* psychologischen, geistigen und semiotischen Phänomene erklären zu können. Sieht man von diesem Anspruch ab, der sich als typische Kontingenzbewältigung in neuem terminologischen Gewand deuten läßt, dann beschreiben die gemeinten Kategorien sehr genau das von uns anvisierte Fundament analytischer Bestimmtheit. Es handelt sich um die beiden Kategorien der *Repräsentation* und der *Computation*. Repräsentation meint semiotische Vergegenwärtigung, also Darstellung durch eindeutig und intersubjektiv identifizierbare und wiederholt anwendbare Zeichenfolgen als Grundlage von Information; Computation bedeutet die Manipulierbarkeit der Zeichen nach Regeln, die als Informationsübertra-

40 Auch das von K.O. Apel und J. Habermas explizierte Apriori einer idealen Kommunikationsgemeinschaft kann hier ins Spiel gebracht werden. (Siehe z.B. Apel (74) S. 283 f. und Habermas (76) S. 174 f.). Die Frage, an welchen Stellen sich dort die Transzendierung ins ethisch Utopische vollzieht, wäre einer besonderen Untersuchung wert, insbesondere weil diese Frage in der Postmoderne-Diskussion eine zentrale Rolle spielt (Vgl. 8.2b).
41 Vgl. Anmerkung 29 dieses Abschnitts. Zur «cognitive science» siehe Holerstein (87) S. 145–163

gung gedeutet werden kann. Die Regeln betreffen auch die logischen Operationen, so daß Computation auch schlußfolgerndes Denken umfaßt. Der Ausdruck verdeutlicht zugleich, daß die Manipulation nicht nur durch Menschen, sondern in gleicher Weise auch von Computern vollzogen werden kann. Der oben zurückgewiesene Anspruch der kognitiven Wissenschaften, *alle* psychologischen und geistigen Prozesse erklären zu können, läuft auf eine völlige Analogie von Menschen und Maschinen hinaus. Unser linguistisches Standardmodell dagegen meint ganz neutral nur den Bereich unseres Denkens, der analytisch bestimmt ist, d.h. auch durch Computeroperationen zu erfassen ist. Dieser Bereich ist von Grenzen eingezäunt, um deren Überschreitung es im folgenden geht. *Ein «Mehr» an sprachlichen Möglichkeiten muß dort einsetzen, wo der Begriff der analytischen Bestimmtheit nicht mehr anwendbar ist* und so alternative Antworten ermöglicht.

Wir haben zu Beginn des Abschnittes auf fünf Prämissen verwiesen, welche das linguistische Sprachmodell bestimmen. Eine Transzendierung des Modells betrifft demnach die Alternativen zu eben diesen Prämissen. Beginnen wir mit der ersten Annahme, die sich auf das Raum-Zeit-Kontinuum (AP 3) und auf die damit verbundene Vergegenwärtigung (AP 4) bezieht.

Um die Überschreitung zu verstehen, ist es notwendig, die Struktur der Vergegenwärtigung zu durchschauen. Die Rede von Gegenständen in Raum und Zeit erscheint zunächst problemlos, obwohl im Zeitbegriff Vergangenheit und Zukunft von Gegenständen mitgedacht werden und nur in der Gegenwart wissenschaftliche Verifikationen realisiert werden können. Eine genauere Analyse zeigt, daß in den Standardmodellen Voraussetzungen verborgen sind, die eine realistische Ontologie und die Idee eines «Bewußtseins überhaupt» im Sinne eines den Raum und die Zeit überblickenden allgemeinen Menschenverstandes voraussetzen.

Wissenschaft meint ihre Gegenstände stets als in der Gegenwart Gegen-Stehendes oder in die Gegenwart Hineinreichendes. Vergangene Zustände werden keineswegs nur als Modifikationen des Bewußtseins der Forschergemeinschaft gedeutet. Es wird in praxi ein Bewußtsein *überhaupt*, kein *empirisches* Bewußtsein, mitgedacht, ohne daß sich die Wissenschaftler auf die Formulierung von metaphysischen Zusatzhypothesen für eine Art kritischen erkenntnistheoretischen Realismus einlassen. Für Zukünftiges gilt Ähnliches. Prognosen beziehen sich auf mögliche Gegenwart und sind keine reinen Protentionen, das heißt, sie sind nicht nur ein bestimmtes strukturales Moment unseres Gegenwartsbewußtseins.[42] Auch hier ist eine realistische Ontologie zu erkennen. Wissenschaftliche Tatsachen – sei es im klassischen Sinn von zeitinvarianten Fakten, sei es im Hübnerschen Sinn als Tatsachen in einer bestimmten historischen Systemmenge[43] – können nur dann als Voraussetzung für Wahrheit gedacht werden, wenn sie in einem «Bewußtsein überhaupt» existieren. Bindet man bewußtes Erkennen an Sprache und Artikulation, wie es in den modernen Theorien üblich ist, läßt sich die dem «Bewußtsein überhaupt» zugeordnete Sprache als jene Metasprache deuten, die in der Tarskischen Korrespondenztheorie benötigt wird, um den verschiedenen Objektsprachen Sinn und Wahrheitsrelevanz zu verleihen.[44]

Der Begriff der wissenschaftlichen Wahrheit läßt sich aber nur dann konkret denken, wenn er auch die Konvergenz der Forscherergebnisse in der Zukunft mitdenkt. Nach Peirce ist etwas genau dann wahr, wenn es nach einem permanentem Forschungsprozeß schließlich von allen Forschern akzeptiert wird.[45] Diese systemtheoretische Ausweitung des Korrespondenzgedankens zu einem Kohärenzgeschehen macht deutlich, wie auch hier metaphysische Zusatzhypothesen eingebaut werden, um die pragmatischen Axiome des Standardmodells handlich und plausibel zu machen.

Wir erkennen, daß die Selbstverständlichkeiten des common sense, die Ergebnisse der wissenschaftlichen Forschung und die naive Verwendung von Sprache ontologische Voraussetzungen implizieren, die dem Reden von der «Welt an sich» oder von der «Welt vor den Augen Gottes» verwirrend nahe kommen, zumindest näher als es sich manch ein nur «sachlich» und «vorurteilsfrei» denkender moderner Mensch träumen lassen mag. Wenn wir diese weitreichenden Bedingungen der Möglichkeit profaner Rede und Erkenntnis durchschaut haben, bedarf es nur eines kleinen Schritts, auch die *Voraussetzungen und Bedingungen jener Raum-Zeit-Welt* als Objekt eines

---

42 Im Anschluß an Augustinus versucht Husserl, die Zeit aus den gegenwärtigen Leistungen des Bewußtseins heraus zu verstehen. Die Zukunft entwerfenden Intentionen heißen Protentionen (im Gegensatz zu den Retentionen). Siehe Husserl (80) § 81f.

43 Hübner (78) S. 276

44 Tarski (35) S. 447f.

45 Zu Peirce siehe Puntel (83) S. 143 und Apels Rekonstruktion in Apel (73)

Bewußtseins zuzulassen. Das heißt aber nichts anderes, als daß damit die Raum-Zeit-Dimension transzendiert wird.

b. Die Grenzen der sprachlichen Präsentation

Sofern von Seiendem *gesprochen* werden kann, das *nicht* in Raum und Zeit existiert, entzieht es sich den Zwängen des linguistischen Standardmodells. Ein Blick auf die Wirkungsweise dieses Modells zeigt wieder eine Fülle von impliziten Annahmen, die eine Öffnung für das Sprechen von Seiendem jenseits von Raum und Zeit nicht mehr als unmöglich erscheinen lassen.

Betrachten wir die beiden Sätze «Sokrates ist weise» und «Gott ist weise». «Sokrates» bezieht sich auf etwas, das zwar nicht als gegenwärtig Seiendes identifiziert werden kann; die Referenz betrifft aber etwas, das einst als Gegenwärtiges erlebt und in der Zeit identifiziert werden konnte. Es entspricht so den Bedingungen des Standardmodells. Durch den Satz erfolgt damit eine Präsentation einer Referenz im Raum-Zeit-Kontinuum. Anders liegen die Verhältnisse bei der Aussage «Gott ist weise». «Gott» hat keine Referenz in Raum und Zeit und kann daher durch den Satz nicht präsentiert werden. Wovon ist dann aber hier die Rede?

Analysieren wir zunächst die Namenverwendung bei «Sokrates». Wir gehen von einem starren Designator im Sinne Kripkes aus.[46] Einem bestimmten Objekt wurde in einer bestimmten historischen Situation durch einen Taufakt der Name «Sokrates» verliehen, und dieses Faktum ist gewissermaßen vor einem «Bewußtsein überhaupt» durch alle Zeiten aufbewahrt. Das empirische Bewußtsein der Einzelmenschen in den Jahrhunderten zwischen Taufe und Gegenwart nimmt von diesem starren Designator durch mehr oder weniger zutreffende Beschreibungen Kenntnis, die durchaus auch Absurditäten enthalten können. So kann Sokrates gleichzeitig der Schüler und der Lehrer Platons sein; ersteres in den Beschreibungen eines mangelhaft gebildeten Studenten, letzteres in jenem kompetenten «Bewußtsein überhaupt», das dem Taufakt seinen Sinn verliehen hat und im gut informierten Fachmann weiterlebt. Es zeigt sich erneut, daß der Begriff des Empirischen im Sinne des unmittelbar Gegenwärtigen, direkt Zugänglichen und definitiv Immanenten eine

---

46 Kripke (81) S. 59

Illusion ist; Erfahrung ist durch transzendentale Bedingungen vermittelt.

Die Bedingung für die Funktionsfähigkeit der Standardmodelle ist wieder die Annahme eines «Bewußtseins überhaupt». In diesem Begriff ist das zusammengefaßt, was heute als Konsens der Forschergemeinschaft oder als Inbegriff des common sense-Bewußtseins durch die Jahrhunderte bezeichnet wird. Zu allen Zeiten seit jener «Taufe» waren gleich strukturierte Kommunikationselemente wirksam, welche die Namensverwendung garantierten. Die Sprache funktioniert innerhalb der Modellvorstellung deshalb, weil ein mit den einzelnen konkreten Erkenntnissubjekten *völlig gleich strukturiertes* transzendentales Subjekt mitgedacht wird. Weil aber «Gott» das ganz Andere meint, das von den Subjekten sprachlich nicht präsentiert wird, kann «Gott» per definitionem kein Name innerhalb der Modellauffassung sein. In diesem Sinne schreibt Ayer: «Die bloße Existenz des Substantivs reicht aus, die Illusion zu hegen, daß es ein ihm entsprechendes wirkliches oder zum wenigsten mögliches Seiendes gibt. Fragen wir allerdings nach den Attributen Gottes, dann entdecken wir, daß ‹Gott› in diesem Sprachgebrauch kein wirklicher Name ist.»[47] Kambartel und andere haben daher viel Energie darauf verwandt, «Gott» synkategorematisch zu erklären. Das Wort läßt sich daraufhin eliminieren und durch immanente Verhaltens- und Sichtweisen ersetzen. Anstelle des Ausdrucks «Leben in Gott» tritt der Ausdruck «Leben … im Vertrauen auf die Erlangung des Friedens».[48] Politische Theologie, wie die Revolutionstheologie, aber auch die Gott-ist-tot-Theologie, repräsentieren spezifische Antworten für das Immanenzdilemma eines synkategorematischen Gottesbegriffs. In allen diesen Fällen ist das transzendentale Bewußtsein als Verallgemeinerung des menschlichen Bewußtseins gedacht, *das nur Raum-Zeitliches erfährt*. Die Merkmale

47 Ayer (70) S. 154/55
48 Kambartel (71) S. 35. Zur Kritik aus den eigenen Reihen der Konstruktivisten siehe Gatzemeier (75), Band 2, S. 43: «Auf diese Weise läßt sich zwar der Gebrauch des Worts ‹Gott› präzise und verständlich regeln, doch ist mit einer solchen Einführung der Anspruch der theologisch/kirchlichen Rede von ‹Gott› nicht einzulösen.» Übrigens liefert Gatzemeier an gleicher Stelle ein Beispiel zur Extrapolation des linguistischen Standardmodells und damit zu einer rigiden Verwerfung der Rede vom «Wort Gottes» oder von der «Offenbarung» Gottes. Er ist überzeugt, daß man auf der Basis konstruktivistischer Sprachauffassung keinerlei Möglichkeit hat, das Wort «Gott» verständlich einzuführen (S. 90/91).

des Gottesbegriffs sind Abkürzungen für Verhaltensweisen innerhalb der Raum-Zeit-Ordnung.

Die Alternative, um die es uns hier geht, muß also ein *anderes* Bewußtsein denken, nämlich ein solches, das die Existenz eines ganz Anderen anerkennt. Die Kontingenzerfahrung im eigenen Leben ermöglicht die Öffnung für eine solche Annahme. Ein Bewußtsein, welches das ganz Andere berücksichtigt, versteht einen Ausdruck wie «Gott» als Hinweis für eine unser Dasein umfassende Realität. Die Verwendung solcher Chiffren bedeutet zunächst nichts anderes als die bewußte Öffnung des menschlichen Bewußtseins für ein Umfassenderes. Daß darüber hinaus auch noch inhaltliche Bestimmungen, also echte kognitive Elemente, mitgemeint sein können, zeigt die Analyse der anderen Prämissen unseres Standardmodells.

c. Das Sprechen im Noesis-Noema-Modell

Wenn mögliche Vergegenwärtigung in Raum und Zeit das entscheidende Kriterium des wissenschaftlichen Erkenntnismodells ist, dann setzt dies die Fähigkeit voraus, vom «Gegenstand überhaupt» zu sprechen. Diese gemeinte Gegenständlichkeit könnte als intentionales Korrelat einer endlichen Noesis, das heißt als bewußtseinsimmanentes Noema, verstanden werden. Genau diesen Interpretationsschritt vollzog Husserl und begründete damit eine der einflußreichsten Gegenstandstheorien. Sprache, die sich auf solche Gegenstände bezieht, wäre damit Artikulation eines bewußtseinsimmanenten Sinnes. Sie ist das Instrument der Vergegenwärtigung der Intentionen im denkenden Subjekt. Jede sprachliche Sinnverleihung vollzieht sich als Denken *von etwas* innerhalb des transzendentalen Bewußtseins. Aber dieses Insichkreisen des Geistes in seinen Vergegenwärtigungen offenbart eine Unfähigkeit zur Transzendenz, die in jedem wissenschaftlichen und lebensweltlichen Konzept mitgedacht ist. Zwar werden sich Wissenschaftler hüten, die Transzendenz genauer zu beschreiben; trotzdem denken sie diese als eine Art unbestimmtes Ding an sich mit.

Die offene Frage nach dem Wesen der Transzendenz hat Husserl dazu verleitet, die Gegenständlichkeit als Noema dem menschlichen Horizont einzuverleiben. Indem das Subjekt als Ort der Vergegenwärtigung gedacht wird, stellt es sich über das Ordnungsschema, in dem noch von Dingen an sich gesprochen werden kann. Das Subjekt vermag sich selbst nicht als ein solches *Ding* unter anderen zu denken, sondern wird zur *Möglichkeit* dieses Denkens. Husserl vollendet die bei Descartes implizit angelegte, bei Kant erstmals deutlich ausgesprochene Idee von der Autonomie des menschlichen Bewußtseins.[49] Die transzendentale Deutung des «Gegenstands überhaupt» innerhalb eines *in jeder Hinsicht* aufdeckbaren Sinn- und Seinshorizontes kennt so keine Kontingenz und *verwischt die Grenzen zwischen der Endlichkeit und dem ganz Anderen.* Es bedarf größter Anstrengungen, sich aus den verfänglichen Konsequenzen dieser Konzeption zu befreien. Bei Lévinas vollzieht sich die Befreiung mit Hilfe des menschlichen Antlitzes. Doch die Entdeckung des ganz Anderen bedarf nicht erst des menschlichen Antlitzes, sie ist bereits in jeder Vergegenwärtigung möglich.

In der Vergegenwärtigung manifestiert sich Transzendenz. Deshalb sind die Wissenschaften in der Lage, auch von Gegenständen in einem Raum-Zeit-Kontinuum zu sprechen. Doch im Transzendenzbegriff liegt noch mehr: es eröffnet sich in ihm die Möglichkeit für die Rede von Gott als einem *außerhalb* von Raum und Zeit existierenden Anderen. Wissenschaft verbaut also keineswegs von vornherein die Öffnung für das Andere; im Gegenteil: sie konkretisiert eine der beiden Möglichkeiten des Verhaltens zur Transzendenz, indem sie den Gegenstandsbegriff als Element eines *Raum-Zeit-Kontinuums* denkt. Mit dieser Forderung drückt sie ihr Wissen aus, daß Seiendes auch *außerhalb* von Raum und Zeit *denkbar* ist.

Die Schwierigkeit, von Gott als von einem adäquaten Noema zu sprechen, löst sich auf, wenn man die Husserlsche Setzung eines universellen Noesis-Noema-Rahmens als Grenzüberschreitung durchschaut hat. Die Naturwissenschaft, genauer die Psychologie,

---

49 Vergote (80) deutet Husserls Noesis-Noema-Schema als Entdeckung eines Sinn-Aprioris: «Dieses a priori ist der Glaube an den Sinn der Welt. Das ist ein Urglaube, und dieser Glaube belebt die theoretische Vernunft» (S. 42). Weil die theoretische Vernunft so auf ein Ursprüngliches aufbaut, kann der religiöse Glaube dann als «Verlängerung und Erfüllung des Urglaubens» betrachtet werden. Aber diese Deutung liegt wohl kaum auf der Linie von Husserls Ansatz, der alles zu umfassen sucht. Eine ähnliche Argumentation wie bei Vergote findet man, – allerdings ohne Bezug auf Husserl – auch bei Küng (78). Auch für ihn ist dem Grundvertrauen «eine ursprüngliche Vernünftigkeit, Rationalität eigen» (S. 495). Eine «innere Rationalität» führt dann schließlich zum Gottesglauben. Küng übersieht, daß auch die Möglichkeit des Grundmißtrauens denkbar und praktizierbar ist.

sagt nichts zum Thema Gott. Sie argumentiert aber auch nicht gegen das Reden von Gott, wenigstens so lange sie sich auf ihre wissenschaftliche Praxis bezieht und keine Kontingenzbewältigung in wissenschaftlicher Verkleidung anbietet, wie es in den Thesen S. Freuds und auch C.G. Jungs offensichtlich geschieht.[50] Wenn in der empirischen Psychologie, die sich auf die Prämisse PS 2 beruft, die Abhängigkeit des Seelischen von Raum und Zeit behauptet wird, dann ist diese Beziehung als konkrete Relation gedacht, die sich nicht durch Intentionalanalysen auflösen läßt. Das Faktum des Leibes als eigenständiges Forschungsobjekt bedeutet, daß die Immanenz aufgebrochen ist. Die Seinsweise des Leibes kann nicht durch Prozesse einer seiner eigenen Potenzen erklärt werden. Deshalb stellt die klassische Phänomenologie in ihrer transzendentalen Lesart eine Verfälschung der ursprünglichen Gründung im Anderen dar, die auch in den Wissenschaften stets unreflektiert mitgedacht wird.

Die Ergebnisse der Psychologie lassen sich auf die Kommunikationstheorie übertragen. Husserls Versuch, sämtliche Kulturphänomene auf die Noesis-Noema-Struktur zurückzuführen, macht vor kommunikativen Phänomenen nicht halt. Das Intersubjektivitätsproblem zeigt bei ihm die gleichen Strukturen wie das Gegenstandsproblem. Diese Analogie, die Lévinas herausgearbeitet und mit Recht kritisiert hat[51], geht weit über das hinaus, was in den Prämissen des Wissenschaftsmodells vorausgesetzt wird. Dort wird über den ontologischen Status der Phänomene nichts ausgesagt, nur ihre Beziehung zu Raum-Zeit-Objekten ist präzisiert. Deshalb ist Husserls Gegenstandstheorie hier in gleichem Maße grenzüberschreitend wie – auf der anderen Seite – der alle inneren Zustände leugnende Behaviorismus. Wenn in der Wissenschaft von Personen und deren Interaktionen die Rede ist, dann werden die zugehörigen Phänomene *auf irgendeine Weise* mit der empirischen Ebene verbunden gedacht, eben weil ihr ontologischer Status nicht fixiert ist.

50 Die Lehre Freuds kann als ein lehrreiches Beispiel einer Kontingenzbewältigung modernster Art angeführt werden. Daß sich dabei zwar eine psychologische Schulrichtung, aber trotzdem kein bewährtes Paradigma als Ausdruck einer gelebten universellen Wirklichkeitsbewältigung herausgebildet hat, zeigt, wie hartnäckig sich Ideologien halten können, auch wenn ihre Praxis immer wieder durch zahllose Einzelbehandlungen ad absurdum geführt worden ist.

51 Lévinas (87) S. 90, 183

Recht verstandene Soziologie enthält sich des Urteils, wenn der Streit darüber entbrennt, ob Personen geistige Aktzentren (Scheler), das Antlitz des Anderen (Lévinas), monadische Konstitutionspole von Erlebnissen (Husserl), Bedingungen der Möglichkeit von Kommunikation (D. M. High[52]) oder aber sinnlose Konstrukte metaphysischer Provenienz und antiquierte Scheinbegriffe sind (Behaviorismus, System- und Evolutionstheorie). Entscheidet man sich für die negativen Antworten des Behaviorismus und verwandter Theorien, so sollte man zur Kenntnis nehmen, daß unser *praktisches Verhalten* trotzdem jene «Sinnlosigkeiten» und «Scheinbegriffe» voraussetzt. Das Sprechen von Personen, von Freiheit, Würde oder Geist ist nicht nur *keine* Herausforderung für die strenge Wissenschaft, sondern es artikuliert zugleich die ständig praktizierten Selbstverständlichkeiten. Wer einen anderen Menschen erziehen will, wer ihn tadelt oder verurteilt, setzt stillschweigend Freiheit und Würde voraus, auch wenn er deren ontologischen Status nicht explizieren kann.

Schon die einfache Dialogstruktur transzendiert die vordergründige Raum-Zeit-Struktur. Denn ich spreche nicht zu einem *Leib*, sondern zu einem *«Du»*, das im Leib nur äußerlich zur Erscheinung kommt. Die eigentliche Schwäche der Husserlschen Konstitutionsversuche zur Appräsentation des alter ego rührt sicherlich daher, daß alle Analogisierungen und Spiegelungsmetaphern Phänomene nur vortäuschen. Der Solipsismus ist weder logisch noch phänomenologisch widerlegbar. Man kann nur seine eigenen definitiven Aussagen als Kontingenzbewältigungen identifizieren und so aus dem Streit der *Argumente* herausführen. Das Du als Bedingung von Sprache kann ontologisch beliebig interpretiert werden, sogar als perfekt programmierter Computer. Auch der Streit zwischen Buber und Lévinas um die Symmetrie bzw. Asymmetrie zwischen Ich und Du läßt sich phänomenologisch nicht entscheiden. Die Antwort ist bei Lévinas bereits im Leitbegriff des «ganz Anderen» vorweggenommen, während Bubers Verständnis der Symmetrie eine totale Einverleibung des Anderen durch das zweite Urwort «Ich-Es» ausschließt.[53]

Unsere letzten Überlegungen zeigten die schmale Basis, auf die die Prämissen des linguistischen Standardmodells aufbauen. Diese Ein-

---

52 Scheler (27) S. 35; High (67) S. 173. Zu Highs Lehre, die in weiten Teilen mit der hier vertretenen Sprachauffassung übereinstimmt, siehe Wuchterl (82) 2.3c
53 Zu Lévinas über Buber: Lévinas (87) S. 91/92

sicht bestätigt die Offenheit des wissenschaftlichen Ansatzes für die verschiedensten weiteren Ausgestaltungen dessen, was in den Sprachhandlungen unter Menschen immer schon mitgedacht wird. Es gibt im Kommunikationsbereich nur ganz wenige Beispiele, in denen die Berufung auf Wissenschaft und Notwendigkeit gerechtfertigt werden kann. Die meisten Antworten beziehen ihre Legitimation aus Leitbegriffen, die unmittelbar nichts mit Wissenschaft, allgemeiner Notwendigkeit oder Rationalität zu tun haben. Deshalb ist nun der Weg frei für die Betrachtung von Sprachverwendungen, die sich von dem üblichen Sprachgebrauch auffällig unterscheiden und vor allem in religiösen Kontexten eine zentrale Rolle spielen.

9.3 Sprache und Sprachlosigkeit im religiösen Kontext

a. Das Religiöse bei Wittgenstein

Es wurde wiederholt darauf hingewiesen, daß Wittgensteins Spätphilosophie wertvolle Impulse zur Rehabilitierung des Religiösen innerhalb philosophischer Reflexionen enthält.[54] Diese Beiträge sind aber nur unter Berücksichtigung seiner Frühphilosophie verständlich. Da sich die Rolle der religiösen Rede bei Wittgenstein im Übergang zum Spätwerk zusammen mit der allgemeinen Sprachtheorie geändert hat[55], müssen wir auf beide Auffassungen eingehen. Zunächst versuchen wir, die Gedanken Wittgensteins über die *Religion im Frühwerk* zu skizzieren.

Wittgenstein betont dort, daß sich im Sprechen über die abgebildeten Tatsachen hinaus noch etwas zeigt, das selbst nicht ausgesprochen werden kann: «Was gezeigt werden *kann, kann* nicht ausgesagt

54 Vgl. die 4. These des Verfassers in «Thesen zur analytischen Religionsphilosophie» (81) S. 348: «Die Untersuchungen des späten Wittgensteins zur religiösen Problematik enthalten zahlreiche entscheidende Beiträge zur Konstitution einer sinnvollen Religionsphilosophie.»

55 Baum (79) S. 284, 293 betont, daß Wittgensteins Äußerungen zur Religion «konsequent auf der Linie (liegen), die er seit 1910 verfolgte». Das betrifft zwar die Grundhaltung, nicht aber die Art und Weise, wie er von dieser gleichgebliebenen Grundhaltung spricht. Diesbezüglich ist ein bemerkenswerter Wandel vom *Schweigen* zum *religiösen Sprachspiel* zu beobachten.

werden.»[56] Zunächst bezieht sich diese Behauptung auf die Sprach-
logik, d.h. auf die Bedingungen der Möglichkeit einer abbildenden
Sprache. Dieser *transzendentale* Gedanke eines Sichzeigenden jen-
seits des Abgebildeten ist Wittgensteins geheime Metaphysik, deren
Inhalt sich jedem Menschen, der an der universellen logischen Spra-
che teilhat, durch die Sprachstruktur aufzwingt. Aber der erwähnte
Ausspruch zielt auch auf ein Sichzeigen im *transzendenten* Sinne.
Am Ende des «Traktats» heißt es ausdrücklich: «Es gibt allerdings
Unaussprechliches. Dies zeigt sich, es ist das Mystische» (6.522).
Sprache hat für Wittgenstein Abbildfunktion, sie erfaßt damit das
Objektive, das in den Wissenschaften beschrieben wird. Diese Spra-
che stößt aber nicht bis in die Existenzsphäre vor. Die Selbstvergegenwärtigung der Existenz hat bei Wittgenstein nichts mehr mit der
Sprache zu tun; Gefühlsregungen und -dispositionen sind letztlich
vorprädikativ. Alle Versuche, Sinnvolles zu sagen, sei es in ethischer,
ästhetischer oder religiöser Dimension, führen auf ein «Gerede».
«In der Kunst ist es schwer etwas zu sagen, was so gut ist wie: nichts
zu sagen.»[57] Ethisch vertretbar ist allein das Schweigen – zwar ein
«vielsagendes Schweigen»[58] – aber eben doch ein radikales Verstummen, wie es Wittgenstein im Anschluß an die Vollendung des «Traktats» praktiziert hatte. Bemerkenswert ist der Satz: «Wir fühlen, daß
selbst wenn alle *möglichen* wissenschaftlichen Fragen beantwortet
sind, unsere Lebensprobleme noch gar nicht berührt sind» (6.52).
Der Mensch erfährt neben den impliziten Bedingungen der Möglichkeit von Sprache noch etwas anderes, das nicht aussprechbar ist.
Nach dem «Traktat» bezieht sich dieses zunächst auf das «Daß der
Welt»: «Nicht *wie* die Welt ist, ist das Mystische, sondern *daß* sie ist»
(6.44). Diese Einsicht ist für Wittgenstein aber zugleich mit dem
Gefühl der Begrenztheit der Welt verbunden. Alle Menschen erfahren die Grenzen der Welt.[59] Wittgenstein fährt unmittelbar nach der

56 T 4.1212. Die folgenden Angaben beziehen sich auf den «Traktat» Witt-
    gensteins (21).
57 Wittgenstein: Vermischte Bemerkungen (VB) (77) S. 50
58 Dieser Ausdruck taucht im Brenner-Kreis im Anschluß an das «Trak-
    tat»-Ende auf. Vgl. dazu Zimmermann (75) S. 44/45
59 Aufschlußreich ist, daß Wittgenstein im Tagebuch (25. 5. 1915) dem
    Satz T 6.52 die Bemerkung voranstellt: «Der Trieb zum Mystischen
    kommt von der Unbefriedigtheit unserer Wünsche durch die Wissen-
    schaft.» Gerade wer sich mit der Wissenschaft beschäftigt, erlebt das

ersten Charakterisierung des Mystischen als Aura der Faktizität fort: «Die Anschauung der Welt sub specie aeterni ist ihre Anschauung als – begrenztes – Ganzes. Das Gefühl der Welt als begrenztes Ganzes ist das mystische» (6.45). Wir finden im «Traktat» keine weiteren Ausführungen darüber, mit welchen Vorstellungen sich das mystische Gefühl verbindet, weil solche Vorstellungen nicht mehr abbildend wirken und deshalb als Offenbarungsinhalte besonderer Art gedeutet werden müssen. In seinen Tagebüchern dagegen läßt Wittgenstein erkennen, wie diese Gefühle im einzelnen beschaffen sein *können*, anders ausgedrückt, wie sich Offenbarung an der *historischen Person* Wittgenstein vollzogen hat[60]: als Staunen über die Existenz der Welt, als absolute Geborgenheit in der Welt und als radikale Schuldhaftigkeit des Menschen. Weil diese Bemerkungen in den Tagebüchern und nicht im «Traktat» stehen, beziehen sie sich *nicht* auf universelle Erfahrungen, sondern sie sind historisch und individuell zu deuten. Die Gewichtigkeit dieser Aussagen in den Tagebüchern wird im allgemeinen unterschätzt.[61] Hier geht es um Existenzielles, um das, was «unsere Lebensprobleme» berührt. In diesem Kontext beruft sich Wittgenstein verschiedentlich auf Kierkegaard, der deutlich erkannt hat, daß hier Sprache ihren normalen Gebrauch aufgeben muß.[62] Trotzdem besteht zwischen Kierkegaard und Wittgenstein ein wesentlicher Unterschied: während der eine glaubte, in Paradoxien vom Eigentlichen *sprechen* zu können, zog der andere die naheliegende Konsequenz des radikalen *Schweigens*, sobald Klarheit über die religiöse Dimension der ins Auge gefaßten Gefühle und Dispositionen gewonnen war. Diese Klarheit vermit-

Mystische. Das hat nichts mit einer Lehre von der doppelten Wahrheit zu tun (so Baum (79) S. 291), sondern zeigt die Offenheit des wissenschaftlichen Denkens für letzte Wahrheiten.
60 Einzelheiten über die mystischen Erlebnisse bei Baum (79) S. 280
61 So bei Portmann (86): «Der frühe Wittgenstein war ... der Meinung, daß die religiöse Sprache eine Nonsense-Sprache sei, daß mithin allen religiösen Aussagen jeglicher sprachliche Sinn abgehe und daß es deshalb besser sei, weder etwas Religiöses zu sagen, noch etwas Religiöses zu glauben» (128). Indem Wittgenstein trotzdem «etwas» gesagt hat und dies mit größtem Ernst, hat er gewissermaßen die Praxis der Spätphilosophie vorweggenommen, wo der faktische Sprachvollzug in einer Weise sinnvoll wird, die einer *universellen* Definition von Sinn widersprechen kann.
62 Siehe Malcolm (58) S. 91, 95

telte das keineswegs ganz sprachfreie «religiöse Verhalten», das uns davon sprechen läßt, daß Wittgenstein ein religiöser Mensch war.

b. Die religiöse Sprache als paradoxer Ausdruck des «existierenden Denkers» (Kierkegaard)

Die Frage, inwieweit Sprache noch möglich ist, wenn Objektivität nicht wenigstens als abgeleiteter Modus eines Ursprünglicheren gedeutet wird, sondern Sachlichkeit ganz außer Betracht bleibt, stellt sich innerhalb jeder Existenzphilosophie. Bereits bei deren Vorläufer, bei *Sören Kierkegaard*, finden wir die Einschränkung auf den Einzelnen, die Objektivierungen ausblendet. In der «Abschließenden Unwissenschaftlichen Nachschrift» zu den «Philosophischen Brocken» spricht er von einem Denken, das jedes Resultat wegläßt und statt das Objektive, «sich selbst in Existenz zu verstehen sucht».[63] Nicht-sachhaltige Sprache ist für Kierkegaard möglich, weil dadurch die Existenz, der «Sinn-für-mich», vergegenwärtigt wird. Dieses innerliche Sprechen oder die «doppelte Reflexion» ist nach außen betrachtet «unsinnig», «paradox» oder eine «Grille». In dem Paradox kommt zum Ausdruck, daß alle wirkliche Erkenntnis – d.h. die Einsichten des subjektiven oder existierenden Denkers – nur durch existentielle Aneignung möglich ist; «aber daß dies die wesentliche Form der Wahrheit ist, bewirkt, daß diese nicht auf andere Art gesagt werden kann».[64] Die Sprache des existierenden Denkers *vermittelt* nicht die Erkenntnis, sondern ist Signal für jene Einsicht, die der Hörende durch sich selbst schon längst verstanden haben muß, indem er existiert. Denn das Existieren läßt sich nicht denken und damit nicht sprachlich mitteilen. Das heißt aber, daß Denken und Existieren auseinanderfallen. Der existentielle Augenblick des Menschen liegt dem Augenblick voraus, in welchem er die Sprache des existierenden Denkers oder der eigenen Selbstvergegenwärtigung versteht.

Wenn Kierkegaard zugleich behauptet, daß das Signal in jedem Falle eine Signalisierung der Hinwendung zum Unbedingten bedeutet, wie es der christliche Gott von uns erwartet, dann setzt er eine universelle Existenzmöglichkeit voraus. Diese *allgemeine* Forderung läßt sich kaum aus der Eigenexistenz folgern, sondern enthält ein

63 Kierkegaard (59) S. 200
64 a.a.O. S. 48 bzw. 207

Übersteigen der Selbsterfahrung. Die Tatsache, daß Kierkegaard das Paradox des Daseins zugleich als Glaube deutet[65], zeigt die Tragweite der Forderung. Denn letztlich ist für Kierkegaard die Existenz ein Verhältnis zu Gott: «denn das Paradox ist, daß er (der Mensch) sich als Einzelner in ein absolutes Verhältnis zum Absoluten setzt.» Wenn es an anderer Stelle heißt, «das Paradoxon des Glaubens ist somit dies, daß der Einzelne höher ist als das Allgemeine», dann wird deutlich, wie die Sprache, die sich an den Einzelnen richtet, sich nicht mehr um die Ausdrucksformen der Wissenschaften kümmert.[66]

Die Unvereinbarkeit von eigentlichem Sprechen und allgemeiner Sprache tritt in allen Formen der Existenzphilosophie in Erscheinung. Wenn Sprache allgemein ist und wenn die Existenzphilosophie das Nicht-Allgemeine zur Sprache bringen will, dann verwickelt sie sich stets in Widersprüche, die sich als Dialektik oder Absurdität, als Paradoxie oder als letztes Geheimnis zu legitimieren suchen. So stellt sich in der Tat die Frage Wittgensteins, was solches Sprechen oder Stammeln noch soll. Konsequenter ist sein Plädoyer für das Schweigen über den bereits als religiös identifizierten Phänomenbereich.

c. *Das Verstummen zum «vielsagenden Schweigen»*
   bei Wittgenstein

Die Biographie zeigt, daß Wittgenstein davon überzeugt war, durch Handlungen auf das verweisen zu können, was ihm in mystischen Erlebnissen offenbar wurde.[67] Dabei wird nicht über Tatsachen oder Erlebnisse *gesprochen*, sondern das Gutsein, das Helfen oder Trösten, wird schlicht *praktiziert*. Das Mystische ist dabei weder Form der praktischen Vernunft (E. Stenius), noch offenbart es sich im Handeln (wie W.D. Hudson und daran anschließend W. Baum vermuten).[68] Handlungen können nur *Anstöße* für das Erleben der Grenze und für das Erahnen des ganz Anderen vermitteln, die dann

---

65 Kierkegaard (48), Furcht und Zittern S. 139
66 a.a.O. S. 151 bzw. 157
67 Wittgenstein wollte den Kindern das Evangelium vorleben. Vergleiche auch seine Absicht, Priester zu werden oder in das Kloster einzutreten.
68 Stenius (60) S. 222; Hudson (74) S. 104 und Baum (79) S. 286

der Mitmensch selbst mit Hilfe *eigenverantworteter* Leitbegriffe realisieren muß.

Sprachlosigkeit führt nicht a priori zum «rechten» Handeln und braucht auch nicht «vielsagend» zu sein. Sie kann auch Verzweiflung signalisieren und Kurzschlußhandlungen bewirken. Die Handlungen werden nur dann als «rechte» verstanden, wenn sich im Adressaten analoge Verhaltensweisen zur Kontingenz vollziehen wie im Handelnden. Die sprachlose Realisierung des «guten Lebens» im überzeugenden Vorbild setzt eine Unzahl von sprachvermittelten Einflüssen voraus, die in der Sprachkultur und Sprachtradition jener Zeit jahrelang auf Wittgenstein eingewirkt haben. Was hier an Existenzvollzügen wirksam wurde, ist ohne Sprache nicht denkbar. In T 6.41 verweist Wittgenstein auf seine objektive Ausgangssituation: «Der Sinn der Welt muß außerhalb ihrer liegen. In der Welt ist alles wie es ist und geschieht alles wie es geschieht; es gibt in ihr keinen Wert – und wenn es ihn gäbe, so hätte er keinen Wert... Denn alles Geschehen und So-Sein ist zufällig.» Wenn seine sprachlose Existenz einen Sinn meinte, konnte dieser gewiß nicht immanent gerechtfertigt werden. Es war die ureigenste Kontingenzbewältigung Wittgensteins, die den transzendenten Sinn mitdachte, der aber vom Adressaten nur mit Hilfe anderer *sprachlicher* Vermittlungen nachvollzogen werden kann.

Sprechen in Paradoxien bei Kierkegaard und das vielsagende Verstummen bei Wittgenstein sind demnach Ergebnisse einer Philosophie, die Kontingenzbewältigung aus sich selbst heraus versucht. Die Möglichkeit, trotz Paradoxien und Schweigen die Beziehung zum Absoluten in der von den Philosophen verstandenen Weise zu realisieren, läßt sich nur verstehen, wenn ein fundamentaler Glaube im Hintergrund steht, der in den Philosophen wirkt. Die Philosophie vermag nur an der Oberfläche des Widersprüchlichen und Verstummenden zu agieren, während in der Tiefe längst eine endgültige Glaubensentscheidung erfolgt ist.

d. *Sprachlosigkeit als Indiz der Verzweiflung*

Diese Glaubensentscheidung kann auch ausbleiben. Die wiederholte Anwendung kritischer Maßstäbe, die uns aus der Wissenschaft geläufig sind und die wir der Wahrhaftigkeit unseres aufgeklärten Verstandes schuldig zu sein glauben, macht Aussagen jenseits der wissenschaftlichen Klarheit «fragwürdig» und «unglaubhaft». Bei

W. *Weischedel* führt modernes Denken notwendig zur «radikalen Fraglichkeit»: «Heute ist das Philosophieren völlig zu sich selbst gekommen, und zwar insofern, als es endgültig zum radikalen Fragen geworden ist, ein solches nämlich, das alles in den Wirbel des Fraglichmachens hineinzieht». Das Fragen bleibt ohne Antwort und endet in der sprachlosen *Skepsis*: «Doch das Fragen erfährt in seinem Vollzug, daß ihm die Antworten immer wieder zerschellen. Eben dadurch wird es zu einem radikalen Skeptizismus. Ihn durchzuhalten und auszustehen, gehört zu den wesentlichen denkerischen Aufgaben des Menschen unserer Zeit.»[69]

Ähnlich unbestimmt bleibt die Antwort *Schlettes* in seiner «Skeptischen Religionsphilosophie». Streicht man aus ihr alle Kritik an der Pietät und an tradierten Auffassungen heraus, so bleibt nur das alles entlarvende vielsagende Schweigen, die stumme Verweigerung: «Dies ist das Äußerste, was eine skeptische Philosophie empfehlen kann: eine Zustimmung, die ihr Wozu, ihren ‹Inhalt› nicht kennt, die nicht in schlechte Naivität zurückfällt oder sich gar der Welt der religiösen Unmittelbarkeit und der Pietät überläßt, sondern sich als Verweigerung des Einverständnisses skeptisch zurückhält...»[70]

Wir haben es hier mit einer modernen Varianten von der Unausdrückbarkeit des eigentlich Religiösen zu tun. Wenn alle transempirischen Bezüge eliminiert werden, dann heißt das, daß es innerhalb der Religion kein Objekt mehr gibt, dem eine Bedeutung im Sinne einer realistischen Semantik zugeordnet werden kann. Was Wittgenstein innerhalb seiner Abbildtheorie der Sprache entdeckt hat, folgt hier aus der Tradition der Aufklärung seit Feuerbach, Marx und Nietzsche, auf die sich Schlette ausdrücklich beruft. Die dezidierte Entlarvung aller «hinterlistigen Theologie» ist nur in den Kategorien jener Religionskritik denkbar. So verbirgt sich hinter Schlettes Schlagwort von der «intellektuellen Redlichkeit und Empfindsamkeit»[71] mehr Ratlosigkeit und Unglaube, als dieser Skeptiker wahrhaben will. Die nach der Pietät-Kritik vollzogene Verklärung des Stummwerdens zur eigentlichen Glaubensleistung lebt von der Romantik der religiösen Eigentlichkeit und bezieht ihr Pathos aus einem Glaubensakt, der dem Glauben der Pietät gleichkommt. Inhaltslose Religiosität mit ihrem nur noch formalen Reden vom «ganz Anderen», die zugleich mit leidenschaftlicher Intensität

69 Weischedel (76a) S. 19
70 Schlette (72) S. 142
71 a.a.O. S. 14

immer wieder ihren entschwundenen Gegenstand sucht und dabei vor dem Nichts steht, ist letztlich *Verzweiflung*. Auch die Umschreibung als Skepsis kann ihre Sinnlosigkeit nicht verbergen. Die Kontingenzbewältigung ist letztlich gescheitert. Verzweiflung als explorative Lebensform führt zu deren Aufhebung im Selbstmord oder endet in der Verdrängung, die als *geistiger* Selbstmord ihre eigentlichen Einsichten verleugnet.

Eine Möglichkeit, diesen Standpunkt der Sprachlosigkeit zu überwinden, hat Wittgenstein in seiner Spätphilosophie aufgezeigt. Wittgenstein bietet zwar keine Lösung an; dazu sind seine Ausführungen zu allgemein und vieldeutig. Durch ihn wurde aber ein Weg gewiesen, den Sinnlosigkeitsverdacht auszuräumen und das Sprechen vom ganz Anderen wieder als Möglichkeit menschlichen Handelns innerhalb der Philosophie zu akzeptieren.

e. Wittgensteins formale Rehabilitierung des Sprechens vom ganz Anderen

Im Frühwerk drückt sich Religiöses für Wittgenstein im mystischen Erlebnis unmittelbar aus. Die Tendenz, sich sprachlich zu artikulieren, «prädikativ» zu werden, wie es F. Portmann nennt[72], scheitert jedoch in jedem Falle. Was bleibt, ist stummes Handeln, schlichtes Gut-sein, sobald deutlich ist, daß es um Gutes geht. Die einzige mögliche Artikulation betrifft die dichterische Wiedergabe solcher Handlungen. An der Frage, *wie* diese Handlungen sich genauer auf Religiöses beziehen sollen, entwickeln sich Wittgensteins Gedanken weiter.

In seinen «Bemerkungen über Frazers ‹Golden Bough›» bahnt sich der Wandel an. Weil «das Charakteristische der rituellen Handlung gar keine Ansicht, Meinung, ob sie nun richtig oder falsch ist», enthält, glaubt Wittgenstein im Ritus dasjenige gefunden zu haben, das ohne Abbildung von Tatsachen, trotzdem etwas auszudrücken vermag. Die Ritualisierung des mystischen Erlebnisses führt zur Pietät: «Das Zeremonielle (heiße oder kalte) im Gegensatz zum Zufälligen (lauen) charakterisiert die Pietät.»[73] Weil dem Menschen im Ritus etwas bedeutsam werden kann, was sonst nicht erfaßt

---

72 Portmann (86) S. 135
73 Wittgenstein (79) S. 7 bzw. 5; die Untersuchung bezieht sich auf Frazer (24)

wird, spricht Wittgenstein vom Menschen als dem «zeremoniellen Tier». Als solches verwendet er auch heute noch eine Sprache mit einem Repertoire bildhafter Elemente des rituellen Vollzugs: «In unserer Sprache ist eine ganze Mythologie niedergelegt.»[74] Diese hier nur in Ansätzen formulierte Idee führt im Spätwerk zur radikalen Neubewertung des Religiösen. Mystisches zeigt sich nicht mehr im *stummen* Handeln, sondern in der *sprachbezogenen* Handlung. Gemeint ist eine spezifische regelhafte Verwendung der Sprache in einer bestimmten Lebensform; es erfolgt die *Entdeckung des religiösen Sprachspiels. Sprachspiele* betreffen *Regeln*, die zum Großteil internalisiert und deshalb gar nicht bewußt sind. Ihre Legitimation folgt aus der Teilnahme der Sprachpartner am Spiel, indem sämtliche Spielzüge nach diesen Regeln normiert werden. Änderungen des Regelsystems bedeuten entweder das individuelle Aussteigen aus dem Diskurs oder aber bei großer Nachahmungsbereitschaft die Vorbereitung einer Verwandlung des Sprachspiels in ein anderes. Auch *religiöse* Handlungen lassen sich unter dem Gesichtspunkt solcher regelgeleiteten Verhaltensweisen interpretieren, d.h. sie bilden ein Sprachspiel. So ergibt sich bei Wittgenstein und dessen Schülern durch den Hinweis auf das religiöse Sprachspiel ein problemloser Übergang vom profanen zum religiösen Sprechen. Doch wir werden sehen, daß sich das Problem angesichts unserer common sense-Überzeugungen damit nur verschoben hat.

Das Spätwerk Wittgensteins unterscheidet sich demnach sprachphilosophisch vom Frühwerk durch die Überwindung der einseitigen Fixierung auf Abbildung und Information und damit durch die Anerkennung vieler Sprachfunktionen. So erhält auch *religiöses* Sprechen wieder seinen Sinn. Das besondere Problem des religiösen Sprachspiels, nämlich daß dort zwar Bestimmtes gemeint, dies aber immer nur bildhaft erfaßt wird, hat Wittgenstein zwar deutlich gesehen und formuliert, aber letztlich doch ungelöst stehen gelassen. Denn Bilder betreffen stets zwei Relata, wobei es schwer ist, innerhalb der Philosophie Wittgensteins den Charakter des zweiten Bezugpunkts näher zu bestimmen. Sein Verdienst ist der Nachweis, daß im *religiösen* Bereich mindestens in der gleichen Weise von *Sinnhaftem* gesprochen werden kann wie im *profanen* Bereich. Denn wenn Sinn von der Funktionsfähigkeit der Sprachspiele abhängt, – und das ist die Zentralthese seiner neuen Sprachspiel-Konzeption, – dann kann man an den zahlreichen religiösen sprachlichen Funk-

74 a.a.O. S. 7 bzw. 10

tionssystemen nicht vorbeigehen. Das Phänomen der Religiosität äußert sich nicht nur in stummer Verehrung, sondern auch im *religiösen Sprechen* und in rituell eingebundenen Handlungen. Insofern läßt sich eine «formale Rehabilitierung des Sprechens vom ganz Anderen» feststellen.[75] «Formal» ist diese Rehabilitierung deshalb, weil damit nur die semantische Sinnhaftigkeit, nicht dagegen die inhaltliche Wahrheit und Vernünftigkeit behauptet wird. Deshalb bestehen Wittgensteins Ausführungen aus grammatischen Klärungen, wogegen die Frage nach der Wahrheit nur indirekt erschlossen werden kann. Seine Überlegungen konzentrieren sich auf Mißverständnisse, die sich aus der Verwechslung von verschiedenartigen Sprachspielen ergeben. So betont er z.B. immer wieder die Sinnlosigkeit, den religiösen Glauben wie einen empirischen oder wissenschaftlichen Satz *begründen* und erklären zu wollen.[76] Ebensowenig kann der Inhalt religiöser Vorstellungen auf Theorieform gebracht werden; denn der religiöse Glaube ist bildhafter Ausdruck eines Bezugssystems, welches die über das vordergründig Faktische hinausgehenden Handlungen eines Menschen regelt.

Die Vagheit und Vieldeutigkeit der Wittgensteinschen Aussagen, die sowohl sprachphilosophisch wie auch religionsphilosophisch ganz kontroverse Interpretationen zulassen, führten zu umfangreichen Diskussionen innerhalb einer analytischen Religionsphilosophie.[77] Da es uns hier nicht um die Darstellung dieser Entwicklungen geht, sei in unseren formal-semantischen Betrachtungen abschließend nur noch auf ein häufig auftretendes Mißverständnis über die Deutung des Begriffs des religiösen Sprachspiels hingewiesen.

Wittgenstein zählt in § 23 der «Philosophischen Untersuchungen» u.a. Sprachspiele des Befehlens, Beschreibens, Herstellens, Dichtens, Theaterspielens, Rechnens, Bittens, Grüßens, Betens auf. Jedes dieser Sprachspiele hat durch den Gebrauch seine Berechtigung, ist also autonom. Beten betrifft demnach kein sinnloses Stammeln,

75 In diese Richtung argumentiert auch Portmann (86) S. 138/39
76 Z.B. Wittgenstein (71) S. 87f.
77 Daß sich aus Bemerkungen Wittgensteins ganz verschiedene Einstellungen zur Religion herauslesen lassen, wird ausführlich dargestellt in Wuchterl (82) 2.3. Zur analytischen Religionsphilosophie vergleiche das Standardwerk Schrödter (79). Materialreich sind auch die Ausführungen von Gatzemeier in (75), Band 1, S. 107–136; siehe ferner die Einleitung zu Dalferth (74); sowie Just (75), Hofmeister (78), Schaeffler (80) und Track (77).

das besser durch Schweigen ersetzt werden sollte, sondern ist anderen menschlichen Handlungen gleichwertig. Diese Beurteilung veranlaßt D. Z. Phillips, in seinem Buch «The Concept of Prayer» ein «religiöses Sprachspiel» für das Gebet zu entwickeln. Das Beten wird dort als zentrale und konstitutive Verhaltensweise innerhalb des Religiösen überhaupt angesehen. Das Erlernen des Betens und verwandter Sprachhandlungen führt zum effektiven Glauben: Der Gläubige «must learn the use of religious concepts. What he learns is religious language; a language which he participates in along with other believers. What I am suggesting is that to know how to use this language is to know God. This common knowledge of God is religion.»[78]

Die Betonung der Autonomie verleitet zu einer Fehlinterpretation der Bedeutung des Religiösen. Danach gibt es Menschen, die gern Theater spielen, andere übersetzen Bücher oder engagieren sich in der Sozialarbeit und wieder andere beten gerne und werden dadurch religiöse Menschen. Die so verstandene Autonomie bedeutet zugleich Isolation und Abwertung. Religiöses Sprechen steht auf gleicher Stufe wie das Betreiben von Hobbies. Zweifellos lassen sich gewisse Äußerungen Wittgensteins auf diese Weise deuten. Wir finden bei Wittgenstein aber daneben auch eine universellere Einschätzung des Religiösen. In seinen Vorlesungen über den religiösen Glauben setzt er sich mit bestimmten Verwendungsweisen und Sprachverwirrungen religiöser Ausdrücke auseinander. Dabei wird deutlich, daß er das Religiöse *nicht als ein Sprachspiel unter vielen* betrachtet, sondern daß in *jeder* Lebensform eine Antwort auf die religiösen Fragen verborgen ist. Denn im religiösen Sprechen äußern sich bestimmte Lebensmaximen, welche die gesamte Lebensform des Gläubigen regeln. Solche Maximen prägen aber auch die Lebensformen der sogenannten nicht-religiösen Menschen. Das heißt, jeder Mensch verhält sich zum Anderen so oder so. Wir glauben, diese Verhältnisse, die hier Wittgenstein vorschwebten, mit Hilfe unserer Begriffe der Kontingenzbewältigung und Kontingenzbegegnung adäquat beschrieben zu haben. Trotz dieser formalen Rehabilitierung des Religiösen bleibt aber eine Reihe von Fragen offen, die das *Unübliche* des religiösen Sprachgebrauchs im Angesicht des ganz Anderen betreffen und auf die Wittgenstein keine Antwort gibt.

Dagegen hat eine Reihe von Analytikern unter Berufung auf Witt-

78 Phillips (65) S. 50

genstein eine solche Antwort zu finden versucht. So bietet *Dallas M. High* eine interessante Konzeption an, die das Unübliche in dem Sinne relativiert, daß dieses bereits in der üblichen Verwendung unserer Sprache in ethischen, psychologischen, historischen, ästhetischen und anderen kommunikativen Kontexten verborgen ist. Nicht die autonome Regelhaftigkeit prägt das Sprachspiel und damit die Lebensform[79], sondern die *Personalität des Sprechenden*, in der sich eine spezifische Fähigkeit äußert, die in allen wesentlichen Lebensbereichen von Bedeutung ist. Wir sind in unserem Glauben deshalb verunsichert, weil wir meinen, die Grenzen unserer Erkenntnisprozesse zu durchschauen. Aber genau genommen, müssen wir gerade umgekehrt argumentieren: Unser alltägliches Verhalten innerhalb der Lebensform ist von zahlreichen Fundamentalannahmen geprägt, die in ihrem Wesen mit den Annahmen des Glaubens verwandt sind, so daß wir im Profanen schon stets in der Weise des Religiösen handeln und sprechen. Der *religiöse* Gebrauch der Sprache ist kein *besonderer* Gebrauch, sondern genau derjenige, der auch in der Verwendung z. B. der Redewendung «ich glaube...» im Alltag festzustellen ist. In der Verwendung des Wortes «Glauben» in der ersten Person Singular liegt ein Vertrauensakt und eine Leistung des Ich, in welcher die Brücke zur anderen Person geschlagen wird. «Die Möglichkeit meiner Identität und damit verbunden, die Identität von allem, über das ich sprechen möchte, verlangt Vertrauen – einen ‹Glauben an...› oder ‹Selbstbezüglichkeit› – auf irgendeinen ‹Anderen› als ich es bin, der zuverlässig sein kann genau deswegen, weil dieser andere ‹Ich› sagen kann.»[80] Im Begriff der Selbstbezüglichkeit liegt für High etwas, das mit Treue, Vertrauen und Zugeständnis von Werten für andere Personen zu tun hat. Die bereits im Profanen feststellbare Transzendenz des Ichbegriffs garantiert die sinnvolle Verwendung auch im religiösen Bereich. Der Zugang zur Religion wird nicht durch spezielle Fähigkeiten und spezifische unübliche Sprachverwendungen denkbar, sondern ist durch die Struktur menschlicher Kommunikation geradezu mitaufgegeben.

Der Gedanke, die menschliche Personalität sei durch ihren Bezug auf andere Menschen bereits so angelegt, daß in ihr die Beziehung zu Gott als dem schlechthin Anderen mitgegeben ist, hat besonders in wertphilosophischen und hermeneutischen Kreisen eine lange

---

79 Hier richtet sich High (67) S. 82 gegen den Positivismus, für den nur die Regeln ausschlaggebend waren.
80 a.a.O. S. 169

Tradition. In diesen Konzeptionen werden die Prämissen der Psychologie und Soziologie bewußt transzendiert. Die damit offengelassene Festlegung der psychologischen und kommunikativen Gehalte ermöglicht die Ausfüllung durch diverse Glaubensaussagen. Highs Interpretation ist das analytische Pendant zu den zahlreichen metaphysischen Kontingenzbewältigungen dieser Art innerhalb der kontinentalen Philosophie.[81] Das Unübliche der Sprachverwendung löst sich in das Geheimnis der Personalität und der Tiefen des geistigen Verstehensaktes auf. Aus der *formalen* Rehabilitierung des Religiösen bei Wittgenstein wird die *inhaltliche* Rechtfertigung aus dem Wesen des Geistes. Wie die folgenden Überlegungen zeigen werden, verbergen sich aber auch dort, wo das Unübliche weiter als Zeichen für religiöses Sprechen dient, Verhaltensweisen, welche die religionsphilosophische Kontingenz gezielt transzendieren. Die *formale* Rehabilitierung ist Wittgenstein grammatisch geglückt; eine *inhaltliche* Rehabilitierung dagegen läßt sich immanent *nicht* legitimieren.

9.4 Das inhaltliche Sprechen vom «ganz Anderen»

Die bisherigen Beispiele haben gezeigt, daß das Transzendieren von Kontingenz häufig mit einer unüblichen Sprachverwendung verbunden ist. Die Berufung auf Paradoxien im weiteren Sinne bei Ramsey und auf Paradoxien im engeren Sinne bei Kierkegaard stellt diese Besonderheit offen heraus. Aber auch die Beispiele Wittgensteins verweisen wiederholt auf ungewöhnliche und absurde Situationen. Wir müssen uns nun diesen besonderen Verwendungsweisen von Sprache zuwenden. Wir beginnen mit Bubers Sprachauffassung, die das Besondere einer «eigentlichen» Sprache zuordnet, die in der Tiefe unserer Beziehung zu Gott wirkt und dem alltäglichen Sprachgebrauch vorgeordnet ist.

a. Sprache als göttliche Ansprache des Einzelnen (M. Buber)

Für Buber ist eigentliche Sprache nicht objektives Mitteilungsinstrument, sondern Dialog, nicht vordergründiges Kommunikationsmittel zwischen Menschen, sondern *Anruf* des Menschen *durch Gott.*

81 Vgl. 3.1

Erst aus diesem Anruf kann das alltägliche Gespräch zwischen Menschen und schließlich der Monolog im Anblick der Natur verstanden werden. «Nie ist Sprache gewesen, ehe Ansprache war; Monolog konnte sie immer erst werden, nachdem der Dialog abbrach oder zerbrach.»[82] Die beiden Grundwörter, auf die alles aufruht, sind die Wortpaare Ich-Du und Ich-Es; denn «am Anfang ist die Beziehung». Das eigentliche Gewicht liegt jedoch auf dem Ich-Du; denn «die verlängerten Linien der Beziehungen schneiden sich im ewigen Du. Jedes geeinzelte Du ist ein Durchblick zu ihm. Durch jedes geeinzelte Du spricht das Grundwort das ewige an.»[83] Ich-Du und Ich-Es sind *Wort*paare, Grundelemente einer *Sprache*. Denn «dadurch, daß Gott den Menschen ansprach, hat er ihn... in die Sprache gestellt».[84]

Bei Buber haben wir ein eindrucksvolles Beispiel, wie *Sprache als Leitbegriff* wirkt. Ein Phänomen, das uns allen geläufig ist und das sogar von der Wissenschaft analysiert wird, erscheint so inhaltsreich, daß sich daraus das persönliche Verhalten zu Gott und zum Anderen mit Sinn erfüllt. Sprache dient nicht zur Vermittlung von Objektivem, ist nicht Hinwendung zu den abstrakten Allgemeinheiten der *vielen*, sondern Medium des göttlichen Worts, Anruf Gottes an den *je Einzelnen*. Die Leitbegriffsfunktion der Sprache bedeutet, die Zuwendung zum einsamen Ich kommt nicht zur üblichen Sprachfunktion hinzu, sondern umgekehrt, die alltägliche Verwendung von Sprache soll gerade aus dieser neu entdeckten Fülle ihre Möglichkeit und ihren Sinn erhalten.

Daß hier Buber nicht philosophiert, sondern seinen religiösen Glauben verkündet, wird noch deutlicher, wenn man die *christliche Variante* dieser Verkündigung ins Auge faßt. In der christlichen Lehre erfüllt der *Johanneische Logosbegriff* eine ähnliche Aufgabe wie das Bubersche Grundwort des Ich-Du. Logos bedeutet bei Johannes[85] den Jesus Christus in seiner göttlichen Präexistenz, also in dessen absoluter Gottesnähe, die alle Fülle vermittelt. Aber Christus ist nicht ohne Inkarnation denkbar. Er verkörpert in seiner *geschichtlichen* Existenz das Reden und Handeln Gottes, das erst durch die Inkarnation verständlich wurde. Er ist das Du, das sich in der göttlichen Heilsoffenbarung dem Menschen ausliefert. Dabei

82 Buber (67) S. 13
83 Buber (47) S. 15, 30, 83
84 Buber (67) S. 13
85 Johannes, Prolog

sind die Menschen als je Einzelne angesprochen, als jeweilige Glieder in der Grundbeziehung des Ich-Du. Aber der Johanneische Logosbegriff enthält auch das zweite Grundwort, das Ich-Es. Der Logos gibt dem Es durch jene Urbeziehung seine Würde: «Alles ist durch das Wort geworden, und ohne das Wort wurde nichts, was geworden ist» (Joh 1,2).

Das weltliche Sein bleibt in seiner Kontingenz sinnlos, wenn es nur von der Wissenschaft oder vom Ungläubigen, der die Grundworte nicht kennt, betrachtet wird. Erst der im Wort erlebte Gottesbezug erfüllt die Welt mit Sinn.

Sprache dient den Erfahrungswissenschaften als Instrument. Als Bedingung der Möglichkeit, überhaupt wissenschaftlich denken zu können, wird sie in den Erfahrungswissenschaften nicht selbst reflektiert. Ihre ungeheure Leistungskraft ist überraschend und interpretationsbedürftig. Der Vergleich mit tierischen Leistungen der praktischen Intelligenz und mit den spärlichen Erfahrungen langwieriger Dressurbemühungen verdeutlicht die Höhe ihrer Abstraktionskraft, ihre Universalität und vor allem die Genialität ihrer Konstruktion, deren Möglichkeit nicht anders als durch vorgegebene Muster (N. Chomsky[86]) gedacht werden kann. Durch solche Festlegungen verliert sie nichts von ihrer Großartigkeit. Das Phänomen Sprache stellt geradezu eine Aufforderung dar, Erfahrungswissenschaften transzendierende Interpretationen zu suchen.

Bubers Deutung scheint eine plausible philosophische Denkmöglichkeit darzustellen. Dabei ist aber zu beachten, daß sie ihre Inhalte eindeutig aus dem gelebten Glauben bezieht. Die Erfahrung eines Gottes kann nicht allein aus der Idee des Ich-Du-Gedankens stammen. Beziehungen aller Art sind als logische Relationen wesentliche Bestandteile des sprachlichen Apparates im Standardmodell und bleiben stets Verknüpfungen des Allgemeinen. Die Einbeziehung des Ich als individuelles Einzelnes könnte ebenso auf die Erfahrung des Nichts führen. So jedenfalls erlebt beispielsweise J. P. Sartre jene Grundbeziehung.[87]

---

86 Zu Chomsky siehe z. B. «N. Chomskys Revolution in der Linguistik» von Searle (74) S. 1–34
87 Sartre (52) S. 42: «Das Sein ist *dies*-da und, abgesehen davon, *nichts*.» Und S. 63: «Das Sein, durch das das Nichts in die Welt gelangt, muß sein eigenes Nichts sein.» Das Für-andere bringt mit den Einstellungen der Liebe und mit der Sprache auch Erscheinungen wie Masochismus, Sadismus und Haß zum Vorschein (3. Teil, 3 Kapitel).

Die Sprachmystik Bubers folgt aus dem von Sprachreflexionen unabhängigen gelebten Glauben. Insofern ist das damit vollzogene Transzendieren von Kontingenz vom tradierten Glauben bestimmt und steht jenseits der philosophischen Vernunft. Ihre Inhalte sind sinnvoll, solange religiöse Aussagen sinnvoll sind. Die Sprache in der Ich-Du-Beziehung kokettiert nicht mit Paradoxien und Absurditäten, sondern versteht sich als sinnvoller Dialog mit Gott. Bubers Hinweis, daß das objektivierende Denken aus jener Urbeziehung ableitbar sei, gibt diesem seine Berechtigung und Würde. Leider sucht man vergebens nach Einzelanalysen Bubers, die Aufschluß über die Art und Weise dieser Gründung der Wissenschaften in der Urbeziehung geben würden. Aber Bubers Überlegungen heben sich deutlich von den Argumentationen ab, die objektivierendes Denken abwerten und verteufeln.

b. Der Verweis auf die Sprache der Kunst

Die Unüblichkeit der Sprachverwendung im religiösen Bereich verliert in ähnlicher Weise wie bei Buber ihren provokativen Charakter, wenn man bedenkt, daß Sprache auch in der Dichtkunst nicht nur abbildende und alltägliche Funktionen ausübt. Deshalb wird in der Diskussion des religiösen Sprechens häufig auf die Sprache der Kunst verwiesen. Aber damit verschiebt sich das Problem nur: denn Dichter, Maler und Musiker werden so zu Propheten, ohne daß diese Möglichkeit ihrer besonderen Erleuchtung *begründet* wird. Der Rückgriff Wagners auf den germanischen Mythos oder die existentielle Verwurzelung Hölderlins in der olympischen Götterwelt bestätigen zwar die These von der Prophetenfunktion der Dichtkunst, lösen aber unsere Probleme nicht.[88] Bedenklich wird die Verwendung der Kunst zur Verkündigung *konkreter* Antworten. Denn Künstler als Propheten verkünden dann Heil und werden so gesellschaftspolitisch zum Gewissen des Volkes. Ihre Aussagen betreffen das Hier und Jetzt, den Menschen in seiner vollen Weltlichkeit. Aber die eigentliche Motivation, sich in der Religion auf die Kunst zu berufen, liegt in der Vorstellung, daß im Erhabenen und im *interessefreien* Schönen das Nichtfeststellbare erscheint. Genau

---

88 Analysen zu Wagner und Hölderlin bei Hübner (85) Kap. XXVII–
   XXIX

dieser entscheidende Wesenszug verbietet es, die Kunst als Prophetie zu mißbrauchen. Man kann zwar die Idee des Schönen verabschieden und sich auf die Aufgabe der Verkündigung konzentrieren. Dann spricht man aber nicht mehr als Künstler, sondern verwendet die Kunst als Deckmantel zur Verbreitung persönlicher Meinungen, die sich in ihren spezifischen Kontingenzbewältigungen und Ideologien von anderen falschen Propheten mit dem «richtigen Bewußtsein» nicht mehr wesentlich unterscheiden.[89]
Die Berufung des religiösen Bewußtseins auf Kunst ist dort gerechtfertigt, wo sie im Dienste der Verkündigung auftritt. Aber das ist trivial. Denn eine solche Kunst setzt die Sinnhaftigkeit des Verkündigten voraus und erhebt keinen Anspruch, die Verkündigung autonom zu rechtfertigen.

c. Die Sprache in der Mystik und im Zen-Buddhismus

In Zusammenhang mit unüblichen Sprachverwendungen wird häufig auf die Mystik verwiesen, die besonders in der «neuen Religiosität» zum Zauberwort avancierte. Auf den Unterschied zwischen der Verwendung des Wortes «mystisch» in diesem Bereich und in der christlichen Tradition hat J. Sudbrack im Anschluß an Louis Bouyer aufmerksam gemacht: Im Christentum meint das Wort «zuerst die Tiefe des biblischen Worts, dann die der sakramentalen Zeichen und zuletzt erst (geschichtlich wie sachlich) die Tiefe der ekstatischen Erfahrung».[90] «Mystisch» ist demnach ein Relationswort. Das Bezugsobjekt ist die christliche Lehre einschließlich deren emotionalen Begleiterscheinungen. Ein Mystiker erfährt also nicht das Göttliche durch seine spezifischen Praktiken, sondern er verhält sich meditativ innerhalb einer bereits christlich bestimmten Grundhaltung. Wenn ein Mystiker behauptet, Gott «von Angesicht zu Angesicht» geschaut zu haben, dann kann das für einen anderen

---

89 Die heute weit verbreitete Reduzierung der Wahrheitsfrage auf das Ästhetische verwischt diesen Unterschied. Vgl. dazu die Art und Weise, wie Welsch in (87) Kap. XI das Problem behandelt.
90 Sudbrack (87) S. 77. Die Abhängigkeit des mystischen Erlebens von bestimmten Lebensformen, insbesondere monastischer Art, zeigt Köpf (86) in seiner Untersuchung «Passivität und Aktivität in der Mystik des Mittelalters» S. 282.

Gläubigen eine Bestätigung für seinen Glauben an Gott sein. Das Vertrauen auf die Glaubwürdigkeit der Augenzeugen ist nicht absurd, zumal solche Vertrauenserweise unser gesamtes Leben durchziehen. Aber diese Bestätigung des Glaubens ist keine Glaubensstiftung oder Glaubensbegründung. Wer nicht an Gott glaubt, wird wie selbstverständlich die Glaubwürdigkeit des Mystikers in Frage stellen oder zumindest eine Fehlinterpretation seiner psychologischen Vorgaben unterstellen. Mystische Erfahrungen anderer können wie fremde denkerische Einsichten dazu verwendet werden, um bereits Geglaubtes zu bestätigen oder vernünftig einzuordnen. Sie bieten aber keine Anknüpfungspunkte unserer Sprache für das ganz Andere, die von diesem Anderen etwas Allgemeinzugängliches zu verkünden weiß.

Die Rede vom Substantiv «Mystik» in der «neuen Religiosität» meint im Gegensatz zur christlichen Bedeutung des Wortes ein relationsfreies Verhalten: es wird «von Tiefe ohne Grund, von Sinn ohne Bezug, von Erfahrung ohne Gegenstand» gesprochen.[91] Diese Verwendungsweise ist eher von asiatischen Wahrheitslehren als von christlichen Mystiken inspiriert. Aber auch das Selbstverständnis der Yogis ist wesentlich differenzierter als die Gnosis der «neuen Religiosität», in der die mystische *Erfahrung* der Einswerdung zugleich als *Erkenntnis* erscheint, die ohne Skrupel auf die sprachliche Form unserer alltäglichen Kommunikation gebracht wird. Wie diese Transformation möglich sein soll, wenn die Grunderfahrung sich auf ein nirwanaähnliches Nichts ohne Bedeutungsunterschiede bezieht, bleibt undiskutiert. Dagegen finden wir z. B. im Zen-Buddhismus eine distanzierte Haltung zur Sprache, die jede gnostische Vereinnahmung ausschließt. Wir fragen daher, ob uns vielleicht das Sprachverstehen des Zen-Buddhismus weiterhilft.[92] Welche Rolle spielt die Sprache im Prozeß der Erleuchtung, der sich in einzelnen Schulen des Zen-Buddhismus als plötzliches Ereignis nach langen Übungen, in anderen als eine unauffällige stetige Verwandlung der Persönlichkeit vollzieht?

In den Koans der Zen-Meister werden geheimnisvolle Sprüche und Rätsel oder schwer verständliche Dialoge als Meditationsausgang vorgelegt, die häufig in unklarer Semantik formuliert sind. In der Konzentration auf die oft widersprüchlichen Inhalte muß sich die

---

91 Sudbrack a. a. O.
92 Zum Zen-Buddhismus siehe z. B. Fromm/Suzuki/Martino (76)

unmittelbare Einsicht über den Weg aus dem leidvollen Leben ein-
stellen, die sich in einen Zustand von Gelassenheit und Ruhe um-
setzt. Die Sprache spielt dabei eine nur untergeordnete Rolle. Even-
tuelle mystische Erlebnisse werden nicht in Aussageform transformiert und erheben keinen Anspruch auf Vermittlung; ebenso
bleiben Körpersignale als Sprachelemente ambivalent. Alles ist Praxis: es gibt keine begrifflichen Lehrunterweisungen; es erfolgt nur
eine meditative Internalisierung des Erlösungsgedankens, die in der
Sprachlosigkeit verharrt und sich höchstens als seelische und kör-
perliche Gesundung eines vorher Getriebenen und Gequälten objektiviert. Sprache steht als zweckorientiertes Mittel für die Welt des
Leidens und der Vergänglichkeit außerhalb; sie verdeckt die Möglichkeiten eines Zugangs zur eigentlichen Welt. In dieser ist Sprache
macht- und nutzlos. Wollte sie sich im Angesicht solcher Erleuch-
tungen doch artikulieren, bestände sie nur aus Widersprüchen und
Verzerrungen, denen keinerlei Informationsgehalt zukommt.
D. T. Suzuki deutet das adäquate Schweigen positiv als «donnernde
Stille»[93], die keinen Gegensatz zum Gesprochenen darstellt, sondern
das eigentliche Wort ist. Gemeint ist dabei ein Freimachen für jenes
Unaussprechbare, das im Alltag vom Lärm der Sprache verdeckt
wird. Im Zen-Buddhismus bedarf die Erleuchtung als Form der
*Selbst*erlösung nicht der artikulierten, auf Kommunikation hin
orientierten Sprache; sie spricht für sich.
Die buddhistische Praxis demonstriert auf ihre Weise die Nichtfest-
stellbarkeit des ganz Anderen. Die Begegnung ist nicht objektivier-
bar, sie vollzieht sich als Nirwana. Hier berühren sich östliche und
westliche Denkweisen. Letztere bemühen sich in Tausenden von
Variationen, die Nichteinholbarkeit durch Negation des Festgestellten zu vermitteln, und scheitern an der Logik der Negation, nach
der ein solches Vorgehen nur dann einen Sinn hat, wenn das *Ganze*
bekannt ist, in dem sich die Negationen vollziehen. Die eigentliche
Konsequenz, einfach zu schweigen und nur zu handeln, haben nur
wenige gezogen.
Das sogenannte asiatische Denken ist ungeheuer vielfältig und enthält auch zahlreiche Denkformen, die im europäischen Denken
praktiziert werden. Aber selbst in den fremdartigen Beispielen entdecken wir Parallelen zu den bisher dargelegten Weisen der Kontingenzbewältigung und Kontingenzbegegnung. Die Tatsache, daß es

93 a.a.O. S. 87

der Zen-Meister bedarf und diese sich wiederum auf Buddha als den Lehrmeister berufen, verweist auf einen kognitiven Rest der «buddhistischen Lehre». Die Erleuchtung erfolgt im Rahmen einer bestimmten Erwartung, in der bereits bestimmte interpretatorische Entscheidungen im Umfeld der Kontingenzerfahrungen gefallen sind: das durchschaute Ungenügen der Vergänglichkeit und die am eigenen Ich erfahrene Qual des Leides sind die unhinterfragbaren Voraussetzungen des Buddhisten. Die Erleuchtung bedeutet dann keinen eigendynamischen Prozeß, sondern die vollendete Übernahme einer Lebensform, in der sich aufgrund jener Vorgaben bestimmte Verhaltensweisen und Praktiken allmählich herausgebildet haben. Wir kommen so zu einem ähnlichen Ergebnis wie in der abendländischen Mystik, wo die Lebensform durch die christliche Tradition vorgeprägt ist.

Der Zen-Buddhismus ist demnach eine bestimmte, inhaltlich durchaus charakterisierbare Weise der Kontingenzbegegnung. Mögen sich auch viele Buddhisten weigern, von einer «Lehre» des Buddhismus zu sprechen, und mögen sie auf den Verzicht einer Berufung auf Dogmen stolz sein, – «es gibt nun einmal... keinen Weg der Erlösung, der nicht Wahrheit sein wollte; keine Erfahrung, die nicht der Reflexion bedürfte», schreibt H. Küng mit Recht.[94]

Die Bedeutungslosigkeit der Sprache im Zen-Buddhismus enthält zugleich den Hinweis, daß es gar nicht um die Ausformulierungen der Sprache geht, wenn der Mensch dem ganz Anderen begegnet. Christliche Aussagen wie «Gott ist Vater» oder «In Christus ist unser Heil» sind Kurzformeln einer internalisierten Lebensform, in der zwar das ganz Andere erfahren wird. Aber diese Erfahrung ist nicht eindeutig. Sie *kann* sich auch in den buddhistischen Exerzitien vollziehen, in denen das Koan die Funktion jener christlichen Formeln oder der kirchlichen Dogmen übernimmt. Die Kognitivität, die damit ausgedrückt wird, bedeutet stets eine universelle Bedeutsamkeit des Gesamtverhaltens und keine isolierte Bedeutung für den einzelnen Erleuchtungsmoment.

Ein Rückblick auf unsere letzten Analysen zeigt, daß weder Logik noch persönliche Erfahrung und Sprache uns die Mittel an die Hand geben, die Ambivalenz der Kontingenzüberschreitung zu beseitigen. Das enttäuschende Ergebnis besagt aber auch positiv, daß die Erfahrung und das Sprechen vom ganz Anderen, wie die logische *Ver-*

---

94 Küng (84) S. 442

knüpfung von erfahrenen und sprachlich formulierten Inhalten, nicht von vornherein sinnlos sind.

9.5 Rationalität und mythisches Denken

Unsere Überlegungen gingen von einem Grundbestand von Annahmen aus, die das moderne Bewußtsein unabdingbar prägen: die Prämissen der wissenschaftlichen und linguistischen Standardmodelle. Die Identifikation dieser Annahmen als unbefragte Prämissen hat uns den Weg zu den Alternativen gewiesen. Doch das Ergebnis war enttäuschend: Es gibt keine religiöse Logik als Alternative zur profanen Logik, und auch die Sprache bleibt im religiösen Bereich dieselbe, nur daß durch den religiösen Hintergrund ihre Bedeutsamkeit verändert werden kann. Auch eine Welt jenseits von Raum und Zeit, wie sie angeblich in der Meditation erlebt wird, kann nur im Gedanken des ganz Anderen erfaßt werden. Wir fragen daher, ob uns in diesem Dilemma nicht die *Einbeziehung von Mythen* weiterhilft. Könnte nicht der Mythos die gesuchten Alternativen darstellen? Der Mythos würde so zum Gegenbegriff der Rationalität.
Bei *K. Hübner* findet man die Auffassung, daß Rationalität nur ein *formaler* Begriff ist, der vielen inhaltlichen Deutungen Raum läßt. Danach bedeutet Rationalität die Form einer Erfahrungs- und Denkstruktur, die fünf Kriterien erfüllen muss, nämlich semantische, empirische, logische, operative und normative Intersubjektivität. Grob gesagt muß unser Denken von «Begreiflichkeit, Begründbarkeit, Folgerichtigkeit, Klarheit und allgemein verbindlicher Einsicht» bestimmt sein.[95] Hübner ist überzeugt, daß beispielsweise im griechischen Mythos alle diese Bedingungen erfüllt sind, obwohl sie sich in den meisten Inhalten von den Vorstellungen unserer wissenschaftlich geprägten Gegenwart unterscheiden. Danach beträfe Rationalität keine spezifischen Inhalte, wie sie etwa von der Aufklärung und den modernen Wissenschaften bereitgestellt werden, sondern sie meint die Möglichkeit von Intersubjektivität. «Rationalität ist also etwas *Formales*. Sie betätigt sich nur an schon gesetzten Inhalten...» Die «gesetzten Inhalte» sind kontingent und in anderen Zeiten und Kulturen häufig verschieden von unseren gegenwärtigen Vorstellungen. Für die Antike behauptet Hübner: «Der Grie-

---

95 Hübner (85) S. 239

che sieht die Welt im Lichte seiner Götter und indem er... ihre Namen, Ehren, Fertigkeiten und Geschichten kennt, *artikuliert* und ordnet sich ihm überhaupt erst die Welt.» Die Zufälligkeit der Inhalte bedingt die viel diskutierte Inkommensurabilität der Erfahrungssysteme.[96]

Diese Konzeption könnte religiöse Denkformen, die beispielsweise in der christlichen Abendmahlslehre wirksam sind, als mythische Kategorien qualifizieren. Weil die moderne wissenschaftliche Ontologie und die alte Mythoskonzeption inkommensurabel und rational in diesem formalen Sinne sind, wären religiöse Begriffe auch heute gerechtfertigt und so sinnvoll wie die Begriffe unserer Standardmodelle.

Hübners These von dem formalen Charakter der Rationalität steht jedoch auf schwachen Füßen. Es mag zwar richtig sein, daß die Götterwelt einzelnen Gemeinschaften Erklärungs- und Handlungsprinzipien sowie normative Leitlinien an die Hand gab. Doch die Reichweite der «Intersubjektivität» dürfte minimal gewesen sein. Die Überzeugung, daß der Grieche im Mythos ein auch nur näherungsweise vergleichbares allgemein anerkanntes rationales Erfahrungs- und Denksystem zur Verfügung hatte, wie es dem modernen Menschen in den skizzierten Standardmodellen heute zur Verfügung steht, läßt sich aus den historischen Fakten nicht ableiten. Der sogenannte Mythos zerfiel in viele Einzelerscheinungen. Bei der Herausarbeitung der Gemeinsamkeiten verführte Hübner der Wunsch als Vater des Gedankens. Wenn er beispielsweise in der Erklärung der mythischen Substanz diese als «Individuum mit Allgemeinbedeutung» definiert, dann unterläßt er es, Kriterien dafür anzugeben, wann man von Individuen sprechen kann.[97] Dadurch erhält der Begriff eine scheinbare Klarheit, die es erlaubt, die Einheit aus Materiellem und Ideellem oder die Bedeutungslosigkeit des Unterschieds von Teil und Ganzem zu begründen. Es soll nicht abgestritten werden, daß Hübner zahlreiche interessante Gemeinsamkeiten gesehen und zusammengestellt hat. Aber daß sich diese intersubjektiven Koinzidenzen gleichzeitig auf die fünf aufgeführten Kriterien bezogen und umfangreiche Gemeinschaften betroffen haben sollen, wurde nicht plausibel gemacht. Zudem ist es zweifelhaft, ob

---

96 Hübner (78) S. 35 bzw. 404
97 Hübner (85) S. 113. Wie kompliziert solche Kriterien sein müssen, haben Quines Untersuchungen gezeigt. Siehe Quine (69) S. 41 und Runggaldier (85) 2.1.4.

die Griechen im praktischen Alltag nicht auch Kategorien unserer Standardmodelle verwendet haben. In bezug auf die Zeit deutet das Hübner selbst an, indem er von einer heiligen und von einer profanen Zeit spricht. Die Betrachtung der Archai vom «‹äußeren Standpunkt› der Brotoi» führt zu einer abzählbaren Zeit, die sich von unserem Zeitbegriff kaum unterscheiden dürfte.[98]

Gegen Hübner können wir festhalten: Wenn «Intersubjektivität» nicht mißverständlich auf wenige Individuen eingeschränkt wird und wenn außerdem im Rationalitätsbegriff die fünf angegebenen Merkmale zusammengefaßt sind, dann erhält das Rationalitätskonzept der Gegenwart eine Sonderstellung.[99] Die Bedingungen der Intersubjektivität sind in den von uns entwickelten wissenschaftlichen und linguistischen Standardmodellen erfüllt. Daß damit eine inhaltliche Festlegung des Rationalitätsbegriffs erfolgt, ist so lange gerechtfertigt, wie kein alternatives Modell dieser sogenannten Form angebbar ist.

Definieren wir *Rationalität als Berufung auf das wissenschaftliche und linguistische Standardmodell*, dann steht Rationalität weder im Widerstreit mit dem religiösen Bewußtsein noch enthält sie Kriterien zur Bestätigung des Religiösen. Deshalb kann auch der Mythos kein konkurrierendes Aussagensystem sein, auf das sich Kontingenzbewältigungen und Kontingenzbegegnungen erst aufbauen. Das schließt nicht aus, daß der Mythos auch heute noch wertvolle Hinweise und Leitbegriffe für Kontingenzbewältigungen bereitstellen könnte.

Zahlreiche Kontingenzbewältigungen, denen wir im Laufe der Untersuchung begegnet sind, lassen sich nachträglich auf Extrapolationen des Rationalitätsbegriffs zurückführen. Die Annahme einer Durchgängigkeit des wissenschaftlichen Denkens und die radikale Einschränkung der Sprache auf analytische Bestimmtheit stellen die wichtigsten Grenzüberschreitungen dieser Rationalität dar. Vernunft, die auf das Ganze zielt und in der Anerkennung der Kontingenz zur *religiösen* Vernunft wird, kann solche Grenzüberschreitungen identifizieren. Das schließt aber nicht aus, daß man *gegen* diesen Aufweis im ursprünglichen Erleben nachträglich in einem

---

98 Hübner a.a.O. S. 143/44. Eine ähnliche Zweigleisigkeit findet man auch in seiner Raumauffassung (Kap. VIII).

99 So auch A. Wildermuth (83) S. 14: «Mit dem Begriff Rationalität verbinden wir heute das wissenschaftlich-technische Denken und die unsere Lebenswelt dominierende Ideologie der Zweckrationalität.»

Akt der Kontingenzbewältigung auf die Grenzüberschreitung beharrt und von der Rationalität als «regulative Idee» spricht. Die Kritik der religiösen Vernunft kann nur die Illusion zerstören, daß die Kontingenzbewältigung *rational begründet* ist. Sie kann für die Offenheit plädieren. Aber dem Verharren in der Offenheit fehlt in gleichem Maße die rationale Begründung. Rationale Kritik ebnet noch nicht den Weg zur *Wahrheit*. Die Frage nach der Wahrheit, der wir uns nun zuwenden wollen, muß im Umfeld der *religiösen Vernunft* diskutiert werden, die auch Gedanken wie Gnade und Widerfahrnis zuläßt und gerade dadurch ihre Würde erhält.

10. Die Frage nach der Wahrheit

Die Beurteilung religiöser Phänomene mündet in jedem Falle in der beunruhigenden Wahrheitsfrage: Sind die durch Leitbegriffe vermittelten Antworten auf die Bedeutsamkeit der Kontingenzerfahrungen nur Erfindungen und Projektionen des Menschen oder aber verbürgt die Berufung auf Vernunft oder auf Offenbarung deren Substantialität? Muß die hier entwickelte Religionsphilosophie diese letzte Frage nicht notwendig unbeantwortet lassen? Muß sich analytische Vernunft nicht auf strenge Beschreibung beschränken und die Phänomene völlig interesselos unter das Seziermesser ihrer erbarmungslosen Methoden legen? Heißt die Antwort nicht einfach: Der eine lebt mit diesen, der andere mit jenen Annahmen; zu rechtfertigen sind weder die einen noch die anderen? Ist das nicht das Schicksal der Endlichkeit des Menschen?

Aber ist die Lösung wirklich so eindeutig klar? Setzt nicht jedes Wirklichkeitsverständnis – auch das endlicher Wesen – Wahrheitsannahmen voraus? Die Einführung des Begriffs der Kontingenznormierung sollte auf die Notwendigkeit solcher wirklichkeitnormierender Prozesse aufmerksam machen. Die Frage, die sich uns stellt, betrifft die Reichweite dieser Normierungen. Lassen sich nicht aus der Art und Weise, wie wir uns zur Kontingenz verhalten, auch Folgerungen für die Wahrheitsfrage ziehen?

Es trifft zwar zu, daß eine paradigmenbezogene Religionsphilosophie über keine Möglichkeiten verfügt, aus *bewährten* Paradigmen ein einzelnes als *wahre* Deutung auszusondern. Aber das bedeutet noch nicht, daß im Begriff des bewährten Paradigmas keine Werturteile verborgen wären, die auch die Frage nach der Wahrheit wenigstens in einem eingeschränkten Sinn zu beantworten gestatteten. Außerdem enthalten unsere Ausführungen eine Reihe von Kriterien zur Zurückweisung bestimmter Argumentationen und Agitationen, die den aufgewiesenen Phänomenen offen widersprechen und deshalb unter das Verdikt der religiösen Vernunft fallen. Von einer verborgenen Neutralitätsthese, wie sie Analytikern oft vorgeworfen wird[1], kann daher keine Rede sein. Der Aufweis der Grenzen der religiösen Vernunft und die Klärung dessen, was Bewährung besagt,

---

1 Der Vorwurf wird vor allem in der Ethik erhoben, weil viele Analytiker sich angeblich auf Metaethik beschränken. Dagegen: Frankena (72) S. 21/22

setzt die Lösung des Kognitivitätsproblems voraus. Erst im Anschluß daran können die entwickelten Kriterien angewandt werden und zu positiven oder negativen Urteilen über Paradigmenkonstitutionen führen.

10.1 Die Idee einer paradigmenbezogenen Religionsphilosophie und die Wahrheitsfrage

a. Der Begriff des bewährten Paradigmas

Nicht jeder Versuch einer individuellen Kontingenzbewältigung oder Kontingenzanerkennung führt zur Konstitution eines Paradigmas. Zu den notwendigen Kriterien gehört vor allem die *geschichtliche Wirksamkeit*. Private Spekulationen ohne Ausstrahlungskraft und mystische Erlebnisse ohne Umsetzung in religiöse Bilder oder Rituale mit wirksamen Institutionalisierungen verfallen der Vergessenheit und spielen für das Verständnis unserer Wirklichkeit eine geringe Rolle. Es war vor allem H.-G. Gadamers Verdienst, dieses wirkungsgeschichtliche Element als Konstituens des Seins in den Vordergrund gerückt zu haben.[2] Im Prinzip der Wirkungsgeschichte ist zugleich ein Moment der Toleranz enthalten. Wenn man weiß, daß sich Wahrheit – weil sie Wirklichkeit betrifft – durchsetzen wird, kann man allen Leistungen individueller Originalität und schöpferischer Prophetie tolerant, aber auch abwartend gegenübertreten. Die Qualifizierung von Paradigmen ex post ermöglicht einerseits die Aufgeschlossenheit für Neues und fordert andererseits zur kritischen Prüfung auf lebensweltliche Eignung heraus. Das schnelle Verschwinden geistiger Modeströmungen, deren Kommen und Gehen sich in den letzten Jahrzehnten immer mehr beschleunigt hat, bestätigt die Bedeutung des Prinzips.
Die Möglichkeit der Anerkennung neuer Konzepte ist auch von Bedeutung für die *Entstehung* von Paradigmen. Denn Offenbarungsreligionen sind auf prophetische Handlungen und Verkündigungen konkreter Menschen angewiesen. Das gilt erst recht für das

---

2 Gadamer (72): Zu den zwei Bedeutungen von Wirkungsgeschichte siehe S. XXI; Zur Diskussion siehe Hilberath (78) C.III. Wirkungsgeschichte als hermeneutisches Prinzip.

Christentum, in dem durch die Inkarnation des Gottessohnes die geschichtliche Vermittlung garantiert ist. Im allgemeinen wird der Mensch zwar in etablierte Paradigmen hineingeboren. Aber es gibt Ausnahmesituationen, die sich zunächst nur in Einzelpersonen konkretisieren und die erst später allgemeine Bedeutung erhalten.

Die Notwendigkeit wirkungsgeschichtlicher Folgen besagt natürlich nicht, daß sich jeder Unsinn zuerst historisch bewähren müßte. Es gibt durchaus eine Reihe weiterer *notwendiger* Kriterien, die *Vorentscheidungen* ermöglichen. *Alles, was der phänomenologischen Deskription widerspricht, muß ausgeschieden werden.* Deshalb gehören Analysen, welche die Verträglichkeit mit den Phänomenen klären, zu den Aufgaben einer Kritik der religiösen Vernunft. Paradigmen heißen daher dann «bewährte Paradigmen», wenn die wirkungsgeschichtlich offenkundigen Verhaltensweisen zugleich die phänomenologisch beschriebenen Kriterien erfüllen. Nur in den Paradigmen kommt etwas von Wirklichkeit und Wahrheit zur Geltung, welche die religionsphilosophische Kontingenz ernstnehmen und als solche in ihre argumentativen Prozesse einbeziehen. Widersprüche in den Begriffsbildungen, Fehler in den logischen Ableitungen, Mängel in zu weiten Analogieschlüssen können schon im Vorfeld der eigentlichen Fragen zu Grenzziehungen führen.[3] Auch die Auflösung von Mißverständnissen, die sich aus sprachlichen Verwirrungen ergeben (Wittgenstein), kann den Blick für verantwortbare Paradigmenvorschläge schärfen. Entscheidend aber ist das Verhalten zur Kontingenz. Konstruktionen, welche die Einheit der Welt, sei es unter evolutionären, sei es unter gesellschaftlichen oder emanzipatorisch-pragmatischen Aspekten demonstrieren, enthalten Antworten auf Kontingenzerfahrungen und müssen in ihren Ansprüchen zurückgewiesen werden, sofern sie sich als phänomenologisch ausgewiesene und als denknotwendige Heilslehren ausgeben. Umgekehrt sind religiöse Weltanschauungslehren fragwürdig, die ihre Aussagen durch

---

3 So ist es aussichtslos, innerhalb der New-Age-Bewegung ein Paradigma zu rekonstruieren. In deren phantastischen und okkulten Ausdrucksformen werden Deutungsversuche offenbar, die zu allen Zeiten mehr oder weniger unbeachtet gewisse wirklichkeitsfremde und sensationslüsterne Charaktere beschäftigten. Erst durch die modernen Möglichkeiten der Darstellung und Ausbreitung solcher Absurditäten durch die Medien schaukeln sich die Prophetien und Geheimoffenbarungen zu weitverbreiteten Modeströmungen auf.

Wissenschaft legitimieren wollen.[4] In beiden Fällen beantwortet die Aufdeckung der Wirkungsweise von Leitbegriffen, die solchen argumentativen Grenzüberschreitungen zugrunde liegen, die Wahrheitsfrage. Die Konzeption ist dann weder phänomenologisch noch wissenschaftlich legitimiert und deshalb Ergebnis einer Selbsttäuschung, in welcher die Willkür der versteckten Setzungen übersehen wurde.

Dies betrifft auch zahlreiche Versuche, mit Hilfe *modallogischer* Annahmen alte Gottesbeweise wieder zu Ehren zu bringen. H.G. Hubbeling zeigt, wie unter bestimmten Prämissen der ontologische und der kosmologische Gottesbeweis[5] akzeptiert werden können. Im ersten Fall beruft sich Hubbeling auf Hartshore, der gezeigt hat, daß für ein ens perfectissimum entweder seine *notwendige* Existenz folgt oder aber diese Existenz in sich widerspruchsvoll ist. Daraus ergibt sich, daß der Gottes*begriff* konsistent ist und damit die Existenz Gottes zumindest als *möglich* erwiesen werden kann. So scheint für die Theologie und für die Religionsphilosophie Großartiges geleistet zu sein. Aber die weitere Analyse macht deutlich, wie umfangreich die Prämissen sind, die diesen Gedankengang erst rechtfertigen. Die Voraussetzungen werden als «Prozeßphilosophie» vorgestellt. Diese enthält ein Dutzend Thesen, die sich von den gängigen metaphysischen und wissenschaftstheoretischen Annahmen unterscheiden.[6] In der modallogischen Rekonstruktion des Anselmschen Gottesbeweises tauchen die zentralen Voraussetzungen als «Postulate» auf; so etwa die Annahme, daß Vollkommenheit möglich ist. Auch im Falle der Rekonstruktion des kosmologischen Beweises lassen sich in den Prämissen die philosophischen Zusatzbedingungen entdecken. Dort handelt es sich vor allem um das Prinzip vom zureichenden Grund oder um dessen Negation, daß aus Nichts nichts wird (ex

---

4 Versuche in dieser Richtung findet man bei Capra. Siehe dazu Sudbrack (87) S. 34f. Hierher gehören aber auch Formen der Evolutionären Erkenntnistheorie, wie sie z.B. von Wuketits oder Riedl vertreten werden. Zur Kritik dieser Grenzüberschreitungen siehe Wolters (88) S. 125–142. Eine interessante Alternative zur synthetischen Theorie bietet Ferdinand Schmidt mit seiner kybernetischen Evolutionstheorie (siehe (85) und die Kongreßakten (87)). Was die religiöse Problematik betrifft, müssen allerdings auch hier ähnliche Einwände erhoben werden wie gegen die Evolutionäre Erkenntnistheorie. Vergleiche dazu (87) S. 59.
5 Hubbeling (81), Appendix 3 bzw. 4
6 a.a.O. S. 177

nihilo nihil fit[7]). Die Universalisierung solcher Prinzipien über die wissenschaftliche Praxis hinaus ist nicht selbstverständlich. Genau um diese Einsicht geht es uns, wenn wir von argumentativen Grenzüberschreitungen sprechen. Ihre Aufdeckung ist ein entscheidender Schritt in der Wahrheitsdiskussion. Nur dort, wo die Prämissen eine universelle Rolle spielen, können sie für Paradigmen von Bedeutung sein. Denn Wahrheit offenbart sich in bewährten Paradigmen. Damit bestätigen sich die Prinzipien unserer Phänomenologie: Religiöse Phänomene sind weder Korrelate besonders empfänglicher Individuen noch Produkte erleuchteter Sonderwesen, sondern Invarianten innerhalb religionsphilosophischer Paradigmen, die sich im Alltag funktionierender Sprachgemeinschaften etabliert haben. Die in Einzelpersonen initiierte Einsicht wird durch ihre Wirksamkeit kommunikativ verifiziert, das heißt sie wird allgemeiner Ausdruck einer erfolgreichen Wirklichkeitserfassung. Die Wahrheit bleibt so nicht nur Folge eines kontingenten Geschehens, sondern sie offenbart sich wirkungsgeschichtlich als Unverborgenheit des Seins. In ihrer Abhängigkeit von bewährten Paradigmen zeigt die Wahrheit einerseits ihren Prozeßcharakter, andererseits enthält der Bewährungsbegriff eine uneinholbare Ambivalenz, welche die Wahrheit nur als Chiffre, nie als getreues Abbild eines endgültig Festgesetzten denkbar macht.

7 Gatzemeier spricht in (35), Band 2, S. 64, vom Mißlingen der Beweise. Wir beurteilen die Untersuchungen von Hubbeling positiver. Sie zeigen an zahlreichen Beispielen, welche Prämissen für welche religiöse Behauptung im allgemeinen vorausgesetzt werden. Dies ist auch sein eigentliches Anliegen, das er allerdings unter den mißverständlichen Titel der Wahrheitssuche stellt. «Das Ziel der Philosophie und gewiß auch das der Religionsphilosophie ist, die Voraussetzungen jeder großen Theorie und auch die jeder einzelnen Argumentation zu zeigen ... Die Religionsphilosophie kann dann natürlich nicht definitiv entscheiden, welche religiöse oder atheistische Aussage wahr ist und welche nicht ... Sie kann allerdings versuchen, die Voraussetzungen zu zeigen, auf denen die verschiedenen Theorien und Argumentationen beruhen. Auf diese Weise kann sie dazu beitragen, den Menschen zu helfen, eine rationale Wahl zu treffen» (S. 48/49). Zur Gewichtigkeit des Satzes vom zureichenden Grund als elementaren Bestandteil der Gottesbeweise siehe Beck (86) S. 114–116. Beck behauptet, daß es sich um ein synthetisches Urteil a priori handle, und es «ist deshalb für jegliches Seiende einsichtig ...» (S. 114). Aber wie bei Kant die Kausalität nicht auf die Dinge an sich anwendbar ist, so bleibt es problematisch, das Prinzip des zureichenden Grundes auf das ganz Andere übertragen zu wollen.

b. Zur Diskussion des Kognitivitätsproblems

Wir haben wiederholt betont, daß religiöse Aussagen auch einen kognitiven Inhalt haben. Dabei bedeutet «kognitiv» nicht den neoempirischen Fachterminus. Dieser wäre nach unserer Rationalitätsdefinition nur ein Spezialfall von Rationalität. Unter «kognitiv» verstehen wir allgemeiner, daß in den entsprechenden Aussagen prädikative Informationen enthalten sein können. Aber sind diese nicht in jedem Fall durch die Standardmodelle abgedeckt? Erinnern wir uns an das Beispiel: «Gott ist Vater». In Ayers Kritik ist «Gott» kein «wirklicher Name», weil seine Namenrelation auf dem Boden des Empirismus definiert ist. Die Aussage ist für Ayer «sinnlos».[8] Für Christen steckt in diesem Satz aber durchaus ein prädikativer Inhalt. Er besagt, daß eine göttliche *Person* existiert und in einem bestimmten *fürsorgenden* Verhältnis zum Glaubenden steht, das durch die historische Person des Jesus von Nazareth vermittelt wird.[9] Dieses Verhältnis ist nur artikulierbar, wenn man die Möglichkeit von *Offenbarung* denkt. Offenbarung enthält den Gedanken einer Informationsübertragung in den Bereichen, wo die Standardmodelle nicht mehr wirksam sind. Aber wie soll dieses Verhältnis genauer gedacht werden?

In einer neueren Interpretation der *Wittgensteinschen Religionsphilosophie* hat *Portmann* die These aufgestellt, daß jedes religiöse Sprachspiel a priori ein *tiefengrammatisch widersprüchliches* Sprachspiel sei und es daher «eine Verletzung der Tugendpflicht der Vernunft ist, ein solches Sprachspiel zu spielen».[10] Die Informationen des Christen sind demnach Scheininformationen; das Sprachspiel funktioniert zwar, aber es baut Traumwelten auf und verfehlt die Wahrheit, die im Informationsprozeß usurpiert wurde. Diese Interpretation würde – übrigens ganz im Gegensatz zu den geläufigen Deutungen – eine *Verschärfung* gegenüber der Traktat-Position bedeuten: dort hatte die Vernunft zur Religion und zum religiösen Glauben *nichts zu sagen*; in der Spätphilosophie dagegen würde alles Sagen über Religion als *unvernünftig* abqualifiziert. Während im

---

8 Ayer (70) S. 155
9 Vgl. die 1. These in Küng (75) S. 5: «Christ ist nicht einfach der Mensch, der human oder auch sozial oder gar religiös zu leben versucht. Christ ist vielmehr nur der, der seine Menschlichkeit, Gesellschaftlichkeit und Religiosität von Christus her zu leben versucht.»
10 Portmann (86) S. 149

ersten Fall religiöses *Tun* von Vernunftkriterien unbehelligt zu bleiben scheint (es ist eine andere Frage, ob es ohne Sprache überhaupt realisierbar ist), erscheint es hier als mögliche Folge eines unvernünftigen Glaubens in recht zweifelhaftem Licht. Wittgenstein selbst habe die praktischen Konsequenzen gezogen «und sich jedes religiösen Glaubens enthalten..., und das, wohlbemerkt, ohne aufzuhören ein religiöser Mensch zu sein».[11] Portmann stellt dieser «glaubenslosen Religion» das widersprüchliche religiöse Sprachspiel entgegen. Die Eigenschaften dieses Sprachspiels «des aufgeklärten religiösen Glaubens», wie er die formal rehabilitierte neue Deutung des religiösen Sprachgebrauchs in bestimmten Lebensformen nennt, sind folgende: «(a) ein Glaube, *daß so-und-so* in der außersubjektiven Welt *der Fall sei*,

(b) ein Glaube, von dem der Glaubende weiß, daß sein Ausdruck variabel ist,

(c) ein Glaube, von dem der Glaubende weiß, daß er als solcher weder unmittelbar evident noch im Rückgang auf Evidentes begründbar ist,

(d) ein Glaube, von dessen Inhalt der Glaubende weiß, daß er eine adäquate sprachliche Übersetzung vorprädikativer Bestände sein muß und als geglaubter Inhalt letztlich privat ist.»[12]

Diese Formulierungen stellen jedoch keine adäquate Deutung der Prinzipien einer religiösen Tiefengrammatik dar. Das «daß so-und-so... der Fall ist» suggeriert die Verwendung elementarer Namen in einfachen Behauptungen. Nirgendwo ist dagegen die Rede davon, daß der eigentliche Inhalt religiösen Sprechens etwas mit einer allgemeinen Lebensregel zu tun hat. Wittgenstein unterscheidet in Glaubenssätzen zwei Verwendungsweisen:

(1) «Ich glaube, daß da oben ein deutsches Flugzeug ist», heißt soviel wie: *ich behaupte* mit einem gewissen Wahrscheinlichkeitsgrad, daß es ein deutsches Flugzeug ist. Das «Vielleicht, ich bin mir nicht so sicher» des Gesprächspartners zeugt nur von einem leicht abweichenden Wahrscheinlichkeitsgrad. Deshalb «würde man sagen, daß unsere Ansichten sich ziemlich nahekommen».

(2) «Ich glaube, daß es ein Jüngstes Gericht gibt», dagegen besagt, daß gewisse Merkmale eines (weltlichen) Gerichts von religiöser Bedeutsamkeit sind, das heißt, mein Leben normierend bestimmen.[13] Mit der religiösen Verwendungsweise des Wortes «jüngstes

11 a.a.O.
12 a.a.O. S. 148
13 Wittgenstein (71) S. 87

Gericht» ist zugleich der Hinweis gegeben, daß zum Korrelat noch andersartige Eigenschaften hinzugedacht werden müssen, deren Einzelheiten uns nicht zugänglich sind, weil sie von einem ganz Anderen handeln. Der Ungläubige wird daher die Frage, ob er das glaube, mit «nein» beantworten, weil er keine Behauptung vertreten will. Er wird aber auch die Frage, ob er das *nicht* glaube, verneinen; denn auch dies will er nicht behaupten. Eindeutig dagegen wäre die Antwort auf die Frage: «Spielt das Jüngste Gericht für dein Leben eine Rolle?» Hier kommt das zum Vorschein, was wir «kognitiven Inhalt» nennen; er kann eindeutig bejaht oder verneint werden.

Das «so-und-so» betrifft keinen weltlichen Sachverhalt, sondern einerseits eine Bedingung für die Ordnung aller weltlichen Sachverhalte und andererseits einen Verweis auf Transzendentes; denn es geht um *religiöse* Verwendungsweisen. Wittgenstein hat gerade in seinen formal-semantischen Einzelanalysen auf die zentrale Bedeutung des bildhaften Charakters aller religiösen Begriffe hingewiesen. «Daß etwas der Fall ist», meint Fakten innerhalb der Standardmodelle. Portmann unterstellt also die Extrapolation derselben auf den religiösen Bereich. Aber es geht hier eben nicht um solche Tatsachen, sondern um die eindeutige Bedeutsamkeit nicht-eindeutig beschreibbarer Verhalte im menschlichen Leben. Das Bewußtsein, daß eine Person fürsorgend wirkt, reicht aus, das menschliche Leben zu normieren, auch wenn weder die Einzelheiten einer Personbeschreibung noch einer deutlichen Nachzeichnung des Fürsorgeaktes bekannt sind. Weil die Begriffe religiös verwendet werden, sind «Person» und «Fürsorge» nicht völlig an den Prämissen der Standardmodelle orientiert. Das ist keine besondere Zumutung, zumal gerade im Personbegriff auch umgangssprachlich vieles offenbleibt.[14]

Auch im Merkmal (c) liegt eine Unschärfe: der Glaube ist durchaus «unmittelbar evident», wenn dies soviel wie «wirklichkeitsnormierend» und «ohne die Möglichkeit einer weiteren Fundierung» bedeutet. Weil «fürsorgender Vater» oder «gerechter Gott» die Gesamtwirklichkeit konstituieren, können ihre Einzelbestandteile nicht passive Evidenzen sein; das schließt aber nicht aus, daß sie zu den Bestandteilen gehören, die nicht wegzudenken sind. Auch der Vorwurf der Privatheit in (d) trifft nur zu, wenn von Fakten im üblichen Sinn gesprochen wird. Weil der Inhalt als normative Kraft fungiert

14 Hier sei nochmals auf High (67) S. 82 hingewiesen

und die Bewährung sich wirkungsgeschichtlich realisiert, ist der Glaubensinhalt nicht privat, sondern Element eines allgemein anerkannten Paradigmas.

Mit diesen Klärungen ist der «widersprüchliche» Charakter religiöser Sprachspiele in Frage gestellt. Die Verwendung von Metaphern und Chiffren sowie die Betonung der Vorläufigkeit ermöglichen ein *konsistentes* Sprachspiel, das mindestens so verständlich ist wie die Rede von der «glaubenslosen Religion», die trotzdem noch vom «religiösen Menschen» spricht, der sich zur «assertorisch unverbindlichen Sprache» bekennt. Es ist eine Illusion, *unter Verzicht auf sprachliche Äußerungen* Religiöses «im rituellen oder auch im ganz gewöhnlichen Handeln (zu) *zeigen*».[15] Ein Kniefall ist nicht an sich religiös; er kann auch eine gymnastische Übung sein. Erst der Kontext, der nie ganz auf Sprache verzichten kann, macht Handlungen zu religiösen Riten.

Das Bekenntnis Wittgensteins zu einer «assertorisch unverbindlichen Sprache» baut nicht auf die Verletzung der «Tugendpflicht der Vernunft»[16] auf, sondern auf das Wissen von der normativen Kraft von weltlichen Sprachelementen, sofern diese als Antwort auf unsere Kontingenzerfahrung, also *religiös*, d.h. vom ganz Anderen handelnd, verwendet werden. Das Faktum der Kontingenzerfahrung, das zugleich die Grenzen der Rationalität sichtbar macht, eröffnet die Möglichkeit von Offenbarung. Entscheidend ist die Überzeugung, daß die Aussagen in ihrem Wahrheitsanspruch nicht nur auf *Nichtsprachliches*, sondern sogar auf *Nichtimmanentes* verweisen. Die Verwendung von Wörtern wie «Gott», «Heiliges», «das ganz Andere» in prädikativen Sätzen ist nicht Indiz sinnloser oder falscher Satzbildungen, sondern Bekenntnis zu einer Erfahrung, die auf das Leben normierend wirkt und insofern Wirklichkeit meint. Kognitivität im religiösen Bereich ist demnach nur ein anderer Ausdruck für die *Kontingenzanerkennung innerhalb eines Offenbarungsgeschehens*. Wenn Kontingenzanerkennung und Offenbarung irgendeinen Sinn haben, dann eben den, daß Menschen über *bedeutsame* Aussagen verfügen, die ihnen in ihrer Sprache etwas zu sagen haben, was im Gehäuse der menschlichen Autonomie und immanenter Handlungstheorien allein nicht verstanden werden kann. Kognitivität kann keine differenzierte inhaltliche Bestimmtheit bedeuten, die eine direkte Bekanntschaft mit Göttlichem meint. Schon

15 Portmann (86) S. 149
16 a.a.O. S. 150

die Analyse der Sprache hatte ergeben, daß die direkte Bekannt-schaft (Russell)[17] mit Namensträgern als universelles Rechtferti-gungsprinzip eine Illusion überholter Empirismen bedeutet. Dies trifft hier in noch größerem Maße zu: Offenbarung heißt nicht Anwesenheit der Götter in dieser Welt.[18] Wenn Mystiker die Gegen-wart Gottes erfahren und Schwärmer mit Gott umgehen wie mit ihresgleichen, dann verwechseln sie *Bedeutsamkeit* mit *Anwesenheit und Bekanntschaft.* Jede Offenbarung enthält Symbole, Metaphern, Chiffren, in denen diese Differenz deutlich wird. Auch Portmann hebt dies in seiner Diskussion der wichtigsten sprachlichen Mißver-ständnisse hervor. Im übrigen lassen sich gerade die Mißverständ-nisse, die im Zusammenhang mit dem Bildcharakter und dem Ver-such einer Begründung des Rahmencharakters auftreten, deutlich durch die beiden genannten Bedeutungen von «Ich glaube, daß p» verständlich machen. Damit sind der Verstehbarkeit Grenzen ge-setzt. Weder mystische Erfahrung noch raffinierte Analogielehren überbrücken diesen Graben.[19] Trotzdem weiß der Gläubige, daß sein Leben in einem großen Sinnzusammenhang steht, der sich in den bunten Formen der Offenbarungsinhalte bildlich ausdrückt. Damit wird auch verständlich, weshalb die Vielzahl von Offenba-rungsreligionen kein Ärgernis, sondern eine Notwendigkeit ist. Die Konkretisierung der Bedeutsamkeit erfolgt im Kontext der jeweili-gen Kultur und Geschichtsepoche. Damit sind notwendigerweise

17 Russell (10) S. 66: «Ich sage, daß ich mit einem Objekt *bekannt* bin, wenn ich in einer unmittelbaren kognitiven Relation zu diesem Objekt stehe, d.h. wenn ich mir des Objekts selbst unmittelbar bewußt bin.»
18 Für etablierte Offenbarungsreligionen ist das selbstverständlich. So schreibt Pannenberg: «Darum braucht niemand auf besondere Erleb-nisse zu warten oder sich in Derartiges hineinzusteigern, damit Gott ihm offenbar werde, sondern man braucht nur auf das damals Geschehene zu blicken und nach seiner Bewährung in der heutigen Wirklichkeit zu fra-gen. Insbesondere bedeutet Offenbarung Gottes für den Einzelnen nicht etwa eine Begegnung mit dem auferstandenen Christus, sei es privat oder im Gottesdienst. Wie wollte man da auch vor Selbsttäuschungen sicher sein? Derartige Begegnungen gibt es nicht mehr.» Pannenberg (75) S. 88.
19 Analogielehren betreffen häufig nur vage Ähnlichkeiten. Präzisierungen von Analogien im engeren Sinne gelingen nur innerhalb des linguisti-schen Standardmodells und helfen uns daher nicht weiter. Vgl. das sehr kritische Ergebnis von Sarlemijn/Kroes (85) S. 35 «Attempts to solve problems in human and social sciences in analogy with technical sciences run the risk to degenerate into pure verbal games.»

verschiedenartige Bildformen und dem jeweiligen Kulturstand ange-
paßte Metaphern und Chiffren zu erwarten. Auch eine Vielzahl
historischer Fakten, die für die Offenbarungsgeschichte von aus-
schlaggebender Bedeutung sind, kann die eine große Bedeutsamkeit
des ganz Anderen für das Leben der jeweiligen Kultgemeinde konkretisieren, sei es in der Erleuchtung eines Propheten oder in der
Inkarnation Gottes.

«Bewährung» bedeutet demnach für Menschen, welche die Möglichkeit von Offenbarung im Glaubensakt akzeptieren, *die Darstellung jener Bedeutsamkeit in einem erfüllten Leben*. In Paradigmen,
die dies ermöglichen, ist «Wahrheit». Damit sind die Paradigmen, in
denen Offenbarung negiert wird, «unwahr». Und umgekehrt: Wer
die Offenheit von Kontingenzerfahrungen durch autonome Bewältigungspraktiken ergänzt, wird alle Paradigmen, die sich ausschließlich auf Leistungen der menschlichen Vernunft berufen, als «wahr»
ansehen. Die Entscheidung für die autonome Vernunft bedeutet
zugleich eine Ablehnung der Transzendenz des ganz Anderen. Aus
der Perspektive des Evolutionstheoretikers (Darwin), des System-
theoretikers (Luhmann) oder des Gesellschaftsutopisten (Marcuse)
verrät die Rede vom ganz Anderen oder von Gott eine Illusion.
Andererseits führt die Öffnung für eine sich offenbarende Unendlichkeit zur Verdammung der menschlichen Autonomie. Aus der
Perspektive des Christen, des Juden, des Mohammedaners oder
auch des Vertreters einer theologia negativa (Cusanus) bedeutet das
Verharren im Endlichen und die Einverleibung des Ganzen in
menschliche Sinnhorizonte Verblendung, Hybris und Sünde.

Die Instanz, die Wahrheit konstituiert, ist kein *empirisches* Bewußtsein. Deshalb liegt es im Wesen des Menschen als endliche Kreatur,
daß die Wahrheitsfrage nicht «objektiv» beantwortet werden kann.
Die Redeweise von der objektiven Wahrheit suggeriert eine letzte
Antwort, meint jedoch eine *dem Menschen zugängliche Antwort*.
Aber weil der Mensch sich als Wesen weiß, das sich in seiner Freiheit
zum Anderen *so oder so* verhalten kann und dieses Verhalten die
Valenz der Wahrheitsentscheidung festlegt, ist die Forderung nach
letzten Antworten ein Widerspruch in sich selbst. Weil es das Phänomen der Religion gibt, ist Wahrheit nur im Glauben oder Unglau-
ben möglich. Die Rede von der Wahrheit ist nur eine andere Formulierung der Frage nach dem je vollzogenen faktischen Verhalten zur
Kontingenz.

Wir betonen ausdrücklich, daß *nicht* die Willkürentscheidung des
Einzelnen, also das *bewußte* Handeln des menschlichen *Individuums*,

bestimmt, was Wahrheit ist. Dann wäre in der Tat Wahrheit vom menschlichen Tun abhängig. Indem wir in bewährten Paradigmen existieren, demonstrieren wir *eine* Möglichkeit des Wirklichkeitsverständnisses. Wir haben uns längst so oder so verhalten, ehe uns die Alternativen zum eigenen Paradigma bewußt geworden sind.[20] Wahrheit bleibt auf der Ebene menschlicher Erkenntnis stets ein *Kohärenzgeschehen*, in dem sich die Fremdheit geschichtlich vermittelt und sich dabei der von Leitbegriffen dirigierte Konsens vollzieht. Die Idee der *absoluten* Wahrheit lebt von der Vorstellung eines *transzendenten* Bewußtseins, das Korrespondenzen zwischen *göttlichen* Gedanken und *weltlichen* Fakten möglich macht. Deshalb bleibt sie dem Menschen verschlossen. Die Frage, wer nun «*eigentlich* recht hat», der Gottgläubige oder der Atheist, ist *so* nicht beantwortbar, obwohl sie im Leben immer schon beantwortet ist.

Unsere Analysen haben verdeutlicht, daß die Erfahrung von Kontingenz die Rede vom «durchgängigen menschlichen Handeln» radikal in Frage stellt. Aber die Erfahrung der Offenheit der menschlichen Ausgangsbasis ermöglicht trotzdem *zwei grundsätzlich verschiedene* Weisen des lebensweltlichen Verhaltens zur Kontingenz, welche die Antwort auf die Frage nach der Wahrheit bestimmen, ohne das Ergebnis einer blinden Dezision zu sein:

- *Die Extrapolation der Endlichkeit*; in dieser versteht der Mensch die Rede vom ganz Anderen als sein autonomes Tun. Damit ist allerdings noch keine Transformation in menschlichen Handlungssinn vollzogen, denn diese ist laut Kontingenz-Definition prinzipiell unmöglich; auch der autonome Mensch muß sterben. Es bleibt demnach ein *theoretischer* Sinn, in dem sich das Sprechen vom Anderen in gleichnishaften und ästhetischen Bildern ohne Logik und Wahrheitsgehalt auflöst. Die Kognitivität verdeckt den Wunschtraum des Individuums. Dies ist der Standpunkt der Funktionalisten und der Vertreter des autonomen Sprachspiels. Konstitution, Konstruktion, geistiges Schaffen, autonome Vollendung menschlicher Anlagen ermöglichen diese Extrapolation.

- *Die Alternative* versteht sich als Antwort auf ein Geschehen nicht

---

20 Das wird in dem gängigen Dezisionismus-Vorwurf immer übersehen. Als *ein* Beispiel unter vielen sei Jaeschke zitiert (83) S. 31. Er behauptet: «Wenn zwei Religionen» – wir würden sagen «zwei bewährte Paradigmen» – «unvereinbar sind und doch keine Gründe für die Wahl des einen

durch den Menschen, sondern *mit* dem Menschen. Kognitivität ist ernst gemeint: als verschlüsselte Botschaft von einem ganz Anderen, als Chiffre für etwas, was menschliche Möglichkeiten übersteigt und vernünftige Vollendung erwarten läßt. Die Erleuchtung von Menschen ist nicht Ausdruck autonomer Originalität, sondern *Prophetie*. Die Einsicht, daß Offenbarung möglich ist, bereitet ein *Hören* vor, das Antworten ernst nimmt. Die Offenbarung betrifft nicht fertige Einblicke in eine andere Welt, sondern die *Bedeutsamkeit* jenes Anderen für unser menschliches Dasein mit offener Zukunft. Diese schlägt sich als Wahrheit normativ nieder: als Orientierung am Numinosen, als Engagement für den Nächsten, als Versenkung in das Nirwana. Wie wir gesehen haben, sind solche Verhaltensweisen keine Gegensätze. Sofern der Gnaden- und Widerfahrnis-Charakter ernst genommen wird, durchbrechen sie die Grenzen isolierter Lebensformen. Weil ihre Sinnmanifestationen vom Anruf des ganz Anderen getragen sind, zeugen sie alle von der gleichen Wahrheit. Ihre Vertreter können sich gegenseitig respektieren; sie wissen, daß nur verschiedene kulturelle Randbedingungen die vordergründigen Differenzen erzeugt haben. Die damit gegebene inhaltliche Unbestimmtheit, die selbst in jedem kirchlichen Dogma liegt, öffnet zugleich die Möglichkeit von Toleranz und Humanität.

Die *Entscheidung* für die eine oder für die andere Möglichkeit *beruht* – wie gesagt – *auf keinem dezisionistischen Akt*, sondern hat sich immer längst vollzogen. Sie wird nachträglich als solche konstatiert und ist willensmäßig nicht zu beeinflussen. Hier kommt das zum Vorschein, was in der religiösen Sprache *Gnade*, in der profanen Rede *Schicksal* heißt. Das Bewußtmachen der wirkenden Leitbegriffe und die Abwägung ihrer Möglichkeiten kann einen Prozeß der Umschichtung und Umwertung einleiten. Es gibt so etwas wie Bekehrung und Konversion beziehungsweise wie Abfall und Abwendung. Die Transformation endet aber nicht im Nichts der Beliebigkeit, wie sich gewisse Vertreter der Postmoderne einreden, sondern nach den Versuchen der Neuorientierung in einem anderen Paradigma.

Diese letzten Geschehnisse mit dem Menschen sind das Mysterium des Seins oder das Handeln Gottes. Sie offenbaren eine letzte Ohn-

oder des anderen genannt werden können – wenn es keine innere Notwendigkeit gibt, den einen Standpunkt zugunsten des anderen zu verlassen –, so bleibt nur die pure Decision als Ultima ratio.»

macht, erzeugen Trotz oder Ehrfurcht und bestimmen so die Wirklichkeit endlicher Wesen.

10.2 Zustimmung und Widerspruch

Am Ende unserer systematischen und metatheoretischen Überlegungen werfen wir nochmals einen Blick auf die zu Beginn erwähnten und im Laufe der Untersuchungen angesprochenen philosophischen und theologischen Reflexionen und beurteilen diese aus der Perspektive des Wahrheitsbegriffs unserer Religionsphilosophie. Dabei kann es allerdings nicht darum gehen, jede Philosophie und jede Theologie abzuurteilen. Es sollen vielmehr nur die Grundgedanken der hier entwickelten Theorie nochmals am konkreten Objekt verdeutlicht werden.

a. Religiöse Wahrheit und philosophische Reflexion

Jede philosophische Reflexion ist weitgehend durch individuelle biographische Bedingungen geprägt. Trotzdem bilden sich immer wieder philosophische Schulen und einflußreiche Strömungen heraus. Auffällig ist die Konkurrenz bestimmter methodischer Grundauffassungen: Analytiker streiten mit Dialektikern, Wissenschaftstheoretiker mit Hermeneutikern, kritische Rationalisten mit Phänomenologen, Konstruktivisten mit Formalisten usw. Auch in diesen Zusammenhängen kann eine *paradigmenartige Struktur* aufgewiesen werden:[21] Setzung eines unhintergehbaren Rahmens, Annahme letzter Leitbegriffe, Ausrichtung der Argumentation nach diesen Leitbegriffen und Normierung der Wirklichkeit durch eben diese Annahmen. Für unsere Überlegungen sind jedoch nur solche philosophischen Reflexionen von Bedeutung, die zugleich eine Stellungnahme zur religionsphilosophischen Kontingenz enthalten. Diese ist grundsätzlich unabhängig von den methodologisch bestimmten Paradigmen. *Analytiker* wie B. Russell, K. Nielsen oder J. L. Mackie stehen als Atheisten neben religiösen Vertretern wie L. Wittgenstein,

---

21 In «Methoden der Gegenwartsphilosophie» (Wuchterl (87)) wird versucht, die verschiedenen Methoden gegenwärtigen Philosophierens auf der Basis paradigmatischer Grundentscheidungen darzustellen.

D. Z. Phillips oder R. Swinburne; *Dialektiker* wie J. Habermas oder J. Sloterdijk bleiben auf Distanz zu den Annäherungsversuchen eines M. Horkheimer und auch in der *Hermeneutik* bleibt die Kontroverse zwischen der Skepsis O. Marquards und der Metaphysik von H. Krings oder R. Spaemann offen.[22] *Paradigmatischen Charakter* haben Strömungen mit historischen Auswirkungen vor allem dann, wenn sie im Sinne
– einer radikalen Aufklärung,
– einer kulturhistorischen Einordnung oder
– einer Anknüpfung an religiöse Traditionen aktiv werden.
(1) «Die religiöse Vernunft als kritische Selbstaufhebung»[23] bestimmte weite Teile der Philosophiegeschichte und hat in der Projektionstheorie der Spätaufklärung ihren Höhepunkt erreicht. Als bewährtes Paradigma erscheint Vernunft allerdings nicht in der Funktion einer sich selbstaufhebenden Instanz, die sich etwa als «zynische Vernunft»[24] inszeniert, sondern in der Funktion des Wegbereiters einer *eigentlichen Humanität.* Aufklärung steht stets unter dem Leitbegriff eines besseren Menschenbildes. Selbst die Haßtiraden von Radikalaufklärern und die Polemik marxistischer Provenienz leben von den Visionen eines Humanum. Das *Paradigma der Aufklärung* steht und fällt mit diesem Hintergrund. Postmoderne, die nicht als Fortsetzung jener humanen Tendenzen auftritt, sondern sich in der Apotheose der Unbestimmtheit verliert und so eine «diffuse Moderne» im Sinne von Welsch meint, bleibt nur eine modische Eintagsfliege. Weil das Humanum auch den geschichtlichen Menschen meint, bedarf es eines großen Optimismus, dessen Vergöttlichung im Aufklärungs-Paradigma durchzuhalten, insbesondere dort, wo Ideologien zur politischen Orthodoxie erstarren. Aber ihre Vertreter finden genügend Möglichkeiten, die verdunkelnden Wolken «Monstren» oder «reaktionären Kräften» zuzurechnen.[25]
(2) Seit der Blüte des *Historismus* hat sich ein Paradigma etabliert,

22 Zu den Analytikern siehe Schrödter (79) S. 57, 149, 220, 230, zu Marquard (81), zu Krings und Spaemann siehe Koslowski (85).
23 Vgl. § 2
24 Wie bei Sloterdijk (83)
25 Als Beispiel: «Lesen Sie Freud: lesen Sie seine vernünftigen, humanen Argumente. Lesen Sie die vernünftigen, humanen Argumente von Männern namens Feuerbach, Schopenhauer, Nietzsche – nur *ein* Viergestirn am Himmel der Vielen Hellen Namen, das größte freilich.» So Wollschläger in: Die Gegenwart einer Illusion. Reden gegen ein Monstrum (gemeint ist die christliche Kirche) (1978).

das sich ganz auf die Schickungen des kulturgeschichtlichen Prozesses verläßt. Zwar gelingt die Integration des Religiösen in die allgemeine Kulturgeschichte nicht mehr so widerspruchsfrei wie vor zwei Generationen[26] und die Orientierung an Hegel erfolgt oft mit schlechtem Gewissen. Doch die geschichtliche Vermittlung bleibt allemal hinreichend für die Sinnkonstitution. Die Kontingenz verliert ihren Stachel durch Einordnung in den großen Zusammenhang des Geschehens. Die Inkarnation des Anderen in die Endlichkeit und Immanenz der Geschichte hilft über den Verlust der großen Ideen hinweg und verleiht der Welt ihre Würde, die das Leben lebenswert macht. Die Postmoderne als «Radikalmoderne» (Welsch)[27] vollzieht ihren «Abschied vom Prinzipiellen» (Marquard) als *fröhlichen Befreiungsakt*, als Lust an der Emanzipation von der Vernunftmetaphysik. Ob die fortgesetzte Pluralisierung wirklich solche fröhlichen «exoterischen» Lebensformen des Alltags erzeugt, wie es sich Lyotard und Welsch wünschen, wird die Zukunft erweisen. Sicherlich etabliert sich zur Zeit ein *Paradigma des Pluralismus* und der die Vielfalt der Phänomene ausschöpfenden und genießenden Lebensbejahung. Daß dieses an die Bedingungen einer geordneten Überflußgesellschaft geknüpft ist und kaum Beziehungen zum Lebensgefühl der Menschen in der dritten Welt aufweist, läßt an einer durchgängigen Bewährung zweifeln.

(3) Als naheliegende Alternative zur Vergöttlichung von Mensch und Geschichte bleibt die *Orientierung an den historisch gewachsenen Religionen*. Wenn für Spaemann die Reflexion der religionsphilosophischen Kontingenz nur auf dem Boden einer «religiösen Philosophie» möglich ist[28], dann bedeutet das, daß religiöse Vernunft ihr Fundament in den Religionen selbst sucht. Der Übergang zur Theologie wird fließend. Christliche Philosophie lebt von der Bewährung der religiösen Basis. Dabei wird die bewährende religiöse Praxis gemessen an der Möglichkeit einer Menschlichkeit, die sich aus der christlichen Nächstenliebe ableitet. Radikale Fundamentalismen mit menschenverachtender Aggressivität werden in einer grundsätzlichen Bewertung zurückgewiesen.

Neben der Bindung an *bestimmte* Religionen finden wir in weiten Kreisen die Berufung auf eine diffuse *allgemeine Religiosität*, die als *Civil Religion* auch das Fundament intakter demokratischer Gesell-

---

26 Vergleiche die zahlreichen Synthesen in 3.1
27 Welsch (87) S. 6; 321
28 Koslowski (85) S. 24

schaften bilden sollte. Im Gegensatz zum konsequenten Säkularismus, in dem der Staat von der Religion streng getrennt ist und alle religiösen Bedürfnisse der Privatsphäre zugeordnet werden, hat sich bei vielen Intellektuellen wieder die Überzeugung verbreitet, daß auch moderne Staatswesen eines religiösen Fundaments bedürfen.[29] Dahinter stecken letztlich *metaphysische* Kontingenzbewältigungen, die sich auf Lehren von Rousseau u.a. beziehen. Es handelt sich dabei aber weniger um ausgearbeitete Argumentationssysteme als vielmehr um unreflektierte, internalisierte humane Verhaltensweisen, die mit den Stimmungen innerhalb der «neuen Religiosität» vergleichbar sind.

So scheint in allen drei Fällen, in denen bewährte Paradigmen feststellbar sind, die *Idee der Humanität* den entscheidenden Gesichtspunkt in der Beurteilung der Bewährung darzustellen. Das führt uns zur Frage, ob nicht allen bewährten Paradigmen die gemeinsame Idee einer universellen Menschlichkeit zugrunde liegt. Ehe wir uns dieser Frage zuwenden, werfen wir noch einen Blick auf *theologisch* begründete Paradigmen.

b. *Religiöse Wahrheit und theologische Reflexion*

Die *theologische* Reflexion unterscheidet sich von der *philosophischen* Reflexion durch das Ja zur Offenbarung als den fundamentalen Ausgangspunkt aller Überlegungen. Weil aber das Objekt der Offenbarung sowohl im Wortlaut als auch im Sinne interpretationsfähig und -bedürftig ist, spielen in der Theologie die für die Religionsphilosophie entwickelten notwendigen Bedingungen für Wahrheit eine ähnlich entscheidende Rolle. Der menschliche Geist kann sich den Geist Gottes verfügbar machen, indem er die Aussagen der Offenbarung in den gleichen Kategorien begreift, in denen der Mensch unter Menschen spricht. Aber diese buchstabentreue Deutung der Schrift, die selbst über die genaue Jahreszahl des kommenden Gerichts und über die exakte Anzahl der Gerechten Auskunft gibt, mißachtet den Sinn des Offenbarungsgeschehens, in welchem

---

29 Pannenberg schließt sich der Argumentation von Bellah und Parsons an, daß keine politische Ordnung ohne Religion stabil bleiben kann, insistiert aber darauf, die Quellen der Civil Religion als jüdisch-christliche zu bestimmen (Civil Religion, Religionsfreiheit und pluralistischer Staat: Das religiöse Fundament der Gesellschaft; in Koslowski (85)).

vom ganz Anderen und über das ganz Andere gesprochen wird. Adäquates Schriftverständnis wird mit äußerlichen Widersprüchen leben müssen, indem es ihr Vorverständnis durch Leitbegriffe organisiert und so über den Einzelbuchstaben hinweg zu einer verantwortlichen Praxisanleitung findet.

Es kann hier nicht unsere Aufgabe sein, jede einzelne bedeutsame Theologie auf ihre Verträglichkeit mit den Prinzipien unserer paradigmenbezogenen Religionsphilosophie zu beurteilen. Abgesehen von der theologischen Inkompetenz des Philosophen in Einzelfragen, ist dies eine Aufgabe der Theologie selbst. Die Grenze zwischen Philosophie und Theologie ist zwar von jeher unscharf. Das bedeutet aber nicht, daß Philosophen die Aufgaben der Theologen übernehmen wollten und könnten. Nur dort, wo die Theologie ihren genuinen Standort aufgegeben und *die Offenbarung der philosophischen Reflexion untergeordnet* hat, sind Beurteilungen nicht nur möglich, sondern auch angebracht.

Während die extreme Form einer *dialektischen Theologie*, in der das Wort Gottes völlig aus dem geschichtlichen und exegetischen Zusammenhang gerissen worden war, von selbst, das heißt durch theologischen Einspruch, in ihrer Analogielehre zur «kirchlichen Dogmatik» zurückfand, haben sich die *Theologien der reinen Immanenz* ganz von den Prinzipien einer Philosophie der Endlichkeit verführen lassen. So widerspricht die Reduzierung allen Heilsgeschehens auf die existentielle Bedeutsamkeit des Einzelnen bei Bultmann unserer Einsicht von der kognitiven Relevanz des Religiösen, das durch Bilder eine tiefere Sinndimension zur Erscheinung bringt. Als Radikalisierung des klassischen Prinzips der Innerlichkeit potenziert die Entmythologisierungstheologie deren Fehler. Gerade wegen der Entobjektivierung der Erfahrung, welche sich Bultmann mit Heidegger als Verdienst zuschreibt, verliert der Glaube seine gemeindepraxisrelevante Substanz. Die Entmythologisierung kennt keine Grenzen; sie macht auch nicht vor dem Mythos der Eigentlichkeit halt, der sie in Bewegung gesetzt hat. In der Fehlinterpretation ihrer Reichweite verschlingt wissenschaftliches Denken das Andere seiner selbst. Kein Wunder, daß sich im Traum von der Eigentlichkeit der christliche Glaube nicht paradigmatisch *bewährt*, sondern systematisch *aufgelöst* hat. Existentieller Glaubensvollzug kann zwar *Moment* der Kontingenzbegegnung sein, nicht aber deren alleiniger Inhalt.

Jede Theologie der Immanenz ist inhaltsleer, sofern sie sich nicht von der schlichten weltlichen Betrachtungsweise des Mitmenschen und der sie umgebenden Natur unterscheidet. Nur wenn der Mensch ein Antlitz trägt, aus dem etwas herausleuchtet, das ihn das *hinter* der Natur Liegende ahnen lässt, wird die Rede von der Offenbarung Gottes sinnvoll. Im Falle eines radikalen «etsi deus non daretur»[30] haben Evolutions- und Systemtheorien die Antwort auf den Standort des Menschen in der Natur längst gefunden. Art- und Systemerhaltung lassen keinen Platz für eine verklärte Sonderstellung des Menschen vor Gott. «Stellvertretung» (Sölle), «das Für-andere-da-sein» (Bonhoeffer) oder die «vestigia hominis» (Metz)[31] erhalten ihren Sinn nur durch einen *Bedeutungsüberschuß* gegenüber der Immanenz. Der Überschußcharakter mag sich zwar nur *in der Welt* zeigen, aber stets mit dem Verweis auf eine jene Systeme *überschreitende* Wirklichkeit. Alle Theologie der Immanenz lebt allein von dem Glauben an eine Transzendenz. Sie zerfällt in vergängliche Modeströmungen, einseitige politische Agitationen und glaubenslose Selbstdarstellungen, sobald sie ihre Leitbegriffe aus der Welt des Immanenten wählt. Wenn Revolution (Greinacher), Archetypen (Drewermann) oder die Geschlechterrolle (Ranke-Heinemann)[32] zu alles bestimmenden Leitbegriffen werden, dann verdrängen diese die wesentlichen Inhalte, die ihre Bedeutsamkeit nicht aus der zeitgebundenen Kontroverse, sondern aus der Kraft des sich offenbarenden Anderen erhalten.

In einem völlig anderen Licht steht die Transformation des Transzendenten in das *Transzendentale*. Weil dies die *Bedingungen* der Welt betrifft, verweist Transzendentalität auf eine Offenheit, die mit den verschiedenartigsten wirkungsmächtigen Leitbegriffen ausgefüllt werden kann. Es ist dies das Geheimnis des Erfolges jeder *Hermeneutik*, dieser Kunst der vorgängigen Bedeutungserfüllung. Weil «das Nichts» nicht begründet, der Mensch aber die Glaubensfülle erfahren kann, muß dieses Unbedingte Möglichkeiten der Entfaltung in die Vielfalt des sinnlich Erfahrenen enthalten. Besonders die *katholische Tradition* hat seit jeher Wert darauf gelegt, den Graben zwischen der menschlichen Lebenswelt und der Transzendenz dadurch zu überbrücken, daß den Menschen die Fähigkeit zugetraut wird, die Offenbarung Gottes als solche identifizieren zu können. Nachdem die einfacheren Formen einer «natürlichen Theolo-

---

30 Bonhoeffer (51) S. 241
31 Vgl. das gleichnamige Werk von Sölle (65) und Metz (68) S. 55
32 Greinacher (80), Ranke-Heinemann (88) und Drewermann (84)

gie» im Sinne des Ontologismus[33] der modernen Religionskritik nicht standhalten konnten – zu vielen Menschen von Feuerbach bis Nietzsche und Sartre war die unmittelbar geistige Anschauung Gottes abhanden gekommen –, trat an deren Stelle die Lehre von der transzendentalen Erfahrung, wie sie vor allem *Rahner* entwickelt hat. Diese weit verbreitete Konzeption versucht, eine Deutung unserer sittlichen Wertungen und metaphysischen Ahnungen innerhalb der idealistisch-existentialistischen Tradition zu geben, die sich bruchlos in die religiöse Gemeindepraxis einordnet und christlichen Glauben auch in der Konfrontation mit Nihilismus und Postmoderne verantwortbar macht.

Trotzdem kann der Rahnerschen *These von der unthematischen Seinserfahrung* nicht zugestimmt werden, solange sie mehr als die Möglichkeit von Kontingenzerfahrungen meint. Rahners Existenzerfahrung ist nämlich nicht einheitlich, sondern besteht aus zwei Momenten: aus dem Bewußtsein der Offenheit und Freiheit des menschlichen Geistes *und* aus der Überzeugung von der *fundamentalen historischen Wahrheit dieses Bewusstseins*, die Projektions- und Illusionsthesen ausschließt. B. Weissmahr schreibt in Anlehnung an Rahner in seiner «Philosophischen Gotteslehre», daß «das Unbedingte, dessen wir in der transzendentalen Erfahrung gewahr werden, keine bloße Idee, nicht nur ein Postulat unseres Bewußtseins, sondern eine objektive (obwohl nicht eine restlos objektivierbare) Wirklichkeit ist. Ferner sahen wir, daß ... das Unbedingte der Maßstab jeder Erkenntnis und die letzte Begründung jedes Wortes bzw. jeder Wertung ist.»[34] Bei Rahner selbst heißt es, Gott sei «die einzige These, die mit allen Hypothesen gesetzt wird, aus denen wir unser Weltbild aufbauen. Denn immer wird überall und in jedem Fall bei der Setzung eines Weltbildes im Voraus zu seiner Struktur im einzelnen vorausgesetzt, daß Sinn, Zusammenhang, gegenseitige Bezogenheit zwischen der Vielfalt der Weltdinge obwaltet, die zu einem Gebilde für uns zusammengefügt werden und so eine der Vielfalt vorausliegende *ursprüngliche* sinnhafte Einheit mitbejaht.»[35] Dabei

33 Darunter versteht man eine Form der Theologie des 19. Jahrhunderts, die vor allem von V. Gioberti (1801–1852) geprägt war. Danach verfügt der menschliche Verstand über eine unmittelbare geistige Anschauung Gottes. Wir erfassen Gott als unendliches Sein, aber nicht in seiner eigentlichen Wesenheit. Vgl. dazu Weissmahr (83) S. 37

34 Weissmahr (83) S. 39

35 Wissenschaft als ‹Konfession›? In Rahner (56) S. 458f.

wird übersehen, daß die Ideen des Unbedingten und der «ursprünglichen sinnhaften Einheit» eng mit den Kategorien der Kausalität und des zureichenden Grundes verknüpft sind; deshalb ist die Möglichkeit vorstellbar, daß hier allzumenschliche Kategorien stillschweigend zu *Denknotwendigkeiten* erklärt werden. Es ist bereits der *Glaubensakt*, der die Sicherheit dieser Argumentation bedingt und die Bewährung garantiert. Weissmahr glaubt, daß die nichtthematische Gotteserfahrung von philosophischen Konstruktionen verschüttet wird, eben weil sie keine Beachtung findet.[36] In Wirklichkeit ist es umgekehrt: Die Antwort auf die Gottesfrage steht implizit am Anfang aller philosophischen und theologischen Prinzipiensuche. Gott wird als anerkanntes Unbedingtes zum Leitfaden oder als projektive Illusion zum vergessenen Gegenstand innerhalb ontologischer Kontingenzbewältigungsprozesse. Durch die Kategorie des *Unbedingten*, die in der Theologie P. Tillichs innerhalb des protestantischen Denkens eine analoge Rolle spielt, ist das Band zur bedingten Welt geknüpft. Das *Abstraktum* Sein, das in seiner Abstraktheit auch das Nichts bedeuten kann (Hegel; Sartre), wird zur *Macht* des Seins, zum «Grund und Sinn des Seins», zum «Sein-Selbst» oder zur «Tiefe», wie es bei Tillich ausdrücklich heißt.[37]

Der Transzendentalismus Rahners und Tillichs ist bereits ein vermittelter. Während mit diesem Begriff bei Kant die unmittelbar mitgegebenen Bedingungen der Möglichkeit von Erfahrung gemeint sind, die *jedem* Menschen auf gleicher Weise zugänglich sind und die für *jedes* Subjekt die gleiche anschaulich-kategoriale Wirklichkeit aufbauen, ist es hier anders. Nur die phänomenologische Basis der Kontingenzerfahrung ist für alle Menschen gleich; was die Menschen aus dieser Erfahrung machen, bedingt sehr verschiedene Weltansichten. Sofern die Möglichkeit der Bedingung der Welt durch das Unbedingte mit all seinen inhaltlichen Konsequenzen *geglaubt* wird, erhält das diesseitige Leben in seinem geschichtlichen Ablauf ein unerschütterliches Fundament, das gegenüber jeglicher Falsifikation immun bleibt. Das Unbedingte stellt so die Bedingung der Möglichkeit des geschichtlichen Seins dar, und genau das meint «Transzendentalität» bei Rahner. Die Verwendung dieses Terminus, die den *transzendenten* Charakter des ursprünglich Gemeinten verschleiert, muß selbst historisch verstanden werden. Rahner wie Til-

36 a.a.O. S. 15
37 Tillich (62) S. 42f. Der zentrale Leitbegriff ist das Unbedingte, das all diese Bestimmungen enthält.

lich[38] sehen sich als Vermittler zwischen dialektischer und liberaler Theologie, in deren Vorstellungen der Graben zwischen Welt und Gott immer tiefer geworden war. Dabei wird die Einsicht, daß hinter der großen Synthese der Glaube selbst steht, übersehen. Jede menschliche Erkenntnis, die sich inhaltlich auf Gott bezieht, ist auf Offenbarung angewiesen.

Das *katholische Paradigma* ist am deutlichsten von *Thomas von Aquin* formuliert worden: Jede *inhaltliche* Einsicht, die sich auf Gott bezieht, bedarf der Belehrung durch Offenbarung. Aber der Gedanke der *Möglichkeit* von Offenbarung, der in der Erfahrung von Kontingenz eingeschlossen ist, kann nicht selbst offenbart werden. Deshalb ist auf jeden Fall die *Möglichkeit* von Gottes Existenz denkbar. «Wenn aber der Gegner nichts von der göttlichen Offenbarung glaubt, so gibt es weiter keinen Weg, ihm die Glaubensartikel durch Vernunftgründe zu beweisen, nur den anderen, die Gründe, die er etwa gegen den Glauben vorbringt, zu zerstreuen. Da nämlich der Glaube sich auf die unfehlbare Wahrheit stützt, und da der Wahrheit Entgegengesetztes unmöglich zu beweisen ist, so ist es klar, daß die Beweismittel, die gegen den Glauben hervorgebracht werden, keine strengen Beweise sind, sondern widerlegliche Gründe.»[39]

Die *Annahme* der Existenz Gottes kann nicht durch die Offenbarung vermittelt werden, wenn diese als Sprechen *Gottes* dessen Existenz voraussetzt. Deshalb widerspricht sie nicht dem Licht der natürlichen Vernunft, die Kontingenzerfahrung akzeptiert. Wer den Gedanken der Offenbarung ernst nimmt, kann auch die Möglichkeit der «fünf Wege» denken, und so seinen Glauben als vernünftig erweisen. «Daß es einen Gott gibt, ist daher, soweit es von uns aus gesehen nicht an und für sich kund ist, beweisbar durch uns bekannte Wirkungen.»[40] Interessant ist, daß der dritte Weg, der sogenannte «Kontingenzbeweis», auf die Phänomene des Zufälligen und Notwendigen verweist. Wer *Zufälligkeit* denkt, muß *Notwendigkeit* denken. Wer von seinem Offenbarungswissen her das Notwendige *an sich* kennt, kann solche erfahrene Notwendigkeit auf *Gott* zurückführen.

Die vorsichtigen Formulierungen bei Thomas wurden durch die

38 Siehe dazu Tillich: Das protestantische Zeitalter, in: Tillich (59), Band 7, S. 29.
39 Thomas (38), I. Band, 1,8
40 a.a.O. 2.2

«Lehrentscheide über den katholischen Glauben» im 1. Vatikanum *verschärft*: «Wer sagt, der eine und wahre Gott, unser Schöpfer und Herr, könne mit dem natürlichen Licht der menschlichen Vernunft durch das, was gemacht ist, nicht mit Sicherheit erkannt werden, der sei ausgeschlossen.»[41] «Das natürliche Licht der menschlichen Vernunft» umfaßt zweifellos die Inhalte unserer phänomenologischen Deskription, die Kontingenzerfahrungen einschließen. Wenn unter «Gott» nicht nur die Bedingung der Möglichkeit von Offenbarung, sondern zugleich der «Schöpfer und Herr» des Gemachten verstanden wird, dann ist mit der Erkenntnis des «Gemachten» zugleich die «Sicherheit» der Erkenntnis Gottes gegeben. Diese Überlegungen bedürfen aber der theologischen Klärung, die *Offenbarungsinhalte einbezieht*. «Denn die von der Vernunft erspürte Wahrheit über Gott, die doch nur die Sache weniger ist, ergäbe sich... vermengt mit manchen Irrtümern» (Thomas).[42]

Bei der Behandlung der philosophischen Paradigmen sind wir auf die Frage gestoßen, ob nicht *allen* bewährten Paradigmen die *humane Gesinnung* gemeinsam sein muß. Auch die Theologien der Immanenz scheinen diese Vermutung zu bestätigen. Daß es trotzdem kein «Superparadigma» der Humanität oder anderer Leitbegriffe gibt, soll im nächsten Abschnitt gezeigt werden.

10.3 Das Problem «übergreifender Paradigmen»

Der gewichtigste Einwand gegen jede Paradigmenkonzeption richtet sich gegen die Überbetonung der Inkommensurabilität von Paradigmen. Die Möglichkeit, über *mehrere* Paradigmen zu sprechen, sei es in der hier vorgelegten Religionsphilosophie, sei es in einer wissenschaftstheoretischen Studie im Sinne T.S. Kuhns oder in der Beschreibung der «postmodernen» Pluralität, suggeriert ein Vermögen, zwischen Paradigmen letzte Entscheidungen treffen zu können. Solche «übergreifende Paradigmen» oder Superparadigmen dürften eigentlich die Bezeichnung «Paradigma» nicht mehr tragen. Wir haben deshalb unsere Metatheorie stets «deskriptive Phänomenologie» genannt. Ihre geringe Aussagekraft in bezug auf die religiöse Problematik rechtfertigt zugleich ihre Möglichkeit. Andererseits

41 Neuner/Roos (71) LS. 49
42 Thomas (38) 1.1

warf die Diskussion der *Bewährung* von Paradigmen die Frage auf, ob nicht doch universelle Bewertungen verborgen sind, welche die Paradigmenkonzeption in Frage stellen. Besonders die heute so wirkungsvollen Begriffe der *Humanität* und der *Geschichtlichkeit* scheinen die Rolle von gemeinsamen Merkmalen aller legitimen Paradigmen zu übernehmen. Wir versuchen, an zwei Beispielen zu zeigen, daß solche «Superparadigmen» selbst als spezielle Paradigmen verstanden werden müssen, nämlich als Paradigma der humanitären Rationalität und als Paradigma der universellen Geschichtlichkeit.[43]

a. Das Paradigma der humanitären Rationalität und der Neopragmatismus

Eine der letzten Veröffentlichungen über einen Versuch eines universellen Bewertungskonzepts im Sinne der humanitären Rationalität liegt in *Gregor Pauls* Buch «Mythos, Philosophie und Rationalität» vor. Die dort vertreten, zum Teil recht aggressiven Thesen sind zugleich ein Hinweis, daß von einem Burgfrieden zwischen religiösen und profanen Konzepten im Sinne von Lübbes «Religion nach der Aufklärung» keine Rede sein kann. Auch die von der Postmoderne betonte Immunität des Pluralismus gegenüber kritischer Rationalität ist eher Wunsch als Wirklichkeit.

Bei G. Paul ist die These von der Humanität als höchster Norm[44] eng mit dem Rationalitätsbegriff verflochten, der seinerseits in Opposition zu Mythen und Religionen steht, die Heilswahrheiten verkünden. Bei der Explikation des Rationalitätsbegriffs geht Paul zunächst von der Rationalität im engeren Sinne aus (11), die sich auf die Normalwissenschaft in der Kuhnschen Terminologie bezieht. Weil bei Kuhn wegen der Inkommensurabilität von Paradigmen der Übergang von einer Form der Normalwissenschaft zu einer anderen nicht durch rationale Kriterien vollzogen wird, definiert er Rationa-

---

43 Die Auswahl ist willkürlich. Man hätte ein Dutzend analoger Beispiele wählen können, insbesondere aus dem Bereich der Diskurstheorien (Apel; Habermas). In der kritischen Theorie übernimmt aufgrund des marxistischen Erbes die Geschichte zusammen mit der Humanität Leitbegriffsfunktionen. Rationalität dagegen erfährt dort eine gezielte Abwertung, indem sie als Verdinglichung gedeutet wird (vgl. Heim (83) S. 62). Da gerade diese Beispiele relativ gut bekannt sind, wurden hier zwei weniger verbreitete Konzeptionen ausgewählt.

44 Paul (88) S. 146. Die angegebenen Seiten beziehen sich auf dieses Werk.

lität relativ zu den jeweiligen Paradigmen. Diese Einschränkung des Rationalitätsbegriffs weist Paul im Anschluß an Popper und Stegmüller zurück. Er insistiert auf einem liberalen oder *«nicht-relativistischen» Rationalitätsbegriff*, der gegenüber der Unterscheidung zwischen normaler und revolutionärer Wissenschaft indifferent ist (10). Der Übergang zu neuen Theorien, wie sie in der revolutionären Wissenschaft vorliegen, erfolgt zwar mit Hilfe von Kriterien, die nicht völlig hinreichen und deshalb ein Festhalten an der alten Theorie offenlassen. Aber genau diese Offenheit ist nach Paul eine entscheidende Bedingung für Rationalität. «Bei Theorienwahl (und auch bei Fortschrittsverzweigung) muß Spielraum gegeben sein» (12).

Im Anschluß an diese Entdeckung entwickelt Paul seinen Begriff der nicht-relativistischen Rationalität, der selbstverständlich auch als *Wertbegriff* verstanden wird (10): Rationalität ist eine regulative Idee; sie ist *«prinzipiell* nur partiell bestimmbar; und das zum Teil auch nur hypothetisch» (16); deshalb ist der Begriff relativ leer. Später heißt es sogar: «Es fällt schwer, ja, es ist vielleicht gar unmöglich, ein notwendiges Merkmal anzugeben» (146). Trotzdem spielen gewisse charakteristische Merkmale in der Untersuchung eine wichtige Rolle. Es sind dies vor allem die drei folgenden näheren Bestimmungen:

- erstens die *Verpflichtung zur Toleranz* gegenüber anderen Entscheidungen (16); im Zusammenhang mit der Theorienwahl ist ein solches Verhalten plausibel, weil keine hinreichenden Kriterien für die Entscheidung angebbar sind und trotzdem von Rationalität gesprochen wird; was intakte Forschergemeinschaften entscheiden, steht demnach mit Rationalität im Zusammenhang;

- zweitens die *Orientierung an Übereinstimmung* (18); Rationalität zielt über Privatmeinungen und -erfahrungen hinaus auf das Ganze; Paul faßt beide Gesichtspunkte, Toleranz und freie Übereinstimmung, in einem Zitat von Krüger zusammen; danach ist Bemühen um Rationalität ein «Bemühen, Einigkeit und Gemeinsamkeit ohne Zwang zu erreichen» (18);

- drittens die *Einbeziehung von Logik und intersubjektiver Erfahrung* (19). Weil beides alle Menschen betrifft, lassen sich logische und erfahrbare Elemente sinnvoll zur Realisierung von Rationalität einsetzen. Für Paul ist «die Anerkennung der Kernlogik Konstituens jedes bisher bekannt gewordenen Rationalitätskonzepts», und der Erfahrungsbegriff wird aus Poppers Rationalitätsbegriff übernommen (6).

Für die weiteren Überlegungen ist Pauls Auffassung von Mythos und Religion wesentlich. Beide handeln per definitionem von der Existenz von Göttern, Geistern oder anderen übermenschlichen Wesen (5); sie formulieren ihre Lehren in der Form absoluter Wahrheiten und vermitteln diese in institutionalisierter Praxis, die häufig mit angsteinflößenden Begleiterscheinungen identisch ist. Deshalb enthalten Mythos und Religion gefährliche antihumanitäre Tendenzen. Berufung auf Mythos und Religion nennt Paul Mythologisieren, Rückgriff auf Rationalität heißt Philosophieren.[45]

Aufgrund dieser Definitionen kommt Paul zu seinen beiden Hauptthesen (2):

«1. Nicht-relativistische Rationalität ist eine gerade heute unverzichtbare regulative Idee. Denn besser als jede bisher bekannte Alternative ist sie dazu geeignet, die Idee einer allgemeinmenschlichen Humanität voranzubringen und zu verwirklichen.

2. Philosophieren ist rationaler und insofern der Humanität förderlicher als Mythologisieren. Philosophieren ist deshalb im allgemeinen dem Mythologisieren vorzuziehen.»

Die These von der metaparadigmatischen Rolle der Humanität besagt bei Paul zweierlei: einmal, daß diese als regulative Idee (wie auch Rationalität und Vernunft, 17) die Grundnorm aller Paradigmen darstellt, und zum anderen, daß sich kein Paradigma den Rationalitätsansprüchen entziehen kann. Demnach bedeutet der im Rationalitätsbegriff enthaltene Erfahrungsbegriff keineswegs nur Erfahrung im Sinne des wissenschaftlichen Standardmodells. Es handelt sich offensichtlich um einen pragmatischen Begriff, der seine Legitimation aus dem common sense bezieht. Paul beruft sich letztlich auf die Erfahrung, daß menschliches Verhalten gewaltfrei sein *kann* und dabei eine spezifische Art von («unberechtigter») Angst abzubauen vermag. Gewaltfreiheit und Toleranz bilden den letzten Maßstab in der Beurteilung von Legitimationen für Erfahrungen.

Unser Rekurs auf Paradigmen geht von den Phänomenen religionsphilosophischer Kontingenz aus, die auch von Paul anerkannt werden. Er schreibt S. 119: «Nach meiner Ansicht ist freilich nicht Religiosität eine anthropologische Konstante. Vielmehr sind es be-

---

45 Theoretisch läßt Paul zwar Religionsformen zu, die jene dogmatischen Festlegungen nicht treffen; in der Durchführung jedoch spielen diese letztlich metaphysisch fundierten und selten bewährten Formen keine Rolle. Religion führt nach Paul im *allgemeinen* zu inhumanen Folgerungen.

stimmte Erfahrungen (wie die Sterblichkeit), die konstant sind.» Während im Paradigmen-Konzept das Transzendieren von Kontingenz innerhalb verschiedener Sinnhorizonte erfolgen kann – z. B. als ontologische Kontingenzbewältigung des enthusiastischen Naturforschers oder als Einrückung in die christliche Offenbarungstradition –, beruft sich Paul ausschließlich auf das Kriterium der humanitären Rationalität: Weil religiöse und mythische Antworten die Tendenz zum Inhumanen in sich tragen, können sie sich nicht auf Wirklichkeit beziehen, sondern betreffen Illusionen, Täuschungen und Theorien des Priesterbetrugs. Die Konstitution des Wirklichen und Bedeutsamen erfolgt offensichtlich vom *Leitbegriff der Humanität* her. Die Frage nach der Wahrheit wird dabei wiederholt relativiert. Für Paul ist unsere Kultur «durch einen emphatischen Wahrheitskult gekennzeichnet». «... Wahrheit genoß in China niemals auch nur im entferntesten ähnliches Ansehen wie in Europa, und klassischer chinesischer Philosophie ... ist womöglich schon jeder Begriff von Wahrheit fremd.» Der entscheidende Satz aber lautet: «Ein System, das Wahrheit über Common-sense-Humanität stellt, ist vielleicht schon an sich fragwürdig» (129). Sieht man in dieser Formulierung vom taktischen «vielleicht» ab, so zeigt sich hier die *Leitbegriffsfunktion* des Humanitätsbegriffs in aller Deutlichkeit. Es ist für Paul ein Ungedanke, daß Wirklichkeit so beschaffen sein könnte, daß unzugängliche Triebstrukturen im Sinne Freuds oder Schopenhauers permanent inhumane Wirkungen produzierten. Auch der Dissens als Quelle der Lebendigkeit im Sinne Lyotards ist als Regulativ undenkbar. Solche Theorien müssen so uminterpretiert werden, daß Appelle der humanitären Rationalität Erfolgsaussichten erhalten.

Pauls Theorie stellt eine *versteckte definitorische Kontingenzbewältigung* par exellence dar, die alle implizierten Angriffe auf Mythen und Religionen mit Heilswahrheiten zu Tautologien macht. Nicht-relativistische Rationalität ist so alles andere als ein metaparadigmatischer Begriff. Sobald er konkret wird und seine Sonderstellung nicht geheimnisvoll hinter Offenheit und Nichtfixierbarkeit verbirgt, meint er die beiden Leitbegriffe der Humanität und der Popperschen common sense-Wissenschaftlichkeit. Beide sind nicht selbstbegründend. So wie Paul darauf hinweist, daß es genügend Atheisten gibt, «die ihr Leben als durchaus sinnvoll ... ansehen, und die jedenfalls in der Lage ... sind, ... existentielle Angst auszuhalten» (73), so läßt sich auf genügend Egoisten verweisen, die ihr Leben sinnvoll gestalten, ohne die Humanität als letzte Richtschnur zu akzeptieren. Der Hinweis, daß solches Verhalten im allgemeinen Sprachgebrauch nicht als rational bezeichnet wird, besagt gar nichts, solange der Sprachgebrauch durch Reflexion in Frage gestellt werden kann und in religiösen Kontexten von Paul auch genügend oft in Frage gestellt wird.

Kein Wunder, daß im Paulschen Paradigma der humanitären Rationalität die Geschichte der Religion vor allem durch inhumane Handlungen und Prozesse beschrieben wird: Hexenverbrennungen, Inquisitionen, Glaubenskriege, Legitimationserschleichungen usw.[46] Daß es daneben Jahrhunderte ohne solche Erscheinungen gab, daß z.B. im christlichen Glauben als Religion der Liebe gelegentlich auch diese Tugend Spuren hinterlassen haben könnte, wird zwar en passant zugestanden, aber trotzdem per saldo in einer eigenartigen Aufrechnungsmanie als *negative* Größe dem unheimlichen Quantum des Inhumanen in Religion und Mythos gegenübergestellt.

Aus den Überlegungen folgt, daß Rationalität in unserem Sinne, nämlich als Berufung auf wissenschaftliche und linguistische Standardmodelle, bei Paul, Deschner, Russell u.a. durch den Leitbegriff der Humanität und durch die Extrapolation der Modellprinzipien zum universellen regulativen Prinzip als ein charakteristisches Beispiel einer Kontingenzbewältigung angesehen werden kann. Daß es sich dabei nicht um das gesuchte Superparadigma handelt, zeigt sich daran, daß es zahlreiche Ideologien und Religionen gibt, die keinen der beiden Leitbegriffe kennen und trotzdem zu den bewährten Paradigmen gezählt werden müssen. Diese Bemerkung mag vor den Kopf stoßen. Aber man darf nicht vergessen: Jeder Metatheoretiker ist zugleich Kind seiner Zeit. Er vollzieht jenseits der phänomenologischen Deskription Wertungen. So erscheint in den meisten modernen Paradigmen, sei es bei der Evolutionstheorie, dem Mar-

---

46 Daß nicht-relativistische Rationalität nicht vor Affekten schützt, zeigen zahlreiche Bemerkungen folgender Art: «Wenn heute selbst die überzeugtesten Christen friedlich sind, dann wohl vor allem deshalb, weil die politischen Institutionen, in deren Einflußbereich sie leben und die Resultat und Ausdruck der Aufklärung sind, sie einfach dazu zwingen» (126). Auffällig ist die Zurückweisung von Religionsdeutungen mit hohem Niveau wie etwa bei Barth oder bei Rahner. Solche Ausarbeitungen betreffen nicht-relevante Intellektuellenreligionen, die angeblich mit der eigentlichen praktizierten Religion nichts zu tun haben (110)! Für Paul wie für Deschner u.a. sind die Kriterien für die christliche Religion offensichtlich «Bibel und Gesangbuch» (vgl. H. Groos (27) S. 19) – «eine schwer zu überbietende methodologische Naivität», wie Jaeschke dazu mit Recht bemerkt (83) S. 30. Zu Deschner siehe (86)

xismus oder auch in verschiedenen tradierten Religionen, der Leitbegriff des Humanum als unverzichtbares Element. Die Versuchung
ist groß, deshalb hier ein Superparadigma zu konstruieren, das den
letzten Maßstab für *alle* paradigmatischen Ausformungen enthält.
Aber diese Konstruktion hält der kritischen Vernunft nicht stand.
Humanität paßt in vielen Fällen nicht in das eigentliche Konzept,
wirkt in bestimmten Paradigmen aufgesetzt und willkürlich einbezogen. Aber es gehört heute allenthalben zum guten Ton, von der
Würde des Menschen *zu sprechen*, wenn auch die *Handlungen* dieses
Sprechen häufig ad absurdum führen. Erfahrungen wie Auschwitz
und Hiroshima enthalten einen Stachel, der uns Paradigmen ohne
Humanität unglaubwürdig erscheinen läßt. Trotzdem sollte man
nicht übersehen, daß es auch heute funktionierende Ideologien, fun-
damentalistische Religionen und fanatische Volksbewegungen gibt,
die eine grenzenlose Menschenverachtung praktizieren, weil ihre
Handlungen von anderen als humanitären Leitbegriffen geleitet
sind.[47] Der Phänomenologe *beschreibt*, der engagierte Metatheoretiker seiner Zeit *verurteilt*. *Beides* sind Formen der religiösen Vernunft, die sich deshalb nicht in der Deskription erschöpft, sondern je
individuell parteiisch wird.
Die «Verurteilung» antihumanitärer Tendenzen kann sich heute auf
ein zweites einflußreiches Paradigma berufen, das dem kritischen
Rationalismus nahesteht, aber toleranter als dieser argumentiert.
Wir meinen den *Neopragmatismus*, wie er z.B. von *Herbert Stachowiak* vertreten wird.[48] Nach dem «linguistic turn» der Sechziger- und
Siebzigerjahre, in welchem alle Probleme auf ihre sprachlichen Fundamente zurückgeführt wurden, sind die Achtzigerjahre durch Reflexionen über die praktische Lebensführung und über die Strategie
des Überlebens der menschlichen Gattung in einer ökologisch und
technologisch gefährdeten Welt geprägt. Man spricht von einer
neuen Wende, dem «pragmatic turn».[49] In modernen Formen des
Pragmatismus wird versucht, sowohl den Ansprüchen der Wissen-

---

47 Wenn Holzhey in (86) S. 216 unterstellt, paradigmenbezogene Religionsphilosophie kenne nur «nette Religionen», dann wurde der Grund-
gedanke des Ansatzes überhaupt nicht verstanden und die Sympathie des
Metatheoretikers für humanitäre Paradigmen mit der phänomenologischen Beschreibung innerhalb der Metatheorie verwechselt. Vgl. das
Zitat in 7.3 FN 33.
48 Siehe «Pragmatik: Handbuch des pragmatischen Denkens», 5 Bände,
Hamburg ab 1986
49 Zum neopragmatischen Paradigma siehe Wuchterl (83) S. 265 und 271f.

schaften gerecht zu werden als auch in aller Entschiedenheit und unter Einschränkung einseitiger Wissenschaftlichkeit das Prinzip der Humanität zu verteidigen.

Der Pragmatismus lebt von der Idee, daß Begriffe und Gedanken nur dann die Wirklichkeit betreffen, wenn sie als Inbegriffe der Auswirkungen auf das Lebensganze gebildet worden sind. Der Begriff der *Wirkungen* der Gegenstände ist das *Ganze* des Begriffs der Gegenstände (Peirce).[50] Weil die Wirkungen immer im Bezug auf *menschliche* Erwartungen, Befürchtungen und Interessen gedacht und durch *menschliche* Entscheidungen erst möglich sind, bestehen enge Bezüge zum Funktionalismus. Aber während dieser die Funktionstüchtigkeit als letzten Wert betrachtet, bleibt der Bezug im Pragmatismus Ergebnis einer freiheitlichen Dezision, des pragmatischen Entschlusses, der auch von externen Bewertungen abhängen kann.[51] Zur Präzisierung des neopragmatischen Zugriffs verwendet Stachowiak den allgemeinen *Modellbegriff*. Ein Modell erfüllt die folgende fünfstellige Relation: «Ein Modellbenützer k bildet durch (das Zeichensystem) M das Original O zur Zeit t mit der Zweck- und Zielsetzung Z ab.»[52] Bereits in dieser Fixierung und ferner in der Auswahl der dominierenden Zielsetzungen zeichnet sich der Paradigmencharakter des Pragmatismus ab. Der *Modellbegriff als erster Leitbegriff* enthält eine Reihe von Fundamentalprämissen, die zum überwiegenden Teil auch in unseren Standardmodellen vorausgesetzt sind.[53] Wesentlich weitreichender aber ist die Forderung: «Es

50 Peirce (31), Band 5, S. 2 und 402. Deutsche Übersetzung bei Apel (67) 5.403 auf S. 339

51 Dieser lautet bei Stachowiak (73) S. 52: «Beschließe über dasjenige, was du unter ‹Erkenntnis› verstehen willst, immer nur *bezüglich der Intentionen* (Absichten, Zwecke, Ziele), die du dir als einzelner oder als Mitglied einer Gruppe oder mehrerer hinreichend intentionshomogener Gruppen für eine gewisse Zeitspanne gesetzt hast.»

52 Stachowiak (77) und (73) S. 322/323

53 Es handelt sich um ein «statisches Grundaxiom» («… einem beliebigen Original (sind) stets wohlunterscheidbare, nicht weiter zu zerlegende Teilobjekte zuzusprechen, die potentielle oder tatsächliche Träger von Eigenschaften sind und denen gegebenenfalls eine Relationsstruktur aufgeprägt werden kann» (73) S. 134) und um sechs «Ergänzungsaxiome». Z.B. ein klassenlogisches («Alle überhaupt wahrnehmbaren und denkbaren Entitäten sollen als Attributklassen aufgefaßt werden;» S. 136) und ein semantisches («In jeder Attributklasse (gibt es) wenigstens *eine* sie

sollen nur solche Attribute zugelassen werden, für deren jedes *wenigstens eine* konventionalisierbare Methode angebbar ist, nach der über sein Vorliegen oder Nicht-Vorliegen entschieden werden kann.»[54] Der Pragmatismus nimmt also weitere Bereiche als «modellierbar» an, sofern sie nur durch eine «konventionalisierbare Methode» erfaßbar sind. Da Konventionen aller eingeübten Lebensformen sich durch Modelle erfassen lassen, werden diese zum *universellen Mittel* der Erkenntnis. «Hiernach ist alle Erkenntnis *Erkenntnis in Modellen* oder *durch Modelle*, und jegliche menschliche Weltbegegnung überhaupt bedarf des Mediums ‹Modell›.»[55]

Durch die Planetarisierung des früher nur provinziell Wirksamen erhält diese universelle Modellierung eine aktuelle Bedeutung. Die Wirkungen betreffen häufig die Existenzgrundlage des gesamten Menschengeschlechts. Deshalb erscheint im Neopragmatismus als *zweiter Leitbegriff die Idee des Humanum*. Das Pragma betrifft nicht mehr nur spezielle kulturell-gesellschaftliche Zusammenhänge, sondern die Gesamtgesellschaft. Stachowiak spricht von der «Konstituierung eines analytisch-ethisch orientierten Neopragmatismus».[56] Die Vereinheitlichung von Kommunikations- und Wirtschaftsformen führt zu einer universellen Lebensform, in welcher die einzelnen Interessengruppen und Völker in immer größere gegenseitige Abhängigkeit kommen. Auf der Grundlage eines gemeinsamen Überlebensinteresses kann sich ein *Paradigma der allgemeinen Humanität* modelltheoretischer Konzeption etablieren. Theorienentwürfe sind nicht länger Weltanschauungen, sondern Hilfsmittel zur allgemeinen Daseinsbewältigung und zur Förderung der Menschlichkeit. «Solche Antworten», schreibt Stachowiak, «können und sollen Hilfen bieten für die äußere Daseinssicherung der Menschheit wie für die innere Daseinsermöglichung des einzelnen.»[57] Das Ja zur Menschlichkeit ist das Ergebnis einer Entscheidung. «Die *Pragmatik* nimmt hier Partei – für ichbewußte Personalität und sozialge-

elementweise repräsentierende Prädikatklasse...»; S. 137). Zur Analyse der «Allgemeinen Modelltheorie» siehe die ausführliche Rezension des Verfassers in (79a) S. 409–425.

54 Stachowiak (73) S. 135
55 a.a.O. S. 56. An gleicher Stelle findet man die Formulierung: «Modell ist Newtons Partikelmechanik ebenso wie Rankes Weltgeschichte oder Hölderlins Hyperion.»
56 Siehe Einleitung zum Handbuch Pragmatik (86), 3. Band, Einleitung 2.1
57 Stachowiak (86), Band 1, S. XXXVII

rechte Humanität! Sie will beitragen zur Bewußtmachung der Bedingungen eines auch innerlich reifen Menschentums, das in der Geschichte, vielfach gefährdet, oft durch übermächtige Kräfte zu Gratwanderungen gezwungen, dennoch seinen Weg fand.»

Es überrascht kaum, daß dieses für die gegenwärtige Situation plausible Paradigma Ansprüche *metatheoretischer* Art erhebt. Stachowiak hat neuerdings eine Transformation des *Paradigmas* des Neopragmatismus in ein *Meta*paradigma der «systematischen Pragmatik» vorgelegt. Nachdem die Paradigmentheorie Kuhns im Bereich der *exakten Wissenschaften* zuerst kritisert, später durch den «Neuen Strukturalismus» präzisiert und weiterentwickelt wurde (Lakatos, Sneed, Stegmüller)[58], überträgt Stachowiak nun diese Kritik und Verbesserung auch auf den *philosophischen Bereich*. Er nennt die ursprüngliche, auf die Naturwissenschaften bezogene Konzeption Kuhns und die entsprechenden Übertragungen auf die Philosophie eine «zweistellige Problemsicht»[59], weil sie nur eine Relation zwischen Original und Modell thematisiert. Die neue wissenschaftsdynamische Theorie wird dagegen als fünfstellige Modellrelation aufgefaßt, welche «die bisherige narrative» (wir würden sagen: phänomenologische) «Wissenschaftshistorie durch eine Frageweise ergänzt, die das *Warum* des Geschehens – vornehmlich des Paradigmenwechsels unter einem wissenschaftsdynamisch bedeutsamen Aspekt – zu ermitteln gestattet.» Es geht Stachowiak dabei um eine «‹Entschärfung› der Kuhnschen Revolutionsthese»[60] und um eine stärkere Differenzierung der Hypothesensysteme nach Fortschrittspräferenzen, als es wegen der Inkommensurabilität von Paradigmen im ursprünglichen Konzept möglich ist. Kuhns Entdeckung erscheint aus der neuen Sicht dieser «Theoriensemiose» als Übergang von der Semantik (bei Peirce: Secondness) zur Pragmatik (bei Peirce: Thirdness). Der bei Kuhn in Theorienrevolutionen entdeckte Subjektoperator (die Lebenswelt der zeitlich begrenzten Wissenschaftsgemeinschaft) wird nun konkret belegt und verliert dadurch seine «gefährlich gewordene Zufälligkeit».[61]

58 Einen umfassenden Überblick gibt Stegmüller in (86). Dort findet man auch weitere Literatur.
59 Stachowiak (86), Band 3, Einleitung 1. Dort bezieht sich Stachowiak auf den Versuch des Verfassers, Kuhns Theorie auf die Philosophiegeschichte anzuwenden. Siehe Wuchterl (83)
60 Stachowiak a.a.O.
61 a.a.O. 1.1

Die Philosophiegeschichte wird in Stachowiaks Übertragung der Theoriendynamik zum Schauplatz eines Fortschrittsgeschehens innerhalb der Philosophie, für das sogar Kriterien angegeben werden. Nach Stachowiak heißt eine Philosophie 2 fortschrittlicher als eine Philosophie 1, wenn

«(1) Philosophie 2 im Vergleich zu Philosophie 1 neuartige, durch Philosophie 1 nicht wahrgenommene Probleme wahrnimmt bzw. Probleme löst, die zwar auch Philosophie 1 wahrgenommen hat, aber nicht zu lösen vermochte,

(2) wenigstens ein Teil dieses größeren Problembearbeitungspotentials von Philosophie 2 der allgemeinen philosophischen Kritik, insbesondere systematisch unternommenen Widerlegungsversuchen, standgehalten hat und

(3) das Problembearbeitungspotential von Philosophie 2 dasjenige von Philosophie 1 in sich schließt».[62]

Die systematische Pragmatik als Metatheorie weist deshalb nach, daß die «pragmatische Revolution» kein Deus ex machina ist, sondern auf Ideen zurückgreift, die schon früher aufgetaucht, aber längere Zeit wirkungslos geblieben sind. Das Bild eines Flußsystems veranschaulicht, wie sich die Rinnsale pragmatischer Ansätze schließlich zum Strom des Neopragmatismus vereinigt haben. So wird eine eindeutige Linie von der Überwindung des Empirismus und dogmatischen Transzendentalismus zur Etablierung des pragmatischen Dezisionismus gezogen, der sich in der Gegenwart zu einer «planerisch-ethischen Pragmatik» wandelt und eine universelle Weltsicht vorbereitet, die umweltethische und allgemein humanitäre Interessen zum Leitbegriff erhebt.[63]

Die Weiterentwicklungen des «Neuen Strukturalismus» und der synthetischen Pragmatik haben sich ursprünglich ausschließlich auf die *wissenschaftliche* Theoriendynamik bezogen. Die mengentheoretische, strukturtheoretische und neuerdings kategorientheoretische Behandlung des Theoriekerns und seiner Anwendungen setzen weitgehende Mathematisierungen der Objekte voraus. Die Übertragung auf die Philosophie bedeutet, daß die strukturellen Prämissen auch hier erfüllt sind. Nun hat zwar Stachowiak durch seine «Allgemeine Modelltheorie» *alles* Wirkliche zum Gegenstand von Modellen erklärt; aber gerade diese *spezielle* Sichtweise verbietet die *Verallge-*

---

62 a.a.O. 1.2
63 a.a.O. 2 und 2.2

meinerung zur Metatheorie. Wir haben auf die Prämissen der Modelltheorie hingewiesen. Diese als Fundament jeder Philosophie zu
erklären, stößt auf erhebliche Widerstände. Das «statische Grundaxiom»[64] ist nicht nur für Heidegger oder Lévinas auf den Menschen
nicht anwendbar, weil dieser nicht nur Träger von Eigenschaften ist
und so nicht in jeder Hinsicht zum Gegenstand einer Modellierung
werden kann. Ebenso widersprechen wesentliche Aussagen in der
Spätphilosophie Wittgensteins dem Modellgedanken: psychische
Phänomene lassen sich dort kaum als «‹innere› perzeptiv-kogitative
Gebilde» verstehen, «die aus den Zusammenhängen der durch ex-
terne Beobachter feststellbaren *Zeichenverwendungen* erschließbar
sind».[65] Genau diese Objektivierung wird von Wittgenstein in Frage
gestellt. So ließen sich Beispiele an Beispiele reihen, in denen die
Problematik der Übertragung des Modellbegriffs deutlich würde.
Die Ausweitung über den wissenschaftlichen Bereich hinaus auf alle
durch Konventionen geregelten Phänomene bedeutet entweder eine
radikale ontologische Kontingenzbewältigung oder sie verwendet
einen solch allgemeinen Modellbegriff, daß er für Erkenntnisse un-
brauchbar wird. Der Neopragmatismus repräsentiert ein modernes
Paradigma, in dem durch die Berufung auf Modelle und durch den
zusätzlichen Leitbegriff der Humanität auf die Herausforderungen
unserer Zeit sinnvoll geantwortet wird. Die Versuchung, daraus ein
Superparadigma zu entwickeln, ist groß, wenn man die Zeitbezogen-
heit der Leitbegriffe und die enge Verquickung der Modelltheorie
mit einem bestimmten Wissenschaftsbegriff vergißt. Es bestätigt sich
von neuem, daß die Paradigmentheorie für die *Naturwissenschaften*
nur mit starken Einschränkungen und im Zusammenhang mit einer
Theoriendynamik anwendbar ist, daß sie sich dagegen in der *Philosophie* durchaus konkretisieren läßt, solange man den metaparadigmatischen Verführungen widersteht.
Nachdem wir den Paradigmen der humanitären Rationalität und
des Neopragmatismus eine Metafunktion absprechen mußten, wenden wir uns nun einem weiteren charakteristischen Versuch der
Konstitution eines Superparadigmas aus dem theologischen Bereich
zu.

64 Siehe dazu die Fußnote 53
65 Stachowiak (73) S. 136

b. Das Paradigma der Universalgeschichte

Seit *Hegels* Spekulationen über die *Geschichte* als Medium der
Selbstverwirklichung des Geistes wurde diese zu einem Zentralthe-
ma von Philosophie und Theologie. Die engen Beziehungen der
Hegelschen Philosophie zum christlichen Denken veranlaßten insbesondere die Theologen, sich intensiv mit seiner Religionsphilosophie auseinanderzusetzen.[66] Nach der verheerenden Kritik Kants
an der natürlichen Theologie[67] hatte Hegel die Überzeugung, dass
sich im Christentum die Religion schließlich vollendet hat, innerhalb
seiner philosophischen Systematik zum spekulativen Gottesgedanken ausgebaut. Das Denken Gottes als Geist und die Geschichtlichkeit dieses Geistes waren die entscheidenden Prämissen seines Systems, die bis in die gegenwärtige Diskussion hineinwirken. Dabei
zielen sowohl die Bemühungen im Umkreis der philosophischen
Hermeneutik (Gadamer) als auch der theologische Streit um die
Offenbarungsrelevanz von Geschichte (Barth; Pannenberg) auf eine
Ablösung dieser Zentralbegriffe aus dem idealistischen Umfeld.
Aber auch konträre Universalsysteme, wie der dialektische Materia-
lismus oder die moderne Evolutionstheorie, verwenden die Geschichte als fundamentale Kategorie. Der Gedanke eines geschichtlichen Seins wurde zu einem *Grunddogma unserer Zeit*: Wirklichkeit
und Natur als Geschichte, als universeller zeitlicher Prozeß; jedes
einzelne Wirkliche als Eingeordnetes in das Koordinatensystem
eines allgemeinen historischen Horizonts, beschrieben durch Begriffe, die ihrerseits dem geschichtlichen Wandel unterworfen sind;
daneben menschliches Dasein als geschichtliche Existenz mit dem
Signum der Kontingenz, die ausgearbeitete Universalkonzepte
Lügen straft. Die Bedeutung der Begriffe *Geschichte und Geschichtlichkeit* werden zum Schlüssel für das Verständnis jeglicher Konzep-

---

66 Zur Rezeptionsgeschichte der Religionsphilosophie Hegels siehe Jaesch-
    ke (83). Neuerdings überwiegen die Stimmen, welche die religionsphilo-
    sophischen Tendenzen Hegels mit dem christlichen Glauben in Einklang
    zu bringen suchen.
67 Die Kritik war in der Transzendentalen Dialektik der «Kritik der reinen
    Vernunft» vorbereitet und in «Die Religion innerhalb der Grenzen der
    bloßen Vernunft» systematisch ausgearbeitet worden. Die weitreichen-
    den Folgerungen erkennt man z. B. in den «Anmerkungen» (B 116f.) und
    im Abschnitt «Vom Pfaffentum als einem Regiment im Afterdienst des
    guten Prinzips» (B 270f.), in Kant (68).

tion, *zu zentralen Leitbegriffen eines «übergeordneten Paradigmas»*.

Diese Entwicklung ist weitgehend auf den Einfluß der philosophischen Hermeneutik H.-G. Gadamers zurückzuführen. Das Versagen des hermeneutischen Ansatzes für die Konstitution einer konkurrenzfähigen wissenschaftlichen Methodik wurde zum Motiv der Konstitution einer hermeneutischen Ontologie im Horizont von Geschichte und Sprache. In 5.3d hatten wir erkannt, daß die Wissenschaften das Sinnganze weder normativ noch transzendental zu erfassen vermögen. Der Wissenschaftler durchschaut zwar die Einzelgesetze seiner Umwelt und blickt dabei auf das Ganze, das ihn als regulative Idee leitet; aber das «wozu» dieses Ganzen bleibt ihm verborgen. Die philosophische Hermeneutik glaubt durch den Blick auf die in die Zukunft wirkende Vergangenheit darauf eine Antwort gefunden zu haben. Sie versteht das menschliche Geschehen nicht als Niederschlag von Naturgesetzlichkeit, sondern als Selbstgestaltungsprozeß unter der *Leitidee der Freiheit* im Medium von Geschichte und Sprache. Das schlichte Faktum, daß sich Gestalten menschlicher Freiheit geschichtlich verwirklicht und in kulturellen, insbesondere sprachlichen Manifestationen als Sinntotalitäten bewährt haben, liefert den Leitfaden zur Deutung der menschlichen Gesamtexistenz. B. Casper greift zur Erläuterung dieses geschichtlichen Vorgangs auf den Verstehensbegriff zurück und sagt, «daß ein *gegenwärtig* Verstehender über den Zeitenabstand hinweg eine schon seiende *vergangene* Sinntotalität gerade dadurch versteht, daß er damit bei seiner *Zukunft* als seinen allereigensten Seinsmöglichkeiten ist».[68] Der ursprüngliche methodologische Gegenbegriff des Verstehens wird durch den Leitbegriff der geschichtlichen Vermittlung zum Instrument menschlicher Welterfahrung. Geschichte oder Geschichtlichkeit fungieren so in zahllosen Beispielen – B.J. Hilberath klagt: «Der Begriff der ‹Geschichtlichkeit› ist inzwischen Opfer eines inflationistischen Gebrauchs geworden»[69] – als Leitbegriffe einer *metaphysischen* Kontingenzbewältigung.

Wir wählen aus der Fülle solcher Lehren ein spezielles Beispiel aus. Bei *Wolfhart Pannenberg* findet man ein lehrreiches und argumentativ sorgfältig ausgearbeitetes, zugleich recht provokatives *Paradigma der Universalgeschichte*. Mit der Darstellung und Interpretation dieser Konzeption lernen wir zugleich ein *theologisches* Beispiel ken-

---

68 Casper (7) S. 31
69 Hilberath (78) S. 90

nen, in dem deutlich wird, daß geschichtlicher Sinnzusammenhang, trotz Pannenbergs gegenteiliger Behauptung, nicht zu den deskriptiv aufweisbaren Grundphänomenen gehört, die ein Metaparadigma konstituieren könnten. Die Idee der Universalgeschichte übernimmt vielmehr Leitbegriffsfunktionen wie in anderen Kontingenzbewältigungen und Kontingenzbegegnungen.

Für Pannenberg ist Geschichte – ganz unzeitgemäß – ein *universeller* Prozeß. Mit dieser These stellt er sich gegen zwei gängige theologische Geschichtskonzeptionen: gegen die *existentialanalytische Theologie* auf der einen und gegen die *dialektische Theologie* auf der anderen Seite. Für beide ist die Geschichte heute kein Thema mehr. Für *Bultmann* bedeutet Christus das Ende der Geschichte. Darum hat es keinen Sinn, von einer bis in die Gegenwart und Zukunft reichenden Universalgeschichte zu sprechen. Die Idee Diltheys, durch die Deutung der geschichtlichen Ereignisse als endliches und durchaus relatives menschliches Geschehen der Befreiung zur eigentlichen Geschichtlichkeit in existentieller Selbstmächtigkeit zu dienen[70], hat sich als Illusion erwiesen. Der Begriff der Geschichte löst sich in die Einmaligkeit und Vielgestaltigkeit von freien Lebensäußerungen einzelner Individuen auf. Damit verschwindet nicht nur die Einheit der Geschichte, sondern das Phänomen selbst verflüchtigt sich in existentiale Bedeutsamkeit. Bei *Barth* dürfen nicht einmal das Christusgeschehen selbst und die Zeit, die zu Christus hinführte, als Akt der weltlichen Geschichte gedacht werden. Die Ereignisse um Christus gehören einer Ur-geschichte und einem ‹unhistorischen Oberlicht› jenseits dieser Welt an. Barth übernimmt die These Kierkegaards, daß sich in der profanen Geschichte keine göttliche Offenbarung niederschlägt.[71] Deshalb findet man in den historischen Abläufen keinerlei Anhaltspunkte, die den Glaubenden bestärken, aber auch keine Hinweise, die ihn enttäuschen könnten.

Ganz anders Pannenberg, der in der Berufung sowohl auf die existentiale Bedeutsamkeit als auch auf den radikalen grundlosen Glauben die Möglichkeit der Illusion und Willkür sieht.[72] Für ihn

70 Dilthey (57), Band 7, S. 290 und Band 8, S. 223
71 Barth (19), 2. Auflage, S. 122. Kierkegaard (60), Abteilung 10, S. 56f. und Unwissenschaftliche Nachschrift Sectio 2B § 2.
72 «Wenn das eigentlich Entscheidende, die Offenbarungs- und Heilsbedeutung des Geschickes Jesu von Nazareth, doch nur dem Glauben sichtbar werden kann und vernünftige Erfassung des Geschehenen prinzipiell ver-

muß jeder Historiker und jeder Mensch überhaupt, der Wirklichkeit erlebt, von der Einheit der Geschichte ausgehen und diese zugleich als *Gottes* Geschichte erkennen. Denn unser Reden von Geschichte, Geschichtlichkeit, Geist, Personalität, Menschenwürde, Weltoffenheit des Menschen meint immer zugleich eine Wirklichkeit, die auf den jüdisch-christlichen Gottesgedanken verweist. Die Verwendung solcher Begriffe impliziert ein Bekenntnis zum biblischen Gott. «So ist das Verständnis der Wirklichkeit als Geschichte nicht nur aus dem biblischen Gottesgedanken erwachsen, sondern es bleibt auch *gebunden* an den biblischen Gottesglauben, dessen Ausdruck es ist. Das Verständnis aller Wirklichkeit – einschließlich der Natur – als Geschichte, als immer neues Geschehen, über dessen Sinn jeweils erst die Zukunft entscheiden wird, kann auf die Dauer nur im Bereich des biblischen Gottesgedankens bestehen» (GW 27). Für Pannenberg ist Glaube «ja nicht etwas wie die Ersetzung mangelnden Wissens durch subjektive Überzeugtheit» (GW 65), sondern Vertrauen auf Gottes Verheißung. Deshalb die unzeitgemäße und provokative Behauptung – Pannenberg spricht selbst von einer «Zumutung» –, «daß der Offenbarungscharakter des Heilsgeschehens in diesem Geschehen selbst, so wie es sich dem Historiker darbietet, beschlossen sein muß». «... die Tatsache, daß Gott im Geschick Jesu von Nazareth offenbar ist, eignet diesem Geschehen selbst und wird nicht etwa erst durch den Glauben in die Ereignisse hineingesehen» (GW 66).

In seinem programmatischen Aufsatz «Heilsgeschehen und Geschichte» entwickelt Pannenberg seinen transparadigmatischen Ansatz als Ausweg aus den bisherigen erfolglosen theologischen Verwicklungen der Theologie des 20. Jahrhunderts. Er versteht dort Universalgeschichte als Feld möglicher Verifikationen![73] Der *histori-*

---

schlossen ist, dann ist nicht einzusehen, wie die Historizität der puren Fakten den Glauben gegen den Verdacht schützen soll, auf Illusion und Willkür zu ruhen.» (In «Heilsgeschehen und Geschichte» S. 63). Die Aufsatzsammlung «Glaube und Wirklichkeit» wird im folgenden mit GW, «Theologie und Reich Gottes» mit TR zitiert.

73 Dieser Gedanke stellt sich später – wohl unter dem Einfluß der allgemeinen Weiterentwicklung der Verifikationsdiskussion – als «Bewährung» dar. So heißt es z.B. in «Wissenschaft und Theologie» S. 302: «Der Gedanke Gottes als der seinem Begriff nach alles bestimmenden Wirklichkeit ist an der erfahrenen Wirklichkeit von Welt und Mensch zu bewähren.» «Die unterschiedlichen Erfahrungen und Einstellungen der

sche Jesus muß aufgrund des Glaubens verstanden werden; der Theologe muß sich der historischen Kritik stellen und diese in ihre Schranken weisen, indem er den Ursprung des Geschichtsdenkens in der jüdisch-christlichen Tradition aufdeckt. Insofern ist der Begriff der Geschichte vom Gottesgedanken nicht ablösbar: «...eben das *ist* die Geschichte, daß Gott sich in der Welt erweist. Geschichte ist das Handeln Gottes in seiner Schöpfung. Geschichte ist darum gar nicht voll zu verstehen ohne Gott. Sie ist nicht verstanden, wenn man sie als das Feld nur menschlichen Handelns denkt; denn die menschlichen Handlungen sind für sich nur Elemente der Geschichte, aber noch nicht das, was ihren Verlauf oder auch nur einzelne große Abschnitte ihres Verlaufs zu einem Ganzen macht» (GW 113/114). Diese Organisierung der einzelnen Fakten zum Ganzen einer Universalgeschichte geschieht durch den zentralen theologischen *Leitbegriff der Glaubwürdigkeit der Heiligen Schrift.* Wer die Überlieferung zum jüdischen Heilsgeschehen und zum Leben, Sterben und Auferstehen Jesu zur Kenntnis nimmt, erlangt eine *notwendige* Erkenntnis von der Offenbarung Gottes in der Geschichte. Pannenbergs Gedankengang wird so schlüssig und überzeugend: Der wahre Gott muß zunächst ein *verborgener* Gott sein; denn die direkte Begegnung kann auf Selbsttäuschung beruhen, wie die zahlreichen Projektionstheorien zeigen. Es bedarf daher der *Selbstoffenbarung,* die nicht nur die *Existenz* Gottes, sondern zugleich dessen *Wesenerschließung* umfaßt. «Dadurch, daß die in seinem Namen angekündigten Ereignisse tatsächlich eingetreten sind» (GW 75), erweist sich Gott als die Person, welche die Geschichtstaten bewirkt hat. Die vor allem im Auszug aus Ägypten und in der Landnahme Israels begonnene Offenbarung Gottes wirkt endgültig erst in der Zukunft, in der kommenden Herrlichkeit Jahwes. Weil aber Jesus von Nazareth von den Toten auferstanden ist, hat sich in ihm bereits das erwartete Ende alles geschichtlichen Geschehens vollzogen. «Da das für uns noch ausstehende Ende alles Geschehens an Jesus damals schon Ereignis geworden ist, geschieht seitdem nichts darüber hinausgehend Neues und ist Jesus in der Tat als der endgültige Selbsterweis des Gottes Israels anzusehen» (GW 81). Obwohl so die Offenbarung am handgreiflichen Geschehen um Jesus konkret wurde, bleibt doch eine letzte Unbestimmtheit: «Die Unbegreiflich-

Individuen sind Momente der Geschichte einer Religion. Vor allem gewinnen sie den Charakter intersubjektiver gültiger Wahrheit... nur im Lebenszusammenhang der Gesellschaft» (a.a.O. S. 315).

keit Gottes gerade in seiner Offenbarung bedeutet, daß auch für den Christen die Zukunft noch offen und voller Möglichkeiten ist» (GW 82).

Am Anfang aller *systematischen* Überlegungen steht daher bei Pannenberg die Bedeutsamkeit der *Zukunft*. Erst mit Hilfe des weiteren *Leitbegriffs der Zukünftigkeit* lassen sich die meisten Ausführungen verstehen. Der *Anlaß* für die Hinwendung zum Problem der Zukunft kommt zwar aus der Praxis des jüdisch-christlichen Glaubens; die *Bedeutsamkeit* des Zukunftsgedankens selbst ist jedoch fundamentaler und daher ontologischer Natur. Dadurch erhält diese universellen Charakter und wird zum Konstituens einer Universalgeschichte, die sich durch Wissenschaft verifizieren läßt. Der Anlaß ist deutlich: Jesus hat das Kommen der Gottesherrschaft nur angekündigt; trotzdem soll in Jesus das Reich Gottes bereits angebrochen sein. «Wie diese Verbindung von Zukunft und Gegenwart der Gottesherrschaft zu verstehen ist, bildet eines der schwierigsten Probleme der Jesusforschung», bemerkt Pannenberg. Das Problem ist die «Gegenwart der kommenden Herrschaft Gottes» (TR 11). Weil dieser Gedanke in unserer Ontologie undenkbar ist, wird der Glaubensinhalt nicht etwa in das Reich des Paradoxen, Mythischen und Mysteriösen abgeschoben, sondern er dient zur *Aufforderung, unsere Wirklichkeitsdeutung zu revidieren.* Wenn unser Wirklichkeitsverständnis bisher stets die Gegenwart als Ergebnis der *Vergangenheit* begriff und dieses Abhängigkeitsverhältnis dann auch das Zukünftige umfaßte, dann ist es an der Zeit, die «Gegenwart als Wirkung der Zukunft» zu deuten (TR 12). Pannenberg fragt: «Wie erfahren Menschen konkret sich selbst gegenüber der Zukunft? Obwohl die Zukunft teilweise vorhergesehen und geplant werden kann, ist es doch für menschliche Zukunftserfahrung charakteristisch, daß Menschen sich immer wieder der Zukunft als einer dunklen und ungewissen Macht gegenüberfinden, die unser Leben bedroht, aber auch die Verheißung seiner möglichen Erfüllung in sich birgt» (TR 14). Diese Unbestimmtheit der Zukunft mit ihren Bedrohungen und Verheißungen ist nicht nur aus unserem lückenhaften Wissen zu erklären, sondern in ihr wird «vielmehr eine fundamentale Unbestimmtheit in den Ereignissen der Natur selbst angezeigt. Dieser Unbestimmtheit entspricht die Zufälligkeit der Ereignisse. Ein Augenblick entscheidet, was vorher nur eine Möglichkeit war. Solche Zufälligkeit ist nicht, wie man gemeint hat, dem Bemühen um Erkenntnis der Ursachen und Gesetze und um ihre Nutzbarmachung für menschliche Technik entgegengesetzt, sondern vielmehr darin vorausgesetzt, weil alle Gesetzeserkenntnis Regelmäßigkeiten im kontingenten Geschehen beschreibt» (TR 15). Diese Sicht bedarf einer völlig neuen Ontologie. Pannenberg glaubt, gewisse Anhaltspunkte für Änderungsmöglichkeiten bei *A.N. Whitehead* finden zu können.[74] Für diesen sind Naturvorgänge keine vergangenheitsbestimmten Kausalketten, sondern Prozesse spezifischer Art. Wenn ein Stein gegen ein Fenster schlägt und ein Loch hinterläßt, dann deutet man dies kausal, d.h. als Wirkung der aus der Vergangenheit her bestimmten Fakten. Wenn ein Stein gegen den Kopf eines Menschen fliegt, dann kann sich der Mensch zu diesem Vorfall verschieden verhalten, das heißt, das Subjekt kann sich aktiv zur neuen Situation in Beziehung setzen. Diese Möglichkeit einer aktiven Inbezugnahme (creativity) auf bisherige Situationen schreibt Whitehead *jedem* Zustand zu, also nicht nur personalen Bewußtseinszuständen. Dadurch wird die Kontingenz in ein universelles Sinngefüge von Einzelprozessen eingebunden, welches das Kausaldenken transzendiert.[75]

Wenn Wirklichkeit von der Zukunft her mitbestimmt wird, dann erhält die Zukunft eine einheitsstiftende Bedeutung für alles Geschehen (TR 19). Diese Konsequenz belegt Pannenberg durch die seit den griechischen Anfängen der Philosophie vertretene Überzeugung, daß alles, was ist, letztlich eine Einheit darstellt. «Ohne ein Eins zu sein, könnte es überhaupt nicht dieses bestimmte Etwas sein» (TR 17); «...und die Frage nach der letzten Einheit, die schlechthin alles integriert und so vereinigt, ist die Frage nach Gott...» So kommt Pannenberg schließlich über die Kontingenz des Gegenwärtigen zum Bedeutsamen des Zukünftigen und von dieser über die Idee vom Einen zum Gottesgedanken: «In der Tat ist es die Bewährungsprobe für jeden Gottesgedanken, ob von ihm her die Einheit alles Wirklichen sich erschließt; denn nur so wird ein behaupteter Gott faktisch als Gott gedacht, nämlich als die alles bestimmende Wirklichkeit» (TR 18).

Indem Pannenberg den Gedanken der Schöpfung «aus der Perspektive des Eschaton, statt von einem alles begründenden Anfang her» (TR 28) neu bedenkt, entdeckt er hinter der Kontingenz in der

---

74 Besonders in (29): Prozeß und Realität
75 Interessant ist Pannenbergs Sympathie für die Ontologie Teilhard de Chardins. Dort setzt er den anderen entscheidenden Leitbegriff, den Geist, als Motor der Einheitsfindung. Vgl. den Aufsatz «Der Geist des Lebens» (in GW) S. 41.

Macht der Zukunft, also in Gott, dessen *Personalität* und schließlich die *göttliche Liebe*: «Die Kontingenz der Ereignisse ist eine entscheidende Vorbedingung für alles Reden von einer Macht der Zukunft, insbesondere als personhaft wirkender Macht, und wer von Gott redet, der spricht unweigerlich von einer personhaften Macht» (TR 15). Es ist also nicht so, daß sich Menschen zunächst gegenseitig als Personen erfahren und dann auch den Göttern personhaften Charakter zuschreiben; sondern umgekehrt: am Anfang steht die religiöse Erfahrung eines personhaften Gottes als wirkende Macht der Zukunft und diese Personerfahrung wird dann auf den Mitmenschen übertragen. Nur die ursprüngliche Nähe göttlicher Wirklichkeit garantiert die Würde des Menschen. Wenn Kontingenzen Disharmonien und Differenzen, Spaltungen und Gegensätze in bezug auf das Vergangene enthalten, dann bedeutet die durch die Macht der Zukunft vollzogene Einigung eine *Versöhnung* der Gegensätze: «So gesehen ist Versöhnung ein konstitutiver Aspekt der Schöpfung der Welt, die man nicht auf den Anfang der Dinge beschränken darf, sondern die von der Zukunft der Welt her im Prozeß ihres Werdens sich vollzieht» (TR 17). Weil Gott als reine Freiheit begriffen werden muß, die Versöhnung vollzieht, offenbart sich in der Ankündigung des Kommens Gottes letztlich der *Liebeswille* Gottes gegenüber den Menschen. «Daher läßt sich ganz allgemein sagen, daß schöpferische Liebe der konkrete Ausdruck für die Macht der Zukunft Gottes ist.» Die Liebe ist so die «einzig gültige Antwort» auf die metaphysische Urfrage, warum überhaupt etwas ist und nicht vielmehr nichts ist (TR 23). Durch die Identifikation der Macht der Zukunft mit der Liebe glaubt Pannenberg auch das Prinzip aller *geschichtlichen Prozesse* beschrieben zu haben. Gott «hat keine Einheit und kein Sein außerhalb der Bewegung seiner Liebe...». «So ist die Wirklichkeit Gottes die schöpferische Ankunft der Macht der Zukunft im Geschehen der Liebe. Erst in ihrer schaffenden, rettenden, bewahrenden Ankunft kommt die Zukunft Gottes zur Herrschaft» (TR 28).

Über den Umweg einer Neuorientierung der ontologischen Grundlagen unseres Wirklichkeitsverständnisses hat Pannenberg eine Antwort auf die ursprüngliche Frage nach dem Sinn einer Offenbarung Gottes und der Ankündigung der Gottesherrschaft durch Jesus gefunden. Wenn Ontologie die Strukturen des Seienden als solches betrifft, dann geht diese *alle* Menschen in *allen* Wirklichkeitsbereichen an. Unter der Prämisse dieser neuen Ontologie erscheint die christliche Botschaft nicht mehr als pure Zumutung, zu deren Bewältigung man ausschließlich von Analogien, Metaphern, Paradoxien und Vergleichen sprechen müßte, sondern ihre Inhalte sind *Bestätigungen* dieser allgemeinen Seinsstruktur und -geschichte. Aber gerade weil die Ontologie so sehr von der noch nicht eingetretenen Zukunft bestimmt ist, läßt sie sich inhaltlich nicht eindeutig und endgültig beschreiben. Pannenberg ist überzeugt, «daß die Vorläufigkeit und der damit verbundene Pluralismus unseres Wissens von der Offenbarung Gottes in der Geschichte selbst zur inhaltlichen Struktur dieser Offenbarung gehört» (GW 9). In seinen späteren Arbeiten hat er daher die Notwendigkeit der Verwendung von Zeichen zur Beschreibung der pluralistischen konfessionellen Wirklichkeit betont und zur Begründung von Toleranz in sittlichen wie in politischen Bereichen herangezogen.[76] Damit wird einiges an Radikalität zurückgenommen. Die Problematik der Darstellung von Sachverhalten durch Zeichen verrät die Notwendigkeit von wirkungsmächtigen Leitbegriffen. Neben der Glaubenswürdigkeit der jüdisch-christlichen Überlieferung und der Idee der offenen Zukünftigkeit ist es vor allem die Deutung Gottes als die alles bestimmende Wirklichkeit, die eine Verifikation oder Bewährung im wissenschaftstheoretischen Sinn ausschließt. Die Aussage Pannenbergs «Behauptungen über göttliche Wirklichkeit und über göttliches Handeln lassen sich überprüfen an ihren Implikationen für das Verständnis der endlichen Wirklichkeit, sofern nämlich Gott als *die alles bestimmende* Wirklichkeit Gegenstand der Behauptung ist» muß ernsthaft bezweifelt werden.[77] Denn durch einen Gott als alles bestimmende Wirklichkeit ist der *Rahmen* gesetzt, in welchem Überprüfungen erfolgen, die nicht selbst wieder Gott betreffen können. Ein solcher Gott bestimmt auch das Schicksal Hiobs und die Katastrophe von Auschwitz.

Diese Skizze dürfte trotz aller Kürze und Vereinfachung deutlich gemacht haben, daß Pannenberg von der Glaubensfülle jüdisch-christlicher Tradition ausgeht und aus der Perspektive ihrer Kontingenznormierungen Wirklichkeit zu verstehen versucht. Das Paradigma, das sich in den historischen Erfahrungen des jüdischen Volkes und in den Heilserwartungen der christlichen Gemeinden seit

76 Vgl. (85): «Zwar ist das Christentum seit der Botschaft Jesu durch das Bewußtsein der Gegenwart des Absoluten gekennzeichnet. Aber es ist doch eine Gegenwart in Wort und Zeichen, noch nicht in realer Vollendung» (Abschnitt VII).
77 (73) S. 335

Jahrhunderten immer wieder neu bewährt hat, kann demnach keine übergreifenden Metafunktionen übernehmen. Die von Pannenberg konstruierte Ontologie der die Gegenwart bestimmenden Zukunft ist *eines* der zahlreichen Beispiele metaphysischer Kontingenzbewältigungen. Sie wirkt nur im Umkreis der theologischen Argumentation und bleibt dem common sense und dem wissenschaftlichen Wirklichkeitsverständnis der vielen Gläubigen fremd. Unsere ontologische Skizze in 5 sollte deutlich gemacht haben, daß weder die Abschließung des Zeitschemas durch die völlig determinierte Vergangenheit (Leplacescher Dämon; Darwin; Haeckel), noch durch den atomaren Indeterminismus (Quantentheorie; synthetische Theorie; Systemtheorie), aber ebensowenig durch eine alles bestimmende Zukunft (Pannenberg) zu den phänomenologischen Konstanten gehört. Jede einzelne Universalisierung bedeutet eine spezifische Kontingenzbewältigung und läßt alternative Lösungen zur universellen Geschichtlichkeit – sei es als Kategorie Hegelscher Spekulation, Gadamerscher Hermeneutik oder Pannenbergscher Theologie – zwar als wirkungsmächtige, aber keineswegs als übergeordnete Paradigmen erscheinen. Unsere Beschreibung macht deutlich, *daß zuerst die bewährte Gläubigkeit ernst genommen und daran anschließend eine Harmonisierung mit der vorgefundenen Ontologie versucht wird.* Das ist das Grundschema aller theologisch orientierten Paradigmen. Daß dabei *metaphysische* Leitbegriffe mitverwendet werden, wie bei Pannenberg, ist nicht notwendig. Gerade in der analytischen Religionsphilosophie haben wir einige Beispiele kennengelernt, die diesen Umweg vermeiden und die Bedeutsamkeit innerhalb der Alltagssprache der gegebenen Ontologie definieren.

Trotz prinzipieller Ablehnung der Pannenbergschen Konzeption als Metatheorie läßt sich in dieser Theologie eine Reihe interessanter Gedanken entdecken, die unser eigenes Anliegen bestärken. Nicht nur die Überzeugung, daß die Heilsgeschichte als konkretes Geschehen in unserer Raum-Zeit-Welt angenommen wird und so als Musterbeispiel einer Kontingenznormierung verstanden werden kann – auch das Wissen von der Nichtabgeschlossenheit religiöser Begriffsbildungen und Veranschaulichungsformen macht es verständlich, daß trotz aller Normierung Toleranz gegenüber anderen Paradigmen möglich ist und damit auch dezidierte religiöse Überzeugungen den Leitbegriff der Humanität umfassen können.

10.4 Die Grenzen der religiösen Vernunft als Ausdruck der Endlichkeit des Menschen

Unsere «Kritik der religiösen Vernunft» stellt keinen Selbstzweck dar. Ihre Ergebnisse werfen ein neues Licht auf die *religiöse Situation unserer Zeit* und bieten uns dadurch in der Perspektivlosigkeit des geistigen Lebens Orientierungshilfen an. Aber zugleich enthält die «Kritik» Antworten auf die *Rolle der Philosophie* in der gegenwärtigen Denkszene. Die Auflösung der großen Systeme, die in unserem Jahrhundert permanent verkündet wurde, bedeutet noch keine Verabschiedung der Vernunft. Indem die Religionsphilosophie zeigt, daß weder der pragmatisch orientierte noch der sogenannte postmoderne Mensch ohne ein längst vollzogenes Engagement für das Ganze existieren kann, wird diese zur *Fundamentaldisziplin* der Philosophie. Ihr Beitrag zum Begreifen der Zeit beweist ihre Existenzberechtigung auch nach den täglich wiederholten Nekrologen. Daß das Begreifen der Zeit keine *eindeutigen* Lösungen bereithält, sondern sich in *verschiedenartigen bewährten Paradigmen* vollzieht, darf nicht der Vernunft angelastet werden. Diese schicksalhafte Einschränkung ist ein Zeichen der Endlichkeit ihrer Repräsentanten. Gerade weil sich Vernunft nicht in göttliche Sphären versteigt und weil sie das ganz Andere respektiert, behält sie ihre Glaubwürdigkeit und überantwortet sich einem Geschehen, in dem ihre Macht wirkungslos ist.

a. Zur religiösen Situation unserer Zeit

Ein Blick auf den «Zeitgeist», auf Modetrends und Medienlandschaft zeigt zwei auffällige Erscheinungen:
– auf der *einen* Seite entdecken wir eine geradezu inflationäre Verwendung des Sinnbegriffs, in der sich eine kritiklose, «neue Religiosität» manifestiert, die allen Säkularisierungs- und Aufklärungsbewegungen der beiden letzten Jahrhunderte hohnspricht;
– auf der *anderen* Seite beobachtet man eine bis ins Zynische verfremdete Skepsis, die sich über die unvereinbaren Formen der bisher «erzählten Geschichten» hinweg zu einem verklärt-neutralen postmodernen Bewußtsein erhebt.
Bei oberflächlicher Betrachtung scheinen beide Phänomene von der paradigmenbezogenen Religionsphilosophie *bestätigt* zu werden: Paradigmen als Korrelate von dezisionistischen Sinnkonstitutionen,

die jedwede Form von Religiosität zulassen, und eine zurückhaltende Metatheorie als Beitrag zum Verständnis der postmodernen «Mehrfachkodierung» (Welsch). In Wirklichkeit läßt sich das *strikte Gegenteil* dieser scheinbaren Konsequenzen nachweisen.

Der Paradigmenbegriff enthält schon in seiner allgemeinsten Form durch die argumentative Normierung höchste *kritische Ansprüche*. Man setzt sich dem Verdacht der blinden Wissenschaftsgläubigkeit aus, wenn man die unbedingte Geltung der formalen Logik herausstellt, die in unserem Paradigmenbegriff als Erklärungsmodell enthalten ist. Wenn Paradigmen «funktionierende Sprachspiele» im Sinne von Habermas sind, dann setzen diese einen bestimmten «Hintergrundkonsens» voraus. Zwei Geltungsansprüche, die in diesem Konsens enthalten sind, definieren die Voraussetzungen jeder sinnvollen Schluß-Logik: die semantische Bestimmtheit des *begrifflichen* und die des *propositionalen* Gehaltes.[78] Die Diffamierung des Klardenkbaren, des Schlüssigen und Widerspruchsfreien, der verantwortungslose Umgang mit Widerspruchsvollem, Paradoxem und angeblich allein von ästhetischen und subjektiv gegebenen Prinzipien her Verständlichem können durch die Notwendigkeit einer paradigmenbezogenen Konstitution von Wirklichkeit ad absurdum geführt werden. Klarheit im Denken, wie es in der analytischen Philosophie gefordert wird, ist zwar nicht *alles*; aber sie ist eine *notwendige* Voraussetzung, um über Wirklichkeit sprechen zu können. Natürlich gibt es den Wort-Austausch ohne argumentativen Halt, das bloße Dahinreden, das sich hinter kunstkritischen Analysen verstecken kann, um den Anspruch der Kunst auf Glaubwürdigkeit zu usurpieren. Aber zu den Inhalten solcher «Wortspiele» hat die Philosophie nichts zu sagen, höchstens im Sinne einer Kulturpathologie, nachdem diese Spiele zur modischen Dauerbeschäftigung geworden sind.

Paradigmen rekurrieren ferner auf Sinnkonstitutionen, die sich in der *Geschichte* bewährt haben. Sie existieren danach nicht nur als

---

78 Habermas spricht von Verständlichkeit der Äußerung, von der Wahrheit ihres propositionalen Bestandteils, von der Richtigkeit des performativen Teils und von der Wahrhaftigkeit des sprechenden Subjekts. Die optimistische Überzeugung, daß mit der Einlösung der Geltungsansprüche prinzipiell ein gewaltfreier Diskurs möglich ist und zum Konsens führen sollte, braucht hier nicht diskutiert zu werden; denn wir gehen hier von solchen wirkungsgeschichtlich ausgesonderten Fällen aus, in denen eben dies erfüllt ist (Habermas (73) S. 218ff.).

Korrelate einer subjektiven Entscheidung, die sich stets auf Illusionen beziehen können, sondern sie haben in ihrer Bewährung bewiesen, daß Wirklichkeit betroffen ist. Die notwendigen Kriterien für Paradigmen sowie die Kriterien für die Bewährung enthalten zahlreiche Anforderungen zur Beurteilung von heute angebotenen Religionsformen, Ideologien, Phantastereien und echten Lebensformen. Schwärmereien, die sich in der Entfaltung eines Gefühls der Einswerdung mit dem Kosmos und in ähnlich individuellen Regungen erschöpfen; Kompromisse, die auf jeglichen Inhalt verzichten, weil sie überkonfessionelle Absichten verfolgen; Bewegungen, die sich völlig außerhalb der Traditionen stellen und auch keine neuen institutionell abgesicherten Einrichtungen begründen – sie alle bleiben momentane Erscheinungsformen unseres Geisteslebens, die zwar eine neugierige Geschichtsschreibung konstatieren, nicht aber zu religionsphilosophischen Objekten erheben kann.

Die *Pluralität* der großen Glaubenstraditionen dagegen stellt keine Hindernisse für die Bewährung als Paradigmen dar. Denn die Bedeutsamkeit der Leitbegriffe für das gesamte Leben konstituiert den kognitiven Inhalt erst durch die Einbettung in die jeweilige Kultur. Trotzdem beziehen sich alle großen Kulturreligionen auf das gleiche: auf die in diese Welt hineinwirkende Macht des ganz Anderen. Selbst ein so extrem dogmatisch orientiertes Paradigma wie der *Katholizismus* hat diese Gemeinsamkeit durchschaut. In der «Erklärung über das Verhältnis der Kirche zu den nicht-christlichen Religionen» des II. Vatikanums ist zu lesen: «Von den ältesten Zeiten bis zu unseren Tagen findet sich bei den verschiedenen Völkern eine gewisse Wahrnehmung jener verborgenen Macht, ja auch nicht selten die Erkenntnis einer höchsten Gottheit oder sogar eines Vaters. Diese Wahrnehmung und Erkenntnis durchtränkt ihr Leben mit einem tiefen religiösen Sinn. Im Zusammenhang mit dem Fortschreiten der Kultur suchen die Religionen mit genaueren Begriffen und in einer mehr durchgebildeten Sprache eine Antwort auf die gleichen Fragen. So erforschen im Hinduismus die Menschen das göttliche Geheimnis in seinen Tiefen und bringen es in einem unerschöpflichen Reichtum von Mythen und in tiefdringenden Versuchen zum Ausdruck ... Der Buddhismus anerkennt in seinen verschiedenen Formen das radikale Ungenügen dieser veränderlichen Welt und lehrt einen Weg, auf dem die Menschen frommen und vertrauenden Herzens entweder den Zustand vollkommener Befreiung zu erreichen, oder sei es durch eigenes Tun, sei es durch eine Hilfe von oben, zur höchsten Stufe der Erleuchtung zu gelangen vermöchten. So sind auch die übrigen in der Welt verbreiteten Religionen bemüht, der Unruhe des menschlichen Herzens auf verschiedene Weise zu begegnen, indem sie Wege weisen: Lehren und Lebensregeln sowie auch heilige Riten. Nichts von alledem, was in diesen Religionen wahr und heilig ist, wird von der katholischen Kirche verworfen.»[79]

Eben weil Paradigmen sich geschichtlich bewähren müssen, ist die jeweilige Rede vom ganz Anderen von den historischen Bedingungen der Existenz der verschiedenen Kulturen getränkt. Bekehrungen und Missionierungen sind deshalb nie Dezisionen zu einer bestimmten Meinung, sondern zugleich Umorientierungen des gesamten Lebensstils. Die Ratlosigkeit vieler Menschen im Angesicht der religiösen Pluralität rührt daher, daß sie die Vielfalt theoretischer Meinungen vor Augen haben, ohne zu erkennen, wie die kognitive Rede mit ihren Bildern und Verweisen erst den konkreten Lebens- und Kulturzusammenhang ermöglicht und zu bewährten Paradigmen gestaltet. Die Auflösung des Geschichtsdenkens und des Verständnisses von Traditionen verläuft parallel zur Auflösung des religiösen Verständnisses.

Auch der zweite Vorwurf gegen die paradigmenbezogene Religionsphilosophie, nämlich daß eine neutrale Metatheorie die postmodernen Thesen bestätige, läßt sich widerlegen. In der Tat vermag Religionsphilosophie nicht allzuviel. Das hat besonders die *analytische* Religionsphilosophie im engeren Sinne immer wieder betont. Deren Aufgabe ist die Analyse der religiösen Sprache und damit der Aufweis, wie unsere persönlichen Glaubenswelten, unsere metaphysischen Spekulationen und eventuellen wissenschaftlichen Extrapolationen auf bestimmte historisch bedingte Sprach- und Grammatikformen aufruhen und an bestimmten Stellen über diese Prämissen, die oft ontologische Implikate umfassen, hinausgehen. Das Religiöse ist demnach integrales Moment einer Lebensform, das unsere offene sprachliche und wissenschaftlich bestimmte Ontologie zu ergänzen sucht. Analytische Religionsphilosophie beschreibt so notwendige Bedingungen von Lebensformen und konstatiert ohne

---

79 Konzilsdekrete (66) 2: Erklärung über das Verhältnis der Kirche zu den nichtchristlichen Religionen S. 29/30. Über die Reichweite dieses Gedankens für das kirchliche Selbstverständnis siehe die Freiheitsdiskussion in W. Kaspers Vortrag «Kirche und neuzeitliche Freiheitsprozesse», Kasper (88), S. 5–18.

Eigenwertung deren Vielfalt.[80] Diese für viele sehr enttäuschende Feststellung hat *Bocheński* in seinen berühmten zwölf Thesen zur Religionsphilosophie deutlich formuliert. Vier dieser Thesen lauten: «1. Die Religionsphilosophie soll weder ein Ersatz noch eine Stütze für die Religion sein. 2. Sie soll keine Theodizee und keine Anti-Theodizee enthalten. 3. Sie sollte im wesentlichen eine Logik der Religion sein» (hier wird «Logik» auch im Sinne von Semantik und Sprachlogik verwendet) und «9. Sie sollte die gesamte Komplexität der religiösen Phänomene berücksichtigen und sich nicht auf einen einzigen Aspekt festlegen.»[81] Trotzdem unterscheidet sich diese Auffassung von der Internalisierung einer «Mehrfachkodierung». Denn unsere Metatheorie hat gezeigt, daß es *notwendig* ist, Kontingenznormierungen durchzuführen, d.h. ein *bestimmtes* Paradigma zu vertreten (vgl. unten Bocheńskis 12. These). Unsere Argumentationsstrategie war gerade so angelegt, daß die Leitbegriffe derer aufgedeckt wurden, die ohne Leitbegriffe auszukommen glaubten. Aber es gibt keine Argumentationsinstanz ohne paradigmatischen Hintergrund und es gibt kein Paradigma ohne Leitbegriffe. Das betrifft die analytische Religionsphilosophie in gleichem Maße wie die Postmoderne. Auch Bocheński schreibt: «Ein Mensch, der keine Weltanschauung hat, ist ein Mythos. Jeder von uns hat eine Weltanschauung...» (12. These). Deshalb ist es selbstverständlich, daß beispielsweise heute der Leitbegriff der Humanität im Vordergrund steht. Das Bekenntnis zur Humanität, sei es in der Überzeugung, hier eine säkularisierte Form der Eschatologie vor sich zu haben (Löwith, Pannenberg), sei es in der Meinung, einen Akt der neuzeitlichen Selbstbehauptung gegenüber mittelalterlichen Autoritäten weiter zu kultivieren (Blumenberg)[82], ist eine Konfession unserer Zeit. Sie läßt uns auf Distanz gehen gegenüber Strukturalismen und Systementwürfen, die das menschliche Subjekt und damit dessen Würde und Vernunft gezielt zu beseitigen suchen oder diese im Zynismus eines nach Originalität haschenden Spottes untergraben

---

80 Dieser Standpunkt steht im Widerspruch zur Auffassung, daß Philosophie *allein aus Vernunftgründen* zu bestimmten Lebensweisheiten führt, die als Religionsersatz und allgemeine Lebenshilfe dienen könnten. Sogenannte philosophische Praxen, die neuerdings solche Funktionen übernehmen, sind Institutionen einer modernen Sophistik, in denen spezifische Lebenserfahrungen und Zielvorstellungen unter Vortäuschung bestehender Legitimationen teuer verkauft werden.

81 Bocheński (84) S. 17

82 So Blumenberg in (79)

wollen. Solche Bewältigungspraktiken sind leider Realität – dies die *religionsphilosophische* Aussage –; aber *sie sollten es nicht sein* – dies die parteiische Aussage eines Zeitgenossen des 20. Jahrhunderts, einer Zeit, die unter den Folgen des Verlustes der Achtung vor der Menschenwürde Schlimmes erleiden mußte und sich dagegen wehrt, solches aufgrund von Gedankenlosigkeit und grenzenloser Borniertheit wieder zu erleiden.

Ein weiterer Unterschied zwischen unserer Religionsphilosophie und den Aussagen der Postmoderne besteht in der Beurteilung der Wissenschaften. Es gehört zu den großen Schizophrenien der Gegenwart, die Wissenschaft für die *alltägliche Praxis* als gegeben zu akzeptieren, in der *Reflexion* jedoch sich von ihren zentralen Maximen zu distanzieren. Die Postmoderne stellt die Wissenschaften auf die gleiche Stufe wie die anderen «großen Erzählungen» der Vergangenheit. Ja noch mehr: Die neuzeitliche Aufklärung, die sich in ihrer Dialektik schließlich zum Nihilismus der «freien Geister» (Nietzsche) entwickelt hat und durch die Fehlleistungen der von ihr protegierten Wissenschaften in Mißkredit geraten ist, sieht darin den eigentlichen Sündenfall, der die Postmoderne inaugurierte. Aber die Distanzierung von der Wissenschaft ist letztlich sekundär und nicht ernst gemeint. Man setzt sich in das Flugzeug oder auf das Leichtmetallfahrrad, man vertraut dem EKG und den Vorsorgemaßnahmen gegen AIDS, man glaubt an die Mechanismen einer wissenschaftlich höchst komplizierten ökologischen Argumentation und setzt in der Kritik an gentechnologischen Manipulationen auf die Richtigkeit der wissenschaftlichen Aussagen. Die Zweifel beziehen sich eigentlich auf extreme Überreaktionen, auf einen gedankenlosen Fortschrittsoptimismus und blinden Wissenschaftsfanatismus. Aber hier werden in vielen Fällen offene Türen eingerannt. Welcher Forscher ist sich dieser Themen nicht bewußt, die seit Jahrzehnten diskutiert werden? Die Schwierigkeit der Lösungen kann nicht der Anlaß zum totalen Ausstieg sein. Daß sich das Verhalten der Forscher nicht an den Maximen bestimmter Idealvorstellungen orientiert, ist nicht nur ein moralisches Problem, sondern auch Ausdruck der ungeheuren Komplexität dieser Zusammenhänge, die durch die Naivität von New-Age-Wissenschaftlern zu allerletzt aus der Welt geschafft wird.

Wir haben bewußt die Prämissen unseres wissenschaftlichen Weltbildes in ausführlicher Breite in Erinnerung gerufen, um die Voraussetzungen vor Augen zu stellen, die mit der Anerkennung der praktischen Anwendungen wissenschaftlicher Ergebnisse lebensweltlich akzeptiert werden. Durch das alltägliche Verhalten wird demonstriert, daß eben diese Prämissen der Standardmodelle nicht ernsthaft in Frage gestellt werden. Versuche in der Art der Hübnerschen Relativierung, die unsere gegenwärtige wissenschaftliche Ontologie im Prinzip auf eine Stufe mit anderen Realitätskonzepten stellt, sind daher zum Scheitern verurteilt. Es nützt auch nichts, auf die historische Einmaligkeit der Gedankengänge hinzuweisen, welche diese Ontologie auf den Weg gebracht haben; denn die Eigendynamik der praktischen Erfolge schließt eine totale Alternative aus. Im übrigen zeitigt diese neue Ontologie Auswirkungen, die selbst bei negativer moralischer Bewertung von größter biologischer Effektivität waren. Die Überbevölkerung unseres Planeten ist letztlich ein schlagender Beweis für die «Richtigkeit» unserer Medizin und der dieser zugrundeliegenden theoretischen Wissenschaften. Regentänze und andere mythenbezogene Praktiken mögen punktuell Wirksamkeit zeigen; für die *gesamte* Lebensform haben sich solche Konzepte wenig ausgewirkt, weil sie wirklichkeitsimmun sind.

Diese wissenschaftlichen Prämissen müssen daher auch für die *religiöse* Diskussion ernst genommen werden. Wir haben damit ein weiteres notwendiges Merkmal von bewährten Paradigmen entdeckt: nur die offene Anerkennung wissenschaftlicher Gegebenheiten kann in unserer Zeit die Wirksamkeit von Denkformen zur Folge haben und damit Indiz von Wirklichkeitsrelevanz sein. Oasen der Natürlichkeit, Eremiten in unserer Zivilisationslandschaft und ähnliche Ausbruchs-Modelle funktionieren nur auf Kosten anderer, die sich solche parasitären Extravaganzen nicht leisten können oder wollen. Das Faktum der modernen Wissenschaften, an dem niemand vorbeikommt, muß daher auch Ausgangspunkt der gegenwärtigen religionsphilosophischen Reflexion sein. Die Voraussetzungen der wissenschaftlichen Prämissen und die Grenzen eben dieser Wissenschaften stecken die Bereiche ab, in denen religionsphilosophisches Denken noch möglich ist. Deshalb bedeutet die sorgfältige Klärung dessen, was Wissenschaft *nicht* ist, zugleich den Aufweis dessen, was religionsphilosophische Paradigmen sein können. Welche Paradigmen im einzelnen wirksam werden, hängt nicht mehr von den wissenschaftlichen Voraussetzungen ab, sondern von den notwendigen Leitbegriffen, die sich in den jeweiligen sozio-kulturellen und biographischen Umfeldern als funktionsfähig erweisen. Die Kulturabhängigkeit der Leitbegriffe überträgt sich auch auf die kognitiven Inhalte, die sich trotz der Einheit der Wissenschaften als pluralistische Gebilde in den verschiedenartigsten Ausformungen darstellen.

Die Berücksichtigung der Wissenschaft als Ausgangsbasis für religionsphilosophische Reflexionen darf nicht zu deren Einverleibung in das religiöse Konzept selbst führen, wie es in Beispielen der «neuen Religiosität» beobachtet werden kann. In einem tu-quoque-Argument[83] wird Wissenschaft auf eine Stufe mit anderen Verhaltensweisen gestellt und dann nach Belieben durch esoterische Individualvisionen ersetzt. Die einzige Legitimation ist die originelle Faktizität innerhalb der individuellen Phantasietätigkeiten. Die Berufung auf die Innerlichkeit des souveränen Gemüts öffnet alle Schleusen der «Ur-Gefühle» und «Ur-Begegnungen». Das Bekenntnis zu solchen Inhalten wird als selbstverantwortete Entscheidung und vollkommene Erlösung gefeiert. Es ist letztlich ein Spiel mit Chimären und Ausdruck einer hybriden Persönlichkeitsauffassung, welche die Verbindung zur Realität verloren hat und in der ersten Begegnung mit der Härte der Kontingenzen aus dem märchenhaften Himmel unverbindlicher Freizeitbeschäftigungen herausgerissen wird.

b. Religionsphilosophie als Fundamentaldisziplin

Mit diesen Ausführungen wird deutlich, daß Religionsphilosophie nicht als sterile Metatheorie mißverstanden werden darf, in der Neutralitätsthesen und pluralistisch-farblose Meinungen den letzten Rest von Fleisch und Blut aus den Reflexionen der Gegenwartsphilosophie getilgt haben.[84] Im Gegenteil: Religionsphilosophie erweist sich als *fundamentale Disziplin*, durch welche die anderen philosophischen Disziplinen erst ihren Stellenwert erhalten. Metaphysik und Wissenschaftstheorie, Ethik und Sprachphilosophie, Ästhetik und Anthropologie, und wie diese Bereiche sonst heißen mögen, sie alle arbeiten mit Leitbegriffen und entfalten diese aus den jeweiligen paradigmatischen Perspektiven. Die Verwendung der Leitbegriffe bedeutet die Konkretisierung des Transzendierens von Kontingenz; und diese wiederum definiert ein Verhältnis zur Religion, auch dort,

---

83 Darunter versteht man in der Diskussion von Engagement und Dezision die Behauptung, daß auch der Rationalist («auch Du») in seiner Entscheidung zur Rationalität eine *irrationale* Wahl trifft. Zur Bedeutung des Arguments für die Theologie siehe Bartley «Flucht ins Engagement» (62) S. 99f. und Wuchterl (82) S. 149f.

84 Vergleiche den Vorwurf bei Hubbeling (81) S. 47: «Ein Nachteil vieler ... analytischer Methoden ist, daß man beim Messerschleifen stehenbleibt und man nichts zu schneiden bekommt».

wo Säkularisierungs- und Postmoderne-Thesen anderes vortäuschen. Man kann hier W. Dupré zustimmen, der ebenfalls von einer fundamentaltheoretischen Funktion der Religionsphilosophie spricht: «Ob sich Philosophie der Religion zuwendet oder ihr gleichgültig gegenübersteht, ob sie sie ablehnt oder bejaht, da Religion Wirklichkeit interpretiert und Sinngebung konstituiert, schlägt das Verhältnis der Philosophie zur Religion auf sie selbst zurück und wirkt noch nach, wenn Religion längst der Vergangenheit anzugehören scheint.»[85] Dabei darf Religionsphilosophie nicht nur als «Ontologie des Religiösen» oder gar als Grammatik des religiösen Sprechens oder als Wissenschaftstheorie der Religion aufgefaßt werden.[86] Religionsphilosophie ist vielmehr Phänomenologie und Kritik der religiösen Vernunft, die sowohl tradierte Religionen als auch quasireligiöse Kontingenzbewältigungen und Extrapolationspraktiken profaner Art umfaßt. In beiden Begriffen, in «Phänomenologie» und in «Kritik» ist die Möglichkeit enthalten, von Pluralität zu sprechen, ohne daß dabei inhaltliche notwendige Kriterien für Wahrheit ausgeschlossen werden würden. Religionsphilosophie ist Metatheorie und Fundament der Philosophie in einem.

Weil die Philosophie nach Hegel in Kierkegaard, Marx und Nietzsche ihre bedeutendsten Zweifler gefunden hat, die ihre Auseinandersetzung mit der Religion zu entscheidenden Ausgangspunkten einer neuen, transformierten Philosophie machten, deshalb kann Philosophie nach jenen Revolutionären nur noch substantiell sein, sofern sie zum Thema Religion Stellung bezieht. Diese Stellungnahme ist durch das Wissen von jenen Zweifeln und anderen historischen Erfahrungen geprägt, die einen reinen Dezisionismus ausschließen und in der vernünftigen Kontinuität der lebensweltlichen Bedingungen stehen. Durch die totale Existenzbedrohung der Menschheit rückt besonders im Paradigma der Immanenz der Leitbegriff der Humanität als unverzichtbarer und alle anderen Ideen dominierender Gedanke in den Mittelpunkt. Die Gefahr einer einseitigen Orientierung am Funktionalismus ist zwar groß. Doch das

85 Dupré (85) S. 9
86 Zur «Ontologie» siehe Dupré a.a.O. S. 10. Beispiele zur Grammatik sind in Schrödter (79), Abschnitt 4.4, zu finden; Texte zur Diskussion dieses Standpunkts hat Dalferth in (74) zusammengestellt. Den Versuch einer Annäherung an die Grammatik-Auffassung und an die Hermeneutik (insbesondere Apelscher Prägung) bietet W.O. Just in (75) an; zur Kritik eines übertriebenen wissenschaftstheoretischen Standpunktes siehe H. Hofmeister in (78).

eigentliche Motiv dürfte die Not in der veränderten Welt sein. Die Idee des Überlebens von Paradigmen setzt trivialerweise das Überleben der Menschheit voraus. Trotzdem kann sich Religionsphilosophie nicht als neue Form der Begründung der Lehre vom Humanum verstehen. In der Kontingenzbegegnung erleben wir die Offenheit dieser Welt. Es besteht die *Möglichkeit* der Erfahrung des ganz Anderen, das *jenseits* der Bedrohung des immanenten Existenzbereichs steht. Für viele Menschen ist die immanente Wirklichkeit etwas, das es zu ertragen und zu überstehen und nicht unter allen Umständen und mit allen Mitteln zu retten gilt.

So drückt sich in einer als Fundamentalphilosophie verstandenen Reflexion die Vielfalt der Reaktionen auf die Vielfalt der Bedrohungen *und der Verheißungen* aus.[87] Philosophie wird nie zum eindeutig

87 Kurz vor der endgültigen Drucklegung erschien die Dissertation von Reinhold Esterbauer: Kontingenz und Religion. Eine Phänomenologie des Zufalls und Glücks (VWGÖ Wien 1989). Die Arbeit baut auf meine bisherigen religionsphilosophischen Veröffentlichungen auf, entnimmt diesen eine Theorie der «negativen Kontingenz» und entwickelt als Korrektiv eine Phänomenologie der «positiven Kontingenz». Der Autor hat damit einige Gesichtspunkte expliziert, die auch in anderen Kritiken meiner Gedanken vorgebracht worden sind. Eben diese haben mich veranlaßt, der vorläufigen, stark an der analytischen Fragestellung orientierten Auseinandersetzung mit dem Thema in «Philosophie und Religion» (1982) die hier vorliegende Religionsphilosophie folgen zu lassen. Diese sollte Klarheit vor allem in den beiden folgenden Punkten gebracht haben:
1. Religion ist nicht nur «Bewältigung» von Angst und Sinnlosigkeit, sondern zugleich Offenheit für das ganz Andere, das sich in einer glückhaften Fülle offenbaren kann. Die terminologische Unterscheidung von Kontingenzbewältigung und Kontingenzbegegnung rückt diese zweite Möglichkeit stärker in den Vordergrund als in früheren Formulierungen.
2. Es besteht ein Unterschied zwischen der metatheoretischen Darstellung einer paradigmenbezogenen Religionsphilosophie und der eigenen persönlichen Bewertung der Paradigmen nach Gesichtspunkten der Humanität, der Bedrohung oder des Glücks. Um der Verwischung beider Standpunkte nicht weiter Vorschub zu leisten, wurde der Begriff der «operativen Phänomenologie» nicht mehr verwendet, der suggeriert, daß der Konstruktivismus als übergreifendes Paradigma auftritt.
Esterbauers Verdienst ist es, die Bedeutsamkeit des Glücks und des erfüllten Lebens in den Blickpunkt gestellt zu haben, die in meinen Ausführungen zwar immer mitgedacht, aber wegen des vorwiegend metatheoretischen Anliegens nur selten artikuliert worden ist. Die modallogische Defi-

Durchschauten gerinnen, sondern von Generation zu Generation die Fragen von neuem aufwerfen, weil sowohl Not wie auch Erfüllung je neu erlebt werden müssen.

nition der Kontingenz verbietet allerdings die Unterscheidung in positive und negative Kontingenz, die sich bei Esterbauer aus der andersartigen Beurteilung des Zufalls ergeben.

Im übrigen ist Esterbauers Ansatz in einem «Geschehen des Zufallens» so unterschiedlich, daß der Bezug auf meine Religionsphilosophie nur durch den problematischen Begriff der negativen Kontingenz besteht, sonst aber wenige Berührungspunkte erkennbar sind. Vor allem ist die geringe Berücksichtigung der Wissenschaft zu bemängeln, welche die religionsphilosophische Diskussion in unseren Tagen entscheidend mitbestimmt.

Literaturverzeichnis

Adam K. (28): Glaube und Glaubenswissenschaft im Katholizismus. Rottenburg 1928, 2. Auflage

Albert H. (79): Das Elend der Theologie. Kritische Auseinandersetzung mit Hans Küng, Hamburg 1979

Altwegg J. / Schmidt A. (88): Französische Denker der Gegenwart. Zwanzig Porträts. Beck'sche Reihe, München 1988

Apel K.-O. (Hrsg.) (67): Charles S. Peirce: Schriften I. Zur Entstehung des Pragmatismus. Frankfurt 1967

Apel K.-O. (73): Transformation der Philosophie. Band 1: Sprachanalytik, Semiotik, Hermeneutik. Frankfurt 1973

Apel K.-O. (74): Zur Idee einer transzendentalen Sprachpragmatik. In: Simon (74)

Apel K.-O. (Hrsg.) (76): Sprachpragmatik und Philosophie. Frankfurt 1976

Aristoteles (58): Lehre vom Satz. Hrsg. Rolfes E., Philosophische Bibliothek Band 8/9, Hamburg 1958

Aristoteles (78): Metaphysik. Hrsg. Bonitz H., Philosophische Bibliothek Band 307/308, Hamburg 1978

Augustinus A. (87): Opera omnia. In: Corpus Scriptorum Ecclesiasticorum Latinorum, Wien/Leipzig ab 1887

Austin J.L. (72): Zur Theorie der Sprechakte. Stuttgart 1972, engl. 1962

Ayer A.J. (70): Sprache, Wahrheit und Logik. Stuttgart 1970, engl. 1935

Barth K. (19): Römerbrief. 2. Auflage Zillikon/Zürich 1922, 1. Auflage 1919

Barth K. (44): Kirchliche Dogmatik, Zillikon/Zürich, ab 1944

Bartley W.W. (62): Flucht ins Engagement. Versuch einer Theorie des offenen Geistes. München 1964, engl. 1962

Baum W. (79): Ludwig Wittgenstein und die Religion. In: Phil. Jahrbuch 86/1979

Baum W. (Hrsg.) (85): Wittgensteins geheime Tagebücher I, II. In der spanischen Zeitschrift Saber. Sept. bzw. Nov. 1985

Baumgartner H.M. (81): Über die Widerspenstigkeit der Vernunft, sich aus Geschichte erklären zu lassen. In: Poser (81)

Bäumler A./Schröter M. (Hrsg.) (48): Handbuch der Philosophie, Abteilung II, 2. Auflage München 1948, 1. Auflage 1927

beck H. (86): Natürliche Theologie. Grundriß philosophischer Gotteserkenntnis. München/Salzburg 1986

Bellah R.N. (70): Beyond Belief. Essays on Religion in a Post-Traditional World. New York 1970

Berka K./Kreiser L. (Hrsg.) (71): Logik-Texte. Kommentierte Auswahl zur Geschichte der modernen Logik. Berlin 1971

Blumenberg H. (79): Säkularisierung und Selbstbehauptung. Erweiterte Neubearbeitung von «Die Legitimität der Neuzeit» (1966). Frankfurt 1979

Blumenberg H. (86): Lebenszeit und Weltzeit. Frankfurt 1986

Bocheński J.M. (56): Formale Logik. Freiburg/München 1956

Bocheński J.M. (68): Logik der Religion. Köln 1968

Bocheński J.M. (84): Religionsphilosophie als Logik der Religion. In: Information Philosophie 4/1984

Boff L. und C. (86): Wie treibt man Theologie der Befreiung? Düsseldorf 1986

Boff L. (86): Jesus Christus, der Befreier. Freiburg 1986

Bonhoeffer D. (51): Widerstand und Ergebung. Briefe und Aufzeichnungen aus der Haft. Hrsg. Bethge R., München 1951

Braithwaite R.B. (55): An Empiricist's View of the Nature of Religious Belief. Cambridge 1955, in: Dalferth (74)

Brunstäd F. (22): Die Idee der Religion. Prinzipien der Religionsphilosophie, Halle 1922

Buber M. (47): Ich und Du. In: Dialogisches Leben. Ges. philosophische und pädagogische Schriften, Zürich 1947

Buber M. (67): Das Wort, das gesprochen wird. In: Sprache und Wirklichkeit, Essays, München 1967

Bultmann R. (51): Kerygma und Mythos. Band I: Ein theologisches Gespräch, 2. Auflage Hamburg-Volksdorf 1951. Band II: Diskussionen und Stimmen des In- und Auslands; Hrsg. Bartsch H.W., Hamburg/Volksdorf 1952

Capelle W. (35): Die Vorsokratiker. Fragmente und Quellenberichte. 4. Auflage Stuttgart o.J., 1. Auflage 1935

Capra F. (83): Wendezeit. 10. Auflage Bern/München 1983, engl. 1982

Capra F. (84): Das Tao der Physik. Die Konvergenz von westlicher Wissenschaft und östlicher Philosophie. Bern/München 1984, engl. 1975

Carnap R. (28): Der logische Aufbau der Welt. Berlin 1928

Casper B. (70): Die Bedeutung der Lehre vom Verstehen für die Theologie. In: Casper/Hemmerle/Hünermann (70).

Casper B./Hemmerle K./Hünermann P. (70): Theologie als Wissenschaft. Methodische Zugänge. Quaestiones Disputatae Bd. 45, Freiburg/Basel/Wien 1970

Cohen H. (15): Der Begriff der Religion im System der Philosophie. Gießen 1915

Cohn J. (14): Religion und Kulturwerte. Berlin 1914

Dalferth I. (74): Sprachlogik des Glaubens. Texte analytischer Religionsphilosophie und Theologie zur religiösen Sprache. München 1974

Dascal M. (89) / Gerardus D. / Lorenz K. / Meggle G.: Sprachphilosophie. Ein internationales Handbuch zeitgenössischer Forschung. Berlin/New York, voraussichtlich ab 1989

Descartes R. (60): Meditationen über die Grundlagen der Philosophie. Hrsg. Gäbe L., Philosophische Bibliothek Band 271, Hamburg 1960

Deschner K.H. (86): Abermals krähte der Hahn. Eine kritische Kirchengeschichte. Erweiterte Neuausgabe, Düsseldorf/Wien 1986

Diederich W. (Hrsg.) (74): Theorien der Wissenschaftsgeschichte. Beiträge zur diachronen Wissenschaftstheorie. Frankfurt 1974

Dilthey W. (57): Gesammelte Schriften. Stuttgart 1957ff.

Drewermann E. (84): Tiefenpsychologie und Exegese. Band I: Die Wahrheit der Formen. Traum, Mythos, Märchen, Sage und Legende. 2. Auflage Olten/Freiburg 1985

Dupré W. (85): Einführung in die Religionsphilosophie. Stuttgart/Köln/Mainz 1985

Ebeling G. (77): Luther. Einführung in sein Denken. 4. Auflage Tübingen 1981, 1. Auflage 1964

Esterbauer R. (89): Kontingenz und Religion. Eine Phänomenologie des Zufalls und des Glücks. Wien 1989.

Eucken R. (20): Der Wahrheitsgehalt der Religion. 4. Auflage Leipzig 1920

Fahrenbach H. (Hrsg.) (73): Wirklichkeit und Reflexion. Walter Schulz zum 60. Geburtstag. Pfullingen 1973

Feuerbach L. (60): Sämtliche Werke. Hrsg. Bolin W. und Jodl J. 2. Auflage Stuttgart ab 1960, 1. Auflage 1903

Feyerabend P. (75): Wider den Methodenzwang. Skizze einer anarchischen Erkenntnistheorie. Frankfurt 1976, engl. 1975

Flew A. (74): Theologie und Falsifikation. Ein Symposium. In: Dalferth (74), engl. 1955

Frankena W.K. (72): Analytische Ethik. Eine Einführung. München 1972, engl. 1963

Frazer J.G. (24): The Golden Bough. A Study in Magic and Religion. London 1924

Freytag-Löringhoff, B. von (55): Logik. Ihr System und ihr Verhältnis zur Logistik. 1. Band 1. Auflage Stuttgart 1955, 2. Band Stuttgart 1972

Fries H. (78) / Hemmerle K./Pater W. de /Zenger E.: Möglichkeiten des Redens über Gott. Düsseldorf 1978

Fromm E. (76)/Suzuki D.T./Martino, R. de: Zen-Buddhismus und Psychoanalyse. Frankfurt 1976, engl. 1960

Fuller G. (83): Drei Studien zur Dialektik. 1. Band der Theorie der Dialektik. Aalen 1983

Gadamer H.-G. (72): Wahrheit und Methode. 3. Auflage Tübingen 1972, 1. Auflage 1960

Gatzemeier M. (75): Theologie als Wissenschaft? Band 1: Die Sache der Theologie, 1974; Band 2: Wissenschafts- und Institutionenkritik. Stuttgart-Bad Cannstatt 1975

Gehlen A. (71): Religion und Umweltstabilisierung. In: Schatz (71)

Gogarten F. (53): Verhängnis und Hoffnung der Neuzeit. Die Säkularisierung als theologisches Problem. Stuttgart 1953

Görland A. (22): Religionsphilosophie als Wissenschaft aus dem Systemgeist des kritischen Idealismus. Berlin/Leipzig 1922

Grabner-Haider A. (78): Vernunft und Religion. Ansätze einer analytischen Religionsphilosophie. Graz/Wien/Köln 1978

Grewendorf G./Meggle G. (Hrsg.) (74): Linguistik und Philosophie. Frankfurt 1974

Groos H. (27): Der deutsche Idealismus und das Christentum. Versuch einer vergleichenden Phänomenologie. München 1927

Habermas J. (68): Erkenntnis und Interesse. Frankfurt 1968

Habermas J. (73): Wahrheitstheorien. In: Fahrenbach (73)

Habermas J. (76): Was heißt Universalpragmatik? In: Apel (76)

Haller R. (76)/Hübner A./Leinfellner E. und W./Weingartner P.: Schriftenreihe der Wittgensteingesellschaft. Akten zu den internationalen Wittgen-
stein-Symposien in Kirchberg/Wechsel. Wien ab 1976

Hasenjaeger G. (62): Einführung in die Grundbegriffe und Probleme der
modernen Logik. Freiburg 1962

Heidegger M. (27): Sein und Zeit. 8. Auflage Tübingen 1957, 1. Auflage
1927

Heidegger M. (57): Identität und Differenz. Pfullingen 1957

Hegel G. W. F. (69): Werke in zwanzig Bänden. Hrsg. Moldenhauer E. und
Michel K. M., Suhrkamp-Werkausgabe. Frankfurt 1969

Heiler F. (61) Erscheinungsformen und Wesen der Religion. (Band 1 von
«Die Religionen der Menschheit», Hrsg. Schröder C. M.). Stuttgart 1961

Heim R. (83): Rationalität, Mythos, Ideologie. In: Studia philosophica 42/
1983

Hepburn R. (58): Christianity and Paradox. London 1958

Hessen J. (48): Religionsphilosophie. Band 1: Methoden und Gestalten der
Religionsphilosophie. Band 2: System der Religionsphilosophie. Mün-
chen/Basel 1948

Hick J. (57): Faith and Knowledge. Ithaka/New York 1957

High D. M. (67): Language, Persons, and Belief. Studies in Wittgenstein's
Philosophical Investigations and Religious Usages of Language. New
York 1967

Hilberath B. J. (78): Theologie zwischen Tradition und Kritik. Die philosophische Hermeneutik H.-G. Gadamers als Herausforderung des theologischen Selbstverständnisses. Düsseldorf 1978

Hofmeister H. (78): Wahrheit und Glaube. Interpretation und Kritik der
sprachanalytischen Theorie der Religion. Wien/München 1978

Holerstein E. (87): Maschinelles Wissen und menschliches Bewußtsein. In:
Studia Philosophica 46/1987

Horckheimer M. (70): Die Sehnsucht nach dem ganz Anderen. Ein Inter-
view. Hamburg 1970

Holzhey H. (86): Zur gegenwärtigen religionsphilosophischen Debatte in
Deutschland. In: Studia philosophica 45/1986

Hubbeling H. G. (81): Einführung in die Religionsphilosophie. Göttingen
1981

Hübner K. (78): Kritik der wissenschaftlichen Vernunft. Freiburg/München
1978

Hübner K. (85): Die Wahrheit des Mythos. München 1985

Hudson W. D. (74): A Philosophical Approach to Religion. London 1974

Husserl E. (50): Cartesische Meditationen und Pariser Vorträge. Hrsg.
Strasser S., Haag 1950

Husserl E. (58): Die Idee der Phänomenologie. Fünf Vorlesungen. Hrsg.
Biemel W., 2. Auflage Haag 1958

Husserl E. (80): Ideen zu einer reinen Phänomenologie und phänomenologischen Philosophie. 4. Auflage Tübingen 1980, 1. Auflage 1913

Jaeschke W. (83): Die Religionsphilosophie Hegels. Darmstadt 1983

Jaeschke W. (86): Die Vernunft in der Religion. Studien zur Religionsphilosophie Hegels. Stuttgart-Bad Cannstatt 1986

Jaspers K. (56): Philosophie. Band II: Existenzerhellung. 3. Auflage Berlin/Göttingen/Heidelberg 1956

Jung C.G. (36): Über den Archetypus mit besonderer Berücksichtigung des Animabegriffes. In: Zentralblatt für Psychotherapie und ihre Grenzgebiete. IX/5, 1936

Just W.-D. (75): Religiöse Sprache und analytische Philosophie. Sinn und Unsinn religiöser Aussagen. Stuttgart 1975

Kambartel F. (71): Theo-logisches. Definitorische Vorschläge zu einigen Grundtermini im Zusammenhang christlicher Rede von Gott. In: Zeitschrift für Evangelische Ethik 15/1971

Kamper D./Reijen W. van (Hrsg.) (87): Die unvollendete Vernunft: Moderne versus Postmoderne. Frankfurt 1987

Kant I. (24): Gesammelte Schriften. Band XVI. Hrsg.: Preußische Akademie der Wissenschaften. 3. Abteilung des handschriftlichen Nachlasses, Band III: Logik. Berlin/Leipzig 1924

Kant I. (68): Kritik der reinen Vernunft. Suhrkamp-Werkausgabe in zwölf Bänden, Band III/IV. Hrsg. Weischedel W., Frankfurt 1968

Kant I. (93): Die Religion innerhalb der Grenzen der bloßen Vernunft. Werkausgabe Band VIII. Erstausgabe (A) 1793, 2. Auflage (B) 1794

Kantzenbach F.W. (78): Programme der Theologie. Denker, Schulen, Wirkungen von Schleiermacher bis Moltmann. München 1978

Kasper W. (88): Kirchliche und neuzeitliche Freiheitsprozesse. In: Jahres- und Tagungsbericht der Görres-Gesellschaft 1988

Kerényi K. (61): Umgang mit Göttlichem. Über Mythologie und Religionsgeschichte. 2. Auflage Göttingen 1961

Kierkegaard S. (48): Die Krankheit zum Tode. Furcht und Zittern. Hrsg. Diem H., Frankfurt/Hamburg 1959. Dänisch 1848

Kierkegaard S. (60): Gesammelte Werke. 10. Abteilung: Philosophische Brocken. De omnibus dubitandum est. Düsseldorf/Köln 1960

König R. (86): Geheime Gehirnwäsche. Neuhausen/Stuttgart 1986

Konzilsdekrete (66): Band 2: Das Verhältnis der katholischen Kirche zu den Nichtkatholiken. 6. Auflage Recklinghausen 1966

Köpf U. (86): Passivität und Aktivität in der Mystik des Mittelalters. In: Stachowiak (86), Band 1

Koslowski P. (Hrsg.) (85): Die religiöse Dimension der Gesellschaft. Tübingen 1985

Kripke S.A. (81): Name und Notwendigkeit. Frankfurt 1981, engl. 1972

Kuhn T.S. (62): Die Struktur wissenschaftlicher Revolutionen. Frankfurt 1967, engl. 1962

Kuhn T.S. (77): Die Entstehung des Neuen. Studien zur Struktur der Wissenschaftsgeschichte. Hrsg. Krüger L., Frankfurt 1977

Küng H. (75): Thesen zum Christentum. München 1975

Küng H. (78): Existiert Gott? München 1978

Küng H. (84)/Ess, J. van/Stietencron, H. von/Bechert H.: Christentum und Weltreligionen. Islam, Hinduismus, Buddhismus. München/Zürich 1984

Kutschera, F. von (67): Elementare Logik. Wien/New York 1967

Kutschera, F. von (76): Einführung in die intensionale Semantik. Grundlagen der Kommunikation. Berlin/New York 1976

Laermann K. (86): Lacancan und Derridada. In: Kursbuch 84, Berlin 1986

Lakatos I./Musgrave A. (Hrsg.) (74): Kritik und Erkenntnisfortschritt. Abhandlungen des Internationalen Kolloquiums über Philosophie und Wissenschaft. London 1965, Band 4, Braunschweig 1974

Laplace P.S. (76): Werke. Paris 1876

Lenk H. (73): Metalogik und Sprachanalyse. Freiburg 1973

Lenk H. (88): Postmodernismus, Postindustrialismus, Postszientismus. In: Zimmerli (88)

Lévinas E. (81): Dialog. In: Christlicher Glaube in moderner Gesellschaft, Teilband 1. Hrsg.: Böckle F., Kaufmann F.X., Rahner K., Welte B., Freiburg/Basel/Wien 1981

Lévinas E. (85): Philosophie, Gerechtigkeit und Liebe. Gespräch mit E. Lévinas. In: Information Philosophie 5/1985

Lévinas E. (87): Totalität und Unendlichkeit. Versuch über die Exteriorität. Freiburg/München 1987, franz. 1980

Lorenzen P. (55): Einführung in die operative Logik und Mathematik. Berlin 1955

Lübbe H. (78): Religion nach der Aufklärung. Vortrag 1978, in: Oelmüller W./Dölle R./Ebach J./Przybylski H.: Philosophische Arbeitsbücher. Diskurs: Religion. Paderborn/München/Wien/Zürich 1979

Lübbe H. (86): Religion nach der Aufklärung. Graz/Wien/Köln 1986

Luckmann Th. (63): Die gesellschaftlichen Formen der Religion. In: Das Problem der Religion in der modernen Gesellschaft. Freiburg 1963

Luckmann Th. (71): Verfall, Fortbestand oder Verwandlung des Religiösen in der modernen Gesellschaft? In: Schatz (71)

Luckmann Th. (80): Lebenswelt und Gesellschaft. Paderborn 1980

Luhmann N. (77): Funktion der Religion. Frankfurt 1977

Luther M. (83): Werke. Kritische Gesamtausgabe. Weimar ab 1883

Lyotard J.F. (85): Das Grabmal des Intellektuellen. Graz/Wien 1985, franz. 1984

Lyotard J.F. (86): Das postmoderne Wissen. Ein Bericht. Hrsg. Engelmann P., Graz/Wien 1986, franz. 1979

Lyotard J.F. (87): Der Widerstreit. München 1987, franz. 1983

Mackie J.L. (82): Das Wunder des Theismus. Argumente für und gegen die Existenz Gottes. Stuttgart 1985, engl. 1982

Malcolm N. (58): Ludwig Wittgenstein. Ein Erinnerungsbuch mit einer biographischen Skizze von G.H. von Wright. München/Wien o.J., engl. 1958

Mann U. (70): Einführung in die Religionsphilosophie. Darmstadt 1970

Marcuse H. (64): Der eindimensionale Mensch. Neuwied/Berlin 1967, engl. 1964

Marquard O. (81): Abschied vom Prinzipiellen. Philosophische Studien. Stuttgart 1981

Martens E./Schnädelbach H. (Hrsg.) (85): Philosophie. Ein Grundkurs. Reinbek 1985

Marx K. (71): Die Frühschriften. Von 1837 bis zum Manifest der kommunistischen Partei 1848. Hrsg. Landshut S., Stuttgart 1971

Masterman M. (74): Die Natur eines Paradigmas. In: Lakatos (74)

Mc Guinnes B. (88): Wittgensteins frühe Jahre. Frankfurt 1988

Mehlis G. (17): Einführung in ein System der Religionsphilosophie. Tübingen 1917

Metz J.B. (68): Zur Theologie der Welt. Mainz/München 1968

Metz J.B. (71): Aspekte einer fundamentaltheologischen Ekklesiologie. Vorwort in: Concilium 7/1971

Moltmann J. (Hrsg.) (62): Anfänge der dialektischen Theologie. Teil I. Karl Barth, Heinrich Barth, Emil Brunner. Theologische Bücherei, Band 17. München 1962

Moltmann J. (64): Theologie der Hoffnung. München 1964

Moser S./Pilick E. (Hrsg.) (79): Gottesbilder heute. Königstein 1979

Müller M. (71): Erfahrung und Geschichte. Grundzüge einer Philosophie der Freiheit als transzendentale Erfahrung. Freiburg/München 1971

Neuner J./Roos H. (71): Der Glaube der Kirche in den Urkunden der Lehrverkündigung. 8. Auflage Regensburg 1971, Imprimatur 1949

Nietzsche F. (80): Werke in sechs Bänden. Hrsg. Schlechta K., München/Wien 1980

Otto R. (17): Das Heilige. Über das Irrationale in der Idee des Göttlichen und sein Verhältnis zum Rationalen. 35. Auflage München 1963, 1. Auflage 1917

Otto W.F. (70): Die Götter Griechenlands. 6. Auflage Frankfurt 1970

Pannenberg W. (59): Heilsgeschehen und Geschichte (1959). In: Grundfragen systematischer Theologie. Gesammelte Aufsätze. 1. Auflage 1967. Zitiert nach 2. Auflage 1971

Pannenberg W. (65): Glaube und Vernunft. In: Grundfragen systematischer Theologie (71)

Pannenberg W. (67): Grundfragen systematischer Theologie. Ges. Aufsätze. 2. Auflage Göttingen 1971, 1. Auflage 1967

Pannenberg W. (71): Theologie und Reich Gottes. Gütersloh 1971

Pannenberg W. (73): Wissenschaftstheorie und Theologie. Frankfurt 1973

Pannenberg W. (75): Glaube und Wirklichkeit. Kleinere Beiträge zum christlichen Denken. München 1975

Pannenberg W. (85): Civil Religion. Religionsfreiheit und pluralistischer Staat. Das religiöse Fundament der Gesellschaft. In: Koslowski (85)

Pater, W. de (78): Der Sprechakt, seinen Glauben zu bekennen. Gottes Gegenwart in der Erschließungssprache christlicher Religion. In: Fries (78)

Paul G. (88): Mythos, Philosophie und Rationalität. Frankfurt/Bern/New York/Paris 1988

Peirce C.S. (31): Collected Papers. 6 Bände. Cambridge 1931–35

Petzinger, J.M. von (73): Logik im Abriß. Meisenheim 1973

Phillips D.Z. (65): The Concept of Prayer. London 1965

Popper K.R./Eccles J.C. (77): Das Ich und sein Gehirn. München/Zürich 1982, engl. 1977

Portmann F. (86): Religion und Vernunft. Eine Rekonstruktion von Wittgensteins Religionsphilosophie. Studia Philosophica 45/1986

Poser H. (Hrsg.) (79): Philosophie und Mythos. Berlin/New York 1979

Poser H. (Hrsg.) (81): Wandel des Vernunftbegriffs. Freiburg/München 1981

Puntel L.B. (83): Wahrheitstheorien in der neueren Philosophie. Darmstadt 1983

Quine W.V.O. (69): Ontologische Relativität. In: Ontologische Relativität und andere Schriften. Stuttgart 1975, engl. 1969

Rahner K. (56): Schriften zur Theologie. Einsiedeln 1956

Rahner K. (76): Grundkurs des Glaubens. Einführung in den Begriff des Christentums. 3. Auflage Freiburg 1984, 1. Auflage 1976

Rahner K./Schlier H. (Hrsg.) (70): Theologie als Wissenschaft. Quaestiones Disputatae 45. Freiburg/Basel/Wien 1970

Ramsey J.T. (57): Religious Language. An Empirical Placing of Theological Phrases. London 1957

Ranke-Heinemann U. (88): Eunuchen für das Himmelreich: Katholische Kirche und Sexualität. Hamburg 1982

Rapp F. (79): Technik und Mythos. In: Poser (79)

Rebstock H.-O. (71): Hegels Auffassung des Mythos in seinen Frühschriften. Freiburg/München 1971

Rendtorff T. (Hrsg.) (80): Religion als Problem der Aufklärung. Eine Bilanz aus der religionstheoretischen Forschung. Göttingen 1980

Reichenbach H. (38): Experience and Prediction. Chicago 1938

Rescher N. (73): The Coherence Theory of Truth, Oxford 1973

Rescher N. (85): Die Grenzen der Wissenschaft. Mit einer Einleitung von Puntel L.B. Stuttgart 1985, engl. 1984

Riedl R. (80): Biologie der Erkenntnis. Die stammesgeschichtlichen Grundlagen der Vernunft. 2. Auflage Berlin/Hamburg 1980

Riedl R. (87): Die Grenzen der Adaptierung. In: Riedl/Wuketits (87)

Riedl R./Wuketits F.M. (Hrsg.) (87): Die Evolutionäre Erkenntnistheorie. Bedingungen – Lösungen – Kontroversen. Berlin/Hamburg 1987

Robinson J.A.T. (64): Gott ist anders. München 1964

Robinson J.M./Cobb J.B. (Hrsg.) (65): Die neue Hermeneutik. Band 2 von «Neuland in der Theologie». Zürich/Stuttgart 1965

Robinson N.H.G. (74): Die Logik der religiösen Sprache. In: Dalferth (74)

Röhr W. (Hrsg.) (87): Appellation an das Publikum... Dokumente zum Atheismusstreit um Fichte, Forberg, Niethammer, Jena 1798/99; Leipzig 1987

Runggaldier E. (85): Zeichen und Bezeichnetes. Sprachphilosophische Untersuchungen zum Problem der Referenz. Berlin/New York 1985

Russell B. (10): Erkenntnis durch Bekanntschaft und Erkenntnis durch Beschreibung. In: Die Philosophie des logischen Atomismus. München 1976, engl. 1910

Sarlemijn A./Kroes P.A. (85): Technological Analogies and their Logical Nature. Unveröffentlichter Vortrag auf einem Kongreß in Twente (12.–17. 8. 1985), Typoskript, Eindhoven 1987

Sartre J.P. (52): Das Sein und das Nichts. Versuch einer phänomenologischen Ontologie. Hamburg 1962, franz. 1952

Sauter G. (80): ‹Sinn› und ‹Wahrheit›. Die ‹Sinnfrage› in religionstheoretischer und theologischer Sicht. In: Rendtorff (80)

Sauter G. (82): Was heißt nach Sinn fragen? Eine theologisch-philosophische Orientierung. München 1982

Schaeffler R. (80): Glaubensreflexion und Wissenschaftslehre. Thesen zur Wissenschaftstheorie und Wissenschaftsgeschichte der Theologie. Freiburg/Basel/Wien 1980

Schaeffler R. (88): Neuerscheinungen zur Religionsphilosophie. In: Allgemeine Zeitschrift für Philosophie 13. 2/1988

Schatz O. (Hrsg.) (71): Hat die Religion Zukunft? Graz/Wien/Köln 1971

Scheler M. (27): Die Stellung des Menschen im Kosmos. München 1947, 1. Auflage 1927

Scheler M. (54): Gesammelte Werke. Band 5. Vom Ewigen im Menschen. 4. Auflage Bern 1954

Schleiermacher F. (58): Über die Religion. Rede an die Gebildeten unter ihren Verächtern. Hamburg 1958

Schlette H.R. (72): Skeptische Religionsphilosophie. Zur Kritik der Pietät. Freiburg 1972

Schmidt A. (86): Die Wahrheit im Gewande der Lüge. Schopenhauers Religionsphilosophie. München/Zürich 1986

Schmidt F. (85): Grundlagen der kybernetischen Evolution. Eine neue Evolutionstheorie. Krefeld 1985

Schmidt F. (87): Neodarwinistische oder kybernetische Evolution? Bericht über ein internationales Symposion vom 15.–17. Juli 1987 in Heidelberg. Patholog. Institut der Universität Heidelberg; Mannheim 1987

Scholz H. (22): Religionsphilosophie. 2. Auflage Berlin 1922

Schrödter H. (79): Analytische Religionsphilosophie. Hauptstandpunkte und Grundprobleme. Freiburg/München 1979

Schulz W. (72): Philosophie in der veränderten Welt. Pfullingen 1972

Searle J.R. (71): Sprechakte. Frankfurt 1971, engl. 1969

Searle J.R. (74): N. Chomskys Revolution in der Linguistik. In: Grewendorf/Meggle (74)

Shaull R. (70): Befreiung ohne Veränderung. Herausforderungen an Kirche, Theologie und Gesellschaft. München 1970

Simon J. (Hrsg.) (74): Aspekte und Probleme der Sprachphilosophie. Freiburg/München 1974

Sloterdijk P. (83): Kritik der zynischen Vernunft. 2 Bände, Frankfurt 1983

Smith J.M./Mc Clendon J.W. (72): Religious Language after J.L. Austin. In: Religious Studies 8/1972

Sölle D. (65): Stellvertretung. Stuttgart 1965

Sölle D. (68): Atheistisch an Gott glauben. Aufsätze. Olten/Freiburg 1968

Spinoza, B. de (63): Die Ethik nach geometrischer Methode dargestellt. Hrsg. Baensch O., Philosophische Bibliothek Band 92, Hamburg 1963

Stachowiak H. (73): Allgemeine Modelltheorie. Wien/New York 1973

Stachowiak H. (77): Philosophie und Methodologie der Bildungstechnologie. Vortrag 10. 3. 77 in Hannover

Stachowiak H. (Hrsg.) (83): Modelle – Konstruktionen der Wirklichkeit. Kritische Information, München 1983

Stachowiak H. (Hrsg.) (86): Pragmatik. Handbuch pragmatischen Denkens. 5 Bände, Hamburg ab 1986

Stegmüller W. (60): Hauptströmungen der Gegenwartsphilosophie. In 3 Bänden. 2. Auflage des 1. Bandes Stuttgart 1960, bis zur 6. Auflage in 2 Bänden. 7. Auflage (Aufgliederung des alten Bandes 2 in II und III) Stuttgart 1987

Stegmüller W. (75): Hauptströmungen der Gegenwartsphilosophie. Band 2, Stuttgart 1975

Stegmüller W. (69): Probleme und Resultate der Wissenschaftstheorie und Analytische Philosophie. 4 Bände. Berlin/Heidelberg/New York ab 1969

Stegmüller W. (79): Rationale Rekonstruktion von Wissenschaft und ihrem Wandel. Stuttgart 1979

Stegmüller W. (86): Die Entwicklung des Neuen Strukturalismus seit 1973. 3. Teilband von Theorie und Erfahrung. II. Band von Stegmüller (69). Heidelberg/New York/Tokio 1986

Stenius E. (60): Wittgenstein's Tractatus. Oxford 1960

Sudbrack J. (87): Neue Religiosität. Herausforderung für die Christen. Mainz 1987

Suzuki D.T. (86): Die große Befreiung. Einführung in den Zen-Buddhismus mit einem Geleitwort von C.G. Jung. 12. Auflage München/Wien 1986, 1. Auflage 1957

Swinburne R. (79): Die Existenz Gottes. Stuttgart 1987, engl. 1979

Tarski A. (35): Der Wahrheitsbegriff in den formalisierten Sprachen. Lemberg 1935. In: Berka/Kreiser (71)

Theunissen M. (70): Hegels Lehre vom absoluten Geist als theologisch-politischer Traktat. Berlin 1970

Thomas von Aquin (38): Summe der Theologie. 1. Band: Gott und Schöpfung. Hrsg. Bernhart J., Leipzig 1938

Tillich P. (50): Der Protestantismus. Prinzip und Wirklichkeit. Stuttgart 1950

Tillich P. (59): Gesammelte Werke. Mehrere Bände. 2. Auflage Stuttgart ab 1959, Band VII 1962

Tillich P. (62): Religionsphilosophie. Stuttgart 1962. 1. Auflage 1925

Topitsch E. (72): Vom Ursprung und Ende der Metaphysik. München 1972. 1. Auflage 1958

Toulmin St. (75): Der Gebrauch von Argumenten. Kronberg 1975, engl. 1969

Toynbee A. (71): Die Zukunft der Religion. In: Schatz (71)

Track J. (77): Sprachkritische Untersuchungen zum christlichen Reden von Gott. Göttingen 1977

Troeltsch E. (62): Zur Frage des religiösen Apriori. In: Gesammelte Schriften, Band 2. 2. Auflage 1922, Neudruck Aalen 1962

Überweg F. (19): Grundriß der Geschichte der Philosophie. 1. Teil: Die Philosophie des Altertums, Hrsg. Praechter K., 14. Auflage Darmstadt 1957. 2. Teil: Die patristische und scholastische Philosophie. Hrsg. Geyer B., 13. Auflage Darmstadt 1956

Vernant J.P. (74): Mythe et société en gréce ancienne. Paris 1974

Vergote A. (80): Neue Perspektiven in den Religionswissenschaften. In: Rendtorff (80)

Voltaire F.M. (67): Aus dem Philosophischen Wörterbuch. Hrsg. Stierle K.H., Frankfurt 1967

Wagner F. (88): Zur Theologiegeschichte des 19. und 20. Jahrhunderts. In: Theologische Rundschau 53/1988

Weber M. (73): Soziologie, Universalgeschichtliche Analysen, Politik. Hrsg. Winckelmann J. 5. Auflage Stuttgart 1973

Weger K.-H. (79): Religionskritik von der Aufklärung bis zur Gegenwart. Autoren-Lexikon von Adorno bis Wittgenstein. Freiburg 1979

Weingartner P./Czermak J. (Hrsg.) (83): Erkenntnis- und Wissenschaftstheorie. Akten des 7. Internationalen Wittgenstein-Symposiums 22. bis 29. August 1982, Kirchberg am Wechsel. Band 9 der Schriftenreihe der Wittgensteingesellschaft, Wien 1983

Weischedel W. (71): Der Gott der Philosophen. Grundlegung einer Philosophischen Theologie im Zeitalter des Nihilismus. 2 Bände, München 1971

Weischedel W. (76): Skeptische Ethik. Frankfurt 1976

Weischedel W. (76a): Die Frage nach Gott im skeptischen Denken. Hrsg. Müller-Lauter W., Berlin/New York 1976

Weissmahr B. (83): Philosophische Gotteslehre. Stuttgart/Berlin/Köln/Mainz 1983

Welsch W. (87): Unsere postmoderne Moderne. Weinheim 1987

Welte B. (79): Versuch eines Weges zu Gott in einer säkularisierten Welt. In: Moser (79)

Welte B. (78): Religionsphilosophie. Freiburg/Basel/Wien 1978

Whitehead A.N. (29): Prozeß und Realität. Entwurf einer Kosmologie. Frankfurt 1979, engl. 1929

Wildermuth A. (83): Rationalität und Mythos. Versuch einer Orientierung am Leitfaden des Nihilismus. In: Studia philosophica 42/1983

Winch P. (66): Die Idee der Sozialwissenschaft und ihr Verhältnis zur Philosophie. Frankfurt 1966, engl. 1958

Windelband W (16): Präludien II. 5. Auflage Tübingen 1916

Wisdom J. (74): Götter. In: Dalferth (74): Zuerst erschienen in Proceedings of the Aristotelian Society 45/1944

Wisser R. (Hrsg.) (60): Sinn und Sein. Ein philosophisches Symposion, Firtz-Joachim v. Rintelen gewidmet. Tübingen 1960

Wittgenstein L. (21): Tractatus logico-philosophicus. Logisch-philosophische Abhandlung, Werkausgabe Band 1, 1. Auflage 1921

Wittgenstein L. (53): Philosophische Untersuchungen. Werkausgabe Band 1, 1. Auflage 1953

Wittgenstein L. (56): Bemerkungen über die Grundlagen der Mathematik. Werkausgabe Band 8, engl. 1956

Wittgenstein L. (71): Vorlesungen und Gespräche über Ästhetik, Psychologie und Religion. Hrsg. Barrett C., 2. Auflage Göttigen 1971

Wittgenstein L. (77): Vermischte Bemerkungen. hrsg. G. H. von Wright, Werkausgabe Band 8, Frankfurt 1977

Wittgenstein L. (79): Bemerkungen über Frazers ‹Golden Bough›. Hrsg. Rhees R., englisch-deutsch, Swansea 1979

Wittgenstein L. (84): Suhrkamp-Werkausgabe in acht Bänden, Frankfurt 1984

Wollschläger H. (78): Die Gegenwart einer Illusion. Reden gegen ein Monstrum. Zürich 1978

Wolters G. (88): Evolutionäre Erkenntnistheorie – Eine Polemik. In: Vierteljahresschrift der Naturforschenden Gesellschaft in Zürich 133/3, 1988

Wright, G.H. von (86): Wittgenstein. Frankfurt 1986, engl. 1982

Wright, G.H. von (86a): Die Entstehung des Tractatus. In: Wright (86)

Wuchterl K. (69): Struktur und Sprachspiel bei Wittgenstein. Frankfurt 1969

Wuchterl K./Hübner A. (79): Ludwig Wittgenstein. Mit Selbstzeugnissen und Bilddokumenten. Reinbek 1979

Wuchterl K. (79a): Rezension zu: Herbert Stachowiak, Denken und Erkennen im kybernetischen Modell – Rationalismus im Ursprung – Allgemeine Modelltheorie. In: Philosophisches Jahrbuch 86/1979

Wuchterl K. (81): Thesen zur analytischen Religionsphilosophie. In: Philosophisches Jahrbuch, 88/1981

Wuchterl K. (82): Philosophie und Religion. Zur Aktualität der Religionsphilosophie. Bern/Stuttgart 1982

Wuchterl K. (83): Die Struktur philosophischer Revolutionen und die Gegenwart der Philosophie. In: Stachowiak (83)

Wuchterl K. (85): Logik und Argumentation in der Religionsphilosophie. In: Haller (76), Band 10/2, Religionsphilosophie

Wuchterl K. (87): Methoden der Gegenwartsphilosophie. 2. verbesserte und neubearbeitete Auflage 1987, Bern/Stuttgart

Wuchterl K. (88): Analytische Religionskritik und christlicher Glaube. In: Philosophisches Jahrbuch 95/1988

Zimmerli, W.C. (Hrsg.): Technologisches Zeitalter oder Postmoderne? München 1988

Zimmermann J. (75): Wittgensteins sprachphilosophische Hermeneutik. Frankfurt 1975

Sachregister

Namenregister

(Kursive Zahlen beziehen sie auf die Anmerkungen)

Weitere Werke von Prof. Dr. Kurt Wuchterl in den
Uni-Taschenbüchern

Lehrbuch der Philosophie
UTB 1320
3. Auflage, 277 Seiten, 12 Abbildungen, kartoniert
DM 25.80
ISBN 3-258-03570-9

Grundkurs: Geschichte der Philosophie
UTB 1390
295 Seiten, kartoniert DM 28.80
ISBN 3-258-03568-7

Methoden der Gegenwartsphilosophie
UTB 646
2. verbesserte und neubearbeitete Auflage, 338 Seiten,
39 graphische Darstellungen, kartoniert DM 29.80
ISBN 3-258-03659-4

Philosophie und Religion
UTB 1199
203 Seiten, kartoniert DM 19,80
ISBN 3-258-03140-1;

Verlag Paul Haupt Bern und Stuttgart

Berner Reihe philosophischer Studien

1   Dr. Gerhard Heinzmann
     Schematisierte Strukturen
     185 Seiten, kart. Fr. 28.–/DM 34.–

2   Dr. Vincent F. Brunner
     Probleme der Kausalerklärung menschlichen Handelns
     112 Seiten, kart. Fr. 28.–/DM 34.–

3   Dr. Jean-Claude Wolf
     Sprachanalyse und Ethik
     142 Seiten, kart. Fr. 28.–/DM 34.–

4   Dr. Duen Jau Marti-Huang
     Die Gegenstandstheorie von Alexius Meinong
     als Ansatz zu einer ontologisch neutralen Logik
     136 Seiten, kart. Fr. 38.–/DM 45.–

5   Dr. Claudia Risch
     Die Identität des Kunstwerks
     VIII + 189 Seiten, kart. Fr. 38.–/DM 46.–

6   Prof. Dr. Andreas Graeser
     Mathematics and Metaphysics in Aristotle
     Mathematik und Metaphysik bei Aristoteles
     333 Seiten, geb. Fr. 90.–/DM 108.–

7   Dr. Stephan Hottinger
     Nelson Goodmans Nominalismus und Methodologie
     94 Seiten, kart. Fr. 38.–/DM 45.–

8   Dr. Michael Schrijvers
     Spinozas Affektenlehre
     233 Seiten, kart. Fr. 48.–/DM 58.–

9   Dr. Andreas Gunkel
     Spontaneität und moralische Autonomie
     IX + 238 Seiten, kart. Fr. 48.–/DM 58.–

Weitere Bände in Vorbereitung

Verlag Paul Haupt Bern und Stuttgart